复旦大学当代国外马克思主义研究中心编

当代国外马克思主义评论

Contemporary Marxism Review

2018年第2期·总第17辑

17

人民出版社

Contemporary Marxism Review(17)

The Journal of the Center for Contemporary Marxism abroad, Fudan University

Editor-in-chief *Wu Xiaoming*

Executive Editor-in-chief *Wang Xingfu Zou Shipeng*

Edited by *The Center for Contemporary Marxism abroad*

Published by *Renmin Press*

主　　编：吴晓明

执行主编：汪行福　邹诗鹏

目　　录

马克思主义研究

女性主义哲学研究

民粹主义研究

现代性问题

意识形态研究

法国激进思想研究

我怎样理解马克思主义*

[法]阿兰·巴迪欧　蓝江译

摘要:在巴迪欧看来,马克思主义不仅仅是历史唯物主义,不仅仅是政治经济学批判,更是一种共产主义政治,更严格地说,马克思主义是一种终结一切政治的政治,终结一切国家和统治的政治。不过这种政治不可能从词句和意识来寻找,只能在具体的政治实践,即阶级斗争和生产斗争,科学实验的实践中来实现。这些政治实践,是对社会现实的超越决定,去开创出一个全新实践的路径和方向,而这条路径,我们可以命名为共产主义。

关键词:巴迪欧　马克思主义　政治　共产主义

有人要求我在你们面前说一说我与马克思主义的关系。那么,今晚,我会在你们可以想象的一种愤怒下出场:“巴迪欧,你跟我们说一下,你跟马克思主义究竟有什么关系?”

我需要小心翼翼地开始,这有点像辩护词:“我会说,很明显,和所有的关系一样,在我与马克思主义的关系之中,有两个项,即我和马克思主义。我,我是一个空点(point vide),由我所写下的那些书所代表的空点,我写下了那些书,我通过那些书来思考,来传达我的想法。这

---

* Alan Badiou, *Qu' est-ce que j' entends par Marxisme?*, Paris: Les editions Sociales, 2016.

个关系的另一边，就是马克思主义。”

为了避免一些人对我过早地指责，我先得质疑一下我自己的话。

我们必须十分清楚地思考一个非常著名也极富争议性的问题：马克思主义究竟是什么意思？实际上，我整个发言的绝大部分时间都会用来讨论一个问题，这是一个相当错综复杂的问题，在许多关于马克思主义的争论、马克思主义的学术会议上、马克思主义者之间的争论以及诸多马克思主义的著作中已经或明或暗谈过的问题。就像我们已经看到的那样，这个问题就是“马克思主义”一词意义从来就不单纯。绝不容许将马克思主义还原为一种过于简单的架构，这种架构只会让我们毫无怀疑地去面对与一种思想的关系问题，在我这里，即与马克思主义的关系。

对我来说，这样的问题会变得尤为尖锐，因为有人会说——已经有人这么说过——在我的真理分类中，似乎没有为像马克思主义这样的东西留下任何位置。这就是一次在柏林的关于共产主义的大会上奈格里同志的想法，他说“某些人”——当然，在那个地方，绝大多数人都是“某些人”！——想当一个不要马克思主义的共产主义者。① 对于这个责难，我做出了回应，轮到我说的时候，我说道，更糟糕的是，某些人想做一个没有共产主义的马克思主义者。

很明显，在这场极富戏剧性的争论中，这些概念之中存在着一些难以区分的地方。在回来讨论这些问题之前，我简单说一下，在马克思主义与共产主义之间的关系中，在这两个既有着紧密关联，但同时二者不能相互代替的能指之间存在着某种困难，因为它们二者并不在同一个轨道上运行，唯有当它们在实践中起作用的时候，我们才会追问它们的意义。

的确，在我系统区分的那些真理中，更准确地说，区分的那些真理

① 参见奈格里的《可以当一个没有马克思的共产主义者吗》，本文收录在我和齐泽克编辑的《共产主义观念2：柏林共产主义大会文集》一书中，Lignes 出版社2011年版。

程序中,马克思主义很难找到它的位置,理由如下:我所谓的"真理"并非整全的真理,不是那些通常作用的真理,不像那些判断的范畴,或者陈述的逻辑状态,而是具体真实创造的整个过程(艺术作品、政治进程、科学理论、生活奇遇……),这个过程具有普世的价值。于是,需要在相当广泛的意义上来理解"真理",因为它不是一个判断的真实性,而是人类实践创造行为的潜在的普世价值。

什么样的创造?我提出了四种类型的创造,四种不同的创造轨迹:科学、艺术、政治和爱。我认为,这些真理表征的体系,在很大程度上开启了并构成了四种不同的哲学前提。可以说,存在着五种思想和一般创造的形态或构造,一方面,即这四种前提;另一方面,是受这四种前提限定的东西,即哲学。哲学并不是远离这四种类型真理的全新的时代和生存方式,在这一点上,我与黑格尔的精神保持一致。毫无疑问,你们可以理解他的说法:"密涅瓦的猫头鹰(猫头鹰代表着哲学)只在黄昏起飞。"这样来说会更好,即对他来说,哲学只会在各种实际的真理的白昼之后才会到来。

于是,马克思主义是否能,且在什么样的前提下,才能在思想的五种形态的布局中找到其位置?这就是这个问题在分类学上和拓扑学上的开端。

我们可能会很自然地认为马克思主义是一种科学。这就是阿尔都塞所思考的诸多问题之一,也是他之前或之后许多人所思考问题。不过准确来说,它究竟是一门什么样的科学?如果马克思主义具有科学性,那么它是在什么样的领域中,什么样的层面上,什么样的空间中展现为一种科学?有一种非常庸俗的观念认为,马克思主义是一种经济革命的科学,在这个意义上,马克思主义思想的核心就是在著名的《资本论》中所表达出来的对那个时代的进行分析、批判和辩证思考的框架。① 在这里,我们仍然处在非常抽象的层面上。不过,我认为这些粗

① 参看马克思的《资本论》的第1卷,巴黎:Sociales 出版社 2016 年版。

俗的看法有两个困难。首先,《资本论》的副标题是“政治经济学批判”。那么,不能专门将它说成是一种新经济科学,而是一种批判,一种确凿无疑的创造,其中不乏大量对亚当·斯密、大卫·李嘉图等人的英国自由主义经济学架构的否定。于是——这种反对意见十分严肃——它不像是一种真理观念或操作性观念的一般体系,认为这种体系是可以从经济学,或甚至是经济学批判中演绎出来,连续推导出来的东西。我是通过毛泽东的文章《人的正确思想是从哪里来的?》①来思考这个问题。毛泽东问道,人的正确思想,进而包括它在实践上的应用,真的来自这种所谓的作为科学的经济学吗?毛泽东宣告说——这句话特别有名——实际上,正确思想有三种不同的来源:

(1)生产斗争,体现在人与自然之间的辩证关系之中,它是由生产关系组织起来的。

(2)阶级斗争,这是政治矛盾的层面。

(3)科学实验。

第三个来源,同其他两个来源的关系比起来,具有相当独特的地位。这让我们容易想起另一篇著名的文本,其中列宁说道:“在某种意义上,科学和技术进步是超越阶级的。”科学实验相对地独立于围绕着它的特定的社会关系体系。由于科学活动既不能还原为生产关系,也不能还原为阶级斗争所展现出来的实践上的后果,那么我们并不清楚马克思主义何以能还原为一种新经济科学。

还有另一种流行的假设,即所谓的马克思主义首先是一种历史科学,这与之前的说法完全不是一回事。即便经济处在基础地位上,的确,历史科学是一个更为复杂也更为实用的科学。你们知道,我们称之为“历史唯物主义”。我们会说,马克思主义,至少在第一种情况下,我们试图将之归为一种科学:马克思主义,即历史唯物主义。毫无疑问,

① 这篇文章的法文版收录于齐泽克主编的毛泽东《实践论、矛盾论》,Fabrique 出版社 2008 年版。

我们有了一种主导着“马克思主义”一词意思的解释。

然而,这并不是阿尔都塞的立场。他宁愿说:马克思主义,既是科学,也是哲学。科学,即历史唯物主义,而哲学,则是辩证唯物主义。倘若你们容许我引述一个幽灵,这个区分完全对应于斯大林提出的区分,这个幽灵来自一个文本,在共产主义战士那一代人那里,这个文本是他们的必读书目,而这个文本的标题正好是:《历史唯物主义和辩证唯物主义》。

这个定义的问题在于它完全没有谈到政治,这对于贯穿马克思一生的整个目标来说,是不可接受的。至少我们可以说,如果马克思主义在根本上就是历史唯物主义,即一种历史科学的话,那么最重要的问题是,清楚地确定历史与政治之间的关系。因为完全不指向革命的政治事件,不指向共产主义的政治,我们就不明白,还可能怎样去谈论马克思主义。我们随后将会看到这些词所选择的是什么。

那么,作为历史科学的历史唯物主义,也就是说,或多或少作为过去的科学,与让政治行动在其中得到实施,得到缔造的即将到来的当下(présent-à-venir),当下之未来(le présent futur)——只能这样来称呼它——之间的关系是什么?这个问题的关键是:怎样在“马克思主义的科学”的宏大历史的合理性来定位政治实践的角色?换句话说,在马克思主义之中,是否有政治主体的理论?如果有,如果马克思主义的坚实内核就是历史唯物主义,那么这个主体理论就是在历史科学之内概括出来的。我们坚持认为,存在着历史唯物主义,因为在特定的政治行动中,政治主体自我历史化为政治主体。

不过,这就是阿尔都塞所选择的道路,因为他指出历史科学是一个无主体的历史科学。这意味着,阿尔都塞在作为历史唯物主义的“马克思主义”所设定的层面上,排斥了政治主体的形象,也明确地排斥了政治本身。

很明显,对于该问题上的正统道路认为,在马克思主义中,政治领域中的主要行动者,都可以归为不同的社会阶级,这样,历史的行动者并不必然是主体。这似乎就是《共产党宣言》开头所明确指出的那样,我们可以说,迄今为止的历史都是阶级斗争的历史。

但是"阶级斗争的历史"真的可以还原为历史唯物主义所设想的阶级的历史吗?在阶级和阶级斗争之间,是否存在着关联?由于马克思主义的程式创造了一种政治——共产主义的政治——其中,政治以有意识的方式成为阶级斗争的组织,那么我们是否可以提出一种阶级主体化的经济,将历史唯物主义及其经济基础的既定目标内化为政治目标?在马克思主义之下,我们难道不是谈过自在阶级和自为阶级的区别吗?这个问题在历史上,在不同的"马克思主义"当中已经争论过多次,这个问题本身也十分令人困惑。一般来说,我们坚持认为,马克思主义政治的主要行动者的名字叫做无产阶级。但我们是否可以进一步说,无产阶级就是历史的主体?如果对此作出肯定的回答,那么从客观阶级存在,即历史唯物主义在思想上建构的阶级,走向主观阶级的存在,即政治性的阶级的过渡过程,准确来说,意味着什么?我们是否可以在历史唯物主义的普通术语下来思考这个过程?

例如,我们一旦看到毛泽东加入到这场理论讨论当中,他最终承认存在着历史的主体,但是他认为存在着三种不同的主体时,这个问题成为毋庸置疑的问题。在任何情况下,这种主体首先表象为带有浓厚阶级色彩的情形,即一个通常无产阶级名字之下的形象。例如:"我们坚持无产阶级的立场"。在这里,"无产阶级"和以往一样,是一个政治立场和马克思主义主观立场的名字。在这一点上,毛泽东认为"主观"是通过"革命友谊"建立起来的。但是,毛泽东在实践上,也用"人民"一词来形容同一个功能,这个词已经代表了阶级上的复杂性,而不是一个可以清晰辨认的阶级。我引用一下毛泽东的话:"人民,只有人民,才是创造世界历史的动力。"最后,我们同时还可以发现,"群众"一词也具有同样的地位。还有:"群众是真正的英雄,而我们自己则往往是幼稚可笑的。"这里的"我们自己"指的是谁?很有可能是党。因为相对于历史的发展运动,最后的最后,他都是受骗的。同作为人民群众的真正的行动者,相比,他们的行为是幼稚可笑的。总之,这一点十分重要,如果“工人阶级”“革命友谊”以及“人民群众”,都可以在历史的政治主体的功能上等同于“无产阶级”,而唯一不能等于“无产阶级”的东西就是党。聪明人一听就懂。

对于用来辨认这个所谓的历史主体的词汇还有一点点疑问,这正好说明了在历史唯物主义名义下,将马克思主义还原为一种历史科学,会招来诸多争议和反对。

还有另一种说法,即认为马克思主义命名了一种现实中的政治。毫无疑问,这种政治依赖于某种科学,或者我们可以将之当作一种科学的政治(或者诸如此类的事物),但最后,它是一种政治。这次我们必须看到,像之前的“经济”一词和“历史”一词一样,我们将马克思主义放在“政治”一词之下。

真正的麻烦或模糊不清的地方在于,如果我们这样来认识马克思主义,“马克思主义的政治”这种表达,在整个马克思主义发展史,真的不是主流的或可接受的表达。“马克思主义者”并不是那些主张马克思主义的政治的名字,因为一般人们不会说:“这是一种马克思主义的政治”。真正的政治之名毋宁是“这是共产主义的政治”,这是“社会主义的政治”,或者“社会主义国家”。而不会说“马克思主义的国家”或者“马克思主义的政治”。于是,在对于政治的辨识的问题上,马克思主义似乎十分有号召力,当然,它仅仅只能作为一个背景。它之所以有号召力,因为它从主观上代表或决定了一种思想秩序,甚至一种理论秩序,但是我们不能说“政治”一词与“历史”和“经济”这些词一样,穷尽了“马克思主义的”丰富含义。

在这一点上,我想回到马克思本身,要问问他自己,“马克思主义”究竟是什么意思,尽管他认为他自己并不是马克思主义者。我思考了《共产党宣言》中的一段文字,这段文字提出了如下观点:如果存在着“马克思主义的政治”,那么在什么样的政治领域中,其政治的目的,指定给这种政治的最终目标是什么?其回答清楚明了:如果存在着马克思主义的政治，其目标就是终结一般意义上的政治，即终结所有政治。这种政治的内在运动，就是在历史的发展阶段上，让国家萎缩，同时也让政治消亡。我向你们重读一下这段文字：

> 当阶级差别在发展进程中已经消失而全部生产集中在联合起来的个人的手里的时候，公共权力就失去政治性质。原来意义上的政治权力，是一个阶级用以压迫另一个阶级的有组织的暴力。如果说无产阶级在反对资产阶级的斗争中一定要联合为阶级，如果说它通过革命使自己成为统治阶级，并以统治阶级的资格用暴力消灭旧的生产关系，那么它在消灭这种生产关系的同时，也就消灭了阶级对立的存在条件，消灭阶级本身的存在条件，从而消灭了它自己这个阶级的统治。①

这段话十分清楚地说出了无产阶级的政治能力，实际上，就是让政治走向灭亡的能力。

那么，如果“马克思主义”设定了一种政治，它是在设定了作为政治本身逐渐消亡的过程的独特的复杂局面下的政治。结果，政治并不能被视为其自身最终实现的马克思主义的核心，它所描绘的恰恰是它的对立面，即政治的消亡，亦即国家的终结，因此也是构成政治的所有范畴的集合的消亡。在这段话中——第二个难点——政治实际上等同于国家。你们会说，对于马克思来说，政治最终是一个阶级压迫另一个阶级的能力，也正是这种能力的消失，才带来了无产阶级的降临。作为压迫者的阶级的消失，因而其政治的消失，在这里等于是国家的消失。正如马克思所说：“无产阶级的力量实际上不再是国家形式的力量”，因为国家明显是一种代表着统治阶级实施压迫的机制。

从这个角度来看，我们可以问道，“马克思主义”一词是否实际上彻底包含了将政治还原为国家权力的实存和实施。我们仍然感觉到，“政治”还设定了许多其他方面的东西，尤其是它可以构建实践主体

---

① 马克思、恩格斯：《共产党宣言》第二章。

性——我想这样来称呼它——而马克思主义实际上充当的是其背景和资源。这种实践主体性,说真的,不能作为一种权力,而只能作为革命展现出来。十分明显的是,作为这种所谓革命的实践主体性的结果和应用,一旦这种革命触及国家,按照马克思本人的说法,必然立即会规规矩矩地自我清除掉“革命”本身,因为这种主体性,在其否定性上(即所谓的无产阶级专政)仍然是一种国家式的形象。但是如果你们在根本上恰恰就是国家权力,是无法实行对国家权力的自我清洗的。那里存在着某种困难:如果政治的本质,就是国家权力的实施,那么就不可能存在马克思主义的政治。因为马克思主义的政治只能被界定为这样一种政治,这种政治恰恰是对政治与国家之间的同一性关系的摒弃、抛弃、废除。

在马克思主义政治的艰苦卓绝的发展史上,已经看到了这个困难。毫无疑问,在根本上,这实际上就是马克思主义与共产主义的关系的问题。如果马克思主义将自身描述为一种政治,如果这种政治对于其阶级主体(即无产阶级的出现)来说,实际上是为了实现其所追求的目标,而进行权力征服和实施专政,那么在马克思主义和共产主义之间就不可避免存在着矛盾。因为在本质上,共产主义就是非国家式的社会组织。

这是一个相当复杂的问题,这个问题提出要了解一种非国家式的政治主体性如何进行自我组织和自我建构。事实上,在依赖于马克思主义的革命史上,同样有一个民主的问题,因为它总是被共产主义的目标和国家的必然性之间的激烈冲突所超定(surdéterminée)的。这个矛盾——我这样来称呼它——是在历史中作为社会主义和共产主义之间的矛盾或差异自我实现的,因为我们会看到,革命之后的国家是由共产党领导的,党已经成为社会主义国家的常规形式。“共产主义国家”是一个矛盾的表达。那么,我们解决这个问题的答案在于指出社会主义国家是一个过渡形式,这个过渡形式摧毁了压迫阶级的国家,并同时创造了共产主义的前提,而正是共产主义实现了国家的终结。

也就是说,政治问题仍然是一个悬而未决的问题。这种在摧毁了国家的同时又占据着国家的位置,并为这种占据和掌权付出高昂代价的政治究竟是什么?在我看来,在这里,你们可以去发现真正的政治定义。作为共产主义政治是这样一种政治,对于共产主义政治来说,权力的实施仅仅是为了实现否定性的过渡,这个过渡的目标和内容就是消除它所构建的东西。由此可见,或许对作为马克思主义政治的政治的界定,并不在于它与权力问题的关系,即便它必然包含着这种关系。关键在于要提出这样一种政治的定义,根据这个定义,“政治”恰恰是不能还原为国家权力政府和实施的真实—政治(la politique - vraie)的政治。

在现实的国家当中,我相信,你们可以说“马克思主义”一词并完全与这个政治定义相一致。这种政治将马克思主义当作其分析背景,它是一种基本的思考工具,根据具体情况的本质而作出决定。但是,作为一种实践和组织的发展过程,政治是在另一种计划上来定义的,这就是为什么我们一般会说,不存在马克思主义政治,但存在着革命政治,或者共产主义政治的原因所在。

同样在这个问题上,我们可以开启一个巨大的争论,这个问题的核心或许在于,一方面,马克思从巴黎公社吸取的教训,巴黎公社是马克思在其有生之年唯一一场接管了国家权力的革命运动,尽管它仅仅只掌管了一个城市两个月之久;另一方面,是对列宁著作《国家与革命》① 的思考。对于列宁来说,这个标题已经表明,革命政治不能等于国家的实存,尽管它与国家之间存在着必然的紧密的辩证关系。我们还可以看到将“马克思主义”等同于“政治”是有问题的,即便很明显,作为一种思想生命的马克思主义是存在的,这仅仅是因为一种(革命)政治是存在的。两个术语之间彼此存在着确定的关联,不过它们都与一个第三项,即国家的辩证关系中,确定了其复杂性的层次。

总而言之,在我看来,马克思主义既不能看成是一种经济科学,也

---

① 列宁:《国家与革命》法文版,巴黎:Sociales 出版社 1972 年版。

不能看成是历史科学,更不能看成是一种革命政治。

还有一种假设认为,马克思主义除了是一种历史科学之外,还是一种哲学。这是一个辩证唯物主义的问题。在这里我们可以回到阿尔都塞(以及斯大林)的完整表达:由于马克思主义是由历史唯物主义和辩证唯物主义建构起来的,那么马克思主义既是一种科学,也是一种哲学。我们已经说过科学的问题,现在来谈一点哲学问题。

马克思主义哲学的本质表明,对于那些坚定认为在更抽象的层次上,也在更普遍的层次上,马克思主义也是一种哲学的捍卫者而言,马克思主义是黑格尔哲学体系的变型。作为哲学的马克思主义,在唯物主义的坐标系下,取代了黑格尔的辩证法,也消除了辩证法中的唯心主义色彩。马克思自己也将其称之为黑格尔辩证法的“颠倒”。马克思说,一旦将其“颠倒”过来,我们就可以发现了黑格尔的“好的一面”。

我认为,最大的问题也源自于此,尽管马克思主义是黑格尔“好的一面”的雅致的变型,不过,这种“颠倒”也有问题。马克思明确地坚持认为,他与哲学的关系是一种不连续的关系,不能简单视为一种翻转或颠倒。在某种意义上,和弗洛伊德和拉康一样,马克思是一个反哲学家。我来谈谈著名的《关于费尔巴哈的提纲》:“哲学家们只是用不同的方式解释世界,而问题在于改变世界。”你们可以看到,马克思提纲中最核心最关键的一条,是从哲学角度来谈的——提纲要求颠倒黑格尔,但不需要还原为黑格尔——这种哲学,由于它会继续存在下去,它必须要致力于去实现改变世界的实际要求,于是它变成政治思考层面上的问题。按照马克思的说法,哲学如果不能成为革命实践的内在的不可分割的成分的话,那么哲学就什么也不是。结果,我们的印象是,马克思主义哲学的真理,再次成为政治的真理。于是,我认为从历史科学和哲学,即便是在辩证唯物主义的名义下来认识马克思主义,仍然是极度危险的。

那么我要停下来说,在我们的范畴中没有为马克思主义留下位置,我会对奈格里先生给出理由,并试图做一个没有马克思主义的共产主义者。但你们会怀疑,这并非我想要做的全部事情。

我宁可从一个新的出发点开始。我要从列宁的著名的文本《马克思主义的三个来源和三个组成部分》①开始。这个标题应该引起我们注意,因为它向我们说明了马克思主义的产生(三个来源)和结构(三个组成部分)!

不过乍一看来,我们似乎又重新遇到了我们之前研究过的那些难题。因为列宁向我们说,马克思主义是哲学,更是科学,也更是政治。这就是它的三个组成部分。但三个来源呢?在哲学上,源自德国唯心主义,尤其是黑格尔的辩证唯心主义;在科学上,它源自英国古典政治经济学,尤其是李嘉图的政治经济学;在政治上,他承袭了内在于法国工人运动中的社会主义。这三者的结合,几乎是整个现实欧洲的轮廓:这个联盟就是法国、英国和德国的联盟。我们很好地认识这个问题!

列宁评论道,对马克思来说,马克思主义思想将黑格尔的辩证唯心主义,英国的古典政治经济学和法国工人运动中的社会主义组合成一个三位一体的结构。那么马克思主义就是有着三个不同来源的三个项的联合:哲学、科学和政治。我们已经谈过其中两个项,即历史唯物主义和辩证唯物主义。这次要再强调一下,这是三个项。于是,这是一种完全不同的马克思主义的定义。在这一点上,似乎对我而言,除了向列宁本人之外,向我们提出了一个双重问题。

首先,存在着三个项(三个“组成部分”),这个构成是由三个来源的事实来阐明的。但是,对于这三个来源的整个现实,都需要进行彻底的批判。德国的辩证唯心主义需要转变成唯物主义,这是一个相当粗暴的操作。而对于科学,英国的古典政治经济学,在马克思主义那里,证明了大卫·李嘉图和英国人都没有看到最核心的点,即资本主义的基本要素不是由事物之间关系组成的,而是由社会关系组成的。他用

① 列宁的这个文本收录于法文版《列宁文集》第19卷,巴黎:Sociales出版社1967年版。

社会关系取代了描述性分析的物与物之间的关系，这种社会关系是历史中诸多生命体之间的关系，这代表着马克思对黑格尔的第二同样激进的颠倒。马克思将主观唯心主义颠倒为真实的唯物主义，然而，在英国的古典政治经济学中，马克思将物与物之间的客观关系加以颠倒，用历史中活生生人的关系，即社会关系取而代之，而这种社会关系明显奠基于阶级对立的基础之上。而对于法国工人运动中的社会主义，马克思借助科学社会主义与空想社会主义的对立，彻底解构了这种社会主义。我们想要指出的是，实际上，“社会主义”是法国工人运动的主流意识形态，而这种“社会主义”完全是一种没有伤害力的小资产阶级的咏叹调。这就是马克思以同样方式对待的法国社会主义的代表性人物，傅立叶和普鲁东：这种“社会主义”是一种来源，但是一种我们必须小心翼翼对待的“社会主义”。实际上，必须改变这种“社会主义”来源。也就是说，马克思主义的三个著名的“来源”，它们各自的发展运动都遭到了马克思的严厉批判和彻底的颠倒。

第二个问题关系到其三个组成部分及它们的统一的问题。如果马克思主义有三个组成部分，那么使用了一个非常独特的名称，即所谓的马克思主义这个名称的三者的统一体是什么形式的统一体？又是什么让这三者在理论和实践上彼此和谐一致地构成了一个统一整体？

我所提出的假设，已经在马克思那里，尤其在列宁那里已经十分详细地被提出来了，这就是三个组成部分之间的基本关系就是阶级的概念。我们想要说的是，很明显，马克思主义设定了阶级范畴的力量，这个范畴既是贯穿的（同时在哲学、科学、政治上有所启迪），也是集中的（三个项构成了一个统一体）。但要小心！阶级范畴绝对是马克思主义的核心，在某些方面，十分清楚的是，它不能被还原为三个“组成部分”中的任何一个，因为这个范畴是它们，即三个部分的贯穿、统一和连接。尤其是，经常有人会犯这样的错误，即阶级概念不能视为一种历史科学，即历史唯物主义的概念，因为这个概念界定了马克思的创造性的贡献。马克思自己也说道：法国反动的历史学家完全明白历史发展动力就是阶级斗争。而这绝不是马克思的创造。我们可以在基佐(Guizot)那里找到阶级斗争,而这位历史学家也是一种带有典型的资产阶级特质的政治人物。他概括了一个非常著名的对于资产阶级世界非常重要的律令:"你们发财吧!"最终,马克思主义对于现代革命思想的贡献并不在于他描述了不同的人类在各个等级上的阶级本质,而是在于他指出了阶级本质可以彻底地改变各个等级的状况。

于是,我们把握了三个层面上的问题:德国的辩证法,英国的政治经济学,法国的工人运动。

首先我们可以坚持认为,我们可以有一个作为普世阶级的无产阶级的哲学定义。总而言之,阶级并不是在将唯心主义颠倒为唯物主义的哲学规定的外部,而是在其内部被展现出来。无产阶级实际上被部分包含在对黑格尔体系的否定的模式之中。无产阶级不仅仅是当下巨大的社会矛盾中的一个可以辨识的项。它也是承载着未来的阶级,因为他们再没有任何东西可以失去,因为他们的"最完整的"社会身份,在资本主义社会中就是一无所有。在某种意义上,他们是——这就是一个隐喻——资本主义社会特有的空集(vide)。那么,在那样的社会当中,他们就是最彻底的否定点,他们只能在那个明显为了摧毁一切的总体性当中来起作用。换句话说,他们是唯一可以将自己的利益视为全人类的利益的阶级。这也就是作为无产阶级颂歌的《国际歌》中对无产阶级的定义:"我们一无所有,我们将成为天下的主人!"可以将当下的"一无所有"同未来的"天下的主人"结合在一起,就是对无产阶级的思辨式的定义,即哲学定义,只要我敢于使用这种表达,我们就将之归于马克思的马克思主义。这一点在《1844年经济学哲学手稿》①中非常清楚,不过,在我看来,马克思从未抛弃过这个看法。然而这个定义揭示了政治的矛盾本质,因为政治就是让作为肯定的否定得出实现。"我们一无所有,我们将成为天下的主人"意味着:必须在政治舞台中

① 马克思:《1844年经济学哲学手稿》,巴黎:Sociales出版社1972年版。

将无产阶级组织起来，这正是因为，在其本质上，无产阶级被排斥在政治舞台之外。这也是因为无产阶级是对资产阶级政治的否定，他们拥有着实现普遍性的颠覆的可能性，让自己在政治舞台上亮相，他们自己的利益最终将与全人类的利益结合在一起。

这就是哲学中的阶级概念的作用。这个概念是否也涉及对英国政治经济学的批判呢？马克思的批判建构了一种资本主义的理论，我们可以在这个理论中明确地定位阶级和阶级斗争的概念。这仍然是《资本论》真正的目标。我们知道，《资本论》是在对一种社会阶级，即无产阶级的彻底的思考下推进和完成的。不过马克思为此付出了大量劳动，但并没有达到这个目的。《资本论》在写到第二卷时候，由于马克思的去世，不得不戛然而止。随后，尽管我们读到了第三卷，这一卷是恩格斯编撰的，而我们注意到，在这一卷中并没有明确处理阶级、阶级斗争、无产阶级等概念。但是，很明确的是，处置这几个概念是马克思的目标：在资本的分析框架窒息啊，从科学角度提出这些概念。

最后，是政治。的确，政治很容易定义为一种阶级政治。按照我们所选择的词汇，政治拥有着将自己展现为、思考为一种阶级政治、或革命政治、或无产阶级政治、或共产主义政治的特征。

于是，可以肯定，阶级的概念贯穿着马克思主义的三个来源和三个组成部分，也正是围绕着阶级概念，最终在三个层面的总体性上，组成了马克思主义的思想。那么我们可以说，创造了马克思主义潜在统一体的概念，就是阶级概念。很自然，关键在于马克思赋予这个概念的全新含义——因为要认识到并非是他发明了这些概念——并为这个概念分派了将所谓的马克思主义的三个组成部分辩证地结合起来的功能。

结果，对于我来说，马克思主义的重心似乎就是阶级与政治的关系。实际上，阶级在思辨上的定义，并将这个概念放入到社会生产关系的分析当中，正如我们可以在《资本论》中看到，唯有将这个概念放入在政治的讨论和导向之下，它才能被激活，能够发展运动，其目的是为了改变世界，而不是解释世界。于是，阶级与政治的关系成为决定性的关系。在这个方面，我想给你们读一读来自列宁同一个文本中的一段话，他铿锵有力而入木三分地概括出这一点：

只要人们还没有学会透过任何有关道德、宗教、政治和社会的言论、声明、诺言，揭示出这些或那些阶级的利益，那他们始终是而且会永远是政治上受人欺骗和自己欺骗自己的愚蠢的牺牲品。只要那些主张改良和改善的人还不懂得，任何一个旧设施，不管它怎样荒谬和腐败，都由某些统治阶级的势力在支撑着，那他们总是会受旧事物拥护者的愚弄。要粉碎这些阶级的反抗，只有一个办法，就是必须在我们所处的社会中找出一种力量，教育它和组织它去进行斗争，这种力量可以（而且按它的社会地位来说应当）成为能够除旧立新的力量。①

我们能从这段文字中得出什么？我相信，列宁十分清楚地说明了困难所在——这也是批判的政治任务——这就是去认识出那些利益，也就是那些主观因素，这是在这些利益的抽象架构之外的东西，正如《资本论》的科学所展现的那样。为了不再被欺骗，人，历史的行动者，需要在这种情景中，在科学体系的帮助下，揭示出各种利益之间的冲突斗争。在这个任务中，阶级概念成为这种认识的支撑。政治的活力就是实现揭示功能的科学的活力，科学总是在具体情境中发挥作用，而它总是处在既定秩序中获利的阶级的意识形态的支配之下。而获利阶级的支配总是要让他们的特有利益变得踪影全无。那么政治是从让这些利益尽可能广泛地被揭示出来开始的。这就是列宁所强调的说法，唯一的方法就是在我们周遭的社会中，在此基础上，发现并组织那些可以“除旧立新”的力量。

最后，在马克思主义，我们是通过从分析到行动的过渡，通过组织或者教育来界定政治的——对此，我相信这是完全正确的，且完全对应于每个人都拥有的经验。列宁说，“教育它和组织它”。这二者似乎有点近似。换句话说，这就是政治的核心，这就是认识及其积极结果，即

① 《列宁文集》法文版第19卷，巴黎：Sociales 出版社 1967 年版，第 19 页。

认知的革命之间的过渡过程,事实上,这也是需要组织的过程。

我们可以在马克思主义的中心,给出作为政治核心概念的组织范畴的定义,在此之前,它可以共同揭示出不同利益的分化,在此之后,将揭示所产生的实践上的和变革性的结果统一起来。很明显,这是列宁的主要贡献,不过实际上在马克思那里,我们也可以发现这一点。通过阶级和阶级利益来思考的政治概念,贯穿着马克思主义的三个组成部分,而在最后的最后,它同样既是组织的概念。

但是,说政治的本质就是组织,并没有考察其形式问题。众所周知,列宁所提出的形式就是带有准军事的规范特征的“党”,因为它完全走向了成功起义的领袖的观念。他承袭了 19 世纪的信念,即在 1848 年 7 月之后,在巴黎公社失败之后,我们不能像这样来进行革命了。最初的点,也是最关键的点就是在胜利起义的具体历史事实中将马克思主义凝聚起来,而有等级,有纪律的党就是适合于实现这一任务的形式。但在更一般的意义上,政治的本质就是组织,同时在一般意义上和准确意义上,政治的本质是认识的组织。因为,如果认识就是组织的形式,那么对于组织,关键在于一方面要认识这些形式并完善这些形式,另一方面去改变政治秩序的用词。也就是说:将认识转变为“除旧立新”的积极结果的现实可能性。

在谈了一大堆名人之后,现在我想回到我自己,让我自己出场,考量一下我与马克思主义的关系。我坚持认为,最后的最后,马克思主义设定了一种思想——我这样来称呼它——也就是说,某种既不能还原为科学,也不能还原为哲学,更不能还原为习惯用法上的政治的东西,但它贯穿着这三个部分,并将三个部分统一起来。不过,一旦将马克思主义的思想引入到政治领域,它就不存在了,就无法存活了,因为它被组织化了。也就是说,它证明了可以在所假设的集体秩序的词语形势下,用于构造认识及其实践后果之间的联系。

在马克思主义中开启了一场争论,这个争论的核心问题就是组织问题。再说一遍,组织并不是唯一的从外部制定目标的方法,它构成了作为真正力量的目标本身，因为在对各种不同利益的辨识中，它依赖于在具体情势中直接在场的人，他们为了彻底改变这种情势，而组织了这种认识。

那么，我们看到这些东西都是十分清楚明了地展开的。马克思主义的哲学，是一种不能在组织的实践形式下存在的思想。“马克思主义”设定了这一点，它依赖于阶级范畴的贯穿性。这自然涉及了辩证法，因为这就是在行动中改变认识的想法，也是在让既定世界发生彻底改变的思想。在涉及组织概念的马克思主义中，哲学被固化了。科学也是如此，很明显，这是因为科学有助于认识。如果可以的话，科学，即“历史唯物主义”的革命行动就在于任何人都可以认识到，在所说的东西，在各种天花乱坠的说辞背后隐藏的各种利益，如“法兰西民主的价值”，“对劳工法案进行重大改革的需要”，或者“出于人道主义的理由，对产石油和其他矿产的地方进行干预的权利”，以及其他诸如此类糊弄人的说法。关键在于，所有人都能够认识博弈之中的各种利益，且这种认识是被组织的，于是，我们有可能共同面对这些认识的结果，而不至于被严格意义上的分析性考察，被哀怨而徒劳的“批判”所分散，所麻痹。而对于政治，它显然就是过程本身，在这个过程中，借助在该情势下围绕着一个肯定性的词汇而建立起来的集体推动力，共有的认识被转换为胜利的共同行动。

你们会看到，我所评价的对马克思主义重新认识的中心，就是这样构想出来的政治，换句话说，即组织建设的政治，在集体认定的客观向度的基础上，可以让整个领域从认识阶段上的社会过渡到实际的集体行动的社会。

你们会对我说：“是的，既然如此，马克思是否展现出这一点呢？”我会回答说是。实际上，我认为在《共产党宣言》的文字中，有许多地方都展现出这一点，在《共产党宣言》中问道共产党人是什么，共产党是什么。在这些精彩绝伦的段落中，马克思一开始就指出：“共产党人并不区别于一般的工人运动”，这就是说，共产党人并不是先天地被界定的，仿佛它可以在一般阶级运动之外存在。刚才我们以已经说过毛泽东的看法，即共产党人必须坚持无产阶级的立场。在这个意义上，他们参与到工人运动当中，这就是我所谓的“共同立场”（site commun），一个共同的拓扑学。但是，处在共同立场当中的党与人民群众的关系，我们可以说，拥有两个特征，如果我们更详细点来说的话，是三个特征。

首先共产党人可以预期下一个阶段。我们已经知道一般工人运动的状态，我们就能表达出走向最终阶段的一般状态的方向。在我所给出的词汇中，即我们能从对情势进行实际认识，走向即将来临的结果，即如果我们能够从实际上表达出共产主义的政治运动，未来社会的来临就是必然的。

其次，共产党人认为总体优先于部分。我们实际上可以说，在原则上，共产主义是国际主义。同样，在有组织过渡的特殊条件下，我们不要忘记，总体利益要优先于部分利益或特殊利益。

最后，共产党人第三个特征就是他的使命。这意味着共产党人不要将一般运动的利益与这样或那样的波折相混淆。总之，我们可以说，这条路并不容易走下去，它需要披荆斩棘开辟道路！它要寻求超越！

在这一点上，毛泽东说得也与之相差无几：那里有一个节奏，失败、成功、失败、成功……直到……于是，很明显，所有人都会认为我们最终要说：“直到最后失败！”对于毛泽东来说，确实直到最后的胜利。但是“最后的胜利”并不是谈现实中无关紧要的东西。“最后的胜利”只会说：创造，创造出不可逆转的成分，不可逆转的事物。对我而言，我要说的也是组织问题。组织就是指引人民群众，指引革命，指引起义反抗，即马克思的“普通工人运动”，在这个方向上是不可逆的。组织当然以这样的方式来前进，即对认识的各种结果进行管理。但这并不是唯一方式。相对于产生一些不可逆的事物，不可能回到过去的情势中的自我建构来说，组织对各种认识结果的引导管理作用会更重要一些。

为了可以实现这种不可逆性，我们就必须一点一点来认识。这些不可逆的东西，一般来说都是具体的。正是具体的东西界定了什么是成功。成功,并不仅仅是在具体战斗中的胜利,这些具体战斗随后会被遗忘。成功,是在历史中的一个不可逆的点上留下印记。就我而言——这是我的另一个马克思主义的定义——我想说的是:严肃地理解马克思主义,这是一种表达不可逆和从未存在的事物的一般运动的理论,它不会将自己所有精力都耗费于在环境中留下这样的印象,即那些不过是一些明显过于轻易遭受挫折,轻易被逆转的东西。

结果,你们会看到,对我来说,政治的本质,以及马克思主义的本质,并不是斗争的胜利,当然,这种斗争是一种客观策略:战胜敌人,消耗敌人,让敌人筋疲力尽……但是对我来说,为了达到这个目的,我们就要组织实现从认识到集体行动的过渡,因此我们必须要解决那些认识层面上的矛盾,也就是说,解决你们准备要组织起来的东西的矛盾。换句话说,政治的本质就是人民内部矛盾的解决,解决共同体内部的矛盾,而这是一个集体表达和让集体变得朝气蓬勃的问题,而它最终指向实现对情势的不可逆的变革。

组织起来的政治并不是一种代表或一种表达,政治不是表达性的。那就是我所认为的东西。作为阶级政党的党的观念是一种抽象,它并未向我们澄清真正的政治是什么。当然,党是存在,阶级政党也是存在的……但它到底是由什么组成的?一旦在情势中,出现了利益的博弈,这些博弈不是为了表述或再现,而是为了引出其结果,为了赋予其活力,那么它就是由统一认识所组成的。为了做到这一点,你们就要从一开始接受,或多或少各种正确的认识存在着区分,存在着不连贯性,存在着分化,但也就是从这里开始,在不同口号,不同企盼,以及对未来的时间上的预期所代表的方向上,政治组织要试图将它们组织为一个一般配置(disposition)。

我认为:我所谓的"马克思主义"是一种思想,它用复杂的方法,囊括所有的分析和理解的层次,将无疑与阶级范畴紧密联系在一起的政治实践视为一种通用的范畴,但这样做只是为了去开创一种新的实践,这种实践的核心在于去尽可能克服对情势中诸多元素的认识上的分裂,从而根据一个不可逆的方向,将认识上的各种结果统一起来。

于是,我可以解释为什么马克思主义不能栖居于诸如“哲学”“科学”“经济”或者“政治理论”等事实当中。事实上,对我来说,马克思主义就是政治实践不断的革新创造。“政治实践”在这里是通过组织实现的认识与行动的辩证法,也就是说——如果我们以非常经验,但非常真实的方式来看待事物——即通过联合起来的特殊行为。政治本质的就是联合。政治决定总是会产生一种联合。这种联合从来不是造反的直接结果,与以往不一样的是,无论如何它是以往从未存在过的东西,即一种隐秘差序的计划的结果。

在这种联合中,一切都得以展开。因为在那里,马克思主义是作为一种实际操作而存在的:鲜活的马克思主义就是得到良好引导的联合,也就是说,是可以作出抉择的联合。这就是为什么说马克思主义是实践性的。总而言之,马克思主义是一种同时在思想上和实践上实现了创新的实践。这意味着马克思主义是一种政治实践的知识上的名称,这种政治实践的核心在于成功地联合。

什么是联合?好吧,一般来说,它是对分裂,认识上的分歧的克服。联合会造就一个从未存在过的统一体,这就是为什么说,如果所有人都团结一致的话,就不会再有利益上的兼并。在这种情况下,秘书处——甚至只有一个人——会发布它自己的通报。联合就是有组织的政治的灵魂所在。因为它就是我已经围绕着马克思主义的观念讨论过的从不同层面上来审视的阶级的本质。我提出,从不可否认的共同体原则出发,超越认识上的经验差别,最终直到获得直接行动上的非常具体化的命题。一旦我们理解了所有这些东西,就会到达一个需要去做,也必须要的事情的地方,这个事情通常就是联合。很明显,这种联合因为有矛盾而会更加强大,也就是说,因为来自不同地方的人联合起来而变得更加强大。那么联合总是对分散的诸多主体之间的联合的考验,因为这就是在这种情势中构成新政治力量的各种主体之间的所共享的方向。

你们已经说过，对于马克思主义，我说的是一种思想。这是因为我并没有其他词汇。马克思主义既不是一种科学，也不是一种教条；既不是一种哲学，更不是一种政治理论意义上的政治。马上可以看到，我在马克思主义与弗洛伊德的著作——即我们所谓的“精神分析”，也就是所谓的“弗洛伊德主义”——之间作了一个形式上的对比。实际上，如果我们问什么是弗洛伊德和弗洛伊德主义，或许会说“这是一种科学”，换个说法“这是一种治疗”，还有“这是一种世界观”。事实上，就像马克思主义一样，如果我们坚持认为精神分析是在对关于自我的主体认识当中，产生了代替症候的方法，将各种认识组织为一个鲜活的统一体的思想。它同样是一种实践：治疗。然而这种治疗是二的联合，一种更小的联合。二的联合有着特别的规则，如果你们仔细看一下，这些特别规则在形式上与政治联合的规则是一样的。我认为在这种情况下，这也是一个什么样的认识类型的问题，它们本身都依赖于一个学说、一个理论，因而它有可能去创造一种主体性，来改变麻痹和分裂的症候。这就是为什么我们可以说，这个19世纪的第二项伟大发现也是一种思想。

在两个完全不同的层面上创造的思想，就是19世纪的思想。实际上，你们会评价说，这两个思想，马克思主义和弗洛伊德主义，突然出现在现代资本主义，出现在资产阶级现代性的内部。这二者都试图在受到历史约束的空间中，创造出另一种现代性，来打破既定的统治形式。它们都想提出一些革命性的东西，这些东西是从未存在过的新现代性，是一种为了反抗资本主义社会，反对被消费和竞争精神所俘获的主体的斗争，反对那些回归到僵化传统和业已死去的诸神的反动潮流的斗争，相反它们要从实践上实现一种史无前例的思想。

马克思主义和精神分析都是替代性的思想，也就是说，它们都是在资产阶级现代性的内部创造出来的思想，不过，它们将采用一切方法，让这个情势的内部在全新的物质世界和主观世界降临的方向上产生扭曲。在这两种情况下，这些新事物在其中心都有一个新的实践，这些实践都是对新事物的实效性的裁决。在与大写他者的联合中,这些新实践找到了自己的位置:在政治联合的情形下是集体实践,而在精神分析治疗的情形下是移情。

这些思想,这些计划的雄心最终都是要创造一种与资本主义现代性决裂的新现代性。不幸的是,这个计划最终并没有成功迈出走向新政治的第一步,更不用说胜利了,即便在俄罗斯和中国亦是如此。我在这里并不想说明其暂时性失败的理由。事实是,我们今天再一次陷入到这样的观念当中,即资本主义是真正现代性的唯一代表。唯一与之相对立的类型是法西斯主义的类型,无论是宗教的法西斯主义还是民族主义的法西斯主义。此外,在面对行为主义治疗和实证主义诊断的时候,我们不可否认精神分析在今天也面临着巨大的困难。

不要忘记曾经有那么一个时代,在那个时代里,几乎所有人都认可马克思主义和精神分析是一种新的现代性。尤其是当萨特宣布"马克思主义是我们文化不可逾越的地平"①时,更是如此。对萨特来说,"马克思主义"是在这样一个世界的内部产生的新现代性的名称。同样是在这个时代,大概有几十年的时间,对于许多艺术家、作家,当然还有精神治疗师来说,精神分析代表的是同样事物:它是个体主体无法逾越的地平,无论人们对它有着什么样的差异和批评。对精神分析为什么会陷入危机的理性分析超出了我现在在这里的所要谈的东西的目的和功能之外。不过,我们当然可以说,在这两种情形下,有一种制度性的影响。共产党变成了体制,在这样的体制下,出现了大量的野心家。在社会主义国家中,无产阶级战士变成了行政管理的公仆,而在精神分析学派中,从教条化的职业发展以及学派的宗派主义的方面来说,逐渐逐渐地精神分析被完全颠倒了。这种制度上的宗派主义就是坟墓,因为这总是意味着在权力和国家层面上,事物失去了平衡。

于是,在今天,"马克思主义"也是一个失败的名称。资本的"民

① 参见让-保罗·萨特:《方法问题》,巴黎:伽利玛出版社 1967 年版。

主”现代性已经坐实了马克思主义的失败，在公共意见中也让其失败变得不可逆转，并宣布马克思主义不过是一个粗陋的错误，不过是罪恶的乌托邦。为了达到这个目的，在所有国家所有时代的反动派眼中，这个词是一个最恶毒的词汇，而马克思说这个词是游荡在欧洲的幽灵，我们知道，这个词就是“共产主义”。这个事业取得了一些成功，我们可以看到，出于一些我们不能在这里多说的理由，我们不能再去宣告共产主义，即便在以共产主义为名义的组织中的那些人（就像法共的领导人一样）也很少去判别和践行共产主义。顺便说一下，肯定马克思主义的兴起，开启了一个新的力量，首先就需要了解它所处的潮流，通过并超越整个20世纪的对马克思主义的不同用法的猛烈而富有革新性的批判——这些批判不同于宣传性的污蔑——我们可以重建马克思主义的必然性和荣光。

我相信，马克思主义的失败，已经被归为其主要精神的失败：我所说的共产主义的政治的核心，绝对不是国家权力的官方意识形态，而是人民群众认识与行动之间的连续性操作。在根本上，我们的任务，正如我们所看到那样——我在这里谈的是我与马克思主义之间关系的最后的话——我们必须重新创造，复活那些事业，我知道许多在这里的人要做的，至少是希望做的事业。这不是梦想。必须复活马克思主义，这恰恰是因为马克思主义的基本架构并未遭到任何损伤。因为马克思主义作为共产主义政治的知识，它将继续在面对资本主义时提出替代性的现代性。在严格意义上，这是其唯一的可能：绝对不存在其他情况。

那么如果我们不想与当代世界中的肮脏勾当同流合污的话，我们必须义正词严，并且毫不犹豫地重建马克思主义所担负的干预作用，这也是我们最后要捍卫的东西，这项事业的奠基者的名字——马克思。

（译者　南京大学马克思主义哲学学院教授、博士生导师）

论恩格斯关于“哲学基本问题”的思想与黑格尔哲学的关系

吴 猛 龙 姣

摘要:恩格斯在《路德维希·费尔巴哈与德国古典哲学的终结》中关于“哲学基本问题”所展开的讨论,与黑格尔哲学有着密切关系。为了表达他对唯物主义问题的理解,恩格斯借用了黑格尔哲学的术语和讨论形式,但由于他坚持近代唯物主义的本体论原则,因而尽管他试图将黑格尔的辩证法引入对于存在和自然界的思考中,仍然事实上站在了黑格尔所批评的思想立场上。

关键词:恩格斯　哲学基本问题　黑格尔　唯物主义

一

在《路德维希·费尔巴哈与德国古典哲学》的第二节中,恩格斯提出了他的著名命题:“全部哲学,特别是近代哲学的重大的基本问题,是思维和存在的关系问题。”①按照恩格斯的分析,哲学基本问题又有两个方面,第一个方面是思维与存在谁是本原或谁是第一性的问题,第

① 《马克思恩格斯文集》第4卷,人民出版社2009年版,第277页。

二个方面是思维和存在的同一性问题。

恩格斯的这种二分法意义深远。如果细究一下就会发现,这里隐含着一些问题。比如,该如何界定恩格斯所使用的“思维”和“存在”概念?

在恩格斯那里,思维可以分为三个层次。第一个层次是主观意识。主观意识包括主观思维和感觉:所谓主观思维,就是和理性活动有关的思维;而感觉则是通过感官所获得的外知觉和内知觉的总和。思维的第二个层次被恩格斯称为“灵魂”。灵魂是人的主观意识和感觉的客观化和抽象化。思维的第三个层次是“神”。恩格斯所说的“神”,固然有作为世界的造物主的人格神的含义,但总体来看,他更关注的是“神”这一概念所包含的绝对性的内容,也即把具有主观性的东西和与感觉相关的东西全部滤掉后所剩下的那部分内容,其实就是世界的理性结构本身或客观思维。从恩格斯的思路来看,思维的前两个层次最终被并入第三个层次,也就是说,分析前两个层次是为了说明客观思维的来历。

至于恩格斯所说的“存在”,可以将之理解为外在于思维的客观性要素的总和。鉴于这种“存在”基本就与“自然界”同义,我们就能理解,恩格斯在谈到存在时何以会将之与自然界并举。而与精神相对立者就是精神,因此恩格斯又把思维与存在的关系诠释为精神与自然界的关系。

对于恩格斯来说,思维和存在之间的关系只有两种可能,即,要么把思维看作存在的本原(或者说精神对于自然界来说是本原),要么把存在看作思维的本原(或者说自然界对于精神来说是本原)。恩格斯说:“哲学家依照他们如何回答这个问题而分成了两大阵营。凡是断定精神对自然界说来是本原的,从而归根到底承认某种创世说的人(而创世说在哲学家那里,例如在黑格尔那里,往往比在基督教那里还要繁杂和荒唐得多),组成唯心主义阵营。凡是认为自然界是本原的,则属于唯物主义的各种学派。”①显然,在这里,恩格斯不再强调思维与

① 《马克思恩格斯文集》第4卷,人民出版社2009年版,第278页。

存在的问题与近代哲学的关联了,而是试图按照对于“哲学基本问题”的回答将哲学史上的全部哲学家分成两大阵营。

但问题在于:第一,如何理解“本原”一词?第二,是不是所有哲学家都讨论本原问题?第三,讨论恩格斯意义上的“本原”问题的哲学家们是不是可以被分为两个阵营?

从思想史的角度看,“本原”一词有多层意思。第一层意思是生成之源,第二层意思是根本的原因或推动力量,第三层意思是根本原则。那么恩格斯所说的究竟是何种意义上的“本原”呢?当恩格斯提到“凡是断定精神对自然界说来是本原的,从而归根到底承认某种创世说的人”时,我们有理由相信,恩格斯所说的“本原”指的实际上是上述三层含义中的第一层,即生成之源意义上的本原。这种“本原”所强调的是“从无到有”的生成。

我们接着可以问,这一意义上的本原问题能否被当成全部哲学史的线索?事实上这是无法成立的,因为这个线索只是理性神学所提供的线索,我们可以循着这一线索追溯到基督教哲学、教父哲学,但无法将之扩展为整个哲学史的线索。从泰勒斯开始的古希腊哲学关于本原问题的讨论,基本上在世界的原则或本质层面上而不是在生成或来历的意义上来展开的。产生或来历意义上的本原,是在后来特别是基督教产生之后才进入哲学领域的。

进一步说,我们即便不将本原理解为生成或来历,本原问题也无法被当作全部哲学的基本问题。我们即便从世界的根本原则这层意义上来理解本原,也可以说,本原问题是哲学的一个非常重要的问题,但不是全部的问题。也就是说,既不是全部的哲学家都在讨论这一问题,也并非哲学家们的全部讨论都是围绕着这个问题。本原问题是本体论的核心问题,但在本体论之外,毕竟还有认识论、自然哲学、伦理学和政治哲学等等,这些领域的问题都不能简单地归结为一般的本原问题,更不能被简单地归结为恩格斯意义上的产生或来历意义上的本原问题。

再者,即便有思想家按照恩格斯对本原问题的解释路线来讨论本原问题，他们的讨论是否要么站在唯物主义一边，要么站在唯心主义一边？恐怕并非如此。比如那些为基督教辩护的哲学家，以及受到理性神学或中世纪教父哲学影响的哲学家，与批判基督教或理性神学的思想家，当然可以说分别隶属于两个阵营：前者的立场是上帝创造世界，后者的立场则是无神论。但是也有一些探讨世界本原问题的哲学家，即便他们从来历或者产生的角度来理解本原，甚至从神的角度来讨论本体论问题，其立场也未必就是在唯物主义和唯心主义两个“阵营”之间做一个非此即彼的选择。比如斯宾诺莎的泛神论，我们应该将之视为唯心主义的还是唯物主义的呢？尽管人们往往倾向于后者，但这一问题远比人们所想象的要复杂。事实上，这历来都是学者们争论不休的难题——更何况斯宾诺莎自己也从未承认自己是无神论者。

与恩格斯关于思维和存在谁是本原这一问题相联系的，是他对哲学基本问题的第二个方面即思维与存在的同一性的分析。如果说思维在恩格斯那里就是指人的主观性的要素的总和，而存在就是指与思维相对立的全部客观性要素的总和，那么对于恩格斯来说，二者之间的所谓同一性问题，就是人的主观性要素如何能够把与之相对立的客观性要素统一在一起的问题。人们在遇到这一问题时，很自然地会想到，主观与客观的统一可以有多重路径和方式的：比如这种统一可以通过认识的方式实现，也可以通过行动的方式去实现，即在行动中把主体的因素灌输到客体的因素中，还可以通过信仰的方式，将主体自身融入对象中。但在恩格斯这里，思维和存在的同一性问题被片面化了，它只被理解为认识问题。而这意味着：第一，主观性因素和客观性因素的根本关系被理解为认识关系；第二，这种认识关系，是由主体向客体发出的；第三，这种由主体向客体发出的认识关系，是一种非此即彼的关系，即要么认识能够完全实现，要么完全无法实现。

与恩格斯关于哲学基本问题的第一个方面的分析一样，恩格斯关于思维与存在的同一性问题的分析也体现出其思想立场的局限性。首先，他站在近代主体性哲学的立场上，将这一立场事实上作为自己讨论问题的基础，因为把主体和客体的二分当作哲学的前提，只有在笛卡尔以来的近代主体性哲学的框架中才能成立。其次，恩格斯在其讨论中非常自觉地将自己放在理性神学和基督教神学的对立面。但这同时也就意味着他在讨论哲学基本问题时视野被后二者所限制。第三，恩格斯在近代主体性哲学的思想武器库中所选取的对抗理性神学和基督教神学的武器是简化版本的近代经验论哲学，这一点可以在恩格斯的“我们能不能在我们关于现实世界的表象和概念中正确地反映现实？”①这样的典型的经验主义哲学话语中看出来。

简单地说，恩格斯站在近代主体性哲学的角度上，对主体和客体进行二元划分，然后又把自己的立场设定为理性神学的对立面，并且把自己的认识论路线设定为经验主义。这一思想路线是如何提出来的？究竟该如何理解其内在理路？

二

恩格斯关于思维和存在关系问题的讨论与黑格尔哲学有内在关联。

黑格尔在《哲学史演讲录》的第四部分讨论近代哲学时提到了思维与存在关系的问题。黑格尔考察了近代哲学的“具体形式”，即自为思维的出现。在黑格尔看来，具有这种形式的近代哲学所要实现的根本目标，就是思维和存在的对立之克服。② 黑格尔将“近代哲学”界定为从培根开始、由笛卡尔确立并到康德为止的这一段欧洲哲学。从黑格尔的立场来看，思维和存在的关系问题只能被限定在近代哲学的范围内，而不能被推广到古代哲学和中世纪。黑格尔对思维和存在的关系问题的设定包含着四个环节：

---

① 《马克思恩格斯文集》第4卷，人民出版社2009年版，第278页。

② 参见[德]黑格尔：《哲学史讲演录》第4卷，贺麟、王太庆译，商务印书馆1981年版，第7页。

第一，黑格尔的基本判断是，在近代哲学中，思维和存在出现了分裂和对立，“我们在这里应当考察近代哲学的具体形式，即自为思维的出现。这种思维的出现，主要是随同着人们对自在存在的反思，是一种主观的东西，因此它一般地与存在有一种对立。”①自为思维为自身规定同一性，这就是说，它全部规定性的同一性之根据都在于自身。全部的近代哲学中的思维的自为性质是使得近代哲学成为近代哲学的根本原因。而与此同时，正是这种自为思维，为其自身设立了一个对立面，即自在存在。自为思维之所以会为自身设立一个对立面，是因为自为思维是反思性的思维，即以反思的形式展开自身的思维。所谓反思，就必须要有内外之分，因此自为思维在为自身规定了内在性之后，必定要规定一个外在性，否则无法建立自身。这样黑格尔就表明，全部近代哲学的起点就是自为思维，而由于自为思维的反思性，使得其为自身设立了一个成为对立面的自在存在，而这内外两者的区别就是近代哲学所要面对的最高分裂，这种最高分裂所带来的就是最高的对立。

第二，这种最高的分裂之所以是最高的，就在于它是最抽象的对立。这里“抽象”和无限有关，只有无限的东西才能被称为抽象的。按照黑格尔的看法，精神和自然、思维和存在乃是理念的两个无限的方面。这马上让我们想起前述恩格斯的观点。不过，恩格斯意义上的精神和自然，事实上是诸多个体的总和，而不是某种抽象的同一体。当恩格斯将周遭世界的全部客观之物的总和概括为自然界，并将与此相对立的主观性要素的总和称为精神时，他所说的自然和精神显然并不是黑格尔所讲的自然和精神。对于黑格尔来说，理念就是完全展开自身的理性，作为理念的理性完全以概念的形式展现自身，因此，如果说精神和自然是理念的两个无限的方面的话，那么精神就是与思维相联系的精神，自然就是与存在相联系的自然。一方面，精神就不再是各种主

① ［德］黑格尔：《哲学史讲演录》第4卷，贺麟、王太庆译，商务印书馆1981年版，第6页。

观之物的统一体,而是指以思维为内在本质的精神。另一方面,自然也不再是各种客观之物的统一体,而是与存在相一致的自然。

第三,近代哲学能够意识到思维和存在的对立,并且试图通过思维来克服这种对立。在黑格尔看来,全部近代哲学都是在解决思维和存在的关系问题,也就是主体和客体的关系问题。这种主体和客体的分裂是由近代哲学所意识到的,因而近代哲学很清楚自己的使命。这一问题的解决,是通过思维来实现的,因此全部近代哲学的出发点都是思维。思维为自己设定了对立,然后思维又要去克服这种对立。这样,思维和存在的关系问题就是主体如何把实体认作自身,思维和存在的和解就是认识到实体即主体。在黑格尔看来,近代哲学提出了这个问题,但是没有把思维和存在真正地统一在一起,所以二者的和解问题才成为一个问题。黑格尔相信,这一工作在自己的哲学体系中将得以完成。简言之,黑格尔所提出的思维和存在的关系问题的实质,就是精神的最高的内在性如何能够把世界的本质理解为自身的问题。

第四,近代哲学不仅意识到了思维和存在的对立,并通过思维来解决这一问题,而且思维总是宣称自己能够成功地把握自己和自然从而实现二者的统一。几乎所有的近代哲学家,哪怕是休谟那样的怀疑主义者,实际上都宣称自己达到了对于自己和自然的本质的理解,都宣称实现了思维和存在的和解。比如,休谟是通过怀疑的方式来实现的,他的怀疑主义的结论是对自己的怀疑的肯定。几乎全部的近代哲学家都以认识论的方式确认思维是能够把握自己和自然的本质的。

这样的一种思维与本质的和解,在黑格尔所谓的近代哲学中,是一种单向度的和解,是思维通过自己来把握对象,来克服自己和对象的对立的,这是理解黑格尔的思维与存在的关系问题的关键。按照黑格尔自己的说法,“那独立自由的思维应当发挥作用,应当得到承认。”①全

① [德]黑格尔:《哲学史讲演录》第4卷,贺麟、王太庆译,商务印书馆1981年版,第60页。

部近代哲学都认可这个出发点,而这也就意味着近代主体性原则的确立。黑格尔说:

这一点,这有通过我的自由思索,才能在我心中证实,才能向我证实。也就是说,这种思维是全世界每一个人的共同事业、共同原则;凡是应当在世界上起作用的、得到确认的东西,人一定要通过自己的思想去洞察;凡是应当被认为确实可靠的东西,一定要通过思维去证实。①

这段话再明确不过表明,在近代哲学中,事实上并不存在恩格斯意义上的唯物主义与唯心主义的对立的问题。如果按照恩格斯的立场,那恐怕全部的近代哲学都是唯心主义,因为全部近代哲学的起点都是思维。这里不存在"我"要把自己放在恩格斯意义上的唯心主义还是唯物主义立场上的问题。我们不得不说,恩格斯所借用的黑格尔的思维和存在关系的讨论框架的本身,就已经预设了恩格斯意义上的唯心主义和唯物主义的对立无法在这一框架中讨论。

三

如果从恩格斯探讨"哲学基本问题"的理论动机来看,他最为关注的,显然是这一问题所蕴含的唯物主义问题。

尽管黑格尔在《哲学史讲演录》第四卷中,确实讨论过唯物主义问题,或更确切地说,明确地把某种哲学称作"唯物主义",但这种唯物主义并不同于恩格斯意义上的唯物主义。

关于法国唯物主义,黑格尔是将其放在启蒙运动的框架中进行讨论的。黑格尔将启蒙运动归为一种过渡时期的哲学,即在 17 世纪的形而上学和 18 世纪末的德国观念论之间的哲学,主要包括贝克莱为代表的"唯心主义"和休谟为代表的怀疑主义、苏格兰哲学、法国哲学即启

① [德]黑格尔:《哲学史讲演录》第 4 卷,贺麟、王太庆译,商务印书馆 1981 年版,第 60 页。

蒙运动,以及德国启蒙思想。在黑格尔看来,这一段过渡时期的哲学,不论是唯心主义还是唯物主义,不论是可知论还是怀疑论,都属于“思想衰落的情况”①。

关于这一时期的哲学,黑格尔的看法是:第一,这个时期的哲学家的根本特征,是提出了一些内在于精神的固定原则。但这一时期的精神就是个体的人,因此,这一时期哲学家们都在为自己、为作为个体的人的意识提供固定的原则。第二,这些固定的原则都是此岸的和解,具有此岸的独立性。所谓此岸,就是指自我意识。这一时期的哲学家们都把自我意识当作固定的原则的出发点,而他们所做的思维和存在的和解,实际上是自我意识内部的和解。第三,过渡时期的思想家们所提出的原则,反对的是纯属人为的理智,即不是自然赋予我们,而是生生造出来的理智,比如彼岸的形而上学,或上帝的观念等。其中最突出的表现就是启蒙运动。第四,这些原则被认为来自健全理智,因而是此岸的理智根据。就是说这种理智是自然的,是主体意识中本来就有的,而不是后天的权威造就的。第五,所谓健全理智就无非是自然的情感和自然的认识。第六,这些健全理智往往会把植根于自然人的心灵的东西当作内容和原则。自然人就是作为肉体的人,在自然经验中存在的人,而他们的心灵就是自我意识。

按照黑格尔的看法,法国的启蒙主义者基本上可以分为两派,一派是所谓的唯物主义者,另一派被认为是泛神论者。唯物主义者包括霍尔巴赫、拉美特利、狄德罗等思想家。黑格尔概括了唯物主义者的共同特征:

第一,在这些思想家那里,他们的逻辑起点是本质,但本质被主体性的思维认为只是在进行否定性的概念运动。否定性的概念运动就是不断变化、不断否定自身的概念运动。这就是说,本质在18世纪唯物

① [德]黑格尔:《哲学史讲演录》第4卷,贺麟、王太庆译,商务印书馆1981年版,第196页。

主义者那里事实上不是被理解为一种肯定性的东西，而是被理解为一种否定性的东西。本质之否定性的根据在于自我意识中，因为自我意识被理解为自然的意识，在经验中不断流变的自然情感，如果以此为依据或原则来看待对象，那么对象也只能够具有否定性。

第二，在本质中全部内容都消失在否定性中，因此本质内部实际上就并没有区分也没有内容，从而这种否定性就表现为抽象的普遍性。由于唯物主义者把所有头脑中接收到的感性材料都看作本质，所以他们认为本质就是不断展开的否定性，这样本质就成为纯粹的否定性自身。而就这种纯粹的否定性自身之为纯粹的否定性而言，这种没有内容的否定性又成为一种抽象的肯定性。对于这种空洞的本质，我们事实上什么都不能说。

第三，这种空洞的本质就其与一般意识相对立而言，就是物质。作为空洞的本质的物质不仅与一般意识即我们的自我意识相对立，并且物质也在这种对立中被自我意识表象为存在。

第四，自我意识之外的东西和“彼岸的”东西实际上全都消失了，只剩下自我意识所能把握的当前的、现实的东西。关于这一点，黑格尔说：“一方面，在这个否定性的运动中，一切把精神设想为自我意识的彼岸的规定都消失了，尤其是各种对于精神的规定，以及那些把精神陈述为精神的规定，主要是信仰精神、认为精神存在于自我意识本身以外的各种想法，以及一切传统的东西、由权威强加于人的东西，全都消失了。剩下的只是当前的、现实的东西。”①物质概念是自我意识通过纯粹的否定性构造出来的，但物质概念本身也带来作为纯粹否定性的肯定的东西，如果用这种观念来理解我们所接受的对象，那它们只能是当前的现实的东西，而后者乃是在经验中不断流变的东西。

第五，自我意识会发现自己也是物质。按照黑格尔的说法：“我是

① ［德］黑格尔：《哲学史讲演录》第 4 卷，贺麟、王太庆译，商务印书馆 1981 年版，第 216 页。

在当前现实中意识到我的实在性的；于是自我意识就很顺当地发现自己是物质，——灵魂是物质性的，观念是外界感觉印象在脑子这个内部器官中所引起的运动和变化。”①自我意识为自己设立了物质概念，而这个物质概念通过自我反思告诉自我意识，自己所能够把握到的只能够是当下的东西，经验的不断流变的东西，因而也能够告诉自己，自己也是不断流变的，也是在不断地进行否定性的运动的，所以自我意识自身也是物质的。而这就意味着，全部世界都是由物质构成的。

概言之，在法国唯物主义者那里，自我意识首先为自己设定一个原则，就是只有健全的理智、自然的认识才是可靠的，而健全的理智和自然的认识所得到的是不断流变、不断否定自身的经验现象，从而自我意识告诉自己，对象的本质就是否定性的概念运动，对象是自己否定自己的。如果对象具有自身否定性，那么这种纯粹的否定性的领域，就可被称为物质领域。具有纯粹否定性的物质领域作为肯定性被自我意识所接受时候，后者就意识到，只有当前的现实的东西才是可靠的。如果自我意识用这样一个观点来审视其自身，那么它本身也是只具有当下性的东西，或不断地流变的、具有否定性的东西。它自身的肯定性和普遍性已经无法看到，因为它是通过有色眼镜来看自身的，但它并不知道这个有色眼镜是它自己创造出来的，还以为这是本来就有的“自然”之物。自我意识从纯粹否定性所具有的抽象肯定性的层面来理解物质，并最终将整个世界都理解为物质性的，因而物质就成为具有本原性的了。

黑格尔对法国启蒙主义者的讨论，事实上分为两个方面：法国唯物主义和泛神论。这体现了黑格尔对启蒙主义的理解。在黑格尔那里，唯物主义与泛神论之间有着非常明确的内在关系，这主要体现在，泛神论者也是从本质出发的，他们把本质看成为绝对本体，把这种绝对本体说成是自我意识的彼岸，并且将其当作是物质。但泛神论的物质同唯

① ［德］黑格尔：《哲学史讲演录》第4卷，贺麟、王太庆译，商务印书馆1981年版，第216—217页。

物论者所讨论的物质是不一样的:在唯物主义者那里,物质是通过对绝对的否定性进行肯定性反思而达到的,即把绝对的否定性或不断展开的流变性加以抽象并规定其为物质;而在泛神论者这里恰好相反,物质不再是抽象的否定性,而是抽象的肯定性,也就是说,这种肯定不是对物质的不断变动的内容的肯定,而是对于它的对象性的肯定,即主观思维肯定在其之外有一个对象,并将之规定为物质。这样,泛神论与唯物主义都将主观性的自我意识当作起点,只不过在唯物主义那里,作为自然认识的自我意识在面对对象时所意识到的是对象的不断流变,而在泛神论那里自我意识所意识到的是对象与自我意识的对立。根本上说,二者是联系在一起的:如果对象不自我意识对立,后者就不知道对象是不断流变的。

如果说唯物主义者抓住了事情的一个方面即对象的否定性的话,那么泛神论者抓住的则是对象的另一个方面即对象性。在黑格尔看来,泛神论所把握的其实是一种空洞的对象性,这种空洞的对象性被规定为绝对本体,而这种绝对本体又被规定为泛神论意义上的物质。有了这种空洞的对象性,那么就会出现一个问题,即自我意识面前所设定的物质的根本属性是自我意识的彼岸性,它是自我之外存在的另一个东西,而如果说物质是“绝对本体”的话,那么这种绝对本体实际上就是外在于认识主体的。

在黑格尔看来,当自我意识在自己的对方形成了一个只有空洞的对象性的物质作为自己的对象时,如果说自我意识内部具有各种必然联系的话,那么这些必然联系只是因为自我意识与其对象之间的联系才得以建立起来。尽管自我意识不知道对象是什么东西,但它知道这种对象是自己的对象,这种认识本身就是一种对于自己与对象的关系的必然性的确认,而这正是自我意识自身内部诸必然联系的前提。不过这种联系并不是一种积极联系,自我意识只不过将自己当作个别事物加以扬弃。这是因为,自我意识在与抽象的普遍性或空洞的对象性建立联系之后,会通过反思发现自我其实是个别之物,而在抽象的普遍性视野之下,这种个别之物应由于自己的个别性而被否定,因而最终自我应当被扬弃。

在这里,黑格尔用自己的辩证法的方式梳理了泛神论的理路。通过这一分析我们看到,泛神论者提出了同唯物主义者完全不同的另一个问题,即不是像后者那样用物质的物质性来统摄思维和存在,而是要寻找自我认识和对象之间的同一性。概言之,自我意识要探寻自己同对象之间的内在关联或同一性,而这种内在关联被设定为对象性,对象性的抽象化就是绝对本体即物质,当物质作为抽象的对象性和自我意识相面对的时候,后者发现自己与物质的联系,而在这种对象性的联系中,自我意识发现自己是个体性的而对象是普遍性的,为了自身和对象相统一,自我意识就要对自身进行否定。这就是思维和存在的同一性问题。

这样,恩格斯所说的哲学基本问题的两个方面,事实上都可以在黑格尔的分析中找到对应的讨论(尽管恩格斯选择了黑格尔的术语“存在”和“自然界”取代了启蒙主义者的“物质”概念)。但问题是,若细加考察的话,会发现后者对前者是具有颠覆性的,也就是说,从黑格尔的意义上来说,恩格斯关于哲学基本问题的两方面讨论都是成问题的。这是因为:第一,黑格尔所讨论的唯物主义的问题,如果能够和恩格斯所讨论的哲学基本问题的第一个方面相比较的话,那么我们会看到,恩格斯的问题在黑格尔那里已被表达为唯物主义者的经验性的自我意识的自我设定问题:物质世界本身就是由自我意识设定的,而自我意识本身的物质性也是其自我运动的辩证法所设定的。第二,黑格尔对泛神论的讨论则表明说明,恩格斯所讨论的思维和存在的同一性的问题是启蒙主义者的问题,而其中根本的问题不在于选择可知论的立场还是选择不可知论的立场,而在于经验性的自我意识如何对待自己与自己所设定的对象之间的关系。总而言之,正如俞吾金先生所指出的那样:“在《终结》(指《路德维希·费尔巴哈和德国古典哲学的终结》——引者注)中,恩格斯对思维与存在或精神与自然界关系的思考始终蕴含着一个传统唯物主义的本体论立场。按照这一立场,与人的实践活动相分离的存在或自然界是第一性的。”①毫无疑问，这种立场恰好是黑格尔所反对的。

四

由上述讨论，我们自然可以得出结论，恩格斯对于“哲学基本问题”的讨论不仅借用了黑格尔的概念，还使用了黑格尔的讨论形式，但如果站在黑格尔的立场上看，恩格斯对黑格尔的借用是无法成立的。但问题是，恩格斯为什么要从黑格尔那里借用这些概念和讨论形式？

这仍与黑格尔哲学本身的相关分析有关。具体说来，黑格尔在对法国启蒙主义的讨论过程中区分了后者的“积极”方面和“消极”方面，那些“积极”方面在很大程度上是被黑格尔所否定的，而其“消极”方面则更多地被黑格尔所肯定。所谓“消极”方面就是“否定”的方面：不论是体现在法国唯物主义那里的对于否定性的直接认定，还是在泛神论那里的自我意识由于要和对象实现同一而对自我实现的否定，两者都包含着否定的环节。而所谓积极的方面就是“肯定”的方面或试图“建立”的东西。关于法国唯物主义者和泛神论所要建立起来的东西，黑格尔讨论了两个方面，一个是物理方面，即自然观，另一个是伦理方面，即伦理和政治观。在黑格尔看来，无论在物理方面还是伦理方面，法国唯物主义和无神论都有对其原则的积极发挥，即提出了一些具体的观点。黑格尔之所以“消极地”看待这些“积极”的成果，是因为“概念仅仅是以消极的形式存在着，所以积极的发挥是仍然没有概念的；它采取着自然的形式、存在物的形式，无论在物理方面，或是在伦理方面，都是这样”②。所谓“自然的形式”，就是自然而然的形式，也就是自我意识

---

① 俞吾金：《重新理解马克思：对马克思哲学的基础理论和当代意义的反思》，北京师范大学出版社2005年版，第93页。

② 俞吾金：《重新理解马克思：对马克思哲学的基础理论和当代意义的反思》，北京师范大学出版社2005年版，第217—218页。

直接获得的东西,即经验现象。黑格尔的意思是,法国唯物主义和无神论的理论所采用的是自然的形式或存在物的形式,其所获得的结论只具有经验直接性而没有概念,因此没有能够真正上升到普遍性和必然性的东西。对于黑格尔来说,无法上升到普遍性和必然性的东西就是不具有确定性的东西,这些东西无法得到理解。比如在伦理学方面,法国的启蒙主义者往往把人归结为各种自然欲望和倾向,但自然欲望虽被解放出来,这种自然欲望之中却是没有任何真理性可言的,我们只能将之理解为人自身的一种纯粹主观性的表达。不仅如此,黑格尔还批评了唯物主义和无神论的"积极"成果的经验主义来源。黑格尔认为法国启蒙主义者的观念的形而上学也即对于观念的根本的理解的基础是洛克的经验主义。按照黑格尔的看法,这种经验主义的基本立场是在通过个别意识而指认观念的起源,而建立在这种理论基础之上的法国启蒙主义者的观念的形而上学的基本内容是"个别的意识从无意识状态中产生出来,诞生在世界上,作为感性意识学习着"①,也就是说不断通过自我意识来学习,不断要求获得经验内容,其根本缺陷在于,"他们把这种外在的起源和发生与事物的生成和概念混淆起来了"②。基于这种理解,黑格尔对法国启蒙主义者所提出的具体理论基本都持批评态度:"对于这种肯定的法国哲学我们是无话可说的。"③

在某种意义上说,恩格斯之所以发挥了黑格尔关于思维和存在的关系的讨论,根本上并不在于黑格尔对启蒙主义的积极的或肯定性成果的否定,而在于黑格尔对于启蒙主义的消极方面的肯定。不论是唯物主义还是泛神论都内在地将否定性包含在自己的原则之中,而这种否定性本身正是黑格尔所欣赏的。"法国哲学著作在启蒙思想中占重

---

① 俞吾金:《重新理解马克思:对马克思哲学的基础理论和当代意义的反思》,北京师范大学出版社 2005 年版,第 218 页。

② 俞吾金:《重新理解马克思:对马克思哲学的基础理论和当代意义的反思》,北京师范大学出版社 2005 年版,第 218 页。

③ 俞吾金:《重新理解马克思:对马克思哲学的基础理论和当代意义的反思》,北京师范大学出版社 2005 年版,第 218 页。

要地位，这些著作中值得佩服的是那种反对现状、反对信仰、反对数千年来的一切权威势力的惊人魄力。值得注意的是这样一个特点，即反对一切有势力的东西、与自我意识格格不入的东西、不愿与自我意识共存的东西、自我意识在其中找不到自己的东西的那种深恶痛绝的感情；——这是一种对于理性真理的确信，这种理性真理与全部遥远的灵明世界较量，并且确信可以把它摧毁掉。它把各种成见统统打碎了，并且取得了对这些成见的胜利。"①这样我们就能看到，黑格尔对法国启蒙主义的消极方面持积极肯定的根本原因在于，在后者中蕴藏着一种彻底地打破现存观念的力量。法国唯物主义所内在具有的朝气蓬勃的否定性，使得黑格尔在对法国启蒙主义的哲学观点总体上予以批评的同时也部分予以肯定。而这也正是我们理解恩格斯哲学基本问题的一个重要的基点：唯物主义之为唯物主义，根本上说并不在于建立某种"积极"的结论，如存在是本原还是思维是本原，思维和存在具有同一性还是不具有同一性，等等，而在于打破各种先入为主之见，直面"事情本身"，按照恩格斯自己在《路德维希·费尔巴哈和德国古典哲学的终结》中的说法就是："人们决心在理解现实世界（自然界和历史）时按照它本身在每一个不以先入为主的唯心主义怪想来对待它的人面前所呈现的那样来理解；他们决心毫不怜惜地抛弃一切同事实（从事实本身的联系而不是从幻想的联系来把握的事实）不相符合的唯心主义怪想。"②不过令人遗憾的是，恩格斯这一对于唯物主义的"消极"的界定并没有他为唯物主义所作的"积极"的界定（将存在和自然界作为思维和精神的本原）对后世的影响大，从而使得马克思主义哲学在很长时期内被理解为机械唯物主义的升级版本。

同时我们也应该看到，黑格尔对法国启蒙主义的消极方面所给予的肯定，仍是有保留的肯定，即他认为这种打破现状的革命性仍然是有

① 俞吾金：《重新理解马克思：对马克思哲学的基础理论和当代意义的反思》，北京师范大学出版社2005年版，第218—219页。

② 《马克思恩格斯文集》第4卷，人民出版社2009年版，第297页。

局限性的,因为启蒙主义者对一切权威势力的否定,所否定的只是一切权威的形式。之所以从形式的层面上否定权威是不够的,是由于这种形式本身是属于理智的东西,而对于理智的东西的否定仍然是理智的东西,而不是理性的东西。因此黑格尔说:“对于理智来说,指出那种只能用思辨去把握的东西的最后基础相矛盾,是很容易的事。”①黑格尔的意思是,用理智的东西来否定思辨的东西是很容易的,因为理智无法理解思辨,或者说,用知性的方式是无法来理解理性的东西的。人们有理由相信,这也正是为什么恩格斯最终会将辩证法视为真正意义上的唯物主义的核心要素的原因。在恩格斯看来,资本主义时代的生产力发展和 19 世纪以来人类在科学上的伟大发现特别是细胞学说、能量守恒定律和进化论“三大发现”,使得人们有可能打破对于事物的片面理解,而建立关于发展过程和普遍联系的整体性的世界观。恩格斯相信,这种世界观的建立与黑格尔的辩证法思想密切相关,后者是“一个伟大的基本思想,即认为世界不是既成事物的集合体,而是过程的集合体,其中各个似乎稳定的事物同它们在我们头脑中的思想映象即概念一样都处在生成和灭亡的不断变化中,在这种变化中,尽管有种种表面的偶然性,尽管有种种暂时的倒退,前进的发展终究会实现——这个伟大的基本思想,特别是从黑格尔以来,已经成了一般人的意识,以致它在这种一般形式中未必会遭到反对了”②。这样,我们也就能够明白,为什么恩格斯尽管对“唯物主义”一词有着如此好感,并对法国唯物主义的“积极”成果如此同情,但却选择了黑格尔的术语体系表达自己关于“哲学基本问题”的理解。

但问题是,当恩格斯试图将黑格尔的辩证法思想与存在和自然界的本原性问题结合在一起的时候,后一问题事实上已经被形而上学(在与“辩证法”相对的意义上)化了。正如卡弗(Terrell Carver)所评

① [德]黑格尔:《哲学史讲演录》第 4 卷,贺麟、王太庆译,商务印书馆 1981 年版,第 221 页。

② 《马克思恩格斯文集》第 4 卷,人民出版社 2009 年版,第 298 页。

论的那样，在《路德维希·费尔巴哈与德国古典哲学的终结》中，恩格斯"对所有概念所做的形而上学证明，是基于对固定不变的事物的信念，并且运用了非辩证的思维（根据他的辩证的观点）"①。

（作者　吴猛，复旦大学哲学学院、复旦大学当代国外马克思主义研究中心副教授；
龙姣，复旦大学2015届马克思主义哲学硕士）

① ［美］特雷尔·卡弗：《马克思与恩格斯：学术思想关系》，姜海波、王贵贤等译，中国人民大学出版社2008年版，第127—128页。

对《资本论》体裁的误解*

——如何评价马克思《资本论》的相关性

[美]安德鲁·克莱曼①

丁 琪 吕琛洁 译 赵媛媛 校

摘要:批判马克思《资本论》的观点往往认为,资本主义发生的巨大变化使得马克思的《资本论》与当今世界近乎不再相关。本文认为这些观点都是建立在对《资本论》体裁的误解上,例如将其看作是一部描述性著作而非理论著作,抑或是一部关于资本主义整体而非资本主义生产模式的著作。文章随后转向西尔维亚·费德里西、乔纳森·斯贝尔、保罗·巴兰和保罗·斯威齐提出的具体论点。这些观点试图抨击马克思劳动力再生产理论和一般利润率下降趋势理论的相关性。文章认为,这些观点是错误的,部分原因在于这些批判家们并不完全理解《资本论》的体裁。

关键词:卡尔·马克思《资本论》 政治经济学 批评相关性

正如特里·伊格尔顿(Terry Eagleton)指出,批判马克思的观点认

---

* 本文系2017年度南京工业大学“社科创新团队”立项项目(sktd2017006)的阶段性成果。

① Andrew Klima,美国佩斯大学戴森艺术与科学学院教授,左翼经济学家、著名的马克思主义理论家。

为资本主义制度“自从马克思时代以来，改变的已经难以辨认，这就是他的观点在当代无关紧要的原因”①这一观点的前半部分，毋庸置疑。相对于马克思时期，如今资本主义遍布全球。自由竞争时期的资本主义被垄断资本主义和国家资本主义取代。在过去的几十年间，金融的作用与日俱增。在技术发达国家，女性劳动力不断增加，烟囱工业（汽车制造业等传统的重工业）不再重要。诸如此类。与我们紧密相关的世界，似乎与《资本论》中论及的世界没有相似之处，尤其是《资本论》第一卷中有关被剥削情形的描述：在直接生产过程中，通过榨取工人剩余劳动力的资本扩张。因此，我不会质疑这一观点的前半部分，也不会以典型的方式质疑后半部分（马克思思想无关紧要的观点）——即通过讨论他的一些我认为仍然相关的观点。② 相反，我将通过质疑假设的资本主义变化与马克思无关性之间的联系，这一更根本的方式反驳这一观点。③

在伊格尔顿表述的简单形式中，这一论证迅速轻易地从资本主义已经发生变化的事实，得出了马克思的观点因此不再相关的结论，似乎

① Terry Eagleton，“‘Was Marx Right?：It's Not Too Late to Ask’”，Commonweal magazine（March 28，2011）. Available at https://www.commonwealmagazine.org/was-marx-right.

② 在克莱曼（2013）的一篇文章中，我已经做了这方面的讨论。本文中的一些部分正是基于该文而写。Andrew Klima，Alan Freeman，Nick Potts，Alexey Gusev，and Brendan Cooney，“The Unmaking of Marx's Capital：Heinrich's Attempt to Eliminate Marx's Crisis Theory”（July22，2013），见 http://papers.ssrn.com/sol3/papers.cfm? abstract_id=2294134。

③ 伊格顿（Eagleton）（2011）也采取了这种策略，但他的观点是令人费解的：“马克思自己完全意识到他所挑战的体制不断变化的性质。……那么，为什么近几十年来资本主义已经改变形态的这一事实，会拒绝接受变革本身就是其本质的理论呢？”然而，马克思肯定认识到一个事实：体制的改变可能会使他的理论无关。资本主义的变化不会消除这种可能性。一切都取决于所考虑的变化是否属于这种类型，而不在于马克思是否认识到资本主义发生变化。Terry Eagleton，“‘Was Marx Right?：It's Not Too Late to Ask’”，*Commonweal magazine*（March 28，2011），Available at https://www.commonwealmagazine.org/was-marx-right。

这种过渡的可信性是不言而喻的。这是不正确的。很显然,资本主义的每一次变化都不会使马克思的每一个观点变得不再相关。因此,这一问题必须得到解决,不是以这种简单的形式,而是在个案基础上。在每一种情况下,需要一些中间论证,把资本主义的某些具体变化与一些被认为无关紧要的具体观点联系起来。

因为这一论证的简单形式是没有意义的,所以本文将重点讨论后一种形式的一些著名论点,那些试图将马克思具体观点与不再存在的具体情况联系的观点。我将讨论西尔维娅·费德里西(Silvia Federici)关于马克思忽视“妇女的生育工作”的论点,他之所以这样做,部分原因是因为他关注自己时代的特殊情况,当时这种工作还不是资本生产的组成部分。接下来我会提出两个论点:资本主义的发展使马克思的利率下降理论无关。一种观点由乔纳森·斯贝尔(Jonathan Sperber)在他最近的马克思传记中提出,这个理论只适用于资本主义过时的版本,其中生产率没有迅速增长。另一观点,“每月评论派”(也就是所谓的“垄断资本”学派)在过去的半个世纪以来极力推崇,即马克思的理论预设了自由竞争时代的资本主义,因此作为垄断和寡头垄断统治的结果,互不相关。

在我对这些案例研究之前,我将对《资本论》这本著作的类型进行一些更全面的思考:

因为认为这本著作与当代无关的论点,似乎常常是基于对其体裁的误解或歪曲。首先,我认为《资本论》主要是一部理论著作,而不是描述作品。因此,它描述的(或似乎描述的)内容与我们在现实世界中观察到的不匹配,不能作为它与现实世界无关的证据。在我看来,“每月评论派”倾向于犯第一个错误,费德里西的论点则是犯了第二个错误。(斯贝尔的错误则不那么复杂。)

因为这里需要采用逐案的方法,正如我前面所讨论的那样,不可能全面驳斥《资本论》无关性的观点。关于无关性的一般观点,都是常常基于《资本论》体裁方面的错误。我希望我所陈述的案例研究,结合一般观点,能够成为一个可信的案例,可以以类似的方式驳斥关于不相关的额外指控,并且也是其他学者参与的一个富有成效的探讨。任何人都会犯错,但当同样类型的错误不断重犯,就有理由怀疑这类错误有其政治或物质基础。① 探讨这种可能性超出了本文的范围。提及这点,仅仅是阐明所讨论的错误并非纯粹的认知错误,通过具有说服力的论证就可以消除。

一、理论性著作及其独特性

当今世界与我们在《资本论》中遇到的世界具有很大差异。这一事实,并不表明这一著作已经与现在无关,或者相对于写作的时代,联系变弱。当今世界与马克思著书时的世界早已迥然不同。马克思在著书时敏锐地意识到了这些差异。例如,他在第二卷中指出:"这是典型的资产阶级视野,……商业交易充满了人们大脑,以相应的商业模式来看待生产方式的基础,而不是相反。"然而,他坚持认为,劳动力买卖双方(资本家和工人)之间的市场关系,"根本上依赖于生产的社会特征,而不是商业模式,后者源自前者"②。因此,问题不在于资本主义从马克思时期是否已经发生了变化,或者这些变化是否重大。问题是:事情与《资本论》中所呈现的完全不同。这一事实的意义是什么?这一事实能否作为对这本著作的合理评价?或者表明理论上的不足之处?

---

① 关于马克思价值理论内在不一致的相关指控,就政治和物质基础方面的讨论,参见 Kliman(2007,passim)和 Kliman(2010)。Andrew Kliman,*Reclaiming Marx's 'Capital':A refutation of the myth of inconsistency*,Lanham,MD:Lexington Books,2007;Andrew Kliman,"The Disintegration of the Marxian School",*Capital & Class*(2010)34,1:61-68。

② Marx,Karl 1868,[Letter to Ludwig Kugelmann],July 11.Available at https://www.marxists.org/archive/marx/w orks/1868/letters/68_07_11-abs.htm.——*Capital:A critique of political economy*,Vol.II,London:Penguin(1992),p196.

马克思预见了这种反对，并且通过区分“科学”和现象描述来反复回应。在《资本论》的第一卷，他辩解道：“只有掌握了资本的内在本质，才能对竞争进行科学分析。正如天体的明显运行，只能被熟悉他们真实运行的人所觉察，而这些运行是感官无法察觉的。”①在第三卷中，与亚当·斯密和大卫·李嘉图等理论家的“科学”政治经济学相比，马克思再次通过对比现象和本质，批评了“庸俗经济学”——即专注于描述现象的学派：“庸俗经济学实际上只是将资产阶级生产关系中存在的代理人的概念解释系统化，并转化为辩护理论。……[但]如果事物的出现形式直接与其本质相符，那么所有的科学都是多余的。”②几年之后，在另一封写给朋友的信中，马克思做了几乎同样的论述：“庸俗经济学家们认为他们做了巨大的发现，因为与内部互连的启示相反，他们自豪地宣称表象看起来不同。事实上，他们自称自己只抓住表象，并将其作为终极目标。那么，为什么要有任何科学呢？”③因此，马克思并不试图通过用这些“事物看待”社会表面的方式描述其组成部分和关系，从而评论资本主义社会“抓住表象”。相反，他是在从事一门“科学”——在各个部分和它们表面的关系之间“揭露内在的相互关联”。鉴于这一目的，我来评价这本书，就其与事物表象如何紧密一致，是完全不合适的：例如，就主导经济新闻与资产阶级思想的商业交易和金融市场是否也是这本书的主要内容。相反，需要从该书如何成功地揭示了内在关联上对其进行评价。

《资本论》不断被认为“遗漏”或“忽略”了资本主义一些重要的方

---

① Marx，Karl 1868，[Letter to Ludwig Kugelmann]，July 11. Available at https://www.marxists.org/archive/marx/w orks/1868/letters/68_07_11-abs.htm.——*Capital*：*A critique of political economy*，Vol.I，London：Penguin(1990)，p.433.

② Marx，Karl 1868，[Letter to Ludwig Kugelmann]，July 11. Available at https://www.marxists.org/archive/marx/w orks/1868/letters/68_07_11-abs.htm.——Capital：A critique of political economy，Vol.III，London：Penguin(1991)，p.956.

③ Marx，Karl 1868，[Letter to Ludwig Kugelmann]，July 11. Available at https://www.marxists.org/archive/marx/w orks/1868/letters/68_07_11-abs.htm.

面,或者在处理这些方面时是"不充分的"。例如,《每月评论》的作者希瑟·布朗(Heather Brown)最近抱怨道:"性别对于了解资本主义十分重要。马克思理论没有提供这方面的充分论述。"①这一指责,是建立在假设《资本论》的目标是"全面理解资本主义"。由于性别关系是资本主义的重要方面,因此,提供更全面的性别关系的论述,将有助于将《资本论》从其作者遗留的"不充分"状态中解救出来。

我认为这严重曲解了《资本论》的内容。这本书被命名为《资本论》是有一定原因的。它没有被命名为《资本主义发生的一切》,或者甚至是《关于资本主义的方方面面》。它特别关注的是资本——价值"自我膨胀"的过程和阶段,或资本如何成为更大的价值。它是关于价值的自我膨胀如何产生,如何再生产(更新和重复),以及在经济学家和商业人士的传统思想和概念中如何不完美地思考整个过程。这并不意味着《资本论》是简化的。在具体关注和简化之间有一个关键差异。我不认为马克思曾经在任何地方写过,或暗示过价值自我膨胀的过程是资本主义的唯一重要事情,其他的过程都可以简化为这一过程。它确实影响了许多其他事情,有时是以关键的方式——这或许就是主要的原因,有关《资本论》的书被误解为一本《关于资本主义的方方面面》的书——但是认识内在的相互关系,不等于其他的事情都归于价值的自我膨胀。

当然,任何一本书,都会特别关注某一特定方面,从而"遗漏"或者"忽略"其他的事情,这合乎常理。但是,我们通常不会抱怨,烹饪书遗漏或忽略有关汽车换油的说明,或者关于国际政治形势的分析。指责《资本论》没有讨论资本主义的诸多方面,以及其中所发生的事情,在我看来,是同样不合适和缺乏公正的。

---

① Heather Brown,"Marx on Gender and the Family:A Summary",Monthly Review,(March.,2014) Available at http://monthlyreview.org/2014/06/01/marx-on-gender-and-the-family-a-summary/.

二、《资本论》范围的缩小及其原因

要去理解《资本论》主题的具体内容，有必要了解一下马克思缩小其范围的程度。马克思原本试图发表一部内容广泛的批判作品，不仅涉及政治经济学，还涉及哲学、法律、伦理、政治和公民生活及其他问题。但在 1844 年，即《资本论》第一卷出版之前的 23 年，他就已得出结论：在同一部作品中涉及所有问题，是不会有成果的。因此，1844 年他的《经济哲学手稿》主要探讨政治经济学，除了最后一个"章节"，专门用于批判黑格尔辩证法和黑格尔哲学。①

当马克思在 1857—1858 年重新回到对政治经济学的批判时，他设想了一套由六本书组成的作品，以及将它们联系在一起的介绍。第一本书关于资本；第二本关于土地财产；第三本关于工资和劳动力；第四本关于国家；第五本关于对外贸易；最后一本将会涉及世界市场和经济危机。这一大纲还设想有关资本的书将包括四个部分：一般资本、竞争、信用体系和股份资本（股份所有权）。最后，"一般资本"部分包括三个主题：资本生产过程、资本流通过程、利润和利息。②

如此一来，到了 1857 年或 1858 年，马克思比 1844 年更进一步缩小了他预期作品的范围。这个大纲仅包括经济问题（可能例外的部分是关于国家）。尽管这些问题潜在地囊括了很多内容，却似乎并未涵盖资本主义社会的全部经济范畴。例如，大纲似乎没有列出位置，以供马克思将消费的系统研究、法律关系的经济方面和资本主义社会中的非资本主义生产（如个体经营的手工业者生产、非资本主义商业和家

---

① Karl Marx，1868，[Letter to Ludwig Kugelmann]，July 11.Available at https://www.marxists.org/archive/marx/w orks/1868/letters/68 _ 07 _ 11 - abs. htm.——Karl Marx：Early Writings，London：Penguin（1975），pp.280-282.

② Roman Rosdolsky，*The Making of Marx's"Capital"*，London：Pluto Press，1977，pp.11-12.

庭生产)等内容安排进去。

马克思唯一尚存的纲要,大约写于八年之后(1865 或 1866)。纲要设想一部由四本书构成的作品:资本生产过程,资本流通过程,作为整体的过程形式和"理论史"(即政治经济学理论)。① 这部作品的前三本,与后来《资本论》的三卷大致相同,而未经编辑的第四部手稿,是马克思死后出版的《剩余价值论》。

请注意前三本书与马克思设想的关于资本著作的"一般资本"部分相同或类似。马克思在 1857—1858 年比较宽泛的大纲中列出这套有关资本的著作。在大概八年时间里,马克思大幅缩小自己打算发表的政治经济学批判的范围。《资本论》三卷中的大部分问题,原本预计占据一本书的一个部分——最后扩成了除此之外的另外五本书,和其著作第一本书中超过三个以上的部分!

第一本书剩下的部分和另外的五本书发生了什么?在写于 1864—1865 年,后来成为《资本论》第三卷的手稿草稿中,马克思指出:"信用体系和世界市场的竞争""不在这本著作范围内",而是,"属于可能的续篇"。同样,他表明自己仍然考虑撰写一份"竞争特别研究"②,这表明他并不期望《资本论》全面、系统地研究竞争。《资本论》很少提及,而且肯定不会系统地研究股份资本、国家或者对外贸易。另一方面,《资本论》确实涉及所有这些问题,出现书中的不同地方和不同场合,只要马克思认为它们与讨论的问题直接相关。因此,1857—1858 年大纲中几本完整的"书本"和"章节"不在《资本论》中,原因在于马克思故意限制了著作的范围,而不是他无法创作可供发表的整部《资本论》的原稿。

---

① Roman Rosdolsky, *The Making of Marx's "Capital"*, London: Pluto Press, 1977, p.13.

② Karl Marx, 1868, [Letter to Ludwig Kugelmann], July 11. Available at https://www.marxists.org/archive/marx/w orks/1868/letters/68_07_11-abs.htm.——*Capital: A critique of political economy*, Vol. III, London: Penguin, (1991), p.205, p.298; cf. p.426.

相比之下,《资本论》似乎至少总结了一些马克思在1857—1858年试图说明的问题:如第二本关于土地资产,第三本关于工资—劳动力。《资本论》第三卷全面系统地讨论了土地租金。第一卷讨论了工资—劳动的各个方面的具体内容:第六章关于劳动力的买卖;简短的第六部分关于"工资";在第七部分资本积累讨论了就业和工资的波动。另一方面,马克思①在《资本论》中有意忽略了对于各种工资形式的全面讨论,指出这一问题"归于工资—劳动的特殊研究,因此不属于这本著作"。

总而言之,目前尚不清楚,马克思最初是否打算讨论地产和工资—劳动的其他方面,并讨论到何种程度。无论怎样,囊括了之前第二本和第三本书问题的《资本论》没有削弱这一结论:这本著作故意忽略了马克思一度认为政治经济学批判部分诸多事情的系统讨论。更没有削弱另一结论:《资本论》仅仅涉及了马克思最初(1844年前)试图解决的一小部分内容。

为何马克思会大幅缩减政治经济学批判的范围?我认为至少有两个原因。第一,他最初设想的批判过于雄心勃勃。咬下来的东西太多,以至于难以咀嚼下咽。随着年龄的增长和健康问题加剧,他对可能貌似完成的期望变得更加适度。然而,就这个问题而言,这个答案是不充分的。毕竟,有相当数量的作者能够完成范围广泛的批判,内容涉及政治经济学、哲学、法律、伦理、政治和公民生活。一些作者甚至在几年内能够草草完成。这让我们想到其他原因:马克思不是一位这样的作者。《资本论》不是一本关于资本主义所有事情的书,因为马克思不是一位了解所有事情的思想家。他是一位辩证的、黑格尔式的传统思想家,也是一位特别小心谨慎和周到缜密的人。他特别努力地避免在我们看来,以"真实的事情和具体的事情"的形式开始;因为这样会等同于以

① Karl Marx, 1868, [Letter to Ludwig Kugelmann], July 11. Available at https://www.marxists.org/archive/marx/w orks/1868/letters/68_07_11-abs.htm.——*Capital: A critique of political economy*, Vol.I, London: Penguin(1990), p.683.

"整体的混乱概念"开始。①

马克思曾经解释过自己为何抛弃最初计划,即撰写一部除了政治经济学之外,还涉及哲学、法律、伦理学、正式和公民生活的巨著的原因。了解这一原因,会很有启发。正如他在自己《经济哲学手稿》的前言中所述:"主题的丰富性和多样性,只有在我写入格言中时,才能融入一部单一的作品中。而格言性的表述,就其本身而言,会留下任意系统化的印象。"②此外,他总结道,当他没有试图同时阐述哲学方面和主题问题的其他方面时,他的论点就会连贯许多:"将针对投机的批评与各种主题的批评结合是非常不合适的;它阻碍了论证的发展,使得论证很难流畅。"

这并不意味着马克思试图将剩下的问题从这些手稿中删除。相反,这意味着他没有将这些问题考虑"在内和为这些问题考虑"。这些问题没有被系统地讨论过,仅仅在特殊方面有所"涉及"。马克思指出三个标准指导他讨论哪些另外的问题和在哪里讨论。首先,讨论的问题必须与政治经济学"相互关联"。其次,他是问题相互关联的点上进行讨论。第三,他的讨论"仅限于政治经济学本身特别涉及的这些问题"。"政治经济学本身"在这里,几乎肯定就指政治经济学家们的作品。因此,当决定一个问题是否超出了政治经济学的领域,在哪些方面政治经济学要"涉及"时,马克思都会遵守政治经济学家的做法。

马克思在这里所做决定的明显理由,与他在之后的著作中,关于政治经济学的批评——尤其是"固有的"和内在的批评的理由如出一辙。这是他的风格。关于讨论什么和在哪里讨论的决定不是任意凭空捏造的,也不是根据他对世界运作的理解或个人对重要事物的看法决定的。

---

① Karl Marx,1868,[Letter to Ludwig Kugelmann],July 11.Available at https://www.marxists. org/archive/marx/works/1868/letters/68 _ 07 _ 11 - abs. htm.——Grundrisse: Foundations of the critique of political economy, London: Penguin.(1973),p.100.

② Karl Marx,1868,[Letter to Ludwig Kugelmann],July 11.Available at https://www.marxists. org/archive/marx/w orks/1868/letters/68 _ 07 _ 11 - abs. htm.——*Karl Marx:Early Writings*,London:Penguin.(1975),p.281.

他的决定受到他所批判的政治经济学历史的约束和限定。

当我阅读文本证据时，马克思在随后关于政治经济学的批判发展中，继续坚持这些实践。对于他准备出版的著作尤其如此——1859 年《〈政治经济学批判〉导言》和《资本论》第一卷《政治经济学批判》，1867 年出版的第一版。（与他未出版的文本相比，这些著作包含相对较少的离题和偏题，较少的意识流写作，更多关注论点的方法结构。）再一次，他批判什么、在哪里批判和为什么批判受到了限制，并很大程度上取决于一个事实，即他是对政治经济思想进行内在的批判，而不是对资本主义社会甚至资本主义经济进行随意的评论。

当然，马克思的批判不仅限于从狭义上对经济思想的批评。他确实详细地讨论了资本主义生产模式的具体特征，及其正常运作和失效的方式。但是关键在于这些讨论不是独立的。如果“依据马克思的世界”分析它们，就会被误解。它们是马克思政治经济学批判的要素。对于讨论什么，如何讨论，在哪一点上和在什么背景下进行讨论，这些都是由他先前批判的政治经济学思想所决定的。

不幸的是，尽管对马克思在《资本论》中的方法评价类似家庭手工业，但人们很难理解在一些重要方面，他使用的方法并不是“他的”，从术语的正确意义上来说，甚至都不是方法，而是困于主题限制的结果。或许最好的办法，不是将其看作“马克思的方法”，而是他批判对象的辩证结果。

三、马克思的劳动力再生产理论

西尔维亚·费德里西提出：“对马克思主义的女权主义批判……从 20 世纪 70 年代以来，一直在发展。”①这一批判的中心观点是：“马

---

① Silvia Federici,“The Reproduction of Labor Power in the Global Economy and the Unfinished Feminist Revolution”, in Silvia Federici, *Revolution at Point Zero: Housework, Reproduction, and Feminist Struggle*, Brooklyn, NY: PM Press.(2012), p.91, 92, 94.

克思对资本主义的分析一直受到限制,因为他没有设想除商品生产形式以外的价值创造,以及他随后忽略了在资本积累过程中女性无偿生育的重要意义。……如果马克思认识到资本主义必须同时依赖于大量的无偿家庭劳动以再生产劳动力,同时为了降低劳动力成本而贬低这种再生产活动,他可能不会将资本主义发展看作是必然的和进步的。"她继续问道,"为何马克思坚持忽略女性的生育?"她的部分答案是"马克思描述了在他的时代所看到的产业工人阶级的状况,而女性家庭劳动几乎不在其列"。"关注描述而非理论"和"他的时代"这些词语表明了马克思关于资本主义分析与我们的时代相关性较低,甚至很少有关。

这一表述有什么错误吗?首先,费德里西认为马克思"把资本主义的发展看作必然的和进步的",这一点至少是极其误导的,因为过于宽泛和绝对。不仅没有认为资本主义的发展在所有重要方面是"进步的",在《资本论》著名的一段文章中,马克思实际上认为资本主义导致了劳动过程条件的恶化,工人的生活时间转变成工作时间,资本对妇女和儿童劳动日益增加的剥削。因此,"随着资本的积累,工人的境况,无论工资的高低,都必然恶化。"①

至于马克思认为资本主义的发展是必然的这一观点,他从不认为每个国家必须经历资本主义阶段。他最终得出的结论是,如果技术发达国家的革命伴随着欠发达国家的革命,后者事实上可以避免经历资本主义阶段。②

让我们再回到费德里西关注的主要问题上——劳动,主要是妇女劳动,关于工人劳动力的再生产(工作的能力)。她正确地指出,资本主义积累受到这些劳动的显著影响。她同时认为马克思没有正视这一

---

① Marx, Karl 1868, [Letter to Ludwig Kugelmann], July 11. Available at https://www.marxists.org/archive/marx/ works/1868/letters/68_07_11-abs.htm.—— 1990, *Capital: A critique of political economy*, Vol.I, London: Penguin. (1990), p.799.

② Teodor Shanin (ed.), *Late Marx and the Russian Road: Marx and the 'peripheries of capitalism'*, New York: Monthly Review, 1983.

点的重要性，并进一步提出，这些妨碍了他对“资本主义的分析”。然而，如果认为马克思没有认识到工人劳动力的再生产需要“大量无偿的家务劳动”，这是不可信的。这是一个显而易见的事实。很难想象马克思会没有发现，尤其是在 150 年前，食品服务、洗衣服务和儿童保育尚未大批商品化之前。此外，费德里西关于马克思“没有设想生产价值的工作，除了商品生产的形式以外”的批判也是误导。事实上，在马克思的价值理论中，商品生产和创造价值的工作是近义词。在所有劳动产品中，只有商品才有价值，而且不仅仅是使用价值。所以，在所有类型的劳动中，只有生产商品的劳动才能创造价值，而不仅仅是有用的物品和效果。① 因此，费德里西的论证最后成了同义反复，即马克思没有设想商品生产，除了以商品生产的形式！

当然，她有权不同意马克思的观点，但关键在于她并不反对马克思“没有设想”的原因，即马克思关注于描述“他的时代”境况。没有拒绝一些特别的事情，相反，费德里西隐含地拒绝了马克思一般价值理论的概念结构。当任何一种非商品生产被称为创造价值时，这一结构立即崩溃。由于《资本论》整体的概念结构依赖于其价值理论上，所以《资本论》也随之轰然塌陷。确实，理论的一般概念结构是可以追踪到理论家无法设想特定的东西。但是在这一案例中是极不可信的。因为（正如我前面的讨论）《资本论》是对政治经济学的批判，其概念结构在很大程度上取决于所批判的对象。尤其是书中诸如商品、价值等元素类别源自其批判的古典政治经济学。马克思对这些术语或者接受，或者稍加修改。否则，他是不可能在对政治经济学进行内在批判的同时，完成这一著作的。

费德里西认为马克思忽视了女性生育工作，这样一来，会将《资本

① 因为这里使用的术语价值一词，是取其术语的含义，不同于使用—价值（或用处）。所讨论的问题与女性生育是否有价值无关，因为这里的价值是指有用或受到尊重。这里讨论的问题与那些从事生育的人是否直接获得酬劳无关。在马克思的理论中，获得直接报酬的各类工人们的劳动力并不创造价值。

论》误解为《资本主义面面观》。为了理解为何这是一个误解,我们首先需要理解她所说的“忽略”意味着什么。在前一页上,费德里西写道:“马克思忽略了女性生育工作……虽然他谨慎地探讨了纱线生产和资本主义稳定物价的动态,当处理生育工作时,他很简明,将这项工作归于工人使用工资购买商品的消费,和生产这些商品需要的工作。换句话说,正如在新自由主义计划中,在马克思的描述中,所有需要用来再生产劳动力的都是商品生产和市场。没有其他的工作会干预准备工人消费的商品,或者从身体上和情感上恢复他们的工作能力。在商品生产和劳动力生产之间没有做出区分。一条流水线生产了两者。”①因此,“忽略”并不仅仅意味着女性生育工作不在马克思《资本论》的讨论话题之内。这意味着马克思本应该讨论这些。女性生育工作与马克思讨论的内容直接相关。他的讨论被扭曲,是错误的,因为它误把生育工作视为工人劳动力再生产中不重要的,甚至是不必要的。然而,在文章的结尾,“将它缩减为工人的消费”是不正确的。马克思没有将劳动力再生产的工作“缩减”为消费商品的工作。② 他没有说明或暗示商品的生产和销售是“需要(再)生产劳动力的”,或者“没有其他的工作”——即,直接再生产劳动力的工作——是需要的。他当然确实区分了再生产劳动力的工作过程和那些生产其他商品的过程。

留意费德里西在下一页引用《资本论》的一段文章,就会很容易发现她创造了一个假想对手:毫不奇怪,尽管承认“维持和再生产工人阶级是资本再生产的必要条件”,但是马克思立即补充道:“但资本家会将这个毫无风险地留给工人自我维护和繁衍的努力。所有资本家关心

① Silvia Federici,“The Reproduction of Labor Power in the Global Economy and the Unfinished Feminist Revolution”, in Silvia Federici, *Revolution at Point Zero: Housework, Reproduction, and Feminist Struggle*, Brooklyn, NY: PM Press, 2012, p.93.

② 我会撇开不谈有关生产工人消费的商品的工作。佩斯·费德里西,显然,工作不会再生产劳动力,正如生产汽车也不是驾驶出租车。一个工作过程的产品(工人消费的商品,汽车)成为另一个不同工作过程的输入(劳动力的再生产,驾驶出租车)。这一事实并不妨碍我们识别两种截然不同的工作过程。

的都是将工人的个人消费减少到最低”。①

因此，马克思并没有说“一条流水线生产两者”商品和工人的劳动力。相反，他认为劳动力的再生产是一个过程，这一过程资本家没有直接参与。由此可见，首先，劳动力的再生产不同于资本主义的商品生产。其次，劳动力的再生产不仅需要商品的生产和销售，还需要“资本家毫无风险地留给工人自我维护和繁衍的努力”。换句话说，资本主义社会有截然不同的生产过程。在资本主义生产的过程中，工资—工人的劳动，结合生产资料制造商品。另一个发生在“家里”的过程中，超出资本主义生产范围，家庭成员的劳动，结合生产资料（消费产品和设备），再生产家庭成员的劳动力。

鉴于这些区别，我们可以识别费德里西以一种新的曲解方式，试图将《资本论》变成《资本主义面面观》。费德里西不仅以常规建议，她所关心的问题恰好是《资本论》主题的一部分。她还辩称，马克思自己以不恰当的方式，将劳动力的再生产作为《资本论》主题的一部分。也就是说，他将两种迥然不同的生产过程，以一种错误地阻碍了家庭生产的方式混为一体，并使其变得毫无必要：“商品生产与劳动力生产之间没有差别。一条装配线生产两者。”

我认为之前的讨论证明了这一观点是错误的。《资本论》没有“忽略”女性生育工作，通过假装资本生产自身会再生产劳动力，从而证明这种再生产工作是不必要的。然而，关于《资本论》忽视了存在再生产

① 这段文章似乎是费德里西指责马克思将生育工作缩减为“工人消费其工资购买的产品和制造这些商品所需要的工作”的根源。商品消费是这段文章中讨论劳动力再生产的唯一方面。然而，该段落并非旨在描述或解释如何再生产劳动力，其目的是表明说“工人的个人消费……[是]资本生产和再生产的一个方面”（马克思 1990，p.718）。换句话说，马克思选取了劳动力再生产的一个方面：消费，是为了强调消费。这与将劳动力再生产的整个过程缩减为消费不同。Silvia Federici，“The Reproduction of Labor Power in the Global Economy and the Unfinished Feminist Revolution”，in Silvia Federici，*Revolution at Point Zero：Housework，Reproduction，and Feminist Struggle*，Brooklyn，NY：PM Press，2012，pp. 94-95。

工作的指控,会不会因为不同的原因而正确呢?毫无疑问,本书对这类工作谈得很少。问题是,是否有需要,或者至少应当多谈一些?我不这么认为。本书不是《资本主义面面观》,更不是《资本主义生产面面观》。这是关于资本的书。它对生产的讨论(除了旁注和历史对比)主要是讨论了上述两个过程中的第一个,即资本主义生产——或者更清楚地说,“资本生产过程”。

当然,如果没有持续的劳动力再生产,资本主义生产就无法继续。周复一周,年复一年,工人们必须重返工作岗位,并且应当生育并抚养新一代将要取代他们的劳动者。劳动力的再生产是资本再生产(即资本生产过程延续性)的绝对必要条件。问题在于,这是否足以证明《资本论》需要或本该讨论家庭生产。我不这么认为。资本再生产需要许多必要条件。例如,国家存在就是其中之一。同样,契约法律体制的存在也是如此。氧气的存在如此,植物的存在如此。为什么有关资本生产的工作就必须谈论阳光之下的万事万物……以及太阳,既然它的存在是另一个必要条件?结果将是迂腐、笨拙、松散,而且大部分是不需要的混乱——马克思正努力避免的那种“整体的混乱概念”。[①] 或许会有正当的理由,认为他忽视了本不该忽视的内容,但这些理由中并不包括必要条件的诉求。

工人劳动力再生产的劳动——以及在资本主义生产以外进行的其他种类的劳动——应当被认为资本的“生产性劳动”,因为他们间接地创造了价值和剩余价值。对于这一观点(费德里西在她的文章中没有提出)应该作出类似的反应。例如,佩莱格里诺·罗西(Pellegrino Rossi)正是基于这一观点,反对亚当·史密斯将地方执政官的劳动列为非生产性。

---

① Karl Marx, 1868 [Letter to Ludwig Kugelmann], July 11. Available at https://www.marxists. org/archive/marx/ works/1868/letters/68 _ 07 _ 11 - abs. htm.——*Grundrisse*: *Foundations of the critique of political economy*, London: Penguin. (1973), p.100.

因为没有地方执政官的劳动，其他生产行为几乎不可能。罗西认为他们的劳动“有助于生产的其他行为，如果不是通过直接的物质合作，至少是通过间接行为，是无法略去的”。马克思对于地方执政官劳动的间接贡献没有异议，然而他拒绝罗西消除生产劳动和非生产劳动之间区别的尝试：“正是这种间接参与了生产的劳动……我们称之为非生产性劳动。否则，我们就会说，既然没有了农民，地方执政官完全无法存活，因此农民就是公正的间接生产者。”①此类等等。完全没有道理。这一点再次证明了，即便所有事情都可能相互关联，但一般来说，最好还是不要同时讨论所有的事情。

四、马克思的利润率下降趋势理论

马克思“利润率下降趋势理论”是他在政治经济学批判方面最有争议的一个点。这一规律违背了一个非常普遍的直觉，即生产效率更高的资本主义应当是一个利润更高的资本主义。它具有让许多人甚至连左派人都会畏缩的革命政治意蕴。虽然其他理论会将资本主义经济危机追根于特别的、可纠正的问题（低生产力、需求低迷、市场无政府状态、国家干预、高工资、低薪水等），马克思的规律则表明不断出现的经济危机源自资本主义本身，并且在资本主义状态下是不可避免的。只有在一个完全不同的经济体制下，不再存在价值和剩余价值，才能彻底消灭发展为经济危机的倾向，而不是对现存的体制进行改革。由此，不难发现，批评家试图证明，技术进步不会导致利润率下降；从长远来看，马克思未能证明节省劳动的技术变革必然会导致利润率的下降，所

① Karl Marx，1868 [Letter to Ludwig Kugelmann]，July 11.Available at https://www.marxists.org/archive/marx/ works/1868/letters/68_07_11 - abs. htm.—— Karl Marx，Frederick Engels：Collected Works，Vol.31，NewYork：International Publishers.(1989)，p.190.

以马克思的这一理论无效。我曾在其他地方论述过这些评论。①这里，我想处理与本文关系更加密切的，对马克思理论的第三类批判：声称资本主义的变化与理论无关紧要。

这类批判最近的一个例子，出现在近期一部著名的传记《卡尔·马克思：19 世纪的生活》中。这部传记由密苏里大学历史教授乔纳森·斯贝尔(Jonathan Sperber)所著。按照他的总体观点，马克思是一个在他那个时代处境艰难的人——一个思想向后看的人，斯贝尔认为马克思的理论不再具有相关性，因为它属于技术迅速发展之前的那个时代：②"在假定利润率下降的情况下，马克思没有提出新的观点，而是重复自从史密斯《民族的财富》一书发表以来，政治经济学方面众所周知的观点……这个观点早已出现，并在 18 世纪末和 19 世纪初的英国局势中得到了广泛的认可。当时英国的局势是：迅速增长的人口对有限的资源产生的压力，劳动生产率间断的和有限的增长，早期工业技术破坏性的介入……马克思预见的未来的资本主义，是对以往的资本主义的改版，这种回顾为他那个时代许多政治经济学家所共享。"在同一时期发表在英国《卫报》上的一篇文章中，斯贝尔更明确地阐述了这一观点："考虑到 21 世纪初马克思思想的相关性，可以从将过时的因素与当前能够发展的因素区分开始。前者的概念包括，例如，……利润率

① 奥克西奥(Okishio)(1961)指控的定理是第一道攻击的经典陈述。在克莱曼(2007 年，第 7 章)作出了回应。海因里希(Heinrich)(2013)包含了第二道攻击的最近例证。克莱曼(Kliman)、弗里曼(Freeman)、波茨(Potts)，古塞夫(Gusev)和库尼(Cooney)(2013)对此作出了回应。应该指出的是，这些回应并没有为这一观点辩解，即节省劳动力的技术变革从长远来看，必然会导致利润率下降。回应认为马克思理论没有提出这种观点，而是解释了利润率为何会有下降的趋势。Nobuo Okishio，"Technical Changes and the Rate of Profit"，*Kobe University Economic Review* 7，(1961)，pp.85-99。

② 斯贝尔(Sperber)还重复了马克思的理论是失败的观点，因为马克思没有证明从长远来看，节省劳动的技术变革必然会导致利润率的下降，这点我已经在其他地方谈论过。(见注 28)Jonathan Sperber，*Karl Marx：A Nineteenth-Century Life*，NewYork：Liveright Publishing，2013，pp.443-444。

下降的趋势,……源于亚当·斯密和大卫·李嘉图的经济理论以及与现在相关的过时已久的资本主义版本,其特征是在人口增长的压力下,低生产增长率和庞大的农业部门。"①

斯贝尔批评大卫·李嘉图对利润率下降趋势的解释是有道理的。李嘉图的解释源于他的假设,即随着越来越多的土地被购买耕作,以供养不断增长的人口,农业部门的平均生产率在下降。李嘉图显然没有预见到农业将会发生巨大的技术进步。然而,斯贝尔认为马克思在解释利润率下降趋势的原因是"源于"李嘉图解释的"改版"。这是错误的。相反,马克思②打趣说李嘉图的解释"逃离经济学,在有机化学中寻求庇护",而他自己的解释截然相反。他认为增加的而非减少的生产率是利润率下降的根本原因:"因此,利润率下降的渐进趋势仅仅是资本主义生产方式特有的表达,是社会劳动生产率的逐步发展。利润率下降,不是因为劳动变得效率低下,而是因为劳动变得更加有效。"③

斯贝尔关于利润率下降趋势规律的讨论的独特之处,在于他的总结——这一规律巧妙地融合了他对马克思的描述:一位回顾过去的 19 世纪人物形象,与当代无关紧要。——与他对马克思规律的详细叙述截然不同。在他详细的叙述中,引用了我上文的前两段。他还写道,对于马克思,"资本主义就是关于生产更多,和生产更加有效","在整个资本主义经济中提高劳动生产率,是马克思分析的核心特征"。④ 由于这种

① Jonathan Sperber,"Is Marx still relevant?",The Guardian,May 16.Available at https://www.theguardian.com/books/2013/may/16/karl-marx-ideas-resonate-today.(2013).

② Karl Marx, 1868, [Letter to Ludwig Kugelmann], July 11. Available at https://www. marxists. org/archive/marx/ works/1868/letters/68 _ 07 _ 11 - abs. htm.—— *Grundrisse*: *Foundations of the critique of political economy*, London: Penguin. (1973), p.754.

③ Karl Marx, 1868, [Letter to Ludwig Kugelmann], July 11. Available at https://www. marxists.org/archive/marx/ works/1868/letters/68_07_11-abs.htm.—— *Capital*: *A critique of political economy*, Vol.III, London: Penguin. (1991), p.319.

④ Jonathan Sperber, *Karl Marx*: *A Nineteenth-Century Life*, NewYork: Liveright Publishing. (2013), pp.438, 432, 440.

显而易见的自相矛盾,以及斯贝尔将马克思和李嘉图(Ricardo)联系起来的方式的模糊性,我不能完全肯定,他确实想要宣称,马克思的规律依赖于过时的假设,即农业生产率会下降或者停滞不前。然而,不论他的意图如何,斯贝尔认为规律完全不再相关的观点,依赖于他的论断,即马克思实际上假定了不断下降或停滞不前的农业生产率。然而马克思事实上做出了相反的假设,所以斯贝尔的结论——持续增长的生产率使得马克思的规律不再具有相关性——是错误的。

另一类观点是资本主义的发展使得马克思的规律不具有相关性。这类观点关注垄断和寡头垄断作为资本主义公司的首要类型出现。这类观点是有影响力的“每月评论学派”“独裁资本”理论的关键组成部分。50 年前,这一学派的主要成员保罗·巴兰(Paul Baran)和保罗·斯威齐(Paul Sweezy),在他们《垄断资本》一书中提出了“垄断资本主义规律,即剩余价值有上涨的趋势”。他们认为“马克思经典的利润率下降趋势规律……预先假定了一个竞争体制”,而不是由垄断和寡头垄断统治的体制。因为体制已经改变,需要新体制自己的规律取代马克思的规律:“用上升的剩余价值规律替代下降的利润规律,因此,我们不会拒绝或修改一个历史悠久的政治经济学原理:我们只是考虑了一个毫无疑问的事实——资本主义经济结构自从制定这一原理以来,发生了根本改变。”①

尽管巴兰和斯威齐声明马克思的规律“预设了竞争制度”,但他们没有真正努力去证实这一论断。他们暗自地将《资本论》看作一部描述而非理论的著作。也就是说,他们关于马克思的规律不具相关性的论断,是基于资本主义制度已经改变的简单事实,而不是基于任何真正的努力,去证明无法将马克思的观点应用到已经改变的制度。正如我们将要看到的,他们没有注意到马克思对垄断的理论化。尤其是,他们

---

① Paul A.Baran and Paul M.Sweezy, *Monopoly Capital: An Essay on the American Economic and Social Order*, NewYork: Monthly Review, 1966, p.76, p.72.

没有认真讨论马克思的观点：独裁不会引发剩余价值增长的趋势。因为马克思的规律对于他的资本主义经济危机理论至关重要，“每月评论学派”同样用自己的理论替换了后者。它的理论是消费不足主义。也就是说，它认为不足的消费者需求是一个长期趋势；从长远来看，生产性的投资需求（机器、建设大楼等）无法比消费者的需求增长地更快。因此，商品和服务会出现供不应求的长期趋势。不可避免的结果是，随着供给（生产）增长速度放缓到需求设定的速度，经济会停滞不前；或者出现周期性的衰退，以暂时调整供需平衡。①

这一理论的基本组成要素与垄断和寡头垄断的崛起无关。正如“每月评论学派”的两位作者福斯特（Foster）和麦克·切斯尼（Mc Chesney）最近写道，“在资本主义的整个历史过程中，它的特点就是不断积累的动力……但是这不可避免地遭遇了对潜在群体的相对剥夺。……因此，这一制度面对不足的有效需求——消费障碍最终导致投资障碍。”②然而，据称，由于垄断资本主义下剩余价值增长的趋势，所谓的供不应求的长期趋势会被加剧。随着剩余价值相对规模的增长，所谓的消费不足问题恶化——消费者不会购买的产出份额也会增长——据推测，其他资源的需求“消耗”剩余价值的难度会越来越大。

但是为何垄断和寡头垄断的发展会引发剩余价值的增长呢？当评价由于“垄断资本主义”出现，利润率下降趋势规律是否不再相关时，必须回答这一关键问题。巴兰和斯威齐十分简明扼要地讨论了这一关键问题。他们指出，在寡头垄断产业中（那些少数大公司统治的产业），降低生产成本并不会降低公司产品的价格。这样一来，“在垄断资本主义中，成本下降意味着利润率不断扩大。持续扩大的利润率反过来意味着总利润不仅绝对增长，并且作为国民产值的一部分增长。

---

① 克莱曼（2012）在第 8 章从经验和理论上批判了这一理论。

② John Bellamy Foster and Robert W. McChesney, *The Endless Crisis*: *How Monopoly- Finance Capital Produces Stagnation and Upheaval from the USA to China*, NewYork: Monthly Review, 2012, pp.33-34.

因此,“随着制度的发展,剩余价值趋于绝对和相对地增长。”①这完全是他们的答案。不幸的是,这一观点包含了明显的谬误成分——这一谬误错误地假设,个案中正确的内容同样适用于整体。之所以被称为谬误,是因为这是逻辑错误,使得包含它的观点不能成立。巴兰和斯威齐起初认为作为个体寡头垄断公司和产业的产品价值的一部分,利润会上升。随后,他们轻率地越过这一部分——以谬误的方法——从而得出结论,总利润作为国民总产值的一部分必须上升。

这个结论是错误的。即使所有寡头垄断企业的利润率都高于平均水平,寡头垄断部门的增长与总体经济有关,总利润作为总产品价值的一部分,并不一定会增长。相反,寡头垄断者的超额利润可能会牺牲非寡头垄断经济部门企业的较低利润,并可能通过这些较低利润完全被抵消。后一种可能性是马克思赞成的,并以此为基础,马克思建立了他的利润率下降趋势规律。在他的理论中,从资本主义生产中的工人身上榨取剩余劳动,是剩余价值的唯一来源。剩余价值又是产权所有者获得各种收入的唯一来源。“生产剩余价值的资本家,即直接从工人那里榨取无偿劳动的资本家……随后不得不与那些在社会生产中履行其他职能的资本家、土地主和其他人分享剩余价值。”②因为剩余价值的总量是由资本主义生产中发生的事情决定的,不受到在不同产权所有者之间分配方式变化的影响。因此,如果其中一些人得到了剩余价值总量中的一大部分,其他人得到的份额就会相应减少。

此外,尽管巴兰和斯威齐,以及他们学派的其他成员,都将垄断和寡头垄断的发展描述成马克思理论未能解决的最新现象。但是马克思讨论了资本的集中化,并推理这一情况为何会继续。他讨论了股份公

① Paul A.Baran and Paul M.Sweezy, *Monopoly Capital: An Essay on the American Economic and Social Order*, NewYork: Monthly Review, 1966, pp.71-72.

② Karl Marx, 1868, [Letter to Ludwig Kugelmann], July 11. Available at https://www.marxists.org/archive/marx/w orks/1868/letters/68_07_11-abs.htm.—— *Capital: A critique of political economy*, Vol.I, London: Penguin (1990), p.709.

司的出现,指出其"在某些领域会引起垄断"。他详细讨论了垄断定价及其影响。《资本论》中有两百页都是用来分析垄断定价的特殊情况:土地租金和包括土地租金在内的农业价格。这不是我们听到垄断一词时常常想到的内容。但由于适合开垦的土地稀缺且不易再生,"农产品总是以垄断的价格出售"。在这种情况下,一般来说,马克思明确否认了垄断定价对总剩余价值的影响程度。他的观点采用了我在前文中简述的"零和博弈"推理:"[如果]将剩余价值均衡到为平均利润……就会遇到人为垄断形式或自然垄断形式的障碍。尤其是土地所有权的垄断,从而使垄断价格成为可能……这并不意味着废除以商品价值确定的限额。某些商品的垄断价格只是将其他商品生产者创造的一部分利润转移到垄断价格的商品上。在各个生产领域中,剩余价值的分配会产生间接的局部干扰,但这不会影响剩余价值自身的限额。"①

因此,按照马克思的理论,随着"垄断资本主义"的发展,垄断和寡头垄断获得更高利润率的能力不会导致"剩余价值"的增长。总剩余价值不受影响。因此,马克思的利润率下降趋势规律——关于总剩余价值与投资的总资本价值之间关系的规律——并不"以竞争制度为前提"。如果这一规律与马克思时代更具竞争性的资本主义相关,它就依旧与我们这个时代更具垄断性的资本主义相关。在《垄断资本》一书中,巴兰和斯威齐就"剩余价值趋于上升的垄断资本主义规律"的反对意见做出了回应。②然而,马克思的反对意见不在他们的回应之列。他们甚至都没有提及。

① Karl Marx,1868,[Letter to Ludwig Kugelmann],July 11.Available at https://www.marxists.org/archive/marx/w orks/1868/letters/68_07_11-abs.htm.—— *Capital*:*A critique of political economy*,Vol.III,London:Penguin,(1991),p.569,897,1001.

② Paul A.Baran and Paul M.Sweezy,*Monopoly Capital*:*An Essay on the American Economic and Social Order*, NewYork:Monthly Review,1966,pp.73-78.

五、结　语

批评家们经常声称,自马克思时代以来,资本主义的发展已经使得马克思《资本论》的重要方面变得无关紧要。本文认为这些论断往往是基于对这一著作体裁的误解和歪曲。本文详细批判了著名思想家——西尔维亚·费德里西、乔纳森·斯贝尔、保罗·巴兰和保罗·斯威齐试图抨击马克思劳动力再生产理论和利润率下降趋势理论的重要性的具体论点。

这里,我的目的并不是说服这些(或其他)批判家认为马克思是正确的。他们有权拥有自己的理论。但是因为缺乏无懈可击的论点,我认为他们没有权利声称《资本论》的关键方面已经无关紧要了。费德里西、斯贝尔、巴兰和斯威齐提出的这些论点,在我看来都是漏洞百出的。

毫无疑问,许多读者希望证明"资本主义已经改变,不再符合马克思的分析"。因为这样,他们就有理由,像我们当下如何面对资本主义一样,将《资本论》视为"可抨击其洞察力的论述",而不是视为"一个理性的整体"①。然而,我们中的一些人更愿意用后一种方式对待这本著作,因此抵制抨击者的搅扰就十分重要——除非,他们再次提出无懈可击的论点,即《资本论》的关键方面变得无关紧要。在没有这些论点的情况下,我们必须坚持认为,尽管他们有权利拥有自己的理论,马克思同样有权利拥有自己的理论。

(译者　南京工业大学外国语言文学学院副教授,讲师;
校对　南京航空航天大学马克思主义学院副教授,
博士研究生)

① Stuart Sim, *Post-Marxism: An Intellectual History*, London and NewYork: Routledge, 2000, p.56.

1872—1875年版法译本《资本论》中的两处修订及其理论价值*

祝 薪 闲

摘要:受传播范围所限,1872—1875年版法译本《资本论》的"科学价值"长期处于被低估的状态。以其中两处修订为例,马克思试图将包括资本原始积累过程在内的资本主义生产的"自然规律"牢牢限定在"走工业发展道路的国家"与"西欧"等特定范围内。对上述修订的理论价值展开考察可以看到,它们不仅是马克思东方社会发展道路研究的重要成果,而且更为要紧的是,相关修订重要地指出了作为唯物史观方法论特征的辩证法的具体化路径。

关键词:马克思 1872—1875年版法译本《资本论》中的修订 东方社会发展道路 辩证法具体化

一、被低估的1872—1875年版法译本《资本论》

在关于马克思思想的文本研究中,《资本论》研究始终是重中之重。《资本论》第1卷更因其是马克思生前唯一正式出版的《资本论》

* 本文系国家建设高水平大学公派研究生项目(留金发[2017]3109)阶段性成果。

研究成果而被视为最能客观反映马克思本人思想的《资本论》文本。直至马克思去世,已整理出版的《资本论》第 1 卷主要有:1867 年版德文本、1872 年版俄译本、1873 年版德文本以及 1872—1875 年版法译本。其中,以 1873 年版德文本为母本,由费尔巴哈著作译者约瑟夫·鲁瓦先生翻译,马克思本人编辑、校订的 1872—1875 年版法译本乃是唯一一版由马克思亲自校订的外文译本。

相较于 1873 年版德文本母本,马克思在编辑、校订法译本的过程中有意做了诸多修订。对此,马克思在法译本序言和跋中写道:"在担负校正工作后,我就感到作为依据的原本(德文第二版)应当作一些修改……不管这个法文版本有怎样的文字上的缺点,它仍然在原本之外有独立的科学价值,甚至对懂德语的读者也有参考价值"。① 尽管马克思在这里着力想要强调的是法译本在思想内容上的特有价值,但其对法译本文字的谨慎态度仍然不免让人质疑,将该译本直接作为研究文本的准确性与可靠性。然而,这样的担忧不免有些多余。1872 年 5 月,马克思在写给《资本论》俄译本译者尼古拉·弗兰策维奇·丹尼尔逊的信中已作出说明:由于鲁瓦先生"译得过死","我不得不对法译文整段整段地加以改写","这样,今后再把它从法文译成英文和各种罗曼语,就更容易了"。② 可见,马克思不仅以直接法语写作的方式大量参与了法译本的编译工作,更是将法译本视为今后各种罗曼语《资本论》第 1 卷译本的母本。

值得注意的是,将法译本作为母本并不是马克思一时兴起的想法。在 1877 年 9 月写给弗里德里希·阿道夫·左尔格的信中,对于杜埃打算将《资本论》第 1 卷翻译成英文的提议,马克思回应道:"法文版耗费了我很多的时间,我自己将永远不再参加任何翻译。你应该了解一下,杜埃的英文水平是否足以独立地完成整个这项工作。如果可以,那我

---

① [德]马克思:《资本论》第 1 卷,中共中央编译局译,人民出版社 2004 年版,第 27 页。

② 《马克思恩格斯全集》第 33 卷,人民出版社 1973 年版,第 478 页。

就对他表示完全同意并祝他成功。但是应当注意:他在翻译时除了德文第二版以外还必须参照法文版,因为我在法文版中增加了一些新东西,而且有许多问题的阐述要好得多。本星期我还要寄给你两件东西:1.给杜埃的一本法文版。2.一份说明,指出哪些地方用不着拿法文版同德文版相对照,而是完全以法文本为准。”不仅如此,马克思在信中还赞赏了乌里埃勒·卡瓦尼亚里先生计划以法译本为母本,将《资本论》第 1 卷翻译为意大利文的打算。① 尽管迫于种种原因,马克思不止一次对法译本进行了简化,但马克思仍然坚持强调法译本的重要性。1878 年 11 月,马克思在就俄译本《资本论》第 1 卷第二版的翻译工作同丹尼尔逊进行沟通的过程中提出如下意见:“(1)我希望分章——以及分节——按法文版处理。(2)译者应始终细心地把德文第二版同法文版对照,因为后一种版本中有许多重要的修改和补充。”在马克思看来,即便法译本前六章因过于简化而不适合做母本,其后的部分也应该以法译本为准。②

但是,在马克思去世之后,法译本非但没有能够获得足够的重视,其理论价值反而被严重低估了。在“尽可能最后确定下来的正文与注释”中,③即在 1890 年版德文本《资本论》中,绝大多数法译本中的“重要修改和补充”都被略去了。1890 年版德文本主要还是在 1873 年版德文本的基础上进行编辑,尽管马克思本人曾明确指出,他在校阅法译本时,发现了 1873 年版德文本尚有需要彻底修改但却没有来得及修改的部分。④ 需要看到的是,在此后的《资本论》研究中,1890 年版德文本《资本论》逐渐成为各国研究马克思《资本论》第 1 卷的“标准”文本。以我国为例,2004 年版《资本论》第 1 卷是在《马克思恩格斯全集》中

① 《马克思恩格斯全集》第 34 卷,人民出版社 1972 年版,第 273 页。

② 《马克思恩格斯全集》第 34 卷,人民出版社 1972 年版,第 332 页。

③ [德]马克思:《资本论》第 1 卷,中共中央编译局译,人民出版社 2004 年版,第 36 页。

④ [德]马克思:《资本论》第 1 卷,人民出版社 2004 年版,第 14—15 页。

文第一版第23卷的基础上，根据《马克思恩格斯全集》1991年历史考证版第二部分第10卷（MEGA² II/10）重新校订而成。然而，《马克思恩格斯全集》中文第一版第23卷本是以《马克思恩格斯全集》俄文第二版第23卷为母本翻译的。该俄译本的母本正是1890年版德文本。而作为校订依据的《马克思恩格斯全集》1991年历史考证版第二部分第10卷（MEGA² II/10）则是1890年版德文本的再版。尽管《马克思恩格斯全集》1991年历史考证版第二部分第10卷（MEGA² II/10）在附录部分补充了马克思在1872—1875年版法译本中所做的修订，但是2004年版中译本并未将这些附录收入其中。不仅是2004年版中译本和《马克思恩格斯全集》中文第一版第23卷，包括1953年版中译本、《马克思恩格斯全集》中文第二版第44卷、2009年版《马克思恩格斯文集》第5卷在内的中译本《资本论》第1卷，主要参照的原文本均为1890年版德文本，且未详细收录有法译本修订。

二、马克思在1872—1875年版法译本《资本论》中的两处修订

尽管由于上述原因，1872—1875年版法译本在法语区以外的《资本论》研究中甚少被提及，但是，我们不应该就此略过那些在马克思看来具有“独立的科学价值”的修订。本文将以其中两处修订为例，展开讨论。

在《资本论》第1卷德文本序言中，马克思在指认“资本主义生产的自然规律”正以“铁的必然性发生作用”①时写道：“Das industriell entwickeltere Land zeigt dem minder entwickelten nur das Bild der eignen Zukunft”。②

---

① ［德］马克思：《资本论》第1卷，人民出版社2004年版，第8页。

② *Marx-Engels Gesamtausgabe*（*MEGA*²），II/10，Karl Marx，*Das Kapital. Kritik der Politischen Ökonomie*，Erster Band，Amsterdam：Internationals Marx-Engels- Stiftung（IMES），1991，p.8.

即“工业较发达的国家向工业较不发达的国家所显示的，只是后者未来的景象”。① 然而，在法译本序言中，马克思的表达为：“Le pays le plus développé industriellement ne fait que montrer à ceux qui le suivent sur l'échelle industrielle l'image de leur propre avenir”。② 在这里，马克思把“dem minder entwickelten”修订为“ceux qui le suivent sur l' échelle industrielle”，即把“较不发达的”修订为“跟随其走工业发展道路的”。鉴于法语在这里并不存在任何“先天的”文法表达障碍，那么我们就有必要从思想内涵的角度去考察马克思此番修订的理论意义。

颇为讽刺的是，以汕宁为代表的一些学者正是以“工业较发达的国家向工业较不发达的国家所显示的，只是后者未来的景象”这一论述为依据，认为《资本论》最大的败笔就在于，马克思对资本主义生产方式的必然性抱有过于乐观的态度以及对人类历史发展道路持“单线决定论”（unilinear determinism）的立场。③ 对此，首先需要阐明的是，马克思在这里的讨论所针对的是资本主义生产方式对德国社会的影响。该论述的前文是，“我在理论阐述上主要用英国作为例证。但是，如果德国读者看到英国工农业工人所处的境况而伪善地耸耸肩膀，或者以德国的情况远不是那样坏而乐观地自我安慰，那我就要大声地对他说：这正是说的阁下的事情”。④ 但是，即使是在这样一种限定下，马克思仍然觉得自己关于“不发达的国家”的表述还不够准确，于是在法译本中将其修订为“跟随其走工业发展道路的国家”。可见，对于马克思而言，资本主义生产方式的“自然规律”及“铁的必然性”仅仅指向的是诸如德国之类的、跟随英国走工业发展道路的国家，而不是一切尚处

① ［德］马克思：《资本论》第 1 卷，人民出版社 2004 年版，第 8 页。

② Karl Marx, *Le Capital*, Livre I, Sections I à IV, Traduction de Joseph Roy, Paris: Éditions Flammarion, 1985, p.36.

③ Teodor Shanin, "Late Marx: Gods and Craftsmen" in *Late Marx and the Russian Road: Marx and the 'Peripheries' of Capitalism*, Edited by Shanin, New York: Monthly Review Press, 1983, p.4.

④ ［德］马克思：《资本论》第 1 卷，人民出版社 2004 年版，第 8 页。

在工业较不发达阶段的国家。马克思的修订表明,他不仅不是"单线决定论"者,而且有意在规避所谓的普世发展道路。

此外,法译本的另一处修订同样可以证明,此时的马克思绝不是一个"单线决定论"者。在德文本"所谓原始积累"一章中,马克思在阐释资本原始积累的历史时提出,"Die Expropriation des ländlichen Producenten, des Bauern, von Grund und Boden bildet die Grundlage des Ganzen Processes. Ihre Geschichte nimmt in verschiedenen Phases in verschiendener Reihenfolge und in verschiedenen Geschichtsepochen. Nur in England, das wir daher als Beispiel nehmen, besitzt sie klassische Form"。[①] 即"对农业生产者即农民的土地的剥夺,形成全部过程的基础。这种剥夺的历史在不同的国家带有不同的色彩,按不同的顺序、在不同的历史时代通过不同的阶段。只有在英国,它才具有典型的形式"。[②] 但是在法译本中,马克思修订了他此前关于"Nur in England, das wir daher als Beispiel nehmen, besitzt sie klassische Form",即"只有在英国,它才具有典型的形式"的说法,提出:"La base de toute cette évolution, c'est l'expropriation des cultivateurs. Elle ne s'est encore accomplie d'une manière radical qu'en Angleterre: ce pays jouera donc nécessairement le premier rôle dans notre esquisse. Mais tous les autres pays de l'Europe occidentale parcourent le même mouvement, bien que selon le milieu il change de couleur locale, ou se resserre dans un cercle plus étroit, ou présente un caractère moins fortement prononcé, ou suivre un ordre de succession différent"。[③] 即"这整个发展的基础就是对农民的剥夺。这种剥夺只是在英国才彻底完成了:因此,它必然会具有典型性。但是西

① *Marx-Engels Gesamtausgabe* (*MEGA*2), II/10, Karl Marx, *Das Kapital. Kritik der Politischen Ökonomie*, Erster Band, Amsterdam: Internationals Marx-Engels- Stiftung (IMES), 1991, p.644.

② [德]马克思:《资本论》第1卷,人民出版社2004年版,第823页。

③ Karl Marx, *Le Capital*, Livre I, Sections V à VIII, Traduction de Joseph Roy, Paris: Éditions Flammarion, 1985, p.169.

欧其他一切国家都正在经历着同样的运动,尽管在不同的国家带有不同的色彩,或限定在更小的范围内,或以相对不明显的方式呈现出来,或按照不同的顺序"。在这里,法译本的改动之大足以见得,此处的修订远不是什么文法问题。马克思修订的目的是要把自己对资本原始积累过程所做的叙述牢牢限定在"西欧"这一范围内,并且认为,尽管这一过程对于西欧国家具有普遍意义,但即便是在西欧内部,不同的社会也会呈现出不同程度的差异。

需要充分把握的是,上述修订并不是马克思倏忽之间的念头。在随后的数年间,马克思曾多次重申法译本中的观点。1877年11月,在写给"祖国纪事"杂志编辑部的信中,马克思写道:"我在关于原始积累的那一章中只不过想描述西欧的资本主义经济制度从封建主义经济制度内部产生出来的途径"。为了进一步佐证自己的说法,马克思特意引用了法译本中的修订:"这整个发展的基础就是对农民的剥夺。这种剥夺只是在英国才彻底完成了……但是西欧其他一切国家都正在经历着同样的运动,等等"。马克思想要据此阐明,自己关于西欧资本主义起源的历史概述绝不是"一般发展道路的历史哲学理论",即武断地认为"一切民族,不管他们所处的历史环境如何,都注定要走这条道路"。全信结尾处,马克思还不忘讽刺道:"使用一般历史哲学理论这一把万能钥匙,那是永远达不到这种目的的,这种历史哲学理论的最大长处就在于它是超历史的。"①1881年3月,马克思在写给维·伊·查苏利奇的回信中再次引用了法译本的修订:"在分析资本主义生产的起源时,我说,'因此,资本主义制度的基础是生产者同生产资料的彻底分离……这整个发展的基础就是对农民的剥夺。这种剥夺只是在英国才彻底完成了……但是西欧其他一切国家都正在经历着同样的运动'"。紧接着,马克思直接指明,"可见,这一运动的'历史必然性'明

① 《马克思恩格斯全集》第19卷,人民出版社1963年版,第129—131页。

确地限于西欧各国”。① 从上述反复引用可以看出，对于马克思而言，法译本中的说法才是他对资本原始积累过程最准确的叙述。更为要紧的是，正如马克思一再想要借以阐明的：只在西欧这一特定范围内，生产者同生产资料的彻底分离、被剥夺生产资料的生产者变成雇佣工人、生产资料占有者变成资本家，这种历史运动才可被视为是一般的、普遍的，并不是一切民族都必然会走上这条道路。

三、法译本修订：马克思对东方社会发展道路的思考成果

鉴于以上两处法译本修订所指向的，均为马克思在 19 世纪 70、80 年代对于包括东方社会在内的非西欧社会发展道路的基本立场，我们不免要问：在马克思整个思想体系中，该立场是否仅仅是马克思在特定时期提出的具有某种偶然性的想法？毕竟，在 20 世纪 70 年代以前的数十年里，以梅林和梁赞诺夫为代表的马克思研究领域的重要学者曾明确质疑马克思晚年研究（尤其是 1878 年之后所做研究）的价值。为了回应这一疑虑，我们有必要将马克思在法译本中的立场置于马克思思想发展的整个脉络之中，考察其理论价值的厚度。

自 19 世纪 40 年代起，对于东方社会发展道路的思考便始终处于马克思的研究视域之内。马克思、恩格斯曾在《共产党宣言》（1848 年）中提出：资产阶级“把一切民族甚至最野蛮的都卷入文明的漩涡里了”，“使野蛮的和半开化的国家依赖于文明的国家，使农民的民族依赖于资产阶级的民族，使东方依赖于西方”。不可否认，对于马克思、恩格斯而言，资本主义生产方式在一定历史阶段的确具有其世界历史性意义，尽管在指认这种具有世界历史性意义的资本“文明”时，马克

① 《马克思恩格斯全集》第 19 卷，人民出版社 1963 年版，第 268 页。

思、恩格斯并没有忘记加上“所谓”一词。①

在接下来的 1851 年至 1862 年间，身为《纽约每日论坛报》驻欧洲首席通讯记者的马克思多次就印度、中国等东方社会的发展道路问题发表评论文章。其中最具争议的当属《不列颠在印度的统治》（1853 年）以及《不列颠在印度统治的未来结果》（1853 年）二文。马克思认为，尽管“完全是被极卑鄙的利益驱使的”不列颠人给印度斯坦带去了前所未有的深重灾难，“破坏了印度社会的整个结构”，但是，这些都不是问题的关键。问题的关键在于，印度“半野蛮半文明公社”的“那种不开化的人的利己性”，“失掉尊严的、停滞的、苟安的”消极生活方式以及“种姓划分和奴隶制度的标记”完全“表现不出任何伟大和任何历史首创精神”。既然如此，“如果亚洲的社会状况没有一个根本的革命”，如果“人类不能完成自己的使命”，那么“英国不管是干出了多大的罪行，它在造成这个革命的时候毕竟是充当了历史的不自觉的工具”。②

基于马克思的上述说法，萨义德以为，尽管“马克思仍然能有一些同情心”，但这种同情心很快被“东方学艺术字典编纂式的强制行为”所驱逐，只能匆匆回到“一种言简意赅的盖棺定论：他们并不觉得痛苦——由于他们是东方人”。③ 似乎可以进一步佐证萨义德论断的言论是，马克思曾提出，“印度本来就逃不掉被征服的命运，而且它的全部历史，如果要算做它的历史的话，就是一次又一次被征服的历史，印度社会根本没有历史”。④

但是，如果我们同萨义德一样，据此将马克思（或者说这一时期的马克思）划定为不彻底的人道主义者和彻底的欧洲中心主义者甚至是

① 《马克思恩格斯全集》第 4 卷，人民出版社 1958 年版，第 470 页。

② 《马克思恩格斯全集》第 9 卷，人民出版社 1961 年版，第 144 页。

③ ［美］萨义德：《东方学》，王宇根译，生活 · 读书 · 新知三联书店 1999 年版，第 200—201 页。

④ 《马克思恩格斯全集》第 9 卷，人民出版社 1961 年版，第 246 页。

殖民主义者，那么这样的指认未免过于草率。首先，马克思非但从未对西方殖民者在亚洲的残暴行径避而不谈，①而且断然揭露了一些英美报纸刻意混淆视听、为殖民扩张制造国内舆论的劣行。② 其次，此时的马克思已经开始着手考察发生在亚洲的社会革命对于欧洲革命的影响。他在《中国革命与欧洲革命》(1853 年)一文中指出，"欧洲各国人民下一次的起义，他们下一阶段争取共和自由和争取比较廉洁的政体的斗争，在更大的程度上恐怕要取决于天朝帝国(欧洲的直接的对立面)……这种说法看起来非常奇怪和荒诞，然而，这绝不是怪论……中国革命将把火星抛到现代工业体系的即将爆炸的地雷上，使酝酿已久的普遍危机爆发"。③

然而，仅仅将马克思区别于欧洲中心主义者或殖民主义者是远远不够的。全部问题的关键在于，如何深刻领会这一时期的马克思在东方社会发展道路问题上的"历史态度"。正如《共产党宣言》所指向的那个立场，马克思之所以会将西方殖民统治下的东方传统社会结构的瓦解视为具有进步意义的世界历史发展之一环，既不是出于对资产阶级由衷的赞美，亦不是出于对古老东方社会高傲的鄙夷，而是因为马克思清楚地看到："历史中的资产阶级时期负有为新世界创造物质基础的使命"，尽管"资产阶级文明的极端伪善和它的野蛮本性"使得它在完成这一历史使命的过程中无一例外地会使原本处在非资本主义发展阶段的"个人和整个民族遭受流血与污秽、穷困与屈辱"。④ 在此时的马克思看来，东方社会的发展必然要以占有资产阶级所创造的物质基础为前提。但是，值得注意的是，在如何占有资产阶级物质基础这一历史命题上，马克思已经预见到，在东方人民尚未占有生产力的情况下，

① 《马克思恩格斯全集》第 12 卷，人民出版社 1962 年版，第 309、177 页。
② 《马克思恩格斯全集》第 12 卷，人民出版社 1962 年版，第 178 页；另见《马克思恩格斯全集》第 13 卷，人民出版社 1962 年版，第 569 页。
③ 《马克思恩格斯全集》第 9 卷，人民出版社 1961 年版，第 109—114 页。
④ 《马克思恩格斯全集》第 9 卷，人民出版社 1961 年版，第 250—252 页。

他们是不会收到“资产阶级在他们中间播下的新的社会因素所结的果实的”，而要想占有生产力，就不得不要考虑资产阶级殖民者在本国的统治情况以及东方社会自身的发展这双重的因素。① 这显然是西欧社会在占有资产阶级物质基础的过程中未曾遭遇到的。

自1853年起，随着对相关研究材料的占有日益充分，马克思在对资产阶级政治经济学展开批判的过程中，对东方社会的特殊性做出了更为清晰的阐释。马克思在澄清资本主义生产方式的历史前提时不无讽刺地指出，“要使资本主义生产方式的‘永恒的自然规律’充分表现出来”，就必然要以“劳动者同劳动条件的分离”为前提，“要在一极使社会的生产资料和生活资料转化为资本，在另一极使人民群众转化为雇佣工人，转化为自由的‘劳动贫民’”。② 不仅如此，劳动的客观条件作为与劳动者相分离的东西、作为资本出现，以及人民群众作为自由的雇佣工人出现，同样是某一历史过程的结果。③ 可见，“资本主义关系本身的出现，必须以一定的历史阶段和社会生产形式为前提”。④ 由此引发的问题是，当资本的扩大再生产及流通过程扩展到东方社会的时候，资本主义生产方式与东方社会原本的社会生产方式之间的直接对话将会产生怎样的结果。如果说，后者的“自然”解体不失为一种可能的话，那么，该可能性就不得不要依存于这样一个假设，即东方社会能够占有资本主义生产方式自身的出现以之作为前提的那些历史前提。但是，上述假设果真成立吗?

马克思在《1861—1863年经济学手稿》中提出：作为资本及资本关系形成前提的生产资料同实际生产者之间的分离与对立，那种表现为资本主义生产方式中的劳动和劳动的物质条件之间“单纯的买和卖的关系”，即“劳动条件本身以赤裸裸的形式与劳动相对立”的状况，在东

---

① 《马克思恩格斯全集》第9卷，人民出版社1961年版，第250页。

② ［德］马克思：《资本论》第1卷，人民出版社2004年版，第870—871页。

③ 《马克思恩格斯全集》第46卷（上），人民出版社1979年版，第487页。

④ 《马克思恩格斯全集》第49卷，人民出版社1982年版，第126页。

方社会中并不是既有的现象。在那里，劳动者占有土地，而土地的所有者则是国王或某个种姓。劳动者和占有劳动的物的条件的统治阶级之间的关系乃是“主人与奴仆，自由民与奴隶，半仙和凡人等等之间的关系”，二者始终处于某种政治的、宗教的或者其他观念的关联之中。①事实上，早在《论犹太人问题》里，马克思就已经做出指认：“市民社会只有在基督教世界才能完成。基督教把一切民族的、自然的、道德的、理论的关系变成人的一种外在的东西，因此只有在基督教的统治下，市民社会才能完全从国家生活分离出来，撕毁人的一切类联系，代之以利己主义和自私的需要，把人的世界变成互相隔绝互相敌对的个人的世界”。② 对于马克思而言，漫长的基督教教化历史乃是市民社会即资本主义社会完成的必要条件。而这一历史条件显然是东方社会未曾占有的。

如果说，东方社会难以自行占有资本主义生产方式的历史前提，那么，东方社会是否有可能在既有的西欧资本主义生产方式的“助力”下完成这一占有呢？对此，马克思在《资本论》第3卷谈及商业资本的发展与新世界市场的形成对于东方社会旧有生产方式的解体作用时认为，解体的程度和解体的结果均首先取决于东方社会旧有生产方式本身的性质、内部结构及其坚固性。马克思提出：“资本主义以前的、民族的生产方式具有的内部的坚固性和结构，对于商业的解体作用造成了多大的障碍，这从英国人同印度和中国的通商上可以明显地看出来。在印度和中国，小农业和家庭工业的统一形成了生产方式的广阔基础。此外，在印度还有建立在土地公有制基础上的村社的形式，这种村社在中国也是原始的形式。在印度，英国人曾经作为统治者和地租所得者，同时使用他们的直接的政治权力和经济权力，以便摧毁这种小规模的经济公社”，但是，“这种解体工作也是进行得极其缓慢的。在中国，那

① 《马克思恩格斯全集》第47卷，人民出版社1979年版，第147页。

② 《马克思恩格斯全集》第1卷，人民出版社1956年版，第450页。

就更缓慢了”。不仅如此，对于英国人想要摧毁印度经济公社的计划，马克思不留情面地指出，“如果有哪一个民族的历史可以看作失败的和真正荒唐的（在实践上是无耻的）经济实验的历史，那就是英国人在印度经营的历史了。在孟加拉，他们创作了一幅英国大土地所有制的漫画；在印度东南部，他们创作了一幅小块土地所有制的漫画；在西北部，他们又做了他们能做的一切，把实行土地公有制的印度经济公社，变成了它本身的一幅漫画”。①

至此，尽管马克思并未提出具体的关于东方社会发展道路的设想，但是，基于过往数十年的研究，马克思已经清楚地看到：鉴于东方社会及其他非西欧社会的具体特点，当他以西欧资本主义社会为主要依据，论述资本主义生产方式的产生过程、生产过程以及消亡过程时，必须对上述发展道路的适用范围做出限定。因而可以说，马克思在法译本中的上述两处修订乃是马克思东方社会发展道路研究的重要成果。

四、法译本修订的方法论基础：唯物史观的辩证法具体化

尽管上文在一定程度上对法译本相关修订的理论价值进行了澄清，但是如果我们仅仅停留于此而不继续追问该修订的全部理论基础，换言之，如果马克思对东方社会发展道路的思考本身只是出于任意的兴趣或者马克思只是将其视为具有某种补充效用的边缘化研究等可能性依然存在的话，那么该研究成果的理论价值就仍然是遮蔽不明的。为此，我们有必要进一步阐明，对其整个学说而言，马克思关于东方社会发展道路的思考所具有的本质意义。

马克思在《政治经济学批判·导言》中提出：任何历史科学研究与

① 《马克思恩格斯全集》第 25 卷，人民出版社 1974 年版，第 372—373 页。

社会科学研究，在理论方法上都应该将“主体，即社会”作为前提浮现在表象面前，[①]并且强调：作为“主体”的“社会”都是“既与”的。[②] 由于生产，这样一种感性对象性活动，总是指“在一定社会发展阶段上的生产”，[③]因而由生产关系总和，即由人与自然及人与人在特定历史阶段上的关系的总和所构成的社会，也只能是“处于一定历史发展阶段上的社会，具有独特的特征的社会”。[④]

当马克思在强调“主体即社会”的“既与性”时，他并不否认生产在一切时代的确具有某些共同点，即生产一般。但是，在马克思看来，这个一般“本身就是有许多组成部分的、分别有不同规定的东西”。换言之，“一般”自身已经肯定了“差别”的内在发生。而且更为重要的是，推动人类历史发展的恰恰是那些“差别”。正如马克思所言，“最发达语言的有些规律和规定也是最不发达语言所有的”，但是关键在于，“构成语言发展的恰恰是有别于这一般和共同点的差别”。[⑤] 同样的道理，“资产阶级经济为古代经济等等提供了钥匙”，但这绝不意味着要“抹杀一切历史差别、把一切社会形式都看成资产阶级社会形式”。[⑥]相反，之所以要把对生产一般适用的规定“抽出来”，正是为了“不致因见到统一就忘记本质的差别”。然而，现代经济学家的“全部智慧”恰恰在于“忘记这种差别”。[⑦]

值得注意的是，对于马克思而言，忘记这种差别也就直接意味着忘记历史。在资产阶级经济学家把生产描写成“局限在脱离历史而独立的永恒自然规律之内的事情”，并且趁机把资产阶级关系当作“社会 in abstracto[一般]的颠扑不破的自然规律”塞进去，进而“把一切历史差

① 《马克思恩格斯全集》第12卷，人民出版社1962年版，第752页。

② 《马克思恩格斯全集》第12卷，人民出版社1962年版，第757页。

③ 《马克思恩格斯全集》第12卷，人民出版社1962年版，第735页。

④ 《马克思恩格斯全集》第6卷，人民出版社1961年版，第487页。

⑤ 《马克思恩格斯全集》第12卷，人民出版社1962年版，第735页。

⑥ 《马克思恩格斯全集》第12卷，人民出版社1962年版，第756页。

⑦ 《马克思恩格斯全集》第12卷，人民出版社1962年版，第735页。

别混合和融化在一般人类规律之中”的地方①,“再没有历史了”②。在这里,主体即社会的本质由于是无差别的,因而成了僵死的与静止的。而马克思的全部政治经济学批判就是要指出:“资本主义生产方式是一种特殊的、具有独特历史规定性的生产方式;它和任何其他一定的生产方式一样,把社会生产力及其发展形式的一定阶段作为自己的历史条件,而这个条件又是一个先行过程的历史结果和产物,并且是新的生产方式由以产生的现成基础;同这种独特的、历史规定的生产方式相适应的生产关系,——即人们在他们的社会生活过程中、在他们的社会生活的生产中所处的各种关系,——具有独特的、历史的和暂时的性质”。③

从上述批判中,我们不仅可以看到马克思研究方法的“历史考察之点”④,而且可以看到该历史原则的出处,亦即马克思在何种意义上自称为黑格尔的学生。对于马克思而言,正是由于黑格尔的辩证法“在对现存事物的肯定的理解中同时包含对现存事物的否定的理解,即对现存事物的必然灭亡的理解”,“对每一种既成的形式都是从不断的运动中,因而也是从它的暂时性方面去理解”,黑格尔把握住了历史的运动,尽管辩证法在黑格尔手中被“神秘化了”⑤。不仅如此,正像辩证法的结果在黑格尔那里是“具体的东西”,是“有差别的规定的统一”⑥,唯物史观的辩证法同样内在地包含着具体化的要求。马克思认为,在真正的历史科学方法中,“具体之所以为具体”,因为它是“许多规定的综合”,是“多样性的统一”;它既是“现实的起点”,也是“直观和表象的起点”,在思维中亦表现为“综合的过程”、表现为“结果”。⑦

① 《马克思恩格斯全集》第12卷,人民出版社1962年版,第737页。
② 《马克思恩格斯全集》第4卷,人民出版社1958年版,第154页。
③ 《马克思恩格斯全集》第12卷,人民出版社1962年版,第993页。
④ 《马克思恩格斯全集》第48卷,人民出版社1985年版,第164页。
⑤ [德]马克思:《资本论》第1卷,人民出版社2004年版,第22页。
⑥ [德]黑格尔:《小逻辑》,贺麟译,商务印书馆1980年版,第182页。
⑦ 《马克思恩格斯全集》第12卷,人民出版社1962年版,第751页。

但是，在黑格尔将辩证具体化，即历史运动本身理解为理念的思辨展开的地方，马克思的辩证法具体化就是活生生的、自身区别的、能动的主体即社会的现实展开过程。

在对内在于马克思历史原则中的“差别”与“辩证具体化”做出一定阐释之后，重新回到马克思关于东方社会发展道路的思考及其在法译本中得出的结论上来，笔者以为，马克思的东方社会研究远不是什么任意的或边缘的研究，而是对作为唯物史观方法论特征的辩证法具体化的具体实行。在马克思那里，既没有超脱于现实历史的抽象发展规律，也没有被神秘化的实体作为历史运动的展开主体。相反，是特定社会的生产生活方式的辩证运动，构成了人类历史发展的全部过程。正是在这个意义上，我们说法译本中的相关修订，即马克思对西欧社会发展道路之典型性的限定，具有其不可低估的理论价值。

（作者　复旦大学哲学学院博士研究生）

论马克思对黑格尔辩证法之来历的揭示

石 正 瑀

摘要：黑格尔辩证法是作为事情本身的意识之经验的辩证运动。其内涵在于揭示了意识之经验就其固有的辩证运动来看乃是作为表象的再现，并由此证实了作为这一辩证运动的承担者、因而也是对象世界之保障的主体。马克思对黑格尔辩证法的批判并非旨在直接承认感性对象，而是揭示了由黑格尔辩证法所提示却又掩盖的对象性活动本身。就对象性活动是哲学试图保障对象世界这种努力的来历而言，马克思的批判揭示了黑格尔辩证法的来历。

关键词：辩证法　意识之经验　主体　对象性活动

解读马克思对黑格尔辩证法的批判向来是研究马克思思想的关键与争论之所在。在经历了最初将辩证法作方法论对待之后，作为对方法论问题作批判性思考的必然结果，学界逐渐将焦点转向了对马克思与黑格尔本体论思想之差异的考察。对此，通行的观点是马克思以"对象性活动"取代了黑格尔的"思维过程"在本体论中的地位。但是由于人们并未明确黑格尔"以思维过程为本体"这件事情的意义，而只是将其归咎于黑格尔哲学的神秘性，从而误解了马克思批判黑格尔辩证法的意义，最终将马克思思想解读为黑格尔思想的世俗化改版。

由此可见，重新解读马克思对黑格尔辩证法的批判是必要的。这一解读尤其不能将黑格尔"以思维过程为本体"这件事情简单地归咎为神秘而了事，似乎它只是一个为马克思所抹去的偶然错误。通过这一解读我们将发现马克思对黑格尔辩证法的批判并非仅仅是对某种错误的指出与纠正——马克思的批判是对黑格尔辩证法来历的揭示，这一揭示的成果是对象性活动。

一、黑格尔辩证法

——作为事情本身的意识之经验的辩证运动

为此必须重提马克思理解黑格尔辩证法的基本视角：《现象学》是"黑格尔哲学的真正诞生地和秘密"①。《现象学》乃是对意识之经验的考察、即"关于意识的经验的科学"②，所以马克思从《现象学》的视角入手，就是从意识之经验入手理解黑格尔的辩证法。因此，首先简要地说明在黑格尔哲学中意识之经验与辩证法的关系是十分必要的。

《现象学》达到的是绝对知识。这里所谓绝对知识并非某种关于绝对者的知识，似乎绝对复又作为一个对象而为意识所把握。"当意识把握了它自己的这个本质时，它自身就将标志着绝对知识的本性"③——绝对知识指的是意识关于自身的绝对的知，即对意识之经验所固有的辩证运动(所谓"它自己的这个本质")的自觉。它在《逻辑学》中被表达为"唯一真正的方法"④，但这是在意识之对立已然消解的前提下谈论"方法"的："只有在绝对的知中，对象与此对象本身的确

① 《马克思恩格斯全集》第3卷，人民出版社2002年版，第316页。

② [德]黑格尔：《精神现象学》上卷，贺麟、王玖兴译，商务印书馆1979年版，第70页。

③ [德]黑格尔：《精神现象学》上卷，贺麟、王玖兴译，商务印书馆1979年版，第70页。

④ [德]黑格尔：《逻辑学》上卷，杨一之译，商务印书馆1966年版，第37页。

定性的分离才完全消解……纯科学便以摆脱意识的对立为前提"①。既然意识之对立已然消解,对象与方法的区别也就不再有意义,所以黑格尔又称其为"事情本身的过程"②。可以说,绝对知识作为对辩证运动的自觉既是意识关于自身经验的绝对的知(而意识的特定形态不过是这一运动的环节),又是对事情本身的知——意识之经验的辩证运动就是事情本身。

可见,意识之经验与辩证法的关系在于:辩证法或者不如说辩证运动是意识之经验的本性。马克思正是由此出发理解并批判黑格尔的辩证法的,甚至可以将马克思对辩证法的批判视为是对黑格尔所谓意识之经验的批判。同样也可以看出,这绝不意味着马克思对黑格尔辩证法的批判就落实为对意识之片面性的批判,似乎问题的关键仅仅在于恢复感性对象的合法权利(费尔巴哈正是此意)。这种观点并未严肃地对待作为意识之经验的本性的辩证运动的绝对性,其实回避了黑格尔辩证法的意义,因而误解了马克思对黑格尔辩证法的批判。所以,为了澄清马克思对黑格尔辩证法的批判,就不仅要从意识之经验的角度看待辩证法,更要注意何以意识之经验固有的辩证运动被黑格尔视为绝对的。

为此就要追问:何以意识之对立由对辩证运动的自觉消解了?这种对立在康德哲学中达到了它极致的表达:物自体不可知。黑格尔声称对立在绝对知识中被消解了,乃是对康德所揭示的意识之对立的某种回应。因此为了阐释黑格尔辩证法,简要回顾下康德对意识之对立的揭示与黑格尔对此的批判是有必要的。

根据康德哲学,意识之对立的根源可以被概括为如下两方面所构成的矛盾:一方面纯粹理性要求通达有条件者的条件序列,即达至无条件者;另一方面对经验之物的条件的追溯只能达至有条件者,因为先验

① [德]黑格尔:《逻辑学》上卷,杨一之译,商务印书馆1966年版,第31页。
② [德]黑格尔:《逻辑学》上卷,杨一之译,商务印书馆1966年版,第37页。

主体无法构建关于无条件者的经验，这种上溯只能是无穷上溯。所谓物自体正是这种无条件者，也正是就其作为无条件者而言才与意识对立，这被表达为物自体不可知。

首先，何以先验主体无法构建关于作为无条件者的物自体的经验？“凡是（按照直观和按照概念）与经验的形式条件相一致的，就是可能的”①，而先验主体之所以无法构建关于物自体的经验，就在于物自体作为无条件者不符合经验的形式条件。进而言之，时间作为经验的一般形式条件被康德设想为序列，即为感性所接受的印象之杂多（即感觉质料）处于其中的那种前后相继的关系：“我们……用一条延伸至无限的线来表象时间序列，在其中，杂多构成了一个只具有一维的系列，我们从这条线的属性推想到时间的一切属性，只除了一个属性，即这条线的各部分是同时存在的，而时间的各部分却总是前后相继的”②。显然，在这种关系中被给出的只能是有条件者，无条件者（如物自体）是无法在这种前后相继的关系中被给出的。

其次，纯粹理性依照自身固有的要求必然为每一个有条件者预设了作为其条件的无条件者及整个条件序列，并要求通达这一序列之整体。但是这一为纯粹理性预设的“有条件者与它的条件的综合及条件的整个序列根本不带有由时间而来的任何限制，也不带有任何前后相继的概念。相反，在现象中经验性综合及条件序列则必须前后相继地、并仅仅在时间中一个跟着一个地被给予”③。简而言之，那为纯粹理性所预设的条件序列整体是超时间的，而可认识之物只能是可经验之物、即符合作为经验的一般形式条件的时间的东西。所以这种回溯按照康德的说法，“只有通过前后相继的回溯才有可能，而这种回溯只是由于我们现实地做出了它才被给予出来”④，其结果是无穷上溯。

---

① ［德］康德：《纯粹理性批判》，邓晓芒译，人民出版社 2004 年版，第 197 页。
② ［德］康德：《纯粹理性批判》，邓晓芒译，人民出版社 2004 年版，第 36—37 页。
③ ［德］康德：《纯粹理性批判》，邓晓芒译，人民出版社 2004 年版，第 411 页。
④ ［德］康德：《纯粹理性批判》，邓晓芒译，人民出版社 2004 年版，第 411 页。

对于康德的上述结论,黑格尔评价道:“硬说一种认识虽然不像科学所愿望的那样认识绝对,却也还是真的认识,硬说一般的认识虽然没有能力把握绝对,却可能有能力把握别种真理”①。事实上,依据康德的设想,“现实地”回溯是否可能?按照康德的说法,所谓“现实的”,就是“与经验的(感觉的)质料条件相关联的”②;而根据康德对时间的设想可知,感觉质料是前后相继地为感性所接受的,因而“与其相关联”的经验之物是永不复归的,它的条件根本不可能“现实地”回溯。所以由康德所设想的经验之形式条件出发,不仅无条件者是无法认识的,而且根本就无法认识任何经验之物的条件,也就是说,对现象的认识也无法设想了。

进而,黑格尔指出:“这种推论的重大错误,即在于以为只在这种抽象理智的形式里即可认识思维的本性。殊不知,对经验世界加以思维,本质上实即是改变其经验的形式……所以思维对于其所出发的经验基础同时即开展一个否定的活动;感性材料经过思维或共性加以规定后,已不复保持其原来的经验形状了”③。可见,根本不能如此设想:经验之物处于无限延生的条件序列之中,对其条件的揭示就是对此条件序列的上溯——在黑格尔看来,这不过是在“抽象理智的形式”下的理解。不如说,经验就其必然地被思维而言不断地改变其形式,而这一改变过程,就是意识之经验的辩证运动:“意识对它自身……所实行的这种辩证的运动,就其潜意识产生出新的真实对象这一点而言,恰恰就是人们称之为经验的那种东西”④。

这也就提示出了黑格尔对绝对的理解与康德的不同:康德将绝对设想为处于经验之形式条件之外的自在的存在者,而在黑格尔看来,这

---

① [德]黑格尔:《精神现象学》上卷,贺麟、王玖兴译,商务印书馆 1979 年版,第 59 页。

② [德]康德:《纯粹理性批判》,邓晓芒译,人民出版社 2004 年版,第 197 页。

③ [德]黑格尔:《小逻辑》,贺麟译,商务印书馆 1980 年版,第 136—137 页。

④ [德]黑格尔:《精神现象学》上卷,贺麟、王玖兴译,商务印书馆 1979 年版,第 68 页。

不过是在“抽象的理智的形式”下的假定，而事情本身（绝对之事）却是意识之经验所固有的辩证运动。

二、意识之经验的辩证运动的基本内涵：基于主体的作为表象的再现

通过回顾康德对意识之对立的揭示以及黑格尔对此的批判，我们获得了理解黑格尔所谓作为事情本身的辩证运动的境域，下面由此出发阐释黑格尔的辩证运动。由于对它的表述散见于黑格尔的许多著作，为了方便起见，下面的阐释围绕《小逻辑》中的经典表述展开：“逻辑思想就形式而论有三个方面：抽象的或知性的方面，辩证的或否定的理性的方面，思辨的或肯定理性的方面”①（对此或许会有疑问：黑格尔这里谈论的是思维的辩证运动，而不是意识之经验的辩证运动。但事实上在黑格尔看来并没有两种辩证运动，正如没有脱离了思维的经验一样，思维的辩证运动就是意识之经验的辩证运动）。

第一个环节是“抽象的或知性的”的环节，其基本特征是坚持着“固定的规定性和各规定性之间彼此的差别”②。在黑格尔看来，这一环节乃是处于对立之中的、即“把自己跟某种东西区别开来而同时又与它相关联着的”③这种意义上的意识（黑格尔又称其为“自然的意识”）的实质——这种意义上的意识坚持对象的直接的真实性，而就它的对象包含了“固定的规定性和各规定性之间彼此的差别”而言，坚持对象的直接的真实性也就是坚持“固定的规定性和各规定性之间彼此的差别”。

不难看出，上述意义上的意识之经验正是通常所设想的、甚至是康

① ［德］黑格尔：《小逻辑》，贺麟译，商务印书馆1980年版，第172页。

② ［德］黑格尔：《小逻辑》，贺麟译，商务印书馆1980年版，第172页。

③ ［德］黑格尔：《精神现象学》上卷，贺麟、王玖兴译，商务印书馆1979年版，第65页。

德所设想的经验:坚持"固定的规定性和各规定性之间彼此的差别",就是视其对象处于"彼此并列和彼此相续"①的关系中;将这种关系进一步抽象,就得出了康德所设想的经验的一般形式、即作为前后相继关系的时间(虽然康德将其纳入了先验主体内部,但在黑格尔看来,这没有触动对经验的通常理解)。同时也不难看出,通常所谓的、包括了康德所设想的经验,只是黑格尔所谓作为辩证运动的意识之经验的一个片面的环节。

但也正如前文已经指出的,这种对经验的设想使得认识(康德所谓"现实地"回溯)不复可能。黑格尔对此有一个更为一般的说法:"当辩证法原则被知性孤立地、单独地应用时,特别是当它这样地被应用来处理科学的概念时,就形成怀疑主义……辩证法倒是知性的规定和一般有限事物特有的、真实的本性"②,由此就引出了辩证运动的第二个环节。在此先行指出的是:从上文的说明来看,这个环节与其说是同上一个环节比肩而立的某种东西,不如说是第一个环节的必然结果,它首先体现为怀疑主义的纠缠。因此认为马克思只是简单地将黑格尔辩证法的第二个环节抽取出来或者赋予其某种新的意义,显然是站不住脚的。

为了揭示第二个环节的意义,需从揭示第一个环节所包含的怀疑主义的根源入手。不同于建立在特定的现象知识之上的通常的怀疑,黑格尔指出对意识之经验的辩证性的自觉意味着"对现象知识的非真理性的一种自觉的洞见"③,即这种自觉先行洞见了一切现象知识、即那自然的意识以之为真的东西中都包含了怀疑的可能性。何以如此?因为自然的意识对它以之为真的规定的坚持中包含了一个断言,即该规定必然不断地作为现象中的相同者在时间中复归(事实上,康德将

① [德]黑格尔:《小逻辑》,贺麟译,商务印书馆1980年版,第69页。

② [德]黑格尔:《小逻辑》,贺麟译,商务印书馆1980年版,第176页。

③ [德]黑格尔:《精神现象学》上卷,贺麟、王玖兴译,商务印书馆1979年版,第61页。

时间设想为序列正是取消了这种复归的可能性，故而使得现象知识不可设想）。自然的意识无法保障这一点，故而现象知识中总是包含了怀疑的可能性。

但是黑格尔并不是要单纯地否定现象知识，而是要保障它或者更确切地说，揭示它如何已经得到了保障。在黑格尔看来，倘若承认怀疑主义，那么就必然导致对意识之对象中所包含的任何规定的真实性的单纯否定，剩下的就仅仅是刹那生灭的、不可言说的现象之流，而这在黑格尔看来是不可设想的。所以“辩证法……的真实结果不是空的、抽象的虚无”①，但也并非对原有的规定的直接的肯定，而只能是“对于某些规定的否定，而这些被否定的规定也包含在结果中”②。这就是辩证运动的第三个环节：那原来的对象被扬弃在过程中，它的直接性被取消了，它乃是就过程而被揭示的对象。这里所谓的过程，是已然把握在规定中的现象；就其复又被视为直接的对象而言，它同样遭受着怀疑主义的纠缠，因此上述辩证运动并非一蹴而就，而是永不停息的，因此它是绝对的运动。

绝对知识洞见了什么？洞见了这样一件事：即那自然意识以之为真的东西，就辩证运动来看，已然并且必将不断地被扬弃在过程中，因为它被怀疑主义单纯地否定是不可设想的——意识由此达到了对它自身经验的确信。但是由于这里所谓的过程是已然把握在规定中的现象，所以它从来不是直接的，而已经是作为表象的再现。说意识之对象必然不断地被扬弃在过程中，也就是说它并非是相同者的不断复归，而是在作为表象的不断再现（辩证运动）中不断被揭示，并因此维系于主体——意识对其自身经验之辩证本性的自觉（绝对知识）就是对意识之经验乃是作为表象的再现的自觉，并因而证实了作为这一运动的承担者的主体。

---

① ［德］黑格尔：《小逻辑》，贺麟译，商务印书馆1980年版，第181页。
② ［德］黑格尔：《小逻辑》，贺麟译，商务印书馆1980年版，第182页。

三、马克思对黑格尔辩证运动的批判

——对作为辩证运动之来历的对象性活动的揭示

上文的阐释表明黑格尔辩证法乃是作为意识之经验的本性的辩证运动,对意识之经验的本性的自觉是对意识之经验乃是作为表象的再现的自觉,并最终证实了作为这一运动的承担者的主体。马克思对黑格尔辩证法的批判就从这一对主体的预设入手。

首先,对黑格尔而言,证实主体也就意味着意识达到了对它自身经验的确信,从而免于怀疑主义的纠缠。可见主体乃是对象世界的保障,证实主体的意义就在于揭示对象世界(现象知识)已经得到了保障。对于这一问题,马克思指出它其实是设想对象世界"是不存在的,却希望……证明它们是存在的"①。而设想对象世界是不存在的,就是预设了某种脱离了对象世界却能够存在的东西(纯粹意识)。对此马克思反诘道:"你想坚持自己的抽象,你就要贯彻到底,如果你设想人和自然界是不存在的,那么你就要设想自己也是不存在的,因为你自己也是自然界和人"②。既然设想者"也是自然界和人",又如何可能设想对象世界是不存在的呢? 反之,既然已经表明了自己乃是"孤零零地独自存在着"的存在者,为什么又要转而证明对象世界存在?

可见,那需要预设主体以保障其对象的意识之经验"本身就是抽象的产物"③,即对人向来处于其中的对象性关系的抽象。人由此将自己设想为某种脱离了对象世界却能够存在的东西;不过该问题的提出者虽然如此预设自己,却依然要求证明世界存在,这表明他依然对自己的意识向来处于其中的对象性关系有所领会。

其次,马克思也不是(如费尔巴哈一样)复又肯定了直观中的自然

---

① 《马克思恩格斯全集》第3卷,人民出版社2002年版,第310页。
② 《马克思恩格斯全集》第3卷,人民出版社2002年版,第310页。
③ 《马克思恩格斯全集》第3卷,人民出版社2002年版,第310页。

界。正如黑格尔已然向我们指出的那样，直接的对象世界中包含的规定（在费尔巴哈哲学中它们被统摄于人的类本质之下）由于缺乏作为相同者不断复归的保障，必然会遭到怀疑主义的纠缠。对于这种“缺乏”，马克思指出它首先并不意味着怀疑主义（仿佛人必须将自己设想为某种预先存在的东西，进而寻求对象世界的保障），而仅仅意味着人经验到了现实世界的毫不停驻：“自我意识通过自己的外化……在一瞬间把自己的能力作为产物固定下来，使它表面上具有独立的、现实的本质的作用——但仍然只是一瞬间”①。

最后，现实世界的毫不停驻并不证实主体。因为按照黑格尔的意思，主体只是联系其辩证运动之产物、即在表象中必然不断再现的对象世界而得以证实的。而作为产物的对象世界每每重新遭到怀疑主义的纠缠就意味着联系于此而得到证实的主体同样重新遭到怀疑主义的纠缠——黑格尔所谓辩证运动与其说揭示了主体何以被证实，不如说反而表明了主体必将不断被怀疑：“否定的否定所包含的肯定或自我肯定和自我确证，被认为是对自身还不能确信因而自身还受对立面影响的、对自身怀疑因而需要证明的肯定，即被认为是没有用自己的存在证明自身的、没有被承认的肯定”②。现实世界的毫不停驻既不意味着怀疑主义，更不意味着证实了保障对象世界之再现的主体，而只是证实了人之为“对象性本质力量的主体性”、即“它的对象性的产物仅仅证实了它的对象性活动”③。

所以，毫不停驻的现实世界必须联系人对自身活动之为对象性活动的意识才能得到领会，反过来对象性活动之对象性也必须联系现实世界之毫不停驻才能得到澄清。毫不停驻的现实世界绝非某种独立于人的活动的现象之流，因为这样其实是重新将人自己设想为非对象性的存在者。这里所说的毫不停驻的世界是作为对象性活动的“产物”

---

① 《马克思恩格斯全集》第 3 卷，人民出版社 2002 年版，第 323—324 页。
② 《马克思恩格斯全集》第 3 卷，人民出版社 2002 年版，第 315 页。
③ 《马克思恩格斯全集》第 3 卷，人民出版社 2002 年版，第 324 页。

的世界,它的毫不停驻就在于它生成的那一瞬间就是它非现实化的那一瞬间——它已然是人"在思维中复现自己的现实存在"①,并且只能寄希望于在它的再度生成中向后来者呈现出作为对象性活动的这一生成本身(即后来者对自身活动之为对象性活动的经验)。由此人们得以领会到自身的活动乃是对象性的,这里对象性的内涵联系上述意义上的毫不停驻的现实世界来看就是历史性——那作为对象性活动的"产物"的世界之生成向来就是再生成,现实的世界之生成乃是现实的历史的生生不息。

但这就包含了这样一种可能性,即在思维中复现的、非现实的世界被视为"以外在性的形式表现出来因而不属于它的本质(按:对象性活动)的、极其强大的对象世界"②、也即独立于对象性活动的、作为本质的世界,相反活动之对象性则被视为"不应有的偏差、缺陷"③。不过哲学试图保障那被视为本质的世界的努力"恰好说明:历史运动的绝大部分是同它的论断不一致的,如果它曾经存在过,那么它的这种过去的存在恰恰反驳了对本质的奢求"④。如果说在哲学看来这种努力是面向怀疑做出的并因此而得到辩护,那么通过上文的说明我们已经知道,在马克思看来它恰恰意味着对"过去的存在"、即为思维所"复现"的"自己的现实存在"或这一生成的抽象与执着。

不同于以往哲学,黑格尔辩证法的独到之处在于指出任何保障对象世界之直接性的企图必将失败,对象世界只能被视为再现之物,从而提示出了现实的世界之生成。就此而言,马克思称其具有"批判的形式"⑤。但也正因为黑格尔辩证法只是为了揭示对象世界何以得到了保障,它并未批判地对待这种保障的要求本身——它将对象世界的再

① 《马克思恩格斯全集》第3卷,人民出版社2002年版,第302页。
② 《马克思恩格斯全集》第3卷,人民出版社2002年版,第323页。
③ 《马克思恩格斯全集》第3卷,人民出版社2002年版,第337页。
④ 《马克思恩格斯全集》第3卷,人民出版社2002年版,第298页。
⑤ 《马克思恩格斯全集》第3卷,人民出版社2002年版,第316页。

现等同于基于主体的表象化，反而掩盖了现实的世界之生成、即对象性活动本身，从而掩盖了保障对象世界这一要求的来历。就此而言，它包含着“非批判的实证主义和同样非批判的唯心主义”①。最后，通过上文不难看出，马克思对黑格尔辩证法的批判并非仅仅是对某种错误的指出与纠正，而是对由黑格尔辩证法所提示却又掩盖的对象性活动本身的揭示——就它包含了哲学试图保障那非现实的世界这种努力的来历而言，马克思的批判揭示了黑格尔辩证法的来历。

（作者　复旦大学哲学学院博士研究生）

① 《马克思恩格斯全集》第3卷，人民出版社2002年版，第318页。

马克思主义与生态辩证法*

[美]约翰·贝拉米·福斯特
[美]布莱特·克拉克　王　晶　刘建江 译

“难道批判的批判以为,只要它把人对自然界的理论关系和实践关系,把自然科学和工业排除在历史运动之外,它就能达到,哪怕只是初步达到对历史现实的认识吗?”①

——卡尔·马克思和弗里德里希·恩格斯

正如马克思的物质变换裂缝理论所展现的,恢复马克思思想的生态唯物主义基础,将资本批判与自然科学批判结合,是对本时代的马克思主义和生态学的重新定义。这可能让那些受教于以下观点的人为之一惊,即马克思的观点只是德国古典哲学、法国空想社会主义和英国政治经济学的综合。然而,这种盛行于20世纪的经典历史唯物主义观点,现在被一种更广泛的认识所替代,即马克思的唯物主义历史观与其唯物主义自然观是不可分割的,它不光包含对政治经济学的批判,而且

---

* 本文作者约翰·贝拉米·福斯特:《每月评论》主编,美国俄勒冈大学社会学系教授;布莱特·克拉克:美国犹他大学社会学系副教授。原文刊发于《每月评论》2016年第68卷(John Bellamy Foster and Brett Clark,“Marxism and the dialectics of ecology”,in *Monthly Review*,2016,Volume 68,Issue 5,pp.1-17)。经作者授权翻译发表。

① 《马克思恩格斯文集》第1卷,人民出版社2009年版,第350页。

包含对其所处时代的自然科学革命的批判。

卢卡奇所谓的马克思的“社会存在本体论”扎根于作为社会和自然界的物质变换中介的劳动概念。根据这种观点，人类物质的存在同时也是社会历史的与自然生态的存在。而且，任何现实的历史认识都必须关注与人类自然条件相关的复杂联系和依存关系。① 正是这种总体性的方法使马克思把社会主义界定为一种可持续的人类发展过程（它被理解为确保地球的持续发展、人类自由与潜能的最大发展的必要条件）。因而，社会主义要求联合起来的生产者们理性地调节自然界和社会之间的物质变换。正是在这种语境中，马克思所谓“自然界的一般物质变换”“社会物质变换”以及物质变换的“裂缝”的核心范畴共同框定了他的批判性的生态学世界观。②

就此而言，马克思的方法与其生态价值构成论是密切相关的。使用价值（表现为一般生产）和交换价值（作为价值，是抽象劳动的结晶）之间的矛盾是他批判资本主义商品生产的中心。与此同时，马克思十分重视以下事实，即资本主义社会中的自然资源因被界定为一种“作为资本的无偿的自然力”③而不直接参与价值生产。正是基于此，他区分了财富和商品价值。财富由使用价值构成，它产生于自然界和劳动力的结合。相反，资本主义商品经济的价值或交换价值单纯源于对人类劳动力的剥削。因此，财富和价值的这种矛盾处于积累过程的核心当中，与自然环境的退化和破坏直接相关。正是资本主义价值生产和积累过程内在的这种生态矛盾，恰当解释了该体系走向生态危机或物质变换断裂的趋势。资本主义制度狭隘地追求利润，并且规模越来越大，日益扰乱了控制着所有生命的基本生态过程和社会再生产过程。

学界对马克思的物质变换理论、生态价值构成论以及它们在生态

---

① Georg Lukács, *Labour*（London：Merlin，1980）.

② 《马克思恩格斯全集》第 32 卷，人民出版社 1998 年版，第 59—72 页。

③ 《马克思恩格斯文集》第 7 卷，人民出版社 2009 年版，第 843 页。

危机分析中的作用的再研究，已然呈现出截然不同的走向。① 尽管它们在马克思主义和生态学的发展过程中举足轻重，还是引发了诸多批判。左派在这方面的一个不同意见是，他们试图借用马克思的社会物质变换理论的某些方面，而推进一种粗陋的社会“一元论”观点，这种观点是基于社会的“自然生产”和资本主义的“单一的物质变换”等概念。② 左派的这一视角虽然受到马克思主义的影响，但依赖于唯心主义、后现代主义和激进的社会建构主义的概念，有违真正意义上的历史唯物主义生态学，并且试图淡化所有的生态危机论（或把它们当作世界末日说或灾变说而不予理会），只要这些理论不超出资本主义制度的狭隘规律。所有这一切，都与当前地球危难情况下左派内部的人类中心主义、人类免责主义和资本中心主义的存留有关。③

接下来，我们就马克思生态学中的一些重大突破进行简单讨论，主要考察马克思的物质变换理论的概念结构、它与马克思的生态价值构成论的关系，以及关于生态危机的某些结论。随后，我们会对当前流行的社会一元论进行批判性评论，这种论调试图把马克思的生态学分析还原为一种解析市场的内在逻辑的“单一的物质变换”。④ 我们最后会说明，在马克思主义的理论体系中，辩证法对生态学的核心作用。

---

① 参见 John Bellamy Foster，“Marxism in the Anthropocene：Dialectical Rifts on the Left”，*International Critical Thought* 6，No.3（2016）：393-421.

② Jason W.Moore，*Capitalism in the Web of Life*，London：Verso，2015，pp.80-81；Neil Smith，*Uneven Development*，Athens，GA：University of Georgia Press，2008.

③ 此处的“资本中心主义”（Capitalocentrism）指的是，左派试图将生态问题内置于资本主义积累的内部逻辑中。它也表现在那些拒绝科学分类的尝试中，例如，涉及人类与自然界的整体关系的人类世（the Anthropocene），以更狭隘的譬如资本新世（the Capitalocene）的概念取代之，其中资本的逻辑为所有分析设定参照。有这种倾向的例子，请参见 Moore，*Capitalism in the Web of Life*，London：Verso，2015，pp.169-192。

④ 参见 Jason W.Moore，“Toward a Singular Metabolism”，in Daniel Ibañez and Nikos Katsikis，eds.，*Grounding Metabolism*，Cambridge，MA：Harvard University Press，2014，pp.10-19.

一、马克思物质变换理论的概念结构

伊斯特凡·梅萨罗斯(István Mészáros)所谓的“马克思异化理论的概念框架”阐明了马克思思想的基础,最好地反映了马克思的物质变换理论的独特复杂性。对梅萨罗斯来说,马克思采取了人性——劳动/生产——自然界的三元关系的分析模式。人类必须通过劳动生产来调节他们与自然界之间的关系。然而,资产阶级社会产生了与商品交换相关的一整套二级调试,造成了进一步异化的三元关系:异化的人性——异化的劳动/生产——异化的自然界,这三者一开始是重合在一起的。资本主义政治经济学关注的是后一种异化的三元关系,采用的却直接是不包含任何异化观念的前一种三元形式。据梅萨罗斯所言,资本主义社会中的自然科学主要关注的是,“异化自然”和“致力于无限占有自然的异化生产”之间的关系,由此凸显资产阶级社会中的自然科学的异化作用。正如梅萨罗斯写道,“若不是自然科学最为积极地参与进来,愈演愈烈的‘自然异化’(如污染问题)是难以想象的。”①

然而,从生态学角度看,这同一种概念框架在《资本论》(以及《1861—1863年经济学手稿》)中,马克思考察“自然界的一般物质变换”“社会物质变换”和物质变换的“裂缝”时,表现得十分明显。对于马克思来说,劳动生产过程被界定为自然界与社会之间的物质变换。因此,马克思思想深处的概念框架在以上条件中是非异化的三元关系:人类——社会物质变换——自然界的一般物质变换。其中,社会物质变换是现实的生产活动,它构成了人类通过劳动而与整个自然界所达成的有效交换(如,普遍的物质变换),纵使特定的历史形式包含着特定的变换过程。

随着与商品生产相关的二级调试的出现(土地和劳动被归为类似

① István Mészáros, *Marx's Theory of Alienation*, London: Merlin, 1975, pp.99-114。

商品的东西），基础的物质变换关系被覆加，新的三元关系是：人类异化——“社会物质变换的交互过程”的异化（物质变换断裂）——自然界的一般物质变换的异化。① 因此，物质变换裂缝与青年马克思在《詹姆士·穆勒〈政治经济学原理〉一书摘要》中所说的，资本主义社会中“人类活动”的“异化中介”相一致。②

资产阶级的自然科学逐渐呈现为一种现代化生态的形式，因为它必须要解决由资本主义政治经济学所引发的社会物质变换的裂缝，以及由此产生的科学异化。普遍推广和应用的所谓技术“解答”，如碳捕获与碳封存，实际上并未触及生态问题的制度根源。到目前为止，资本主义只能转移这种生态矛盾，并且最终在自然界的一般物质变换中引发更广泛的破坏（裂缝），其影响远远超出直接的劳动生产过程，引发资本主义的终极限度的难题。正是这种框架结构构成了马克思生态危机理论的核心，它重点关注了由生产制度所产生的人为的物质变换裂缝。最终，越发广泛和严重的生态问题和生态灾难会说明资本主义市场体系的终极失败。

具体而言，马克思关于 19 世纪土壤危机的讨论阐明了这种总体框架，他在此介绍了物质变换裂缝的概念。纵观人类文明史，人类必须一直在人类——农业——土地的三元关系中从事农业生产。人类文明史上零星点缀着“农业转向不可持续发展的方向”“土壤劣质化”的例子。然而，随着资本主义条件下农业产业化的发展，新的商品关系的产生，它以一种新型的方式打乱了原本永恒的自然关系，导致农业中更加系

① 《马克思恩格斯全集》第 32 卷，人民出版社 1998 年版，第 59—72 页。关于马克思思想的结构，正如他自己所做的，我们可能可以谈论在社会物质变换中的“物质变换断裂”，包括生产的特定条件。然而，更大的生物地球化学循环和过程受到人类生产的影响而不是生产本身的影响，在这种情况下，就不单单涉及社会物质变换的断裂，也涉及自然界自身的一般物质变换的断裂。正是后一种断裂定义了科学家现在所谓的人类世。

② 《马克思恩格斯全集》第 42 卷，人民出版社 1979 年版，第 18 页。我们把这种洞见归功于梅萨罗斯（István Mészáros），他在与另一个作者的通信中提到了马克思的“异化中介”思想。

统和集中的物质变换断裂,由此,基本营养物质(如氮、磷和钾)返回土壤的过程也被破坏。这也致使"在社会的以及由生活的自然规律所决定的物质变换的联系中造成一个无法弥补的裂缝"①。

为了回应"关乎土壤再生的自然条件的破坏问题"(它是资产阶级社会城乡两极分化的产物),19 世纪和 20 世纪的自然科学家开始寻找修复物质变换裂缝的方法,因而首先有了国际人造鸟粪和硝酸盐贸易的发展,然后是工业化肥的发展。人造鸟粪和硝酸盐贸易扰乱了整个生态系统并激发了殖民战争。② 工业化肥的发展越发成为资本主义扩张的手段,同时还推动了战争化学用品的发展。这种技术性方案,忽略了异化自然和异化社会的深层的制度根源,造成了大量化肥径流,水质劣化,导致了全球海洋的死亡地带的出现。因此,工业肥料在工业全球化基础上的发展,将人类与土地的社会物质变换中的断裂转化为自然的一般物质变换中的更为广泛和包罗万象的断裂,它逾越重要的星际边界(planetary boundaries),破坏生物圈的基本生化过程。③

二、资本主义的价值规律与自然的消亡

若将以上内容置于马克思的生态价值构成论的逻辑框架中,会得到更好地理解。在马克思关于资本主义商品价值体系的解析中(以及在一般的古典政治经济学中),财富由使用价值构成,它一般与生产存在着自然物质基础的联系。相较而言,资本主义社会中的价值(基于抽象的社会劳动)单纯源于对劳动力的剥削,与任何自然物质的内容

① 《马克思恩格斯文集》第 7 卷,人民出版社 2009 年版,第 919 页;《马克思恩格斯文集》第 5 卷,人民出版社 2009 年版,第 579—580 页。

② Brett Clark and John Bellamy Foster,"Guano:The Global Metabolic Rift in the Fertilizer Trade," in Alf Hornborg,Brett Clark and Kenneth Hermele,eds.,*Ecology and Power*,London:Routledge,2012,pp.68-82.

③ John Bellamy Foster,Brett Clark and Richard York,*The Ecological Rift*,New York:Monthly Review Press,2010,pp.73-87.

无关。自然界因而被资本主义体系视为“作为资本的无偿的自然力”①。这种差异(矛盾)引发了著名的罗德戴尔悖论(the Lauderdale Paradox),它以十九世纪早期古典政治经济学家第八代罗德戴尔伯爵詹姆斯·梅特兰(James Maitland)命名。罗德戴尔指出,在资本主义条件下,私人财富(交换价值)的积累通常依赖于对公共财富(使用价值)的破坏,由此产生了积累过程的本质内容——匮乏和垄断。② 在这些条件下,快速发展的环境恶化进一步耗损公共利益,这是资本积累的必然后果,也是再积累的基础。废物管理等新兴行业就是为了处理这些后果而建立起来的。

可见,资本主义是一种极端形式的消耗体系;一种关于自然力(包括马克思喜欢称为人类本身的“生命力”的自然力)剥削的贪婪体系。它在不断追逐更多剩余价值的过程中,将能量和资源的生产量最大化,而这些后来又转嫁给了自然环境。“我死后哪怕洪水滔天!这就是每个资本家和每个资本家国家的口号。”③就此而言,马克思的生态价值构成论的独到之处在于,意识到了商品生产制度加剧了资本主义社会中自然的退化和消亡,这种制度完全根据劳动力计算价值,而将自然界作为无价值的领域。④

马克思起初从他的朋友兼革命伙伴,社会主义医生罗兰·丹尼尔斯(Roland Daniels)的作品那里,引出自然界的一般物质变换概念,以及它与社会物质变换和生态再生的关系。1851 年,丹尼尔斯在他的作

---

① 《马克思恩格斯文集》第 7 卷,人民出版社 2009 年版,第 843 页。

② Foster, Clark and York, *The Ecological Rift*, pp.53-72; James Maitland, Earl of Lauderdale, *An Inquiry into the Nature and Origins of Public Wealth and into the Means and Causes of Its Increase*, Edinburgh: Archibald Constable, 1819, pp.37-59; Marx and Engels, *Collected Works*, *Vol.*37, pp.732-733.

③ 《马克思恩格斯文集》第 5 卷,人民出版社 2009 年版,第 311 页。

④ 在古典价值理论中,只有劳动才创造资本主义商品价值。而土地和自然资源属于租金,它因构成了一种价值再分配的形式而获得价格。应该补充说,如果自然界不直接成为价值增长的一部分而是被当作资本主义叙述中的一种“无偿的自然力”,这一原则也应适用于维持生计的工作和无酬的家务劳动。

品《小宇宙》中,用制度理论形式中的物质变换概念,解释植物和动物之间的相互关联。① 马克思以丹尼尔斯的概念和德国化学家贾斯特斯·冯·李比希(Justus von Liebig)的作品为基础,阐释了自己的社会物质变换的再生和物质变换断裂的观念。② 在写作《资本论》以及后来的时间中,他越发关注生态危机。马克思阅读了植物学家卡尔·弗腊斯(Carl Fraas)关于阶级文明的历史长河中的"土壤的破坏与沙化"研究之后,他认为,在资本主义制度下,这一过程不过是以不同形式被激化和扩大,最终在异化劳动生产的现代机制中变得"无法弥补"。由此,他得出结论,资本主义的生态破坏展现了"不自觉的社会主义倾向"(意指与制度本身进行革命决裂的必要性)。③

因此,在马克思的分析中,物质变换概念成为人类历史发展中生态学理论的基础,它表明资本主义社会中的物质变换断裂,要求在资本主义消亡的过程中,恢复非异化的社会物质变换,推进实质平等和可持续生态社会(即社会主义社会)的发展。这一切并未脱离马克思的将资本主义制度视为一种劳动力剥削制度的政治经济学批判。相反,在马克思的观念中,资本主义毁坏了"一切财富的源泉——土地和工人"④。

三、生态学与社会一元论:被统摄的自然界

马克思的社会物质变换概念的魅力在于,它预见了现代生态系统

① Roland Daniels, *Mikrokosmos* (Frankfurt am Main: Peter Lang, 1988).我们想感谢约瑟夫·弗拉基亚(Joseph Fracchia)翻译了丹尼尔斯的部分作品。我们也要感谢齐藤浩平(Kohei Saito)对丹尼尔斯作品的评论。

② 关于李比希的生态学观点以及它们与马克思的关系,参见 John Bellamy Foster, *Marx's Ecology*, New York: Monthly Review Press, 2000, pp. 149-154; Kohei Saito, "Marx's Ecological Notebooks", *Monthly Review* 67, No. 9 (February 2016), pp.25-33。

③ 《马克思恩格斯文集》第 10 卷,人民出版社 2009 年版,第 286 页;Saito,"Marx's Ecological Notebooks",pp.34-39。

④ 《马克思恩格斯文集》第 5 卷,人民出版社 2009 年版,第 580 页。

和地球系统分析的事实,二者都以物质变换概念为基础,而且与社会主义生态学内部的概念发展的形成有着具体联系。① 马克思的一般唯物主义方法预见并在某种程度上影响了生态学在19世纪后期和20世纪早期的许多重大进展。而且,他的生态批判与他对资本主义的政治经济学批判密切相关,是最成熟的辩证体系的理论观点,对于我们今天理解资本主义在劳动力和自然界的退化过程中所展现的复杂作用,仍有借鉴意义。

然而,一些马克思主义和其他左派传统的理论家,试图“另辟蹊径”,强调资本主义在生态学中的统筹作用,以至于资本主义被视为生命圈本身的构成要素。这种社会一元论方法本质上是唯心主义的,被确证为对笛卡尔的二元论的正当反驳。而其真正意图在于,推翻与生态社会主义运动相关的生态学马克思主义(尤其是其唯物主义辩证法)的观点。

许多社会一元论分析具有西方马克思主义无条件拒绝自然辩证法的认识论根源。这是受了卢卡奇在《历史与阶级意识》中的一个著名注脚(这个注脚与他书中的其他部分自相矛盾而且后来被他彻底否定)的影响,他在书中质疑了恩格斯的自然辩证法概念。② 这种对自然辩证法的拒斥,以及随之而来的将自然界本身作为客体和自然科学进行分析的情况,开始于莫里斯·梅洛-庞蒂(Maurice Merleau-Ponty)的《辩证法的历险》,在许多其他作者的著作中得到发展,是西方马克思主义作为独特的哲学传统的根本特征。这就巩固了一种唯心主义的、局限于人类、人类世界和人类历史科学的主客体辩证法。③

---

① John Bellamy Foster, "Marxism and Ecology", *Monthly Review* 67, No.7, December 2015, pp.2–3; Joel B.Hagen, *An Entangled Bank*, New Brunswick, NJ: Rutgers University Press, 1992.

② Georg Lukács, *History and Class Consciousness*, London: Merlin, 1968, p.24.

③ Russell Jacoby, "Western Marxism", in Tom Bottomore, ed., *A Dictionary of Marxist Thought*, Oxford: Blackwell, 1983, pp.523–526; Maurice Merleau-Ponty, *Adventures of the Dialectic*, Evanston, IL: Northwestern University Press, 1973.

因而,这就造成了抽象唯心主义、激进的社会建构主义和后现代主义这些左派马克思主义解读的盛行,他们标榜自己反对唯物主义特别是辩证唯物主义。鉴于环境问题在人类纪元日益重要,激进的思想者们越发推崇以人类为中心的社会一元论,这种观点认为,自然界完全内化于社会当中。这引发了左派地理学家尼尔·史密斯(Neil Smith)对资本主义“一直控制着自然界”的讨论。他写道,“自然如果没有社会性,它将一无是处。”他主张,社会科学家因而应该拒绝自然科学对所谓“自然法”的盲目崇拜,并且应该谴责由生态运动所确定的“左派启示论”和“自然拜物教”。① 世界生态理论家杰森·摩尔(Jason W. Moore)推进了史密斯的论证逻辑,宣称资本主义不断占据和侵吞自然界。②

对于这些研究者而言,“第一自然”(史前社会的自然界)已经彻底被“第二自然”(被社会所改变的自然界)所涵摄。③ 因此,自然界不再是一种存在于它本身的现实,或者一种本体论的存在,而仅仅是一种神秘的存在,内含于资本主义世界生态所建构的社会构成集合之中。④ 这种观点反对以下观念:资本主义与生态学的矛盾、物质变换断裂以及类似笛卡尔“二元论”形式的自然异化。⑤ 任何关于资本主义商品生产必然扰乱基本的生态进程的提议都被当作社会一元论者的首要批判对象,被扣上末世论(这是一种针对自然科学家和激进生态学家的控告)的帽子。

---

① Smith, *Uneven Development*, pp. 45 - 47, p. 247; "Nature as an Accumulation Strategy", *Socialist Register* 2007, New York: Monthly Review Press, 2006, pp.23-29.

② Moore, *Capitalism in the Web of Life*, p.152.

③ Smith, *Uneven Development*, pp.65-69.

④ 摩尔走得更远,他因自然界未被社会所生产或“共同生产”,而把先于社会的自然当作“预先形成的”:“即使环境在某种抽象意义上是预先形成的(例如,大陆的分布),历史的变化也是通过人类与这些环境的接触而产生的,这种关系从根本上来说是共同产生的。”Moore,“Toward a Singular Metabolism”,p.15。

⑤ Moore, *Capitalism in the Web of Life*, p.4, pp.19-20, p.78, p.152.

一种深刻的批判性观点揭露了上述社会一元论观点内部的深层矛盾,认为那种宣称自然界会自我消亡的社会决定论也存在这种矛盾。例如,摩尔想要反驳自然与社会的"二元论",他将一种"一元论的及其相关的观点"归于生态学马克思主义,依此,自然与社会的"混合"昭示着它们二者的同一存在。① 他主张,"资本主义(却部分地)使生物圈的关系内在化",而资本的力量构建并设置了"生命界的资本主义内在化过程"。或者,如他在别处所言:"资本主义使自然的矛盾内在化为一个整体,而生物圈也使资本主义的矛盾内在化。"②无论从哪一点来讲,自然界只不过是资本主义的内在关系,它本身实际上已不再是独立的存在。

在摩尔努力规避二元论的过程中,同时也是回避任何开放式的唯物辩证法的过程中,他提出,从社会文化层面来看,世界是"人类与非人的自然界之间的集合",主要构成了一张抽象的"生命之网"。③ 通过这种非常散漫的方法,集合得以"形成、稳定和周期性地中断"④。他宣称,实际上,"任何主体都是一种在人类与非人的自然界之间的特定集合的关系财产。"⑤因为根据中立的一元论哲学,所有存在着的事物构成了集合的内容。⑥

---

① Moore,"Toward a Singular Metabolism," 16;*Capitalism in the Web of Life*,85.在辩证法的讨论中,如果不是辩证地考虑,看似二元性的东西,往往被当作一个只有在另一个组织层面才能被超越的矛盾(对立面的统一)来处理。怀特海几乎在马克思主义的语论中认识了这一矛盾,他写道:"环顾我们的世界,无不存在着对立统一,它是二元论的基础。"Alfred North Whitehead,*Adventures of Ideas*, New York:Free Press,1933,p.245。

② Moore,"Toward a Singular Metabolism", p. 12;"Cheap Food and Bad Climate", *Critical Historical Studies* 2, No. 10 , 2015, p. 28;"Putting Nature to Work", in Cecilia Wee and Olaf Arndt, eds., *Supra Markt*, Stockholm:Irene, 2015, p.91.

③ Moore,"Toward a Singular Metabolism",p.12;Moore,*Capitalism in the Web of Life*, p.85,p.179.

④ Moore,*Capitalism in the Web of Life*,p.46.

⑤ Moore,*Capitalism in the Web of Life*,p.37.

⑥ Gülberk Koç Maclean, *Bertrand Russell's Bundle Theory of Particulars* London: Bloomsbury,2014.

这些理论家的最大难题是二元论。左派地理学家尼尔·史密斯和埃里克·史温吉道(Erik Swyngedouw)深入地探索了这个问题,以至于他们宣称马克思他自己是一个二元论者。史密斯断言,“鉴于马克思本人对自然界的处理,也许从他的理论视野来看,某种版本的二元论自然概念也行得通。”史温吉道写道:“马克思的社会和自然也许已经汇聚在了一起,成为历史和地理,但他是以确保二者为先在分离领域的情况下来实现这一点的。”①为了超越他所理解的马克思的社会和自然界的二元论,史温吉道提出一种无所不包的混合主义观点,即一种统一的“社会自然”(socionature)的形式。

对激进的地理学家诺尔·卡斯特里(Noel Castree)来说,考虑到史密斯的观点(基于他的观点,卡斯特里进行了自己的分析),“自然界成为资本主义的一部分,基于此,那种使用这些术语时所暗含的特性被削弱和破坏。”②资本主义拥有对自然界的绝对权力,并且“似乎要把后者完全吞没”③。因此,自然科学的客体意义上的自然界不复存在。正如摩尔所说,“在那个自然界仍旧很重要的时代”,“绿色唯物论”是“虚假的”。他的言外之意是,现在的情况已然不同了。④ 因此,环境保护主义缺乏确定的自然对象,并且环境关注点本身也存在问题。反左派的法国

---

① Erik Swyngedouw,“Modernity and Hybridity”,*Annals of the Association of American Geographers* 89,No.3,1999,p.446.

② Noel Castree,“Marxism and the Production of Nature”,*Capital and Class* 72,2000,pp.27-28;“The Nature of Produced Nature:Materiality and Knowledge Construction in Marxism”,*Antipode* 27,No.1,1995,p.20;“Marxism,Capitalism,and the Production of Nature”,in Castree and Bruce Braun,eds.,*Social Nature*,Malden,MA:Blackwell,2001,pp.204-205;“Capitalism and the Marxist Critique of Political Ecology”,in Tom Perreault,Gavin Bridge,and James McCarthy,eds.,*The Routledge Handbook of Political Ecology*,London:Routledge,2015.

③ Noel Castree,“False Antitheses? Marxism,Nature and Actor-Networks”,*Antipode* 34,No.1,2002,p.131;Bruno Latour,*Politics of Nature*,Cambridge,MA:Harvard University Press,2004,p.58.

④ Jason W.Moore,“The Capitalocene,Part II”,June 2014,34,http://jasonwmoore.com.

社会学家布鲁诺·拉图尔(Bruno Latour)的观点强调了以上内容。①

当摩尔认可地理学评论家布鲁斯·布劳恩(Bruce Braun)对马克思主义生态经济学家埃尔马·阿尔特瓦特(Elmar Altvater)的批判,将他的分析强置于物理学的基础原理即热力学第二定律时,荒谬的结论出现了。② 摩尔违背了自然科学,他认为:"熵定律……在力量和生产的特定模式中运行,并不为抽象意义上的生物圈所决定。从历史自然的观点来看,隶属于特定文明逻辑内的熵,是可逆的和可循环的。"③如这种奇怪的社会一元论观点所示,熵隶属于社会,社会也许能够使它倒转或循环,从而回转或调转时间的箭头。

这种左派理论家走得如此之远,甚至想让人类免受自然规律的约束,他们争论道,"自然以及它的近期衍生物如'环境'或'可持续性',

---

① 自然界的消亡是拉图尔哲学研究的基础对象,他对以上所批驳的思想家产生了重要影响。参见 Bruno Latour,Science in Action,Cambridge,MA:Harvard University Press,1987,p.99,p.258.阿兰·索卡尔(Alan Sokal)就这一点对拉图尔的批评请参见 *Beyond the Hoax*,Oxford:Oxford University Press,2008,pp.154-158,pp.211-216.拉图尔的研究明显是反马克思主义和反辩证法的,他提出了一种叫作"平行本体论"或中立一元论的理论,即所有实体和对象都无不平等地缠绕在一起,并被当作集合、捆绑物、混合物或者网络。然而,这种观点的极端之处在于,它否认自然或社会是一种客观实体,最终形成了一种社会一元论,即社会被悄悄提出或"重组"(例如通过技术和政治),采取了一边倒向现实的方式。在他近期的作品中,他以纳粹哲学家卡尔·施密特的地缘政治和政治神学为依托,提出了一种倒退的政治生态学,被称为"绿色施密特主义"。毫无疑问,拉图尔已经成为创新研究所的高级研究员了。参见 Graham Harman,*Prince of Networks*,Melbourne:re.press,2009,pp.73-75,p.102,pp.152-156,pp.214-215;Bruno Latour,*Reassembling the Political*,London:Pluto,2014;*Reassembling the Social*,Oxford:Oxford University Press,2005,p.18,p.116,pp.134-147;"Facing Gaia",*Gifford Lectures*,University of Edinburgh,February,pp.18-28,2013。

② Jason W.Moore,"The Capitalocene,Part I",March 2014,16,http://jasonwmoore.com;Bruce Braun,"Toward a New Earth and a New Humanity",in Noel Castree and Derek Gregory,ed.,*David Harvey:A Critical Reader*,Oxford:Blackwell,2006,pp.197-199;Ian Angus and Fred Murphy,"Two Views on Marxist Ecology and Jason W.Moore",*Climate and Capitalism*,June 23,2016,http://climateandcapitalism.com.

③ Jason W.Moore,"Nature in the Limits to Capital (and Vice Versa)",*Radical Philosophy* 193,2015,p.14.

不过是'空'符号。"①虽然"'自然界'(作为一种历史产物)提供了基础,但社会关系产生了自然界和社会的历史。"②

用后马克思主义或者后现代主义的措辞来说,在这种本质上反环境主义的观点看来,激进的环境主义者(包括整个绿色运动),因察觉到了自然界与资本主义社会的矛盾而受到批判,并且被说成是有"世界末日论"倾向,滋生了"生态恐惧"。他们的理论被描述为"满载着为了避免普遍灾难而寻求激进革命的花言巧语"③。一些环境科学家"试图区分社会(人为)和自然界对气候变化的不同作用",史密斯对他们进行了责难,认为这种做法不光促成了"一场愚蠢的辩论",也带来了"一种愚蠢的哲学":"它在自然与社会之间留下一道神圣不可侵犯的裂痕,自然在一边,而社会在另一边"。④

史密斯及其他左派思想家关于气候变化的讨论及行动的怀疑态度,实际上是对现状的默许,也是对规避环境问题的无动于衷。摩尔认为,他所谓的"绿色唯物主义的物质变换的信徒"(他用这一术语表示生态学马克思主义者)属于地球系统的"生物物理"概念。史温吉道、阿兰·巴迪欧(Alain Badiou)和斯拉沃热·齐泽克(Slavoj Žižek)都认为"生态已成为大众的新鸦片"⑤,这一陈述一再被这三位思想家重申

---

① Erik Swyngedouw,"Trouble with Nature:'Ecology as the New Opium for the Masses'",in J.Hillier and P.Healey,eds.,*The Ashgate Research Companion to Planning Theory:Conceptual Challenges for Spatial Planning*,Burlington,VT:Ashgate,2010,p.304.

② Swyngedouw,"Modernity and Hybridity",p.446.具有讽刺意味的是,在这句引文中,史温吉道(Swyngedouw)的本意是提倡传统马克思主义的唯物主义观点,他接着批评了过分强调自然条件的观点,实际上是把自然看成一个象征。

③ Swyngedouw,"Trouble with Nature",pp.308-309.

④ Smith,*Uneven Development*,p.244.

⑤ Moore,*Capitalism in the Web of Life*,p.15;Swyngedouw,"Trouble with Nature:Ecology as the New Opium of the Masses", p. 309; see also Alain Badiou,"Live Badiou—Interview with Alain Badiou," in *Alain Badiou*,*Live Theory*,London:Continuum,2008; Slavoj Žižek,"Censorship Today: Violence, or Ecology as a New Opium of the Masses",2007,http://lacan.com.

和强烈支持。

摩尔在远离生态科学的过程中,还告诫我们要谨防对"自然界限的盲目迷恋"①。相较于一些世界上占主导地位的环境科学家(如人类史工作组的成员),他反其道而行之,声称:"现实并不是人类(例如社会)要'强势吞并自然界'。"他认为,资本主义似乎具有一种无限的能力,可以"穿越看似不可逾越的'自然界限'"。因此,在与人类世界相联系的星际边界内并没有真正的物质变换裂痕,言下之意是,并不需要担忧。② 在最坏的情况下,随着"廉价自然界"变得难以寻觅,资本主义对自然界的侵占最终会以"增加的自然资源成本、资本的终极底线的形成"而告终。③ 资本主义体系本身被看作是"暴露于生命之网中"的世界生态,它会创造性地战胜随时随地发生的经济匮乏问题。④

---

① Moore, *Capitalism in the Web of Life*, p.80.

② Jason W.Moore, "The End of Cheap Nature Or: How I learned to Stop Worrying about 'The' Environment and Love the Crisis of Capitalism", in Christian Suter and Christopher Chase Dunn, eds., *Structures of the WorldPolitical Economy and the Future of Global Conflict and Cooperation*, Berlin: LIT, 2014, p. 308, "Toward aSingular Metabolism", p.14.摩尔断然否定了由自然科学家引入的人类世的概念,这一概念用来描述地球系统中的人为裂缝。以下这本书对人类世进行了一种有意义的解析。参见 IanAngus, *Facing the Anthropocene: Fossil Capitalism and the Crisis of the Earth System*, New York: MonthlyReview Press, 2016.

③ Moore, *Capitalism in the Web of Life*, 112-113.摩尔处理生态危机的方法是基于这样一种观念,即资本主义与其说是对劳动力的剥削,不如说是从一般物理学的意义上对工作或能力的占有。这就需要对马克思的价值理论乃至所有经济理论进行后马克思主义的解构。正如摩尔本人所写的:"我的论点源于作为'经济'范畴的价值的某种不稳定性。"Moore, "The Capitalocene, Part II", p.29.摩尔抛弃了马克思价值理论,有学者对此进行了批判。参见 Kamran Nayeri, "'Capitalism in the Web of Life'—A Critique", *Climate and Capitalism*, July 19, 2016, http://climateandcapitalism.com.

④ Moore, "Toward a Singular Metabolism", pp.16-17.尽管摩尔强调资本主义有能力克服自然的极限,在他批判"末世论"的生态视野中,他以历史上罗马的沦陷却催生了一个黄金时代为例,一再强调当代文明即将崩溃并不是什么"令人担心的事情"。除了罗马帝国解体后人类遭受的苦难以外,今天,因超越星际边界而产生的社会危难,正威胁着数以亿计的人和无数其他物种的生命安全和生存条件。

摩尔借用“生命之网”这一术语，以示他对生态问题的关注。然而，这个词主要用作“资本主义统摄自然界”的一种比喻。整个世界（自然界和社会）被简单地描绘为盘根错节的关系的集合，其中，资本占据着主导地位。这在许多方面类似于生态现代化主义者和“绿色资本主义者”的立场，他们提出，将自然内化于资本主义经济发展当中，将一切放入市场逻辑之下，以此实现环境的可持续发展。①

事实上，摩尔最近甚至赞扬生态现代主义者“创新研究所”创始人泰德·诺德豪斯（Ted Nordhaus）和迈克尔·谢伦伯格（Michael Shellenberger）对环境问题提供的出众分析，后两者是资本主义市场、高科技（包括核工业和地球工程学）以及加快经济增长方面的主流理论家。我们被告知，这些人的观点对生态学马克思主义者提供了一种“强有力的批判”，即后者所关注的可能作为“二元论”概念的物质变换裂缝、生态足迹、人类史，是“站不住脚的”。摩尔表示，相对于“创新研究所”，生态学马克思主义者的错误在于，他们的“绿色批判”关注的是“资本主义对自然界的作用”，而不是“自然界如何作用于资本主义”（正如诺德豪斯和谢伦伯格以及摩尔自己在书中所言）。实际上，摩尔断言，摆在我们眼前的任务恰恰是“让自然界发挥作用”②。

这种分析拒绝接受那种基于劳动异化、自然异化和社会物质变换裂缝的批判性研究。它试图规避人类异化和自然异化之间的矛盾，使现有的意识形态规范化。摩尔以他所言的“单一的物质变换”替换了

---

① Paul Hawken, Amory B.Lovins, L.Hunter Lovins, *Natural Capitalism*, London: Earthscan, 2010; Arthur P.J.Mol and Martin Janicke, "The Origins and Theoretical Foundations of Ecological Modernisation Theory", in *The Ecological Modernisation Reader*, Arthur P. J. Mol, David A. Sonnenfeld & Gert Spaargaren (eds.), London: Routledge, 2009.

② Jason W. Moore, "The Rise of Cheap Nature", in *Anthropocene or Capitalocene*, Moore (eds.), Oakland, CA: PM, 2016, p.111, "Putting Nature to Work", p.69; Ted Nordhaus and Michael Shellenberger, *Break Through: From the Death of Environmentalism to the Politics of Possibility*, New York: Houghton Mifflin, 2007.

马克思的“在社会的……物质变换的联系中……的裂缝”的复杂概念。[①] 他写道，“问题”不是“物质变换的裂缝，而是物质变换的转变……物质变换成为辨别转变（暂时、特殊的连接处）和裂缝（累积的缺口）的一种途径”[②]。因而，全然否定了马克思所说的资本主义社会中人与自然的社会物质变换的“异化中介”思想，这与史密斯的“资本主义所支配的同一自然界”[③]的见解相符。

单从这些社会一元论思想家的视角来看，没有必要分析自然和社会关系之间的相互贯通、变换和调节。自然循环过程并不是与社会无关，即便仅凭抽象力，也还是被纳入社会的范围之中；因此它们不再具有作为单独主体被加以分析的合法性。而在自然界和社会的复杂的辩证关系中，我们只留下一个“辩证的混合物”，其中现实被还原为一系列关于事物或过程的社会构成集合。[④] 对于摩尔来说，世界生态学概

---

① Moore，“Toward a Singular Metabolism”，p.11；*Capitalism in the Web of Life*，p.83.

② Moore，*Capitalism in the Web of Life*，83-84.以“物质变换转换”替代“物质变换裂缝”，摩尔提出了辩证过程的一面，在我们与理查德·约克的作品中，我们早就把它描述为“裂缝与变换”，依此资本主义试图将在人类与自然关系中的人为裂缝，转换为累积性的更大的裂缝，使生态矛盾普遍化。参见 Foster，Clark，and York，*The Ecological Rift*，pp.73-87。

③ Smith，*Uneven Development*，81；Marx，*Early Writings*，p.261.

④ Moore，*Capitalism in the Web of Life*，pp.13，37，76，78.摩尔认为，在马克思的视野中，资本主义能够同一自然。但是这种看法必然会扭曲和误读马克思的文字。他写道：“物质变换的方法不是浅析笛卡尔式分离，而是对它的一种加固。马克思的‘社会物质变换的独立过程’成为‘自然界与社会之间的物质变换’。物质变换作为一种‘裂缝’（对于生态学马克思主义者来说）成为一种分离的象征，以自然界与社会之间的物质流动为前提。”（Ibid.，p.76；Moore，“Toward a Singular Metabolism”，pp.13，18）。但是马克思关于资本主义与生态的关系的真正表述是，“在社会的……物质变换的联系中造成一个无法弥补的裂缝”（着重强调）。通过省略这些关键内容，摩尔颠倒了马克思陈述的含义。而且，正如摩尔所说，福斯特所使用的“自然界与社会的物质变换”这一短语不是对马克思的扭曲而是反映了马克思自己的观点和文字，正如马克思在《资本论》第一卷中有名地提到过“人与土地之间的物质交换”。参见《马克思恩格斯文集》第7卷，人民出版社2009年版，第919页；《马克思恩格斯文集》第5卷，人民出版社2009年版，第579页。

念显然只是意味着所有一切都被镌刻着大写的资本主义,它本身就是“生命之网”,不过是一堆包袱(例如商品)的集合。地球系统概念就这样消失了。

相反,马克思明确表示,自然界和社会是不可通约的,一方不能和不应该被囊括于另一方之中。此处并没有一个一元论和二元论的选择题,有的只是一个开放的体系,即唯物主义辩证法,重视媒介和总体,并参考现实和整体层面的多种特性,提出了唯一有意义的以批判现实主义为基础的分析。① 与此同时,如要实现这种分析,我们须要在现实的物质关系中结合理论和实践,而不仅仅是借助于自己的冥思苦想。

四、辩证的现实与马克思主义的再统一

在马克思的政治经济学批评中,他对如何解决自然异化问题深表担忧。正如他在《政治经济学批判(1857—1858 年手稿)》所写的:“需要说明的,或者成为某一[V-4]历史过程的结果的,不是活的和活动的人同他们与自然界进行物质变换的自然无机条件之间的统一,以及他们因此对自然界的占有;而是人类存在的这些无机条件同这种活动的存在之间的分离,这种分离只是在雇佣劳动与资本的关系中才得到完全的发展。”②

马克思关于自然界的一般物质变换、社会的物质变换以及物质变换裂缝的基本概念为澄清这种分离提供的途径。它们为发展一种开放式的、说明内在和外在关系的自然辩证法提供了基础。它们还阐明了自然界的异化以及自然界的一般物质变换中的裂缝的产生,是如何同资本制度交织在一起的。

---

① 参见 GeorgLukács,*Labour*,119-124.关于整体的思想以及它们在马克思主义理论中的作用,请参见 Joseph Needham,*Time*:*The Refreshing River*(London:George Allen and Unwin,1943),pp.13-20,pp.233-272。

② 《马克思恩格斯文集》第 8 卷,人民出版社 2009 年版,第 139 页。

社会的物质变换囊括了与规模较大的生物世界相关的、人类的劳动和生产。据马克思所言,劳动是人与土地之间必不可少的“物质变换”①。紧跟其后,卢卡奇解释道,劳动基于“人类(社会)与自然界之间的物质变换”,因为这些关系是“人类社会再生产的基础,是必不可少的前提”。② 他评论说,“不论劳动过程……的转换作用有多大”,“自然的边界只会后退,绝不会消失”。③ 对马克思来说,人类与自然界之间的互通是生命本身和社会的永决条件。“劳动首先是人和自然之间的过程……人和自然之间的物质变换的过程”④,它绝不会失去这种根本特性。

资本主义的兴起引发了一种独特的二次调节,这种调节与商品生产的具体形式和对资本积累的不懈追求密切相关。私有财产和雇佣劳动不仅使人类及其生产过程异化,也使自然界自身异化。如上所述,它们以异化中介的形式,使社会与自然界之间产生了物质变换裂缝。因而,只能凭借一种批判的或辩证的现实主义方法,彻底解决生态危机,缝愈“社会……物质变换的联系中造成的无法弥补的裂缝”⑤。

正因人类积极从事生产劳动,也被卷入到人与自然之间的社会物质变换当中,进而形成了一种“第二自然”。尽管如此,自然界的一般物质变换,即更广泛、更动态、更普遍意义上的自然界(“第一自然”)仍然存在。辩证现实主义的观点要求我们对内部和外部的关系进行全面考虑,而不是仅仅局限于内部的动态分析。由此产生了区分开放式或闭合式辩证法的重要问题。如弗雷德里克·詹姆逊(Fredric Jameson)

---

① 《马克思恩格斯文集》第5卷,人民出版社2009年版,第208和579页。

② Georg Lukács, *Marx* (London: Merlin, 1978), pp.44, 58, 107.

③ GeorgLukács, *Labour*, 34.“人作为一种生物存在是自然界发展的产物。随着人的自我实现(当然这在他自己那里只是意味着向自然的回归,不是消失,不是彻底征服)的发展,他成为一个全新的自我发现的存在,社会存在。”(Georg Lukács, *Labour*, p.46)。

④ 《马克思恩格斯文集》第5卷,人民出版社2009年版,第207—208页。

⑤ 《马克思恩格斯文集》第7卷,人民出版社2009年版,第919页。

所解析的。

辩证法是一种哲学体系或者其实是唯一的哲学体系。这种辩证法概念明显将人们置于一种立场当中，即认为辩证法适用于一切事物或任何事物……西方马克思主义……在新科学（Scienza Nuova）的“真理即成事”（verum factum）精神的影响下，可能会标榜所谓的“维科”立场；我们只能理解我们自己的所作所为，因此只能宣称对历史的了解，而不是对自然本身（作为上帝的产物）的了解。①

相反，唯物辩证法本质上是开放的而不是封闭的。它不接受封闭：没有一个完全独立于自然界的人类领域，也没有上帝的领域。从唯物的现实主义角度看，当西方马克思主义完全否定自然辩证法，他们就根本不可能解决环境的动力学问题。在《社会存在本体论》的题为“马克思”的一章（英文版是作为单行本）中，卢卡奇试图重新整合马克思的分析，他写道：“对于马克思来说，辩证认识具有一种纯接近性的特征，而且这是由于现实乃是由诸多复合体的无限的相互作用构成的，这些复合体内在地和外在地处于异质的关系中，它们自己就是异质成分的动态综合。在这里，起作用的因素的数量可以达到无限。因此，知识的近似性主要不是认识论意义上的，尽管它无疑是植根于认识论；毋宁说，它是对存在自身之本体论规定性在认识上的反映，即对规律在现实中只能作为趋势，必然性只能在相互敌对的力量的缠绕中，在偶然事件内部的中介性中实现这一实际状况的客观地起作用的因素和重要结果的无限性和异质性在认识上的反应。”②

辩证批判的现实主义为分析物质关系，尤其是那些与资本主义社会中的人与自然界的“异化中介”相关的物质关系奠定基础。为了拒绝接受物质变换裂缝和“替代混合物”（substitute bundles）的概念，“双重内在”和资本主义所谓的统筹自然界的思想，将使马克思的理论退

---

① Fredric Jameson, *Valences of the Dialectic*, London: Verso, 2009, pp.3-7.

② ［匈］卢卡奇、［德］本泽勒：《关于社会存在的本体论（上卷）》，白锡堃、张西平、张秋零等译，重庆出版社1993年版，第727页。

回到前黑格尔主义的唯心主义之中,这是一种类似于莱布尼茨理论体系的思辨哲学,有着与世隔绝的单元和静态的“最美好的世界”①。新兴的社会一元论和混合主义观念将以上思想作为现实表象拜物教的基础,再依此对社会理论加以重塑,实现一种非批判的现实主义。这就是阿尔弗雷德·诺斯·怀特海德(Alfred North Whitehead)所说的“错位具体化的谬误”②。

在这里,要注意卢卡奇的警告,即“认识论根植于经验主义迷信”而没有考虑到“更深层次的矛盾及其与基本法的联系”。他认为,一种封闭的辩证法,类似于那种现在正被当代社会一元论者所改进的辩证法,总是表现在,“只要一个过程的结果仅仅在其最终完成的形式上而不是也在其真实的、矛盾的起源意义上考虑,这种僵化的拜物化就总是会出现的,现实被拜物教化。为一种无思想的直接的‘唯一性’或‘独特性’,它们因此也可以很容易地上升为一种非理性主义的神话中。”③

这里所谓的非理性主义的神话是指“单一的物质变换”概念,即在“社会对自然界的全面统筹”的假定中,不考虑生态过程甚至自然科学本身。④ 随之而来的论题本身是二元性的,即生态运动必须在抽象的一元论和粗陋的二元论之间进行选择,而将前者与辩证法相结合,不过是肯定资产阶级意识形态的新式陷阱而已。一元论和二元论都不符合辩证的方法,后者必然超越前两者。用环境哲学家理查德·伊万诺夫(Richard Evanoff)的话来说:

“相对于‘区分人类和自然界(正如二元的理论)’或者‘同一人类

---

① 摩尔以“双重内在”(Double Internality)作为他的社会一元论观点的基础范畴。他指出资本主义社会中的诸多“捆绑”(bundles),特别是其生态世界的“双重内在”。Moore,*Capitalism in the Web of Life*,p.1。

② Alfred North Whitehead, *Science and the Modern World*, New York: Free Press, 1925,p.51.关于现实主义,请见 Roy Bhaskar,*Plato Etc.*,London:Verso,1994,pp. 250-251.

③ [匈]卢卡奇、[德]本泽勒:《关于社会存在的本体论(上卷)》,白锡堃、张西平、张秋零等译,重庆出版社 1993 年版,第 730—731 页。

④ Moore,“Toward a Singular Metabolism”,in *Capitalism in the Web of Life*,p.86.

和自然界(正如一元的理论)',一种辩证现实主义的观点认为,虽然自然界确实提供了维持人类生命的物质资源,文化并不为自然界所决定,也无需为了维持自身而将整个自然界包含进来。人类活动在重大的方面改变和调节自然环境,从这种意义上来说,自然界由人类文化构成,但是尽管如此,自然过程能够也的确在没有人类活动的地方继续发展,这意味着自然界的自治权可以而且应该得到保护和尊重。"①

关于马克思的物质变换裂缝理论,娜欧蜜·克莱恩(Naomi Klein)客观地发现,"对于吸纳全球资本主义的疯狂的物质变换所产生的污浊垃圾,地球的能力已达极限"②。资本主义的强大破坏力正在驱动大气层温室气体的聚集,通过各种方式在地球系统的物质变换中创造一种人为裂缝,产生了超出当前的生产条件的严重后果。全球气候变化正造成海洋酸化问题,这会产生巨大影响,例如对海洋钙源们有着灾难性的影响,为了形成板壳,它们必须用更多的能量生产出生命所必需的钙质。③ 这些物种是广大食物链的基础,因此发生在它们身上的事情会广泛波及生物圈。此外,海洋水温升高和酸化促使珊瑚礁白化和坍塌。这些广阔的珊瑚礁生态系统在创造营养丰厚的环境和维持海洋生物多样化的过程中发挥着关键作用。④ 海洋酸化被认为是先前大规模

---

① Richard J.Evanoff,"Reconciling Realism and Constructivism in Environmental Ethics",*Environmental Values* Vol.14(2005),p.74.

② Naomi Klein,*This Changes Everything:Capitalism vs.the Climate* ,New York:Simon and Schuster,2014,pp.177,186.

③ N.Bednaršek et al.,"Limacina Helicina Shell Dissolution as an Indicator of Declining Habitat Suitability Owing to Ocean Acidification in the California Current Ecosystem",*Proceeding of the Royal Society B:Biological Sciences* 281,No.1785 (2014).

④ Evan N.Edinger et al.,"Reef Degradation and Coral Biodiversity in Indonesia",*Marine Pollution Bulletin* 36, No. 8, 1998, pp. 617 – 630; Pamela Hallock, "Global Change and Modern Coral Reefs", *Sedimentary Geology* 175, No. 1 (2005), pp. 19–33;Chris Mooney,"Scientists Say a Dramatic Worldwide Coral Bleaching Event is Now Underway",*The Washington Post*,October 8,2015;J.P.Gattuso et al.,"Contrasting Futures for Ocean and Society from Different Anthropogenic CO_2 Emissions Scenarios," *Science* Vol.349,No.6243 (2015).

生物灭绝的驱动因素,也是目前大规模生物灭绝的原因之一。

马克思的物质变换理论的概念结构,是理解资本主义扩张过程中地球系统出现裂缝的有力基础。虽然资本主义试图通过复原技术修补这种生态裂缝,但这一切导致的是在自然界的一般物质变换内部出现的一种更大的累积性结构危机,它持续成为生态系统的矛盾。① 马克思警告说,人类历史可能会被毁灭和缩短,这是由于异化的物质变换破坏了生命的根基。② 在观察英国殖民主义强加给爱尔兰的生态裂缝的极端情况时,他坚持认为,在这样可怕的条件下,“毁灭或革命是口号”③。

在马克思对资本和异化物质变换的批判中,存在着关于物质变换复原的肯定性想法。这是一种非异化的社会物质变换,在“自然必然性的王国”④中运行。物质变换复原需要面对“私人财产和劳动之间的社会对抗”⑤,以根除与资本制度相关的异化。这种唯物主义基础促成了一种复杂的动态分析,使我们认识到如何在更大的生物世界中管理生产活动。正如批判现实主义者罗伊·巴斯卡(Roy Bhaskar)所写的:“只有在第二自然遵循第一自然所要求的基本限制的情况下,我们才能作为一种物种生存下来。尽管这个自然始终是历史的中介,但我们永远也无法从这种自然界中逃脱出来。”⑥

早在 19 世纪,恩格斯就强调,“自由不在于幻想中摆脱自然规律而独立,而在于认识这些规律”,事实上,“真正的人的自由”需要维持

---

① István Mészáros,“The Structural Crisis of Politics”, *Monthly Review* Vol.58, No.4 (2006), pp.34-53.

② Karl Marx, *Theories of Surplus Value*, Vol.3, Moscow: Progress Publishers, 1971, p.309.

③ Karl Marx and Frederick Engels, *Ireland and the Irish Question*, Moscow: Progress Publishers, 1971, p.142.

④ 《马克思恩格斯文集》第 7 卷,人民出版社 2009 年版,第 928 页。

⑤ Mészáros, *Marx's Theory of Alienation*, p.113.

⑥ Roy Bhaskar, *Scientific Realism and Human Emancipation*, London: Verso, 1986, p.222.

“同已被认识的自然规律和谐一致”。① 一种可持续的共同进化的生态学，要求相关生产者理性地规范自然界和社会之间的物质变换，以便提升人类潜能。正是这些构成了马克思的社会主义的最高明、最革命的定义。

（译者　王晶、刘建江　武汉大学哲学学院、加拿大多伦多大学哲学系联合培养博士研究生）

① 《马克思恩格斯文集》第9卷，人民出版社2009年版，第120—121页。

帝国主义叙事的历史嬗变与对抗逻辑的激进建构

伍　洋

摘要:任何帝国主义的叙事都起着组织经验内容和深层表达政治前提和现实诉求的双重功能。在复杂的帝国主义经验事实和理论范畴中辨认出其特有的叙事逻辑,对于理解站在马克思主义立场上的帝国主义批判,和建构激进的对抗逻辑具有重要意义。出于这样的考量,文本将梳理帝国主义叙事的历史嬗变,聚焦和反思激进建构对抗逻辑的哲学问题,从而揭示马克思列宁主义的叙事特征。本文将从三个部分展开,分别是探究三种典型的资本主义叙事、马克思的批判转向和列宁成功地建构激进的对抗逻辑。

关键词:帝国主义　叙事　列宁　对抗逻辑

一、资本帝国主义的三种叙事

(一)普世价值论

普世价值论把各种政治、经济冲突转移到价值观念的场域,利用东西方世界在地理、叙事和历史上的区分,制造文化冲突甚至隔离,然后把帝国主义征服解释为一场出于理性和"仁慈"①的文明传播行动。这

① [美]爱德华·萨伊德:《文化与帝国主义》,李琨译,生活·读书·新知三联书店 2003 年版,第 65 页。

套叙事的逻辑起点是欧洲中心主义价值观。外向的、富有侵略性的资本主义者相信以理性、自由为特征的西方文明高于其他文明形态，而且作为历史进步的“先见者”，他们有道德义务去改变“野蛮”“不开化”地区的文明实践。这一意识形态与资本主义发展互为因果，最早表现在以“教化使命”为口号的宗教道德中，最近则深刻体现在新世界秩序下美国关于民主自信的一套政治伦理说辞。

普世价值论的系统成形经历了一个从宗教转入现代理性的过程。在早期普世价值系统以天启宗教为内核，主要采用托马斯·阿奎那的自然神学思想。随着资本主义的发展和确立，该价值系统的基本指向从天启原则转变为人的原则，以张扬人性价值的启蒙思想为内容主体。资本主义兴起早期的启蒙思想家们相信，一切关于自由、平等的理想追求，都应该从人自身发展出来，人的权利才是普遍价值系统真实可靠的根基。而且，在苏格兰启蒙运动的影响下，这批近现代的精神引领者纷纷启用历史发展的方法论来思考世界历史，把人的价值实现置于社会发展的宏观背景之下，致力于探索人的进步与社会进步协调一致的一般规律。由此普世价值论完全摆脱出传统宗教情感和道德实践的旧范畴，在启蒙之后正式确立起现代理性主义的基调，由人的权利和社会进步问题来共同构建现代普世价值系统的新范畴。处于辩证关系中的自由主义和国家主义是从两个方向上对这个价值系统的深化发展。

在普世价值系统的基础上，资本主义世界扩张被论证为以人为目的的文明实践活动。人们相信在资本原始积累阶段中的奴役、强制劳动和财产占有是可以避免的，只要建立一个善的殖民地政府，将民主开放的制度引入被统治地区，并利用商品贸易的丰富性和特殊性来引导社会风俗习惯。比如狄德罗认为，如果能在原始地区建立起文化和物质实践的相互陶冶机制，假以时日，就有可能发展和完善当地的社会分工和社会机构，进而使之真正受益于西方理性主义文明的滋养。

但是普世价值论的叙事方式终究无法为资本帝国主义提供合法性证明。一方面，文明实践产生的结果往往总是与启蒙精神背道而驰的残酷现实;另一方面,该叙事在人的权利和文明实践的关系问题上无法实现逻辑自洽。因为,以理性为核心的价值观其实是以个体启蒙、协商和共识为条件的,这个政治前提是西方文明产生的基础。但在向外的实践中,资本帝国主义者不尊重人类文化的丰富性和多种文明样态,不以文化间的平等交流、协商为途径,反以文化霸权强制其他地区,忽视文明间的重叠和相互依赖性。这已经包含着反人类权利的种子,与普世价值的意向南辕北辙。可见缺少了平等的政治基础,人权和文明实践之间将永远存在矛盾。

(二)自由主义论

自由主义是一套内涵丰富的西方古典政治理想,融合资本主义新教伦理、自由市场经济和现代政治国家三大要素,重点表达以个体自由为原则的社会进步主义诉求。自由主义思想预设所有个体都具有理性和自我管理的能力,都应该运用这种能力维持自己的自由和社会共同体的平衡。为了达到自我发展和潜能实现的目的,应该充分鼓励市民社会的经济交往,发扬市场经济促进特殊性和普遍性共同发展的巨大价值。面对市民社会和政治国家之间的关系问题,自由主义者宣扬市民社会的先在性和自由性,在不同程度上对国家权力的扩张采取谨慎防守的态度,要求把市场的自由和健全作为规定现代国家权力界限的判断标准。

自由主义思潮主要盛行于资本主义商品经济的世界自由贸易阶段。自由主义者在市场经济的语境下论证资本主义扩张的历史进步意义,将其诠释为一种以市场为方向、以自由为原则的扩大人类幸福的历史活动。这种叙事宣称,打开世界市场和促进自由贸易是实现个体终极价值的必经之路,因为它们推动世界进入资本主义处于主导地位的世界历史新阶段,只有在这个以物质经济的生产、流通、交换为基础的资本主义社会形态中,以个体为原则的人类幸福才会真正实现。这一逻辑在21世纪持续抬头的新自由主义中一以贯之,它将解决世界关系冲突的焦点导向全球经济发展和经济体系建设。

吊诡的是,自由主义者似乎会随时跨越自由的界限走到自身的反面。在自由主义者看来,如果将原始地区纳入资本主义世界体系,每一个参与地区将必然受益于自由的经济往来,但是,如果当地人不接受自由贸易或者阻碍商人自由经商,这等同于阻碍每个人的需求和丰富性的发展,以及阻碍实践能力和认知能力的进步。因此,在根本上,拒绝资本主义体系就是阻碍实现个体自由,应该被判为违反了人的自然法。在这种情况下,自由主义者认为国家政权应当支持本国商人,用军事强力扫清障碍。"干涉贸易的问题在本质上就是自由问题。"①大多数自由主义者认为在自由问题上要防范的是"野蛮人",而非民族国家。

自由主义叙事存在的问题有以下几点。首先,用自由贸易向原始地区扩展市场关系,这本身是违反自由主义精神的。自由主义贸易并不真正有益于落后地区,在本质上是这群危险的西方客人来到非西方文明的土地上,用商品交换来为自己和背后支持自己的国家获益。其次,自由主义者把早期资本主义特有的小资本家之间的市场关系理想化了,因为事实上从不存在完全自由竞争的市场关系,反倒是资本的集中和组织化劳动者的兴起本身就在破坏本应平等的市场关系。第三,资本自由贸易背后其实是以经济参与者之间不平等的社会关系为政治前提。当联结资产阶级和自由主义价值理想这两者的社会力量,其历史条件和有利格局不复存在的时候,自由主义逻辑就暴露出其前提的偶然性和界定公共利益的虚伪性。自由主义的历史进步理论只是市民社会中部分阶级对自身利益诉求的表达,实际上"没有一种总体可以被称为个人的自由或国家的自由"。②

(三)国家主义论

随着在18、19世纪西方资本主义世界纷纷建立起现代主权国家,

---

① [英]约翰·密尔:《论自由》,许宝骙译,商务印书馆1998年版,第114页。

② [法]雷蒙·阿隆:《论自由》,姜志辉译,上海译文出版社2007年版,第45页。

民族主义的意识形态开始盛行。根据资本主义国家的民族主义话语，个体的规定性主要来自民族国家，从国家的政治经济共同体中才能确证其社会性存在和普遍性伦理实践，而特定民族国家自身的发展则取决于本国在世界竞争中的政治经济实力和地位。毫无疑问，国家的权力调控是对经济自由放任的必要平衡，因为国家具有高于社会个体特殊性之上的普遍统一性，它以法律、制度等手段规范社会道德伦理，也用政权力量引导社会共同体的统一意志和历史发展方向。但在资本主义从自由竞争走向垄断的历史背景下，国家意志的独立性和超越性被过度地强化，产生的后果就是变为一种国家主义，与资本主义的经济霸权并行不悖地将政治权力提升为霸权。这包括在世界资本主义市场竞争的环境下，国家牺牲国内特定阶级的利益，利用消极自由和积极自由之间晦暗不明的关系，把专制集权作为促进局部自由的政治手段，和推行强权政治来解决世界性的矛盾冲突。“在发达资本主义国家内部的垄断化已经使经济和政治结构日益结合起来了，使每个国家的民族资产阶级和自己的国家机器联合起来了，而原来是很活跃的普世主义的谈论部署和自由主义的机构则被瓦解了。”①取而代之的是国家霸权逻辑成为新的政治部署原则。

比如托克维尔的国家主义、黑格尔的世界历史思想，都是在这一现实背景中产生的，他们以民族统一、服从国家普遍意志、输出国内阶级矛盾、推动世界历史发展为主要论调。代表思想家托克维尔从法国国家利益的角度出发，从国家作为主体的角度来思考资本帝国主义的政治逻辑。他指出，国家实行帝国主义政策能对解决国内人口压力、阶级矛盾带来极大的好处，能够激发民族主义和爱国主义热情，使国家作为一个整体发挥更大的作用，在国际矛盾中获得更多的利益。他并不为帝国主义对国内和海外个体带来的危害而苦恼，也坦然接受难以在殖

① ［美］罗纳德·H.奇尔科特：《批判的范式：帝国主义政治经济学》，施杨译，社会科学文献出版社 2001 年版，第 18 页。

民地建立好政府的现实性。他采取了一种国家主义的立场,只关注通过国家在殖民地获得经济利益来为本国市民社会中的个体提供好处。当然,托克维尔回避了国家的阶级统治性质,使无产阶级的利益被资产阶级的国家主义话语所掩盖。黑格尔则通过修正洛克等人的古典自由主义,张扬市民社会之上作为普遍理性和伦理共同体的国家,为国家主义的政治叙事提供了类似的思想资源。尤其是他自信日耳曼民族精神才是真正的历史精神,肯定战争的必要性,用国家意志反对国内特殊阶级意志,这些都加强了国家主义的叙事逻辑。

国家主义观念与普遍价值论和自由主义观念的不同之处在于,它放弃直接追求理性、自由等普世性价值,集中在政治经济学领域来考量资本垄断和西方世界内部竞争的历史意义。这种转变体现了西方世界用历史进步理论论证资本帝国主义合法性的深入。不可否认在社会形态从封建主义过渡到资本主义后,民族国家在资本主义发展中起到了进步作用。但在垄断资本主义阶段,由于国家权力与资产阶级联盟并迅速向军国主义、国家垄断资本主义发展,结果就是现代理性国家实际上走向了其反面的专制主义。

二、马克思列宁主义的历史行动立场

前面三种资本帝国主义的叙事根本上都隶属于资本主义意识形态话语,承担论证帝国主义合法性的功能,而且所有的内部反思都没能够对帝国主义形成任何实质性的批判,只不过是理论的微调。马克思列宁主义则以历史行动的立场对资本主义意识形态进行批判。

这首先来自马克思的资本主义政治经济学研究。马克思扭转了帝国主义批判的方向,为一种完全不同的叙事——帝国主义对抗性的叙事奠定了历史行动之可能性的理论基础。马克思没有直接批判过资本帝国主义。在资本、土地所有制、雇佣劳动、国家、对外贸易和世界市场这六大资本主义政治经济学研究课题中,马克思对于构成帝国主义重要内容的后三个要素(国家、对外贸易和世界市场)几乎没有提及。但是马克思在19世纪50年代发表在《纽约每日论坛》(New York Daily Tribune)上的一系列时事评论,尤其对英国殖民印度的分析,集中体现了马克思的态度。马克思对帝国主义的态度有三个层面:肯定外国统治的进步性;批判帝国征服行为的残酷和血腥;预测如果真正要实现历史进步,被殖民的民族或国家必须发挥和资本主义国家同等重要的历史作用,其方式是社会革命,至于帝国主义本身则是暂时的。

马克思虽然继承了启蒙精神和历史目的论思想,肯定英国等西方帝国主义对东方社会进步的客观影响,但他的理论立场和政治取向与资本主义政治伦理是完全不同的。因为在哲学思想上,资本主义的普世价值论、自由主义论以及国家主义论都是抽象的,囿于形而上学的传统旧知识论范围。它们解决不了也不打算彻底解决现实物质问题。所以马克思运用历史唯物主义和辩证法,批判资本主义发展的有限性和暂时性,并论证无产阶级的反抗和革命斗争是推动社会历史进步的、与资本主义同样重要的组成部分。这种马克思主义的立场处于资本主义系统的外部,对资本主义形成三个方面的批判效力。

第一,用历史科学反驳资本主义意识形态。根据历史发展的客观规律,马克思从暂时性的角度考察资本主义社会形态,指出资产阶级的利益不能代表整个社会的普遍利益,其自由、理性的价值观念"全都是资产阶级偏见,隐藏在这些偏见后面的全都是资产阶级利益"①。其他所有文明类型也都是特定社会形态下物质发展的结果。在这个意义上,没有真正的纯净的自然,也没有一个衡量人之本质的绝对价值标准。人的自由、理性状态是一种抽象的理论假设,不能包容人类全部的存在论内涵。

第二,用资本主义政治经济学批判破除自由贸易的市场经济幻想。马克思反对古典政治经济学家所鼓吹的自由贸易可以提高生产力、增

① 《马克思恩格斯文集》第2卷,人民出版社2009年版,第42页。

加财富、降低商品价格和促进社会劳动分工的观点。在资本主义的社会条件下,自由贸易的实质就是"资本的自由"。"只要雇佣劳动和资本的关系继续存在,就永远会有剥削阶级和被剥削阶级存在。"①这种资本自由运动导致的剥削结构,在国内和国际是一致的。在一国内一个阶级牺牲带来其他阶级致富,在世界范围,就是一个国家牺牲而使别的国家致富。马克思在《共产党宣言》《经济学手稿》《资本论》等著作中深入分析了资本运动的逻辑。资产阶级会不断寻求新的市场以至于创造出一个全球市场,把世界纳入到资本主义制度的生产链条中,并且摧毁地区和民族的界限。这是资本的扩张本性决定的。扩张是资本主义运动的一个核心结果。资本主义生产者相互之间的竞争会迫使他们降低价格和削减工资,这导致购买力下降,出现供需失衡的危机。防止经济崩溃的唯一办法就是寻求新的海外市场来吸收过剩商品。由此,资本主义发展过程中出现的某些帝国主义形式,比如殖民征服,就是不可避免的。最后的结果只能是加速社会革命。

第三,用革命实践的政治诉求扰乱知识论的政治传统。马克思建立了一套比较完整的人类社会基本规律的解释系统,用历史唯物主义和辩证法重新讨论人的本质、人的价值和历史进步。但是马克思的理论体系与传统的知识论不同,是理论和实践的统一。追求哲学理论的实践可能,在历史必然规律中找到人的主体实践空间,这一直是马克思的研究旨趣之所在,也是马克思主义思想的旨归。第十一条论纲"哲学家们只是用不同的方式解释世界,而问题在于改变世界"的内涵极其丰富,关涉到马克思主义历史观对整个资本主义话语的颠覆和新本体论革命的展开。就帝国主义问题本身而言,前述诸种资本主义文化和政治理论谈的是社会自由的理想,而马克思思考的是解放问题。在没有阶级区分的社会里,在人类实现解放之后,才"第一次能够谈到真

① 《马克思恩格斯文集》第1卷,人民出版社2009年版,第756页。

正的人的自由,谈到那种同已被认识的自然规律和谐一致的生活"①。而在此之前,正如波普尔所说的,要使全部这些自由平等理性的理论得到严肃讨论,"都必须转化为对于政治行动的要求和提议的语言"②。

由上不难看出,马克思的帝国主义批判态度是通过批判传统政治叙事的哲学前提来体现的。他反对用超验之物来解释资本主义全球市场的世界,也反对这些资本帝国主义叙事的唯心主义哲学前提。真正的帝国主义批判理论必须能够改变这个按照资本主义的面孔来塑造的世界,也就是说,必须能够直达主体的历史行动的维度。历史行动立场是批判资本帝国主义的真正标准,列宁比第二国际更正确地领会到马克思主义思想中的这一关键。在马克思之后,列宁在各派马克思主义学者中始终坚持理论和实践相统一的马克思主义本色,把革命实践的政治诉求像打楔子般楔入资本帝国主义的逻辑叙事中,力图从客观的历史辩证发展的角度来解释帝国主义的世界图景,找到历史空隙,为反帝国主义的社会革命提供理论的武器。东方世界的现代史已经部分地证明了,在一定条件下这种社会革命是与文明发展和人实现自由的终极价值理想协调一致的,其可能得以实现的历史情境就是社会主义和共产主义。

三、对抗逻辑的激进建构

马克思主义的历史行动立场意味着从理论走向实践,从资本帝国主义的闭合性叙事逻辑走向真正的矛盾运动,由此形成真正具有批判性的叙事逻辑——一种对抗性的逻辑。对抗逻辑的哲学基础包含在马克思主义的深刻哲学思想中。根据历史唯物主义和辩证法思想——

① 《马克思恩格斯文集》第9卷,人民出版社2009年版,第121页。

② [英]卡尔·波普尔:《开放社会及其敌人》,郑一明译,中国社会科学出版社2016年版,第61页。

"辩证法对每一种既成的形式都是从不断的运动中,因而也是从它的暂时性方面去理解;辩证法不崇拜任何东西,按其本质来说,它是批判的和革命的。"①——马克思主义批判的目的,不是建构关于事物本质及其规律的理论,而是根据事物的暂时性展开理论实践,主动生产出批判机制。这意味着,不能指望依赖一个恰到好处的现实场域,在那里静静等待社会主义实践的介入和实施改造,也没有一个由此而被动生成的叙事,对哲学改造世界的行为加以理性描述和追加意义。建构激进的对抗逻辑本身就是积极介入历史,这包括准确表达客观的资本运动矛盾和主动、直接地关联实践。可见,在统合理论和实践的基础上整体地叙述资本帝国主义矛盾,是一个深刻的哲学问题且蕴含着严肃的马克思主义关怀。

列宁成功地建构起一个反对资本帝国主义的激进政治叙事。他在经典帝国主义论中严密地阐述了20世纪初期正在全球展开的对抗逻辑,描绘了一幅通过把握资本帝国主义的矛盾和关照政治实践,最终走向共产主义的人类解放的图景。

列宁的帝国主义论包含三个层次。第一,列宁对国家垄断资本主义的政治经济学研究。第二,列宁从资本主义的否定性中提出社会主义任务,为无产阶级政党领导提供社会主义运动的具体实践方向。人类解放必须依靠受帝国主义殖民剥削的国家,即落后的、从属于资本主义的东方世界,以反帝反封建和争取民族独立的反抗方式实现。第三,在这两个层次的基础上,列宁走向帝国主义叙事的理论内核:证明革命的紧迫性和把握革命时机。"社会主义现在已经在现代资本主义的一切窗口中出现。在这个最新资本主义的基础上前进一步的每项重大措施,社会主义已经直接地、实际地显现出来了。"②这一观念被卢卡奇称作"革命的现实性"③。这三点在列宁的激进叙事中有机地形成一个严

---

① 《马克思恩格斯文集》第5卷,人民出版社2009年版,第22页。

② 《列宁专题文集·论资本主义》,人民出版社2009年版,第235页。

③ G.Lukács.Lenin,*A Study in the Unity of His Thought*,London:NLB,1970,p.11.

密的结构,使其帝国主义批判得以产生巨大的理论效应。通过建构这一对抗逻辑,他把当下的整个时代置入帝国主义和反帝国主义,资本主义和社会主义,西方和东方两个世界的矛盾对立中,并且认为从矛盾爆发中产生行动的时机已经成熟,在这一整个帝国主义阶段,革命行动都是现实可行的。此外,列宁帝国主义论的解释和批判效力还溢出自身,充分地调动起理论外部的现实实践,把几乎全世界的人带到一个特殊的时刻面前。在这个时刻,整整一个历史时代在垂死挣扎和没落,同时一个新历史时代将诞生,而所有"现在正处于在社会主义和野蛮之间进行选择的时代"①的人,都应该在政治立场上作出决断并付诸实践。

在这一对抗逻辑的建构过程中,列宁做出了两点创新。第一点是列宁把矛盾点和对抗阵地从经济优先转为政治优先。这既打破了第二国际的经济主义僵局,也扭转了之前必须依靠政治经济学的历史科学论证才能推导革命实践的被动局面。经济、政治、哲学和实践这几个要素之间存在复杂的异质性关系,在处理帝国主义问题的过程中,列宁对此有充分的问题意识。所以他总是"带着每一个当前的政治问题来具体阐述帝国主义的经济理论,因而把新阶段的经济作为一切行动的指导原则。这是一个无与伦比的理论成就"②。第二点是列宁填补或发展了辩证法中偶然、不确定的一面。与各国社会民主党的保守态度不同,列宁毫不回避地吸纳战争、社会运动等偶然因素,敏锐观察各种社会事件中无产阶级政治介入的可能性,进而发挥社会意识对社会存在的反作用。因为列宁看到,在国家垄断资本主义发展中阶级剥削不是简化而是愈发复杂化和多样化。资产阶级剥削无产阶级,已经从一国内部转变为整个国家以民族主义的旗号剥削另一个国家,而且各个阶级都不同程度地参与到国际剥削中。在这个转化过程中,现代民族国家是国际剥削体系形成的巨大动力,民族主义的意识形态则对

① [英]尼尔·哈丁:《列宁主义》,张传平 译,南京大学出版社 2014 年版,第 129 页。

② G.Lukács.Lenin,*A Study in the Unity of His Thought*,London:NLB,1970,p.22.

剥削体系中的劳资矛盾和阶级矛盾产生巨大削弱作用。所以，为了保护社会主义的发展和实践，必须利用一切形势强化无产阶级反抗资产阶级的对抗逻辑，利用历史发展中的偶然与断裂来争取意识形态领导权。

通过激进地建构反对资本帝国主义的对抗逻辑，列宁打开了一个开放的理论实践空间，不仅有效地抵制住了资本帝国主义的意识形态钳制，还深化了革命解放的思想内涵，为我们审查全球化背景下的新帝国主义叙事提供重要精神指引。在意识形态层面，列宁根据资本运动的客观矛盾，首次强调形成关于无产阶级自由解放的独立意识形态的重要性。反帝国主义的无产阶级斗争意识要在明确反对国家殖民或种族奴役等国际不平等关系的前提下发展，超越民族和地区的界限，克服资本全球化和社会劳动高度集中化给世界无产阶级联合带来的巨大挑战。这是批判资本帝国主义的一个基础性原则，它召唤出一股强大的国际革命精神。可以说，与资产阶级意识形态中的宗教、道德、政治说教相比，国际共产主义运动第一次在世界范围内实现有效的意识形态对抗。

不仅如此，在这个理论实践空间中，“革命”概念成为一个能够吸收无产阶级多种政治斗争形式的生产性概念，而不单是暴力和恐怖。不管是和平组织宣传，还是暴力反抗国内国外的剥削阶级；是抵制帝国主义战争，防范民族主义的侵蚀，还是变帝国主义战争为国内战争，形成特殊的阶级实践格局，所有这些现实情境都可以综合进革命概念中，使历史行动的主体动力得以在不同革命形式之间灵活地转化。毕竟，政治介入是列宁主义激进叙事的目的。无论是在当时还是在当下新的历史阶段，我们都很容易犯只顾政治身份认同和政治话语策略而丢掉历史行动维度的错误。正如学界前辈余源培所批评的：“我们今天研究当代帝国主义出现的新情况、新特征，仍然需要坚持列宁的研究方法，即运用唯物史观从经济分析入手，将其上升到哲学高度，对帝国主义作出整体的分析。眼下有些学者在分析当代资本主义——帝国主义时,忙于话语转换,即完全转向文化分析和批判,政治经济学批判的维度被边缘化。”①这样的错误在一定意义上就是陷入到传统资本帝国主义的叙事逻辑中,忽视现实诉求的体现。

(作者　上海海洋大学马克思主义学院讲师)

① 余源培:《如何评价列宁反对第二国际机会主义的斗争》,《毛泽东邓小平理论研究》2009 年第 8 页。

浅议罗尼·佩弗的马克思主义人权理论重构

李 毅 琳

摘要:罗尼·佩弗基于对马克思的重新解读,结合马克思的正义立场与罗尔斯的正义理论,重构了马克思主义人权理论。自 1990 年其著作《马克思主义、道德与社会正义》问世至今,他的"作为公平权利的正义"已经历了四个版本的演变,在吸纳当今世界重大议题的同时也对人权理论的应用范围进行扩充和具体化。佩弗的人权理论具有创新性和现实意义,但在平等自由的维度之内和之外,仍有不完善之处。

关键词:罗尼·佩弗　马克思主义　人权　社会正义

马克思人权理论奠基于对西方近代思想的反思,是对西方人权思想的重大超越。西方近代人权理论以约翰·洛克为代表,承认天赋人权,认为自然法确保着个人权利。而让-雅克·卢梭则强调社会是具有普遍意志的共同体,主权为人民所共有。这些西方近代人权观对法国大革命产生了重大影响,并在 18 世纪美国《独立宣言》和法国《人权和公民权宣言》中得以体现。然而,马克思却对近代西方人权观作出激烈的批评。他敏锐地洞察到政治解放的局限性,认为西方人权理论建基于利己的、与共同体分割开来的人的预设,人权理论是资产阶级意识形态的组成部分,人们并没有获得真正的解放。他还揭示了无产阶级实现人类解放的历史使命。

然而,如何实现人类解放不仅是一个理论上而且是一个实践上的难题。在人类历史发展的不同阶段,人类需要从各种不同的束缚或者压迫中解放出来,特别对于资本主义社会中的无产阶级来说,它首先需要摆脱经济压迫,因而需要确立各种有利于无产阶级的分配正义理论。这种契合于无产阶级利益的分配正义理论自然构成了马克思主义人权理论的基础。在西方马克思主义者的理论努力中,罗尼·佩弗(Rodney G.Peffer)站在马克思主义的立场,借鉴罗尔斯的正义理论,通过重构马克思正义理论进而提出马克思主义维度的人权理论,有着突出的代表性和重要的价值。

一、从罗尔斯到马克思:一种马克思主义的正义理论

在《马克思主义、道德与社会正义》一书中,佩弗首先追溯了马克思本人道德观的发展轨迹,并说明尽管马克思没有一个充分发展的关于道德的哲学理论,但他确实有一个规范性的道德观点,且其中存在着基本的连贯性。这种道德观建立在自由(作为自我决定)、人类共同体和自我实现这三个首要的道德价值之上,并且对最基本的非道德的善——“自由”(作为自我决定)进行平等分配。[①] 正因如此,佩弗在对马克思的道德理论重建中,把自由价值放在最基本的位置,把马克思的道德理论理解为一种关于平等的自由的最大化体系。接着,他回应了种种认为马克思主义与道德不相容的观点,并论证马克思对道德的批判源于一种概念混淆。

澄清马克思主义和道德的关系为佩弗构建一种充分的马克思主义

① Rodney G.Peffer:*Marxism*,*Morality*,*and Social Justice*,Princeton University Press,1990,p.5.

社会理论奠定了基础。佩弗认为，该社会理论的大体纲要需要包括：(1)将体现马克思的激进的人道主义和平等主义精神；(2)它建立在对马克思主义的政治视角来说至关重要的经验性命题基础之上；(3)它试图论证马克思主义基本的规范性的政治立场：其一，社会主义——或者说民主的、自我管理的社会主义——在道德上优越于任何形式的资本主义以及处于正义环境下的其他任何社会形式。其二，社会或政治革命，如果对于适当的社会变革来说是必要的（并且是充分的），可以在道德上得到初始的辩护。① 在马克思主义社会理论重建中，佩弗做出一个创新性的尝试，即将其马克思主义立场和罗尔斯的社会正义理论进行一种结合。

佩弗选择罗尔斯正义理论最重要的原因是罗尔斯正义理论能与社会主义相容。罗尔斯认为，正义理论本身并不偏好于任何一种政体，自由的社会主义政体同样可以满足两个正义原则，具体而言，哪一种制度更符合正义要求，依赖于每个国家的传统、制度、社会力量和特殊的历史环境。② 他把生产资料私有制与生产资料公有制的差别视作是资本主义（"私有财产"）与社会主义经济（与社会主义社会）最根本的区别。③ 而基于马克思所指出的资本主义制度的机能障碍（dysfunctions），民主社会主义或市场社会主义可能将更符合正义原则的要求。另外，罗尔斯对马克思及马克思主义理论发展的重视，使得他在其理论中尽可能地避免马克思主义者的批评。罗尔斯的"反思平衡法"着手解决马克思对意识形态理论的批评，这个批评提醒人们反思一种特定的道德或政治的理论或视角是否只是一种社会现状的意识形态辩解。而"差别原则"则关注马克思"各尽所能，各取所需"的准则。

---

① Rodney G.Peffer: *Marxism, Morality, and Social Justice*, Princeton University Press, 1990, p.3.

② Rodney G. Peffer, *Socialism*, The Cambridge Rawls Lexicon, Cambridge University Press, 2015.

③ Rodney G. Peffer, *Socialism*, The Cambridge Rawls Lexicon, Cambridge University Press, 2015.

总而言之,尽管以罗尔斯为代表的自由主义传统与马克思主义传统有重大不一致,却在对包括平等在内的重大社会正义问题的理解上有着相似之处。

理论的开放性为罗尔斯正义原则与马克思主义结合奠定了基础。佩弗进一步考察了二者之间的相似之处,其中值得注意的包括:都坚信个人的尊严和价值,并将自主性作为基本的价值;都把"实质上的"平等及"形式上的"平等作为对于社会政策的道德考虑的底线和出发点,就这个意义上来说都是平等主义者。因此,二者会接受相似的道德原则并非不合情理。他也考察了二者的重要不同:"如在自由的'绝对的'优先性、那种在物质财富方面相对较大的不平等也许是正当的可能性以及'资产阶级的独裁'及革命暴力的正当性问题上"①。但他认为,这些不一致都是基于经验性的考虑,而非评价性的考虑。罗尔斯的核心道德理论与促使他认为存在阶级划分的资本主义社会有可能满足他所提出的正义原则的经验性假定之间是有区别的。基于这个区别,佩弗在其著作中回应了从平等主义和马克思主义视角出发的对罗尔斯理论的诸多批评,说明多数批评都是对罗尔斯理论的误解,而马克思主义和罗尔斯正义原则在理论层面是可以相容的。

尽管如此,罗尔斯理论还是存在一些有待完善的地方。第一点是,罗尔斯没有坚持最低限度原则。最低限度原则(至少)宣称一个社会的所有个人的基本生理需要必须被满足,并且这种需要优先于社会正义的任何其他要求。佩弗认为,上述的"社会最低限度"不同于优先于社会正义所有其他考虑的"最低的福利水平",后者是运用差别原则的结果,不会影响最大化平等自由原则优先性的要求。因而,佩弗在重构罗尔斯的正义理论以契合马克思主义时,把安全权和生存权作为最基本的社会正义原则,为基本需求提供保障。第二点是,罗尔斯的理论认

① Rodney G.Peffer:*Marxism*,*Morality*,*and Social Justice*,Princeton University Press,1990,p.369.

为社会经济方面的重大不平等与严格的自由平等是相容的。针对这点，佩弗认为罗尔斯的理论必须强调，在自由的价值方面必须至少近似的平等以及自由本身必须严格地平等。第三点是，罗尔斯认为差别原则是充分平等主义的，但事实上，差别原则所容许的群体之间的不平等由于会损害人们的自尊或侵犯他们的道德自主而过于严重。根据这一点批评，佩弗认为差别原则必须将自尊的社会基础——以及物质财富——作为最少受惠者的利益予以最大化。第四点是，罗尔斯的理论要求政治民主却没有要求社会和经济的民主。佩弗认为，根据经验性假定，罗尔斯可能会反对（或至少不赞同）社会和经济民主，因为这种民主将与其最大平等的自由原则相冲突。基于对马克思主义平等价值的认同，佩弗认为民主必须不局限于政治领域，还必须贯彻到社会和经济领域，尤其是在工厂里。

根据上述几点修正，佩弗结合罗尔斯的正义理论进行了马克思主义正义理论重构，具体内容如下：

（1）每个人的安全和生存权利必须得到尊重。

（2）必须有一个平等的基本自由的最大化体系，这些基本自由包括言论和集会的自由、良心和思想的自由、拥有（个人）财产权的自由以及依据法律规定不被任意逮捕和不被任意没收财产的自由。

（3）每个人应该：（a）拥有获得社会职位或官职时享有平等机会的权利；（b）拥有在个人所在的社会制度下参与社会决策过程的平等权利。

（4）社会的和经济的不平等是正当的，当且仅当它们有利于最少受惠者，并且和正义储存原则一致时；但其不平等的程度不能超过会严重损害平等的自由价值或自尊的善的程度。①

与此同时，佩弗对罗尔斯所提出的理想背景制度也作出了修正。他认为，最有利于实现社会正义的背景制度是“民主的和自我管理的

① Rodney G.Peffer: *Marxism, Morality, and Social Justice*, Princeton University Press, 1990, p.418.

社会主义”,而罗尔斯则倾向于认为民主的财产所有制是一种理想的分配正义体制。

二、作为公平权利的正义:马克思人权理论的重构

佩弗认为,马克思对权利概念的大多数批判与他对总体上的道德和道德理论的批判是一致的。他进一步考察马克思对资产阶级权利而非一般性权利概念的批判,在这种批判中,马克思认为权利体现或预设了作为市民社会中的利己个人的人的模式。而人的解放是把人从作为利己个体的条件中解放出来,而不是在这些条件之内的某种解放。马克思还指出,随着共产主义实现,人类将获得真正的解放,法权概念将变得多余。佩弗认为这种理解存在两个问题。首先,完全成熟的共产主义以及共产主义个人是否会出现是存疑的。因而,马克思所说的正义和权利将在未来的共产主义社会中变为多余的批判,对于当前社会和社会主义社会的实践而言,其实不那么重要。另外,马克思把权利的观念与利己个体的观念紧密地联系在一起,没有为权利观念留有可能性,因为利己主义和阶级划分不是冲突的唯一源泉。佩弗认为,在后期马克思著作中,马克思主要反对的是资产阶级的财产权利以及反对被权利平等(形式层面的)所掩盖的权利价值(事实层面的)的不平等这一事实,这种事实层面的不平等或来自与生俱来的天赋或来自需求的差别等,但这不等于马克思反对权利平等本身。换言之,马克思并没有彻底地或者全盘地否定人权的观念和理论。

对于人权概念,佩弗同意 S.I.贝恩(S.I.Benn)的观点,人权是对基本的需求或利益的声明,是现代平等社会正义观念的必然结果。[1] 关

---

① 参见 Rodney G.Peffer:*Marxism*,*Morality*,*and Social Justice*,Princeton University Press,1990,p.365.

于"拥有什么权利"这个问题,需要依靠其他道德原则来决定哪个诉求是有效的。显然,社会正义原则是对人权的最好规定。佩弗进而从四个方面说明了人权与社会正义原则的相似之处,即二者均与人的根本需要或利益相联系,会导致强制性义务,为我们的行为做辩护以及在某些情况下恳求他人的保护或提供一个基础,并对社会制度、方案或政策的辩护或批判提供一种根据。① 最终,他得出结论:权利只能产生于社会正义原则。

佩弗认为其社会正义理论是"作为公平权利的正义",它与罗尔斯的正义理论的不同之处在于前者强调了"权利"。在佩弗的社会正义理论中,每一条正义原则均与现代人权思想有密切联系,因而,其社会正义理论也可解读为其人权理论。他把安全权和生存权放在正义原则的首要位置,强调这是最基本和最重要的人权。第二和第三条原则把罗尔斯的平等自由最大化原则中的消极自由(不受他人任意干涉的自由)和积极自由(决定自己生活的自由)区分开来。第二条原则关注一般意义的自由权,意在对公民的消极自由予以一定的保护与约束。而第三条原则则强调作为积极自由的"参与社会决策过程的权利",使得公民有机会参与控制自己的生活过程。佩弗还特别表示,在第三个原则中使用的"社会的"这一术语,应当被理解为指代的是政治的、社会的、经济的职位和决策过程。差别原则是罗尔斯正义理论对一般现代人权思想的超越,而佩弗把对自由价值和自尊的关注放入第四条原则中,更好地体现了人权思想的宗旨,即要求每个人都能平等而有尊严地生活。

罗尔斯分别在其1993年的著作《政治自由主义》以及2001年的著作《作为公平的正义》中对佩弗的人权理论作出了正面的回应。罗尔斯接受了佩弗的三个修正,唯独不能接受社会和经济民主这一修正。

① 参见 Rodney G. Peffer: *Marxism, Morality, and Social Justice*, Princeton University Press, 1990, p.366.

他不愿意在政治正义的第一原则中包含对社会主义经济组织形式的要求,而是坚持,社会主义能否得到合理性证明,要依据社会传统和环境而定。[①] 佩弗对此回应道,尽管他完全同意罗尔斯的观点,即不应该把自觉选择社会主义而非资本主义包含进社会正义基本原则中,但是,他认为在其社会和经济民主原则中并没有做这样自觉的选择,这个原则在资本主义和社会主义之间是中立的。[②] 因而佩弗认为,罗尔斯的批评是无效的。

在罗尔斯的《政治自由主义》发表后,佩弗认真考虑了罗尔斯的观点,同意在现代社会中,政治民主较之于社会和经济民主更为重要,因而当把政治民主置于公平平等的自由原则和差别原则之前。他对初始版本的社会正义理论作了进一步修正。初始版本中,原则(3)(b)"拥有在个人所在的社会制度下参与社会决策过程的平等权利"并没有区分政治、社会与经济民主。在1995年完成的第二版本中,他把社会和经济民主单独列出,置于所有原则之后。概括来讲,第二版本主要包括了:(1)基本权利原则;(2)最大限度平等的基本自由原则;(3)公平平等的机会原则;(4)修正后的差别原则;(5)社会和经济民主原则。[③] 这五个原则遵循词典式优先性的排列。

2008年,佩弗维持了第二版本的五个原则。为了澄清之前版本中一些难以预测的情况,尽可能回应所有的批评,佩弗对第二版本进行了具体化,吸纳了许多热点议题,扩大其人权观的涵盖范围。在第三版本中的补充内容主要有:

1. 基本权利原则(安全权和生存权)的适用范围得到了拓展。在世界范围内,如果某个社会在某个特定的时期不能为其公民提供安全权和生存权所需要的资源,那么国际社会,特别是富裕的国家就必须提供紧急帮助,直到这个社会能够为自己提供这些资源。另外,该原则还

---

① John Rawls, *Political Liberalism*, Columbia University Press, 1993, Ibid., p.8.

② Rodney G.Peffer, *Radical Rawlsianism, Political Liberalism, and Cosmopolitanism.*

③ Rodney G.Peffer, *Radical Rawlsianism, Political Liberalism, and Cosmopolitanism.*

强调需要维护地球资源,从而后代也能够满足其基本需求。

2. 最大基本自由原则区分了公民自由权、家庭权和政治自由权三种权利。公民自由权主要是指在正当程序下,公民有言论、集会、信仰、活动、选择职业、不被任意逮捕或没收财产的自由;享有个人财产权和小型生产资料所有权(如个体业主经营或家族经营企业)的个人自由;对于各种大型基础设施和生产性财产是公共所有还是私人所有的问题,则通过把正义原则运用于特定社会的经验事实来解决。家庭权则指的是在法律允许的范围内有权抚养自己的孩子以及组织家庭事务。而政治自由权指的是发起运动、投票、竞选政治职务以及政治演讲的权利。

3. 公平平等的机会原则强调弱势群体不应被歧视,以及高等教育的普及和就业培训的平等。

4. 修正的差别原则区分了残障者(non-able persons)和健全人的情况。该原则通过社会提供物质和服务直接应用于残障者,通过创造和维持适当的背景制度、政策和项目间接地应用于健全人,以保证人们有机会通过他们自己的努力获得这些物质标准的生活。但该原则不会补偿在经济上不负责的人;也不会应用于人们的净收入和存款。

5. 在社会和经济民主原则中,作为大型公共或准公共的社会及经济机构的成员,人们对参与决策过程有平等的权利,尤其是在工厂、教育机构和地方社区中。但该原则不能直接运用在私人组织、个体业主经营企业或家族经营企业以及家庭中。而在特定的大型公共或准公共机构中,管理层将是必要的,因而不是每个人都具有平等的权利。最后,该原则也不是自觉地需要所有大型的生产资料都必须为社会所有,或者大型企业中的所有雇员都必须对所有关于企业的决策有平等的(共同地)确定的控制,并排除其他所有利益相关者的干预。①

① Rodney G. Peffer, *A Modified Rawlsian Theory of Social Justice*:"*Justice as Fair Rights*",the XXII World Congress of Philosophy,Seoul,South Korea,Aug.2008.

2015年,佩弗第四版本社会正义理论从之前的五个原则拓展到六个原则。他把公正的政治代表原则(the Fair Political Representation)从最大基本自由原则中的政治自由权中分离出来。佩弗区分了发展良好的社会(well-developed societies)和负荷社会(burdened societies)的不同情形。前者要求实现政治自由权,并通过各种手段保证(接近)平等价值的实现。后者则不要求政治民主的完全实现,只要求部分的政治民主可以实现,使得人民的意愿得以向国家和政府传达,而国家政府能对这些意见进行充分和公正的考量。但负荷社会应努力走向发展良好的社会。除此之外,佩弗在最大基本自由原则中新增了公民权。因为他认为,公民自由权不能完全涵盖公民权。公民权主要指有权不被歧视,这些歧视包括公共领域及半公共领域中的种族、国籍、性别、社会性别、宗教歧视。①

可见,从其著作的初始四原则版本开始,佩弗的人权观随着政治哲学领域讨论的问题不断扩展与深入而进行自我发展与不断更新。他认为,对于现代大型的大众社会而言,该理论可以充分决定作为基本社会善品的自由、机会、物质财产收入、财富和闲暇时间的分配。通过提出经济民主和社会民主,并对私有财产权作出限制等做法,佩弗把马克思意义上的"人权"与"公民权"一同纳入其人权观中,尝试克服马克思认为的生产资料不平等占有带来的剥削,克服马克思所批评的政治解放的局限性和片面性,也是对平等主义的自由主义的分配正义的一种超越。

尽管如此,佩弗的理论也难以确保不平等不会进一步扩大。佩弗不断对自身理论进行修正,也不断对自由主义作出让步。从最开始的提出社会和经济民主并将其与政治民主并列,再到把社会和经济民主原则单独列出置于最后,再到细化该原则并为个体业主经营企业或家

① Rodney G. Peffer, *A Modified Rawlsian Theory of Social Justice*: "*Justice as Fair Rights*", a modified version-as of 2015-of this paper which was originally presented in 2008.

族经营企业的生产资料私有制、某些大型机构的管理层保留空间，佩弗的马克思主义立场被弱化了，政治权利和社会、经济权利仍然被分离开来，使得社会不平等得以扩展的空间也在增大。虽然佩弗采取的措施是政府通过赎买方式将壮大到一定规模的私有财产转化为公有，但这样的方式却侵犯了个人财产权。正如佩弗承认，从社会决策层面来看，这个理论仍不十分完善。它还不能解决少数者权利、非人类生命的待遇、自然环境的道德地位与纯人类导向的原则的关系问题。① 这些问题也是罗尔斯理论本身所无法涵盖的领域，是契约理论传统难以充分解决的问题。

三、自由平等之外：对佩弗人权理论的反思

如许多分析马克思主义者那样，佩弗对马克思的道德理论作出扬弃，并在一定程度上认同自由主义的平等主义。然而马克思主义传统与自由主义传统有着根本的不同，并且佩弗的理论是否为马克思主义也是备受争议之处。许多学者批评分析马克思主义学者的文本分析方法并非历史的和辩证的，并会导致很大程度偏离马克思本人的观点。针对这一点，佩弗对自己的观点作出辩护。他认为，任何道德和社会理论，只要它明确采用马克思主义经验的、社会科学的论点并且明确支持马克思主义的规范性政治观点，都有资格成为一种马克思主义道德和社会理论。② 他并不认为需要把马克思隐含的道德理论作为权威来接受，只需要把马克思主义论点与自己的经验性假设结合起来即可。为说明其理论是一种马克思主义，他表示，其一，马克思主义的经验性假设是可信的且有重大意义。社会主义社会相比于资本主义社会，即便

---

① Rodney G. Peffer, *A Modified Rawlsian Theory of Social Justice*: "*Justice as Fair Rights*", http://philpapers.org/rec/PEFAMR.

② Rodney G.Peffer: *Marxism, Morality, and Social Justice*, Princeton University Press, 1990, pp.433-434.

是先进的福利国家的资本主义社会仍然具有优越性。其二，为某种社会主义辩护，在发达社会，即使一种基于受控的市场经济而非计划经济的民主的、自我管理形式的社会主义，也应该像任何一种资本主义民主社会一样保护公民自由权。其三，为发展中国家的社会主义政策和社会主义革命辩护，如果这种革命是他们克服极端贫困和从属性特征的唯一途径，这一点还迫使我们面对这样的事实："议会政治"对于发展中国家克服资本主义对正义需求的阻碍是不够的。① 总而言之，区分罗尔斯等自由主义的平等主义与社会主义的平等主义，他认为最重要的是经验性信念和实际政治信念的不同，而不是道德理论本身的不同。② 他的道德理论出发点是对现实正义问题的关怀，尤其是对发展中国家大多数贫困人民的同情，一定程度上体现了马克思主义的立场。

佩弗关注现实，站在底层立场上建构可行的正义理论，这种努力与学理上的争论相比更具有"改变世界而非仅仅解释世界"的马克思主义精神。但是，佩弗的回应仍然有着不足。佩弗把人权放在其社会正义理论的核心位置，所有的正义原则都是围绕"平等"与"自由"这两个主题展开，人权体系在二者之间做出权衡。相比于平等主义的自由主义，佩弗的理论在平等的维度上更加激进，在"敏于志向，钝于禀赋"的紧张关系中更关注"钝于禀赋"。然而，这样的定位也使得佩弗的理论过于强调个人自由以及个人与个人之间的自由的平等，从而一定程度上忽略了马克思主义理论中更丰富的向度。马克思的自由观和罗尔斯的自由观均是对康德自由观的扬弃。在康德的认识论中，客体是由主体的经验方式和思维方式构成的，主体具有基础性的地位。在此基础上，其政治理论也把作为主体的个人作为出发点，把个人理解为自由选

① 参考 Rodney G. Peffer: *Rawlsian Theory, Contemporary Marxism and the Difference Principle*. General Editor: Mark Evans, the Edinburgh Companion to Contemporary Liberalism, Edinburgh University Press, 2001, p.126。

② 参考 Rodney G. Peffer: *Rawlsian Theory, Contemporary Marxism and the Difference Principle*. General Editor: Mark Evans, the Edinburgh Companion to Contemporary Liberalism, Edinburgh University Press, 2001, p.128。

择和自律意志的存在，所以人类原则上具有足够的自由和理性去制定道德法则，从而推出正义和权利所具有的道德优先性。马克思对康德的扬弃在于，他把人的自由从形而上学拉回到现实社会：现实的人是处在一定的物质经济关系中的，人的本质不是单个人所固有的抽象物，而是一切社会关系的总和。他认为，只有打破“自然”与“社会”的双重锁链人类才可能达到真正的自由。与马克思一样，罗尔斯也拒绝了康德关于人性的形而上学预设。但与马克思不同的是，他试图通过无知之幕来避免对形而上学预设的依赖，避免任何特殊的人格理论，并在主体与情境之间寻找一个平衡点。但是，罗尔斯的尝试引起了许多学者的质疑。桑德尔认为，在深层意义上罗尔斯仍然是个人主义的。第一点，罗尔斯不在原初状态中假设仁爱是因为需要尽可能弱的条件，而强弱的定义本身就是就基于某种人格预设，即生性倾向自私而非仁爱。第二点，罗尔斯的自我是一个占有的主体，一个先在个体化的主体，主体与利益的关系是占有关系而非构成关系，因而主体与其所拥有的利益具有一定距离。这种距离使得自我能置于一个超越经验的地位，但同时也使得自我排除了“主体间性”的可能，也排除了构成性意义上的共同体的可能性。① 总而言之，主体的界限在公平正义中处于一个优先地位，并且是固定不变的。这种“纯粹的主体”甚至使得罗尔斯的理论难以自洽。首先，在罗尔斯的正义原则中，主体的能力和禀赋是被占有的，而非构成性的，因而成了社会目的的工具，成为他人目的的手段，而这有违罗尔斯及康德的道德律令。另外，无知之幕剥夺了原初状态中各方的互相区别的特征，主体之间的多元性也难以被体现。由此可见，罗尔斯意义的主体与马克思的主体有着根本的区别。马克思虽未明确把共同体价值置于个体善之前，但可以确定的是，马克思认为，人的存在和发展必然会受到一定的前提和条件的制约，人类历史是有制约因

① 参见 Michael J. Sandel：*Liberalism and the Limits of Justice*, Cambridge University Press, 1998, 2, p.62。

素的。人类历史受到生产力、生产交往形式、文化精神传统以及历史环境等多种要素的制约,是生成发展、相互影响的过程。换言之,在马克思的理论中,人的本质具有构成性意义,且这种构成性先于自主选择。但这并不意味着在马克思的理论中,主体完全由经验因素构成。在强调社会历史主体的受动性的同时,马克思也强调了,社会历史主体在创造历史的过程中的主动性,也就是主体的"自由"。这种主动性体现在,社会历史主体可以最大限度地满足自己的需要和利益,按自己的目的积极行动。在马克思看来,即便是在自由王国,主体的自我认识与实践能力高度发展,人们以自然界和社会进行支配,这种外部世界的客观性仍然存在,只是不对主体构成强制作用而已。

在佩弗看来,马克思的"自由"本质上指的是自我决定,其中包括两种观点:一是按一个人的本质属性来决定自我,二是按照一个人为自己所指定或所选择的那些法律来决定自我。两种含义都可以在马克思早期著作中找到,而晚期著作中只能找到第二种观点,即真实的、经验的自我起决定作用。① 这种自我决定包含消极自由和积极自由。相比于罗尔斯,佩弗的人权理论更强调积极自由的作用。但这种自由观却仍然立足于罗尔斯的主体性观念。对于桑德尔针对罗尔斯原初状态的批评,佩弗引用了布坎南的回应,认为自主目的选择者仍然可以自由选择对他们期望为共同体的出现而创造条件的过程承担义务。② 但这种回应并未能正面回应桑德尔所提出的原初状态中的主体性问题。佩弗正义理论中的主体仍是一种静态的纯粹主体,无法体现出主体与社会及自然的各要素形成互动关系,也无法展现主体自我认识、自我发展的过程。如同罗尔斯的正义理论,用权利去衡量自由平等,其实还是把能力与天赋作为为普遍社会目的服务的工具,主体与目的之间是单向度

① Rodney G.Peffer:*Marxism*,*Morality*,*and Social Justice*,Princeton University Press,1990,p.123.

② Rodney G.Peffer:*Marxism*,*Morality*,*and Social Justice*,Princeton University Press,1990,p.373.

的。但马克思的观点是把主体视为人类共同体中的一员,极大地发展自身的能力与天赋同时也是为构成自身的共同体事业而奋斗,主体与目的之间有着相互作用的关系。另外,主体与正义各原则之间是孤立的因果链,正义原则也无法与社会运动变迁形成互相影响的动态过程。事实上,这也是佩弗需要不断修正自己的正义理论,并出于对现实情况考虑而不断向自由主义让步的根本缘故。

未能解决方法论问题还导致佩弗无法很好地回应左翼学者及其他平等主义者对罗尔斯正义理论的其他批评。例如,柯亨批评罗尔斯的激励论证的要求与其正义理论对共同体的态度相悖,进一步地,市场社会主义经济将导致不平等的扩大,从而损害共同体价值。米勒批评罗尔斯原初状态预设了一个相当低的社会冲突结果,如果我们接受马克思主义对社会冲突的分析,那么差别原则所需的正义环境不能被贯彻。即便各方在原初状态中选择了差别原则,无知之幕揭开后若成为剥削社会中的掌权者,差别原则对他来说就是不可忍受的,因为任何一个原则都将超出依赖实际上所属的阶级的个人的"承担义务的限度"。佩弗引用布坎南的回应,认为对差异原则的评价视角是从原初状态出发的,而非从实际情况出发。① 但是,正如桑德尔所批评,如果脱离实际情况,那么原初状态就可以作出任何有吸引力的假设。② 如果正义原则不接受经验检验,那么这种理论也就是一种乌托邦。对此,还有批评者认为,罗尔斯没有提出关于从不正义的社会向正义社会过渡的理论。佩弗表示,这是一个经验性的问题,与核心道德理论无关,而核心道德理论更为重要。③ 但是,当今的世界格局以美国等资本主义国家为主导,所谓自由,仍是建立在不平等利益上的自由,在政治实践上与自由

① 参见 Rodney G. Peffer: *Marxism, Morality, and Social Justice*, Princeton University Press, 1990, pp.375-376。

② 参见 Michael J. Sandel: *Liberalism and the Limits of Justice*, Cambridge University Press, 1998, 2, p.43。

③ 参见 Rodney G. Peffer: *Marxism, Morality, and Social Justice*, Princeton University Press, 1990, pp.412-414。

主义学说、特别是自由主义的平等主义相距甚远。这些参与国际性掠夺的先进资本主义国家如何实现和平转变？这些受到侵犯与掠夺的第三世界国家如何完成革命性的转变？虽然这些经验性的政策问题不是佩弗的研究重点，但却会影响到核心道德理论实现的可能性。

总而言之，佩弗把其正义理论解读为一种公平的人权理论，是对罗尔斯正义理论在平等向度的一次推进。但作为一种“激进的罗尔斯主义”，佩弗的人权理论仍旧无法摆脱罗尔斯理论中具有个人主义倾向的纯粹主体以及静态的契约论模型。正义与权利的局限性早已为马克思所洞察，他的一生也致力于构建超越正义和权利的社会。佩弗理论的创新与困境给予我们启示，当今我们承认对权利与正义的需要，不仅需要坚持马克思主义的立场，也要对马克思理论的观点和方法予以重视。一种人权理论或许与马克思主义辩证法有着重大的差别，但也提醒着我们，如何调和这种矛盾，用马克思主义的方法去构建正义和人权理论，将会是有待研究的课题。

（作者　复旦大学哲学学院博士研究生）

恩斯特·布洛赫思想中的雅努斯面貌*

——兼论马克思主义与神学之间的内在张力

陈　影

摘要:恩斯特·布洛赫作品中马克思主义与神学的双重逻辑体现了其思想的雅努斯面貌,这种一体两面的雅努斯品格以布洛赫版本的乌托邦精神为支点,彰显出一种携带救赎品格的文化批判理路与特质,对后来的解放神学与政治神学产生了深远影响。

关键词:雅努斯　马克思主义　神学　乌托邦精神

"雅努斯"又称两面神,是古罗马神话谱系中的神祇,他的面孔一面朝向过去,一面朝向未来,是历史与未来的链接与过渡,同时彰显出变化与时间的维度。两面神思想内涵包括积极建构两个或更多并存的概念;挖掘思想中矛盾对立的两个概念之间的联系,从而获得整体性的理解;强调理论的非终极性和不确定性,从而产生对立的一面;"直觉、想象、灵感"等非理性因素发挥关键的作用。① 雅努斯精神的理论品格

* 本文受到北京语言大学博士科研启动基金项目(中央高校基本科研业务专项资金资助,项目编号为15YBB24)资助。

① 刘建军:《两面神思维与〈浮士德〉辩证法思想的深化》,《东北师范大学学报》(哲学社会科学版)1998年第4期。

是很多哲学家的思想共性。例如，本雅明（Walter Benjamin）的思想范式以"雅努斯"面貌为特点，结合了犹太喀巴拉神秘主义与马克思主义。[①] 本雅明的好友、其同时代的德裔犹太思想家恩斯特·布洛赫的思想亦具有雅努斯的面貌。凯尔纳（Douglas Kellner）在《恩斯特·布洛赫、乌托邦与意识形态批判》一文中认为，布洛赫将意识形态解读为"雅努斯"，即意识形态既包含技术操控的、神秘的、虚假的因素，也同时含有乌托邦的剩余。[②] 布洛赫在他的《文学论文集》中，也以"雅努斯画像"为涉及陌生化的章节作注。可以看出，用雅努斯一词来描绘布洛赫的思想具有合理性。在笔者看来，布洛赫思想中马克思主义与神学的双重逻辑恰恰体现了雅努斯精神的面貌。布洛赫思想中的马克思主义作为乌托邦精神与希望的归宿，在很大程度上与神学关联到一起，这种思想的双轨特点对理解布洛赫的理论脉络起到了至关重要的作用；而内化在布洛赫思想中一体两面的雅努斯品格，在本质上彰显出一种携带救赎品格的文化批判理路与特质。

一

虽然布洛赫思想难以界定，但将之归类为西方马克思主义的范畴，恐怕不会引起过多争议。早在路德维希生活的时候，布洛赫就已经开始阅读马克思和恩格斯的著作，虽然后来有一段时间他转向了过程哲学，但恩格斯《反杜林论》中的辩证唯物主义与过程哲学的同构性质，一直吸引着布洛赫。年轻时期的布洛赫就已经能够自觉地把马克思主义作为批判当时德国社会与政治问题的武器。无论国内外局势如何发展演变，布洛赫从未放弃他所理解的马克思主义，他为当时共产主义运

① 郭军：《本雅明的"两面神"精神之价值与意义》，《外国文学》2012 年第 3 期。

② Keller, Douglas. "Ernst Bloch, Utopia, and Ideology Critique" in *Not Yet: Reconsidering Ernst Bloch*, edited by Jamie Owen Daniel and Tom Moylan. London: Verso, 1997, p.82.

动的发展与胜利欢欣鼓舞,也为其失利与挫败愁眉不展。

我们需要注意的是,布洛赫并非传统意义上的马克思主义者,他对马克思主义精神的继承路径非常独特。布洛赫借由乌托邦精神对马克思主义传统进行批判,从中发掘马克思主义的人本主义特质;而经由马克思主义中介化的乌托邦精神,摆脱了“乌有之乡”的幻相,成为具有强烈在世属性的革命之灵。在布洛赫看来,马克思逝世后,存在一种对马克思主义思想的根本性扭曲,马克思主义被僵化、教条化地理解为关于社会与经济的变化学说,人的价值和地位被极大地漠视,对宗教庸俗化的排斥变得愈发明显。经济决定论的基调似乎成为马克思留给人们的唯一“宝贵遗产”。布洛赫作为马克思主义思想的阐释者,他希望更多展现或重塑马克思主义中的人本主义品格。布洛赫认为乌托邦与人本主义亦是同构的。如果说我们对人性的理解和人本主义本身在很大程度上丰富了乌托邦的内涵,乌托邦中尚未实现的开放性、过程性也凭借着人的介入和实践更加鲜明地被体现出来,同时,乌托邦的内涵也被极大地丰富了。从这个意义上讲,乌托邦对更加美好生活的向往这一点便可以成为马克思主义与之链接的契合点。因为“在更美好生活的梦想中,幸福总是被寻觅,只有马克思主义可以开始这件事”,①乌托邦是尚未实现的,马克思主义哲学是未来的哲学,“马克思主义占据着未来的视野……(未来)把真实的维度给予现实”。② 经由马克思主义中介化的乌托邦已经不再是“乌有之乡”的代名词,它与现实紧密地结合,成为一种贴近人类经验的精神在场。缺席之在场,无有之拥有,这些悖论性的乌托邦特征在马克思主义的视域中得到进一步申明和诠释。乌托邦是现实,布洛赫认为乌托邦中最好的部分就是它被赋予了一个“坚实的实践基础”,③

---

① Bloch, Ernst. *The Principle of Hope*. trans. Neville Plaice, Stephen Plaice and Paul Knight. Oxford: Basil Blackwell. 1986, p.17.

② Bloch, Ernst. *The Principle of Hope*. trans. Neville Plaice, Stephen Plaice and Paul Knight. Oxford: Basil Blackwell. 1986, p.285.

③ Bloch, Ernst. *The Principle of Hope*. trans. Neville Plaice, Stephen Plaice and Paul Knight. Oxford: Basil Blackwell. 1986, p.622.

而马克思主义浓厚的现实关怀无疑可以同乌托邦的这一需求结合在一起,或者按布洛赫的话来说,乌托邦在现实中需要"经由马克思主义来观察"。① 借由马克思主义的视角,剥削与异化的源头才能被发现和根除,人与自然的关系、人与人的关系才能得以恢复,人的自由才能得到最大限度的满足和实现。从这个意义上讲,乌托邦已不再是无有之地,而是近在咫尺的人们生活的时代语境。难怪布洛赫在他的《乌托邦的精神》中宣告:"革命的使命必定会镌刻在乌托邦之上"。②

从布洛赫乌托邦的论说语境,我们可以看出,布洛赫对马克思主义的接受绝非被动和静止的,这与他的尚未哲学隶属同一逻辑体系。当他反对当时一些共产主义者将马克思主义僵固化和官僚化的同时,布洛赫眼中的马克思主义内核就已经是与时俱进、不断发展的实践观,而探讨这一马克思主义实践观是无法脱离宗教视域的。众所周知,作为唯物史观具有里程碑意义的《关于费尔巴哈的提纲》(后文简称《提纲》),其核心是提出了科学的实践观。尽管只有一千两百多字,但这寥寥数言,在布洛赫看来是极其珍贵的宝藏。《提纲》写于 1845 年 4 月,是马克思为准备《德意志意识形态》而写的大纲,恩格斯在 1888 年将其发表时稍做改动,但内容没有太大变化。在《提纲》中,马克思摆脱了费尔巴哈所局限的单纯宗教批判,转向社会批判和国家批判。马克思在 1843 年 3 月 13 日写给卢格的信中,明确表示:"费尔巴哈的警句只有一点不能使我满意,这就是:他过多地强调自然而过少地强调政治"。③ 费尔巴哈过多强调人的类本质,强调人类恒久的、抽象的自然性与马克思"人类是社会关系的总和"的观点无法找到契合点。因此,马克思的《提纲》在布洛赫看来,是他与费尔巴哈分道扬镳的起点。但

① Bloch, Ernst, *The Principle of Hope*, trans. Neville Plaice, Stephen Plaice and Paul Knight, Oxford: Basil Blackwell, 1986, p.623.

② Bloch, Ernst, *The Spirit of Utopia*. trans. by Anthony A. Nassar. Stanford: Stanford University Press, 2000, p.237.

③ 《马克思恩格斯全集》第 27 卷,人民出版社 1972 年版,第 442—443 页。

这里的分道扬镳并非是全部的脱离，马克思后来的作品中仍经常援引费尔巴哈的语句，可见马克思思想的发展在很大程度上受到了费尔巴哈的影响。

二

因为篇幅有限，布洛赫解读马克思的《提纲》无法详尽展开，特别是他对第 11 纲的解读非常精彩。不难看出，从马克思批判费尔巴哈，再到布洛赫批判马克思对费尔巴哈的批判，费尔巴哈是理解链条中不可或缺的一个重要环节，而费尔巴哈就是从批判基督教起家的，因此，布洛赫思想中与马克思主义品格相对应的雅努斯面孔很自然地指向了基督教神学。

作为一名马克思主义者，布洛赫对基督教神学的论说同样始于对费尔巴哈宗教哲学的批判式继承。布洛赫认为，费尔巴哈将天国的世界归还给人类的做法是"宗教的人类学批判"，因为在《宗教的本质》中所彰显的"宗教秘密"就是"人类本质的秘密"。人类不再是依据上帝形象的创造物，相反，上帝是依据人类的形象被创造出来，"或更准确地说，上帝是依据任何一个时代理想化的、具有指导性的人类意象而造"。上帝作为宇宙创造者的依据从此消失。布洛赫将费尔巴哈的思想置于宗教哲学中的转捩点，"从他以后，基督教便开始了其最后的历史阶段"。[①]当然，布洛赫并非毫无批判地继承费尔巴哈的宗教思想，他在《希望的原理》和《基督教的无神论》中展开了对费尔巴哈的批判。在布洛赫的眼中，费尔巴哈将宗教建基于人的类本质，且为宗教中至善至美的希望内容预留了空间，他强调宗教是人类苦难的表达和反抗，其中具有独立的人性品格的内驻。第一，费尔巴哈的人类学是"平面的、

① Bloch, Ernst, *The Principle of Hope*, trans. Neville Plaice, Stephen Plaice and Paul Knight, Oxford: Basil Blackwell, 1986, p.1286.

固化的”,人类本质的不完整性在其中没有得到彰显,这种“寂静、静止”的思维框架与布洛赫“尚未”思想的契合空间很小。第二,费尔巴哈忽视社会和历史的因素,忽视了社会—历史因素对人的异化作用,且过于“抽象、笼统”。第三,他没有将否定的精神置于其中。正因如此,布洛赫写道:

马克思当然并没有穷尽“人”的概念,但费尔巴哈也没有通过打开彼岸世界的位格实体(hypostases),丰富其内涵。他所有希望的,对此世的理想主义解读将神祇最终拉到了地上,人变成了他同类的人,这种表述并没有偏离业已存在的自由欲望的集合……他从彼岸世界寻回的人性维度看上去不再像是普通人,不再有一种自然的,此世的色彩。①

不难看出,布洛赫指出费尔巴哈的问题是人类类本质的静止化,这将最终导致“隐匿的人”,主体随之也将丧失超越性和乌托邦的维度。布洛赫的宗教批判思想零星散落在不同时期的作品中,其中相对比较集中的是《基督教的无神论》《革命神学家托马斯·闵采尔》全书和《希望的原理》的第53章。布洛赫的宗教批判有如下几个显著特点:

第一,他将基督宗教与基督教会区隔开来,并对基督教会,特别是早期教会之后的教会组织展开毫不留情、入木三分的批判。布洛赫认为“教会与圣经不是一回事”。②因为教会中蹩脚的牧师不能带来基督教的发展,“是他们才使基督教变为人民的鸦片”。③ 他们篡改圣经,掩藏、压制圣经中革命与反抗的声音,圣经被改得面目全非,甚至连教会自己都会“良心不安”。④ 此外,他们“将人的无穷价值抛向彼岸,抛向人不再饮食、不再消耗尘世中无价值的俗物的彼岸世界”。他们将人与此世区隔开,将人变成此世的绝缘体,而对天国彼岸的勾勒,似乎像

① *Atheism in Christianity*:*the Religion of the Exodus and the Kingdom*.p.195.

② *Atheism in Christianity*:*the Religion of the Exodus and the Kingdom*,p.9.

③ 刘小枫主编:《二十世纪西方宗教哲学文选》,杨德友、董友等译,上海三联书店1991年版,第1632页。

④ *Atheism in Christianity*:*the Religion of the Exodus and the Kingdom*,p.9.

"肉贩子卖肉时添加几根肉骨以取悦主顾一样,将超尘世财富的合理分配当作对尘世财富的不合理分配的补偿,从而给毛被剪得精光的羔羊几丝安慰"。布洛赫认为,我们需要做的是绕过这些牧师,但基督教信仰是不能回避的。因为"信仰是一种态度",这种态度可以帮助我们掌握关于未来和希望的知识。

第二,布洛赫的宗教批判是对宗教经验内核的一种建设性、创造性挪用。① 自古以来,希望的顶峰上就"屹立着神性",②因为神可以做到人不能做的事情,完成人类尚未实现的美好梦想和希望。布洛赫在涉及宗教问题时,一再强调"出埃及"精神,即"我将成为我将要是"(I will be who I will be)③这种指向未来,蕴含解放的品格。这种做法本身解构了传统神学中制造的二元对立(造物主上帝与造物、主人与仆人等概念的对立),成为一种建设性的挪用,同时也克服了宗教的局限。在布洛赫看来,我们不能简单地消灭宗教,因为拒绝宗教,同时也阻碍了人类从必然王国向自由王国的前进,人性最本真部分的发现更是无从谈起。我们需要重新解读并反思宗教,发现其中的问题,对之加以扬弃,保留并继承其中与希望和人性的实现相关的部分,这是布洛赫对宗教批判的起点和目的。

那么,布洛赫是如何具体开展他的宗教批判的呢?1965 年,为了庆祝布洛赫 80 岁的生日,《纪念文集》(*Festschrift*)问世,在收录《文集》中的 18 篇论文里,内容上涉及神学的就有 7 篇。评论者对此非常惊讶。因为对于一位自称是无神论者的思想家而言,布洛赫思想中的神学色彩显然过于厚重。在众多的学科中,布洛赫固然对神学的抨击最为强烈,但也恰恰是神学赋予了他批判的动力和内容,布洛赫也赋予神

---

① Green, Roland. "Ernst Bloch's Revision of Atheism" in *The Journal of Religion*, Vol. 49, No.2 (Apr., 1969), p.128.

② 刘小枫主编:《二十世纪西方宗教哲学文选》,杨德友、董友等译,上海三联书店 1991 年版,第 1637 页。

③ 中文又译为"我是自有永有的"。

学一种新生。这种新生就是在批判基督宗教的过程中,向批判对象注入一种具有神学乌托邦品格的无神论。莫尔特曼认为,有两种形式的无神论。一种是放弃与人不同的神(正如费尔巴哈那样),使人神成为一体,这样的无神论会导向神秘主义;另一种无神论将神与人视为不同的存在,并期待两者在未来的交通与联合。在第一种情况里没有他者,因为上帝就是人本身。而有上帝的无神论"摧毁自身拥有的一切意象、传统和宗教情感,并使自己与上帝……结合在一起",是一种否定神学。①莫尔特曼并没有告诉我们布洛赫的无神论隶属于哪一类,但他所提出的两种无神论,无论是借由"放弃"还是"摧毁",最终都达到了与上帝的联合,并且莫尔特曼认为上帝的护卫者并不一定必然比指控者距离上帝近,从这一点我们也可以看出,他似乎在暗示布洛赫的无神论具有一种解构后建构的力量,并最终归指到了人的本质。布洛赫意义的人并非完全取决于其生活的社会环境,人创造世界并改变着世界,在这个过程中,也创造并改变着自身。这就是布洛赫在尚未"本体论"意义中,未完成且尚不充分的人的概念。布洛赫对基督教神学中人的概念进行扬弃,将它转变为一种社会主义乌托邦的愿景。毫无疑问,宗教是人类的产物,它表达了人类最深层次的需要,这些需要反过来可以转变为"解放的实践"(emancipatory practice),这种转化的前提条件是宗教从压迫和"否定生命"(life-negating)的形式中解放出来。②布洛赫着意做的就是解码宗教遗产,重塑人类的希望。布洛赫在评价马克思的《提纲》时,一条关于人本主义的主线就是马克思没有穷尽关于人的定义。虽然布洛赫、马克思、费尔巴哈三人都是在同一条线索上,但在宗教问题上,布洛赫从费尔巴哈身上继承的东西要远多于马克思。按布洛赫的话来说,费尔巴哈处于从黑格尔到马克思救赎的线索中,而灾

① Bloch, Ernst. *Man on His Own*: *Essays in the Philosophy of Religion*, trans. by E. B. Ashton. Herder and Herder. 1970, p.28.

② Kellner, Douglas and Harry O' Hara. "Utopia and Marxism in Ernst Bloch" in *New German Critique*. No.9 (Autumn, 1976). p.21.

难的线索是从叔本华、尼采到最终的法西斯主义。① 布洛赫显然意在承接救赎的线索。在《基督教的本质》一书中,费尔巴哈一方面讨论宗教的人类学本质,即他所认为的对宗教的正解;另一方面探究宗教的神学本质,即对宗教的谬解。也就是说,费尔巴哈认为,人类使用宗教来思考和表达自身。因此,研究宗教就是研究人类自身,宗教的神学语言就是人类的语言形式。如前文所述,布洛赫不完全认同费尔巴哈和马克思关于人的观点,在他看来,人是乌托邦的主体,乌托邦是由尚未形成的人的本性构成的一个动态过程。虽然在 1843 年 5 月马克思写给卢格的信中,间接地表达过人与国家政体的问题,早期的《1844 年经济学哲学手稿》也蕴含着大量的人本主义情怀,但除此之外,布洛赫很难直接在马克思与恩格斯的文本中找到相关的思想。马克思极少涉及个体的生存问题,他成熟时期的作品充斥着"阶级"这一群体概念,正因如此,萨特认为人学是马克思主义的一个"空场"。②

三

布洛赫对这种马克思主义中人学空场的观点持不同意见。相对而言,马克思较少直接探讨作为个体的人,但他的思想指向是人的解放,其最终目标就是人学的。布洛赫继承的马克思主义思想,在很大程度上来说,就是其隐性的人性内核。那么,这种人性内核如何得到彰显呢? 布洛赫给出的答案是通过基督教的神学遗产。布洛赫说"真正的马克思主义……会认真对待基督教"。③宗教和人本主义的马克思主义都暗含一种"深刻的关于何往(Where-To)、何为(What-For)"的意象

---

① Ernst Bloch, *The Principle of Hope*, MIT Press, 1986, p.274.

② 转引自张羽佳:《永远的乌托邦:恩格斯·布洛赫对马克思的解读》,《中共济南市委党校学报》2007 年第 1 期。

③ Bloch, Ernst. *Atheism in Christianity: the Religion of the Exodus and the Kingdom*. trans. by J.T.Swann. London and New York: Verso. 2009, p.256.

来补充道德缺席的空间,而没有这些因素的人本主义"是无法让人忍受的"。[①] 马克思主义如何认真对待基督教呢?具体而言,作为马克思主义思想家,布洛赫是如何继承基督教神学的遗产呢?在布洛赫看来,马克思主义与基督教的结合需要基督徒更加关注受压迫者的解放,而马克思主义需要保留自由天国的深度。这也是革命与神学结合并获得成功的前提。[②] 在这里,我们不妨再次提及原初基督教的性质。早期基督教并不是统治阶级的工具,而是人类寻求自由的表现形式。这是布洛赫眼中需要继承的一份宗教遗产。布洛赫反对无视人类尊严、剥夺人类能动性的上帝,但他不反对保留上帝的概念,把上帝作为表示未来、希望、乌托邦、末世论等意义的符号。[③] 上帝被看作乌托邦式实体化了的未知人类的理想。宗教为乌托邦提供了素材,并为乌托邦的生发提供了空间。众所周知,布洛赫思想以其乌托邦维度著称,布洛赫的乌托邦精神具体体现在两个方面:一是人的内在的乌托邦精神,包括艺术、哲学、宗教等;二是外在的对世界、现实的变革。究其实,乌托邦精神需要灵魂革命与社会革命的统一,祈祷与劳动的统一。雅努斯神的两面在这里便得到了彰显,即一面关乎社会革命和实践的马克思主义,另一面是涉及灵魂革命与彼岸希望的基督教神学。

布洛赫思想中的这种雅努斯面貌在很大程度上丰富了布洛赫具有人本主义意蕴的乌托邦哲学。在《约翰福音》2∶15 中记载了耶稣少有的武力革命行径,他"拿起绳子作鞭子,把牛羊都赶出殿去,倒出兑换银钱之人的银钱,推翻他们的桌子"。耶稣身上的神性与革命行为的结合,在这一场景中让人不禁联想到布洛赫思想中的神学乌托邦。革命实践本身就是一种宗教体验,因为革命给人希望和超越现实的未来

---

① Bloch,Ernst.*Atheism in Christianity*:*the Religion of the Exodus and the Kingdom*. trans.by J.T.Swann.London and New York:Verso.2009.p.255.

② Bloch,Ernst.*Atheism in Christianity*:*the Religion of the Exodus and the Kingdom*. trans.by J.T.Swann.London and New York:Verso.2009.p.256.

③ 高师宁:《西方马克思主义的宗教观》,《宗教学研究》1998 年第 1 期。

感,它是人类向至善至美处迈进所进行的尝试。作为人性的重要组成部分,革命实践希冀打破人类的有限性,达成人类的自我认同和救赎,而人类的自我认同和救赎就是革命的方向。

布洛赫眼中乌托邦精神拥有超越和批判的维度,是一种在挑战中的期待。借由马克思主义,布洛赫向他的乌托邦中注入了社会的视角;借由乌托邦,布洛赫向马克思主义注入了神学的关注。难怪布洛赫将他自己的乌托邦哲学称为“具有上帝魔力的哲学”,是“祈祷的真理”。①基督教中蕴含着乌托邦剩余,连接着人类最深层次的希望和价值。在神学与马克思主义的天平上,布洛赫借由乌托邦调和着一端的超验与彼岸和另一端的内在与此世。他在两个端点之间寻找平衡,极力促使两个端点相互包容、转化,使革命中拥有神学的种子,神学中包含革命的因子。布洛赫思想中的雅努斯面貌,即布洛赫版本的马克思主义宗教观,将希望赋予宗教,使之成为宗教的显性特征,宗教不再是恐惧、愚昧的代名词,无神论也不再被简单地视为对宗教的否定,因为“无神论”根本无法界定存在的内容,它必须与具体的乌托邦相联系,成为希望的彰显和人本主义对希望实现的追寻。布洛赫重新调整了黑格尔和费尔巴哈对宗教的批判,引入实践的维度,在继承德国神秘主义传统,将隐匿的神以“尚未的”人的形式保存下来的同时,将马克思主义的无神论塑造为一种积极的、正面的批判方法。简言之,布洛赫的马克思主义宗教观重塑并继承了宗教中积极、主动的因素,特别是宗教的爆破性的功能。当马克思主义与神学共同形塑了布洛赫思想中的雅努斯面貌时,布洛赫秉持着乌托邦精神,继承了生活中的意义问题,并警示人们:无论发生什么,宗教及其衍生的想象是不能丢弃的,世界的祛魅化不能革除宗教的想象,因为它蕴含着未来更加美好世界的内容。

---

① Hudson, Wayne. *The Marxist Philosophy of Ernst Bloch*. London: MacMillan Press. 1983, p.30.

四

布洛赫的影响同其身份一样,非常难以界定。作为20世纪最重要的哲学家之一,布洛赫及其作品经由不同的方式被阐释和解读:在左派眼中,他是马克思主义者的榜样,是“十月革命的德国哲学家”。但在另外一些人眼中,布洛赫是一位神秘主义者,他的思想在神学界的影响和接受甚至大大超越了马克思主义的阵营。在雅努斯面貌的视角下审视布洛赫思想的影响,我们可以看到这两种说法是一体两面、相互关联的。因为神学与革命借由马克思主义形成一种对话关系之后,在布洛赫的思想体系中从未被分割开。神学与马克思主义这两个并存的概念在布洛赫的思想体系中一直处于一种积极建构的状态,二者之间的关系在布洛赫那里获得了整体性的理解,形成了携带开放性和不确定性的理论品格。布洛赫的思想对现实社会有两个根本性影响。他对超验的论述直接导向了希望神学和拉丁美洲的解放神学;他对圣经的深度挖掘,特别是对“地下圣经”(或“为民的圣经”)的追索,导向了政治神学。① 无论是希望神学还是政治神学,都是布洛赫思想中雅努斯面貌与现实关联后的产物。布洛赫思想中的雅努斯品格以乌托邦精神为支点,贯穿其一生的所有作品中。事实上,布洛赫是一位不放弃马克思主义和革命的观点而彻底改变了宗教理论框架的思想家。与恩格斯类似,他区分了教会的宗教(即为统治阶级服务的宗教)和反传统的“异端”宗教。宗教的反抗之维是乌托邦精神的形式,也是布洛赫意义上的马克思主义的“暖流”,它与宗教压制功能所带来的对宗教进行批判的马克思主义“寒流”不同。此外,当代神学研究的景观与布洛赫神学中的乌托邦思想有着契合的空间。布洛赫反对任何静止的形而上学,特别是基督教会几千年来建立起

---

① Hudson, Wayne. *The Marxist Philosophy of Ernst Bloch*. London: MacMillan Press. 1983, p.86.

来的对上帝的迷信式崇拜。事实上,当今很多基督教神学家同样不愿承认上帝实体化的“存在”,如文化神学家梯利希。哈维·考克斯(Harvey Cox)在为布洛赫《自我的人》所撰写的序言中,将布洛赫对神学家的影响归结为三类:第一类是以托马斯·尔蒂泽(Thomas Altizer)为代表的“上帝之死”神学家,他们认为布洛赫的左派思想会对他们非历史的准泛神主义造成威胁。第二类是发展神学家,如莱斯利·德瓦特(Leslie Dewart),他们希望重塑人格化的上帝,但又无法融入末世论的解放语境,只能对在场的概念进行存在主义式的解读。第三类是以考克斯本人为代表的世俗神学家,他们将布洛赫的思想融入其世俗神学中,因为布洛赫的元宗教观没有革除超验的空间。①布洛赫思想在神学领域的接受程度较高的原因是,他所设定的基于尚未“本体论”的人本主义具有浓厚的神学色彩,他“治外法权”的概念简直就是宗教不朽的代名词。②

布洛赫思想中的雅努斯面貌借由其乌托邦思想得到了有力的彰显,而具有马克思主义品格与神学风貌的乌托邦概念也是布洛赫对“精神”毕生追求的重要内容。任何精神追究到极致,必然带有某种神圣的意味。布洛赫思想中的雅努斯面貌向读者展现出布洛赫对人类危机长久的关注、深邃的思考和锲而不舍的实践。布洛赫并没有像古希腊克拉提多斯那样,沉浸在哲学思考中,默不作声,只是摇动手指。他在寻找人类救赎之道的同时,带着一种天使报佳音般喜悦,向人类传达这普世的“福音”,这一新时代的“福音”就是内化在马克思主义与神学之中的乌托邦精神。

(作者　博士,硕士生导师,北京语言大学
外国语学部副教授)

① Bloch, Ernst. "Forword" in *Man on His Own*: *Essays in the Philosophy of Religion*. New York: Herder and Herder, 1970, pp.15-18.

② Bloch, Ernst. "Forword" in *Man on His Own*: *Essays in the Philosophy of Religion*. New York: Herder and Herder, 1970, pp.15-18.

俞吾金西方马克思主义研究述评

胡云峰

摘要:今天我们依然有必要系统总结俞吾金先生在学术研究上的经验与方法。他的西方马克思主义研究是他马克思哲学研究的一个重要支撑,尽管前者在他整个研究中并不占有突出地位。俞吾金先生在西方马克思主义研究过程中提出一系列创见,主要体现为四个方面:通过考证,提出卢森堡为西方马克思主义的肇始人;以"根据症候阅读",抓住"西方左翼理论家们的阿基里斯之踵";大胆借鉴西马意识形态批判和分析哲学的方法,开展马克思哲学研究。这些创见对于推进国内西方马克思主义研究具有重要的积极意义。

关键词:俞吾金　西方马克思主义　马克思主义

俞吾金(1948—2014年),在其短短30多年的研究生涯中,在外国哲学、马克思哲学、国外马克思主义哲学等领域取得了一系列成就,在国内学界也树立了丰产、博学的口碑。尽管在俞吾金同志逝世前后有人对他的研究成果进行了一定总结,但是这种总结显然还不够系统和深入。我们认为,为了推动新时代马克思哲学和国外马克思主义研究的持续进步,系统梳理俞吾金同志的研究历程、研究经验、思想建树在今天依然有其必要。众所周知,在国外马克思主义的阵营中,最具思想原创性的仍然是西方马克思主义(以下简称"西马"),所以本文拟主要就俞吾金同志的西马研究提出并回答以下三个问题,以求正于方家:一是西马研究在俞吾金整个研究生涯中的地位如何?二是俞吾金同志在西马研究过程中有哪些创见和借鉴?三是俞吾金西马研究为我们提供哪些启发?

一、西马研究在俞吾金整个学术生涯中的地位

2008年国内著名杂志《江汉学刊》曾经对俞吾金同志的学术成就简单地分为六个领域:(1)元哲学;(2)外国哲学史;(3)国外马克思主义;(4)马哲基础理论;(5)美学理论;(6)当代中国哲学文化。这六个部分基本涵盖了俞吾金同志的研究光谱。纵览俞吾金的全部研究成果,我们发现他在西马研究方面的文章并不多见,数量上只占他全部公开发表文章4%—5%的样子,但是它却贯穿于他的整个研究生涯,是他开展其他方面研究的“牛鼻子”。

具体表现为:

1. 早期对西马意识形态批判理论研究为他开展博士论文以及意识形态研究提供了基础,为他走出教科书马克思主义的“抽象认识论”提供了启发。俞吾金早年为了配合博士论文《意识形态论》的写作,在西马中率先开始意识形态论研究,涉及卢卡奇《历史与阶级意识》、科尔施《马克思主义与哲学》、葛兰西《狱中札记》、霍克海默尔《一个新的意识形态概念?》《与卡尔·曼海姆(Karl Mannheim)〈意识形态与乌托邦〉的论争》、赖希《法西斯主义的群众心理学》、马尔库塞《单向度的人》、弗洛姆《超越幻想的锁链》、阿尔都塞《保卫马克思》、哈贝马斯《作为“意识形态”的科学与技术》以及卢卡奇晚年的《社会存在本体论》等。

俞吾金的博士论文在1992年完成,1993年由上海人民出版社出版,并于2009年修订再版。虽然在今天看来,《意识形态论》并没有涉

及后来才被注意到令人眼花缭乱的、形形色色的西马意识形态理论，但是它专门列出两章来探讨西方意识形态论的复兴，这在20世纪90年代还是非常前卫的，最终为论文提供了有力的支撑。而且更重要的是，这一时期无论是西马早期人物对第二国际和第三国际对马克思理解的批判、阿尔都塞的认识论断裂和问题框架观点、马尔库塞和哈贝马斯对科技拜物教的批判，还是卢卡奇晚年的本体论关怀，这些都渗透在俞吾金后来的研究中，俞后来的研究几乎一直专注于如何破除教科书式马克思主义对马克思哲学的认识论误读和本体论误置、如何理解马克思哲学的问题域转换革命以及在历史唯物主义叙事中如何揉进科技拜物教批判和生态关怀。

2. 中期对"分析的马克思主义"的研究为马克思哲学的来源论、本体论、实质论、诠释学、问题域研究提供了分析方法。如果说早期俞吾金的西马研究局限于意识形态话题的话，那么到了中期，他更加注意从西马中寻找到研究问题的方法。除了上述阿尔都塞的"根据症候阅读"，他把目光转向英国分析的马克思主义，在与陈学明合作的《国外马克思主义哲学流派新编·西方马克思主义卷》(复旦大学出版社2002年版)中专门增加了"第七章分析的马克思主义"，同年他发表论文《解读罗默的"一般剥削理论"》(《上海交通大学学报》社科版2002年第3期)、《埃尔斯特的〈理解马克思〉述评》(《云南大学学报》社科版2002年第2期)。

分析的马克思主义崛起于20世纪70年代，借鉴19世纪末20世纪初流行欧美的分析哲学，对马克思主义经典中的阶级、剥削、决定论、马克思与黑格尔的关系等问题开展了研究。它有三个显著学术特征：一是主张"对抽象观念的必要性要有一种泰然的承诺"，也就是说注重分析和把握马克思文本中的抽象观念的根据和之间关系；二是"探寻基础"，深入探索马克思问题解答背后更为源始性、前提性的理论基础，并通过对这些理论基础的把握，创造性地理解和推进马克思的思想；三是"以非教条主义方式来探讨马克思主义"，在研究过程中拒绝承诺:认定马克思说过或写过的一定是正确的,他们只把马克思的思想作为科学研究的对象,只服从理论推演自身的严格性和融洽性,哪怕在理论研究引申出对马克思思想极为不利的结论。

俞吾金认为,这三点对于反拨“传统的马克思主义”者在解读马克思经典文本时的粗疏、肤浅、浮躁的作风具有重要意义,同时为我们深入研究马克思主义学说提供了新的视角和方法。

这里有一个很重要的背景:俞认为,深受中国传统文化熏陶的当代研究者,特别是从事马克思主义专业的研究者,大多数缺乏分析哲学和逻辑研究方面的严格训练,这从他们对英美分析哲学的冷漠态度中也可见端倪。与此相反的是,他们对欧洲大陆哲学家的那种模糊的语言风格却情有独钟。这就使得我国的马克思主义研究老是纠缠在枝节上,在一些重大的、基本的理论上缺乏突破性的进展。①

事实上,俞吾金本人就是按照分析的马克思主义的方法,在马克思哲学研究中他抓住本质、路径、来源、历史叙事、本体论等重大问题展开,整个研究彰显着注重文本解读和逻辑分析的特色;同时他始终致力于检讨国内学界、翻译界在解读经典过程中的粗疏,无论是中期发表的《如何理解马克思的实践概念》(《哲学研究》2002 年第 11 期)、《Aufheben 的翻译和启示》(《世界哲学》2002 年增刊)、《究竟如何理解尼采的话“上帝死了”》(《哲学研究》2006 年第 9 期)、《康德两种因果性概念探析》(《中国社会科学》2007 年第 6 期),还是他晚年发表的《究竟如何理解并翻译贝克莱的命题 esse is percipi》(《哲学动态》2009 年第 5 期)、《究竟如何理解并翻译葛兰西的重要术语:organic intellectual?》(《哲学动态》2010 年第 2 期)、《究竟是谁创制了 Ontologia 这个拉丁名词》(《哲学动态》2013 年第 1 期)、《〈纯粹理性批判〉翻译与研究中的若干问题》(《复旦学报》社科版 2014 年第 4 期)、《如何理解并翻译德

---

① 俞吾金、陈学明编:《国外马克思主义哲学流派新编 · 西方马克思主义卷》,复旦大学出版社 2002 年版,第 506 页。

语形容词 pragmatisch?》(《哲学动态》2014 年第 6 期)都可以为证。

3. 晚期在完成对马克思问题域转换的论证研究之后,注重用马克思的思想方法对西马(包括当代西马意识形态理论)进行批判反思,强调在西马研究中运用实践眼光、采取中国立场,这可以理解为俞吾金在尝试用马克思哲学研究“反哺”西马研究。譬如在《回到马克思的批判理论——当代西方马克思主义意识形态理论探微》(《国外社会科学》2014 年第 1 期)中他明确指出在当代西马那里由于意识形态概念外延不断扩大,自身含义也在不断地模糊,由于文化被凝聚、提升和整合到意识形态概念中,当代西马意识形态批判并不能起到“去遮蔽”的理论效果,因此他主张通过马克思式的元批判,揭示真实的人类史和现实生活线索,来对西马意识形态理论进行再批判。同样以马克思的自由批判精神和革命观点来克服西马局限的论文还有:《左翼理论家们的阿基里斯之踵——以对拉克劳思想的剖析为例》《批判理论的界限——对法兰克福学派主导思想的反思》(《探索与争鸣》2014 第 1 期、第 12 期)。

二、俞吾金在西马研究中的创见

俞吾金自 1985 年 5 月担任复旦哲学系西马研究室主任以来开始大量涉猎西马,他在研究过程中给我们留下了以下创见:

1. 通过考证,提出卢森堡为西方马克思主义的肇始人。

过去教科书一直把卢卡奇当作西马肇始人,把他的《历史和阶级意识》当作西马圣经,但是俞吾金经过研究提出,我们完全可以把出生于波兰的思想家和革命家罗莎·卢森堡(1871—1919 年)视为西马的真正肇始人①,基于以下三点:

一是卢卡奇是受卢森堡思想影响的,仅仅在《历史与阶级意识》

① 俞吾金:《卢森堡政治哲学理论述要》,《天津社会科学》2006 年第 6 期。

(1923年)八篇论文中,就有三篇是关于卢森堡的政治哲学思想的探讨和评价;二是在《社会改良还是社会革命》(1898—1899年)中卢森堡彻底清算了第二国际领袖伯恩斯坦的机会主义,随后又与考茨基为代表的机会主义路线进行了激烈的斗争;三是卢森堡在《俄国社会民主党的组织问题》(1904年)《论俄国革命》(1922年)在一系列重大政治理论问题上提出了与列宁不同的见解。

我们知道,既坚持马克思革命理想、但又与第二国际和第三国际相斗争,是早期西马的重要特征,在这个意义上俞吾金的分析是有道理的。这样,西马思想萌芽比我们原先想象的还要早,至少早20年。由此,我们不能不将卢森堡的政治哲学思想列入西马研究日程。

2. 以"根据症候阅读",抓住"西方左翼理论家们的阿基里斯之踵"。

新千年后,特别是2008年次贷危机之后,西方社会出现马克思主义思潮和左翼思潮交错发展的趋势,同时国内在国外马克思主义研究领域理论成果呈井喷之势、各种国外学术流派和人物"走马灯式"地纷纷登场、各种新概念新理论令人眼花缭乱、"学术眩晕"。就西马研究而言,由于对国外跟踪性、介绍性研究多于批判性研究,它常被人诟以"邯郸学步""鹦鹉学舌"。

在这种背景下,俞吾金同志冷静思考,择取当代"霸权的话语链接""激进民主策略"肇始人拉克劳(Ernesto Laclau),以及英国当代著名马克思主义史学家埃里克·霍克斯鲍姆(Eric Hobsbawm),进行了批判性研究,起到了很好的示范和引领作用。

在《左翼理论家们的阿基里斯之踵》一文中,俞吾金抓住列宁主义和早期经典西方马克思主义同时提出的四个问题:(1)"自发性与自觉性";(2)"合法性与非法性";(3)"组织状态与非组织状态";(4)"革命的条件与无条件的革命"。在一个注释中他说:在《偶然性、霸权、普遍性:关于左派的当代对话》中,巴特勒提出了11个问题,拉克劳提出了6个问题,齐泽克提出了10个问题,然而他们都没有涉及上述4个问题,人们不禁问:"在当代左翼理论家那里,为什么这些早期探索者积累的重要历史经验会被遗弃，甚至完全遮蔽起来？这正是我们要通过‘根据症候阅读’的方法所要弄清的问题。”①在俞吾金看来，西方左翼理论家们的阿基里斯之踵在于他们把马克思主义和列宁主义的革命精神篡改为咖啡馆里的清谈或大学报告厅里的高头讲章，以多元民主的不断增殖从根本上否弃了传统的革命概念，抹杀了革命与非革命状态之间质的区别。

埃里克·霍克斯鲍姆也有贡献，他指出了马克思关于资本全球性运作的意义，提出“长19世纪”“短20世纪”这样的术语，以突破编年史加诸史学家身上的枷锁，但是俞吾金挑出他的阿基里斯之踵，他没有注意到马克思思想经历在不同时期的发展变化、差异与关联，也不懂得西方马克思主义思潮非葛兰西这个名字所能概括。②

从这些研究我们可以看出俞吾金研究西马、但并不拜倒在西马面前的独立理论风格。

3. 大胆借鉴西马意识形态批判和分析哲学的方法，开展马克思哲学研究。

俞吾金对马克思哲学的研究成果主要集中于通过严密的原著文本阅读，解析马克思哲学的来源论、本体论、实质论、诠释学、问题域等。就来源论而言，他提出了马克思哲学思想形成的“第四个来源”，即人类学或民族学；突破过去“合理内核”和“基本内核”的说法，强调了康德本体论思想对于马克思本体论形成的关键作用。在本体论方面，他一方面坚持本体论研究的重要意义，另一方面指出马克思哲学的本体论就是社会生产关系本体论；而要想根本上解决马克思哲学的本体论问题，必须树立问题域转换的观念，即马克思不可能从近代哲学问题域、即认识论意义上去建立“物质本体”，而只可能在当代西方哲学问题域内立足于人类生存问题，在生存论意义上建立社会生产关系本体

① 俞吾金:《左翼理论家们的阿基里斯之踵:以对拉克劳思想的剖析为例》,《探索与争鸣》2014年第1期。

② 俞吾金:《探寻马克思的当代意义》,《马克思主义与现实》2014年第1期。

论，在这一点上，从狄慈恩、恩格斯、第二国际和第三国际乃至新中国成立后我国第一代马克思主义理论家共同陷入了“本体错位”的窠臼。只有跳出这个窠臼，我们才能树立马克思的批判诠释学、权力诠释学①、资本诠释学②、实践诠释学；也只有跳出这个窠臼，我们才能理解马克思哲学的革命实质：即把马克思哲学理解为经济哲学，其核心概念进路是：生产—商品—价值—时间—自由。这些成就的取得，是俞吾金长期研究西马意识形态批判理论、揣摩分析哲学的逻辑分析方法、并将二者配合运用的结果。

例如在《重新理解马克思哲学的途中》（《上海交通大学学报》哲社版 2007 年第 5 期）和《问题域的转换》（人民出版社 2007 年版）中，俞吾金高度肯定了卢卡奇、德拉-沃尔佩、科莱蒂、阿尔都塞的理论贡献。

卢卡奇虽然不能恰当认识马克思与黑格尔之间的理论关系，但是他敏锐地意识到实践概念在马克思哲学中的地位，最终把马克思哲学理解为“社会存在本体论”，为重新理解马克思打开一条新路；德拉-沃尔佩、科莱蒂都是意大利新实证主义的马克思主义理论家，这个学派历时虽短，但是在西方 20 世纪 50—60 年代独树一帜，与分析的马克思主义一致，它主张认认真真阅读马克思主义原著；而当它主张马克思和黑格尔辩证法上的区别与对立时，这又突破了长期处于垄断地位的关于马克思与黑格尔之间关系连续性的观点。具体而言，德拉-沃尔佩的贡献在于区分两种自由（“公民的自由”/civil political liberty 和“平等的自由”/egalitarian social liberty）和两种辩证法（黑格尔的“先天辩证法”/a priori dialectic 和马克思的“科学的辩证法”/scientific dialectic）；科莱蒂则挖掘出黑格尔的“物质辩证法”，以及思维与存在之间的同一性基础。

---

① 俞吾金：《马克思的权力诠释学及其当代意义》，《天津社会科学》2001 年第 5 期。

② 俞吾金：《资本诠释学：马克思考察、批判现代社会的独特路径》，《哲学研究》2007 年第 1 期。

俞吾金大胆运用“根据症候阅读”的方法，指出科莱蒂把“思维与存在的异质性（heterogeneity）”与“思维与存在的同一性（identity）”对立起来是错误的，因为与“异质性”对立的应该是“同质性（homogeneity）”。俞吾金反对将马克思和黑格尔割裂开来，反对抛弃思维与存在的同一性，认为马克思哲学的基础在于在“思维与存在的异质性（heterogeneity）”基础上确认“思维与存在的同一性（identity）”；尽管对科莱蒂的误置不满，俞吾金还是赞赏他第一次明确提出马克思的问题域是“社会生产关系”，这个论断在《问题域的转换》中被俞采用，作为马克思本体论的标签。

阿尔都塞的意识形态批判理论俞吾金从博士论文阶段就开始关注，其中意识形态与科学之间的问题框架转换、“根据症候阅读”、认识论断裂等这些观点都有利于俞吾金把握马克思思想前后期变化以及与黑格尔思想方法的区别。尤其问题框架转换、认识论断裂的思想贯穿于《问题域的转换》的写作当中，只不过俞并不赞成将“断裂”理解为“割裂”，将“扬弃”理解彻底“抛弃”。

至此我们可以毫不夸张地说，没有对西马分析方法的借鉴、没有对西马观点的扬弃，俞吾金根本不可能探索出马克思发起的“问题域的转换”。

4. 用马克思哲学的“实践诠释学”方法来理解西马。

在完成对教科书马克思主义的扬弃之后，俞吾金获得一种新的可能，即用新的马克思哲学本体论观——社会生产关系本体论问题域内的历史唯物主义或者实践唯物主义——来解剖、分析、评判西马理论。

所谓“实践诠释学”，是俞吾金在权力诠释学、资本诠释学的基础上的独创提法，它归根结底还是要解决一个认识论问题，即抽象的认识论是否成立或有效。俞吾金认为：如果我们从意识形态的视角看，认识、思想就具有统治阶级特征，即生产特征，如果我们在开展认识时，不先行对自身的前入之见进行批判或澄清（我们不妨称之为“生活批判”或者“实践批判”），我们的认识、理解和诠释必将是肤浅的，甚至是误入歧途。所以我们要先行地询问:人们可能把什么样的先入之见带入自己的认识和理解过程中?如何通过反思和批判来清除自己的先入之见?① 这个过程俞吾金在有的场合也称之为“元批判”或“去蔽”。

用这种实践诠释学的眼光去研究西马,我们就要看清楚以下:当代西方马克思主义有没有能够跳出西方意识形态;中国马克思主义研究者有没有必要站在中国立场,并对中国社会追求现代性的独特的社会背景、历史境遇、现实道路有清醒的体认。在俞看来,这里所谓社会背景,是指中国是从马克思所谓亚细亚生产方式中成长起来的;历史境遇,是指过去每当中国在追求什么的时候西方社会就开始抛弃什么,从而陷入一种对西方的历史错位关系;现实道路,是指中国仍然面临“启蒙的缺失”的挑战。

就马克思主义中国化而言,我们要把握从中国社会、国情、实践出发的“度”:如果不足,我们就容易犯下“左倾”错误或者教条主义错误;如果过度诠释,认为中国社会和实践的特殊性是可以超越任何普遍理论制约的绝对特殊性,对现代文明社会中普遍认可的政治法则如权力制衡视而不见,我们就会与现代性目标南辕北辙,犯下经验主义的错误。

就中国马克思主义国际化而言,要想同国外马克思主义者进行学术上的全方位、实质性的对话,把中国特色社会主义理论体系正确介绍到国外去,使之成为国际上最具有生命力和影响因子的理论思潮之一,俞吾金奉劝国内理论界要放弃马克斯·韦伯的“价值中立”立场,摆脱“理论上的麻木”和“立场上的无根基状态”。他说:

“与马克思主义中国化过程中经常出现的、对中国社会和实践的特殊性的倚重相反,在中国马克思主义国际化的过程中,研究者们通常推重的却是空疏的普遍性,即满足于国外马克思主义者们所倡导的普

① 俞吾金:《作为经济哲学的马克思哲学:兼论马克思哲学革命的实质和命运》,《中国哲学年鉴 2011》,第 49 页。

遍理论观念的介绍和诠释。这些研究者们热衷于自己的专业，对国外马克思主义阵营中任何一位微不足道的小人物的言论、对他们撰写的任何一本肤浅的著作、对他们提出的任何一个荒谬的观念，都视若至宝，孜孜不倦地加以翻译、介绍和阐释。然而，他们对中国的历史和现状（中国社会和实践的特殊性）却不甚了了，对中国共产党几代领导人创造性地提出的中国特色社会主义理论体系所知甚少，也缺乏理论兴趣和关注的热情。仿佛国外的马克思主义才是真正的马克思主义，而中国的马克思主义却什么也不是，或者至多不过是意识形态。”①

这段话余音绕梁，痛陈了新千年来外马研究，尤其西马研究中的缺失，纠正的办法，只有通过实践诠释学对西马思想进行澄清，转换到我国语境，我们方能得出有益的结论。

三、俞吾金西马研究对我们的启发

如果说，俞在学术上创新最密集、影响最深远、贡献最宏大的部分是马克思哲学领域的话，那么他的西马研究就是这份工作的重要支撑之一；如果说俞吾金的马克思哲学研究创新是“鱼”，那么他的西马研究就是“渔”。在新时代我们推进马克思哲学和国外马克思主义研究过程中，我们至少可以从他的研究经历中获得以下启发：

1. 研究目的。我们必须从中国立场出发、从中国的社会背景、现实国情、道路选择出发理解和阐释西方马克思主义，尤其应着重从西马中辨别出那些对我们理解马克思、理解中国特色社会主义理论体系有意义的分析方法和视角，而不是相反，为了研究西马而研究西马，陷入某些概念、观点的捕蝇瓶。

2. 研究方法。俞吾金在学术生涯中从西马中汲取的分析哲学分析

---

① 俞吾金：《马克思主义的中国化和中国马克思主义的国际化：兼论普遍性与特殊性的辩证关系》，《现代哲学》2009 年第 1 期。

方法（逻辑分析、概念分析、话语分析）、“根据症候阅读”、问题框架或问题域、本体论的承诺、他本人从马克思哲学中焠炼出的实践诠释学等等依然值得我们去借鉴，它们依然是我们进行文本研究、观念研究的可靠保证，依旧是带领我们走出新时代各种意识形态迷宫的阿里阿德涅之线。

当然，由于时代变迁，俞吾金生前尚无法像我们这样近距离地关注习近平新时代中国特色社会主义思想，他对当时学术界或者社会发展的某些具体判断有可能不再严格地适用于今天，这种时代局限必将激励新时代国外马克思主义尤其是西马研究者们密切关注国内外形势发展，继续勇于探索，获取新的真谛。

（作者　哲学博士，中国科技大学马克思主义学院讲师）

全球化时代的正义构想*

——基于南茜·弗雷泽的时代诊断

秦美珠　吕福强

摘要:第三代批判理论家南茜·弗雷泽在对该时代进行诊断的基础上提出了当今处于全球化的后社会主义时代。在这个时代,承认问题正在凸显,而国家作为正义主体的地位受到了挑战,由此也带来正义诉求的变化。本文以全球化的时代背景及其带来的正义诉求的变化为基础,从"什么"正义、"谁"之正义、"如何"正义等方面阐释弗雷泽的正义构想。弗雷泽在当今世界有重要的意义,她对全球化的诊断以及对全球化时代正义的构想,反映了批判理论家在全球化时代对民族国家和超国家层面的公平正义的全面思考,是批判理论的丰富与发展。

关键词:全球化　南茜·弗雷泽　时代诊断　正义构想

20世纪80年代以来,全球化从经济全球化开始,发展到后来的政治、文化、社会多方面的全球化,直到全球一体化。全球化作为正在进行中的现象已经或将对世界的经济、政治、文化产生方方面面的影响,

* 本文系教育部人文社会科学规划项目"女性主义视域中的正义——以南希·弗雷泽的性别正义观为例的研究"(项目编号14YJAZH062)成果。

"当前世界正被日益增强的全球化趋势组织着,世界资本主义经济体系的统治得以强化,跨国公司和跨国组织正取代国家(政府)的主导地位,全球化文化逐渐瓦解了地方文化及其传统"。① 如何正确认识、评判以及应对全球化是摆在批判理论家面前的时代课题。当代政治哲学家、第三代批判理论家南茜·弗雷泽(Nancy Fraser)在对该时代进行诊断的基础上得出了当今处于全球化的"后社会主义"的时代,承认问题凸显、国家作为正义的主体受到挑战,而这一切又将带来正义诉求的变化。本文以全球化的时代背景及其带来的正义诉求的变化为基础,从"什么"的正义、"谁"之正义和"如何"正义等方面阐释弗雷泽关于全球化时代的正义构想。

一、全球化的"后社会主义时代"的时代诊断

如何认识全球化阶段?赞同派将全球化与现代化相联系,将其视为现代化发展中的一个阶段,认为全球化有利于增进财富、促进自由与民主,是一种历史的进步。反对派将全球化与帝国主义联系起来,认为全球化就是资本逻辑在全球范围内的不断渗透。一些西方发达国家的知识界领袖沃勒斯坦(Immanuel Wallerstein)、布迪厄(Pierre Bourdieu)、乔姆斯基(Noam Choamsky)等左翼学者从经济、政治、社会以及文化等方面对全球化进行了全方位的批判。他们提出,全球化不仅造成经济层面的富者更富、穷者更穷的贫富两极分化的结果,还造成政治层面的强权乃至霸权,不仅不能带来民主,还可能威胁民主政治,在原有的民主国家,"政府在所有生死攸关的未来问题上只是一味地让人们注意跨国经济极其强大的客观强制,把所有政治都变成一种软

① 转引自颜岩:《第三代批判理论家与批判社会理论》,《国外理论动态》2009年第7期。

弱无力的表演,民主国家便名存实亡了。全球化把民主推入了陷阱”。① 不仅如此,全球化还造成文化层面的文化帝国主义,正如布迪厄指出,“新自由主义已成为当代世界占绝对支配地位的‘强势话语’……在一个由各种强力关系组成的世界中完全站在最强力者一边”。② 基于全球化的上述判断,他们得出了必须警惕全球化、反对资本主义的结论,沃勒斯坦指出,“由于资本主义全球体系的发展具有结构上的先天局限性(如所有人的利润会越来越薄、‘民主赤字’),全球性自由市场经济将陷入绝境,世界资本主义体系500年来第一次处在体系的解体危机中,在黑暗的过渡时期的世界左翼应适时提出改变世界的新纲领和新策略,促进取代资本主义的‘世界新秩序’的到来”。③

与第一、第二代批判理论家不同,第三代批判理论家把研究重心转向文化多元问题和全球化问题,把全球化看作“技术革命和全球资本主义重组的产物,其中,经济、政治、文化诸因素相互交织在一起”。④ 他们主张发展一种批判的全球化理论,以重建、复兴批判理论为目标,将传统的批判理论发展为一种包容性更强、理论边界更广的理论,“在理论上,它代表了批判理论的当代复兴;在政治上,它体现了批判学派的知识左派在全球化时代为构筑新社会主义战略的理论基础的真诚努力”。⑤ 弗雷泽将全球化带来的影响概括为西方发达国家在社会政治文化方面出现的四个划时代的变化,即阶级的去中心化、分配的去中心化、威斯特伐利亚正义观的去中心化、取代社会主义的公正社会前景的

① [德]汉斯-彼得·马丁、哈拉尔特·舒曼:《全球化陷阱——对民主和福利的进攻》,张世鹏等译,中央编译出版社2001年版,第13页。

② 郑一明、李智:《世纪之交的反全球化思潮及其对全球化的批判》,《马克思主义研究》2006年第4期。

③ 转引自郑一明、李智:《世纪之交的反全球化思潮及其对全球化的批判》,《马克思主义研究》2006年第4期。

④ 转引自颜岩:《第三代批判理论家与批判社会理论》,《国外理论动态》2009年第7期。

⑤ [美]南茜·弗雷泽:《正义的中断:对“后社会主义”状况的批判性反思》,于海青译,上海人民出版社2008年版,译者前言第2页。

匮乏，并将该时代的特点进一步提炼概括为全球化的“后社会主义”时代。这是一个全球化的时代，全球化不限于经济层面，还包括政治、文化层面，甚至包括跨国政治空间层面，全球化的影响也是多方面的，不仅影响社会分配体系，影响人与人之间的社会关系，还带来包括气候变暖、环境污染、生态破坏等全球问题。这一切迫切要求突破早期正义理论框架，在正义的经济与文化维度之外增加政治维度，以“阐明贯穿全球化的种种斗争”。同时，这又是一个后社会主义的时代，与原有社会主义相比采取了不同特点，比如冲突形式不同，“群体身份取代阶级利益成为政治动员的主要媒介，文化统治取代剥削成为基本的非正义。文化承认取代社会经济再分配成为非正义的矫正和政治斗争的目标”。① 没有否定社会主义理想，社会主义的可行性却受到挑战，缺乏取代社会主义的进步前景。

弗雷泽并没有止步于全球化带来的变化以及后社会主义特征的描述，而是对其进行反思性研究，以期揭示因全球化的影响带来的正义诉求的变化。

二、承认问题凸显

全球化导致统一与差异并存，“全球化会表现出抹平差异的一面，但就全球化发生在造就个性的后工业化进程中而言，又是培植差异的运动，它无处不在抹平差异，而又无处不在造就差异”。② 一方面，经济领域全球化表现为资本力量的不断增强，一切都受资本的统治、操控，另一方面，文化领域全球化表现为多元化的格局，多元文化共存、多元文化认同呼声增高，具体表现在：其一，“指向社会权力中心，要求社会权力机构对不同社会群体予以‘政治承认’，其二，指向话语权力中心，

① ［美］南茜·弗雷泽：《正义的中断：对“后社会主义”状况的批判性反思》，于海青译，上海人民出版社 2008 年版，第 13 页。

② 张康之：《全球化时代的正义诉求》，《浙江社会科学》2012 年第 1 期。

要求对历史、文学、哲学和政治领域的种种正统说法进行解构，对不同种族和民族的传统予以‘文化承认’”。① 20 世纪 90 年代以来，随着全球化进程兴起了不同的承认要求，反映了西方左派对全球化背景下西方社会与国际社会矛盾的深刻思考。

从当今政治实践看，全球化使各民族国家处于相互联系、相互影响之中，然而由于不同民族和国家之间所具有的文化差异及其民族性格增加了相互交往的难度，甚至还会带来冲突，这时人们将承认视作化解冲突的途径，承认成为当今政治中的一个重要话题。以承认为基础，能够广泛包容差异，既包容个体间的差异，又包容共同体之间以及共同体与个人之间的差异。因为只有以包容为基础，才可能实现以相互尊重为内容的社会正义，才可能排除正义问题上的霸权话语。同时，随着全球化的进程，种族问题、移民问题以及同性恋争取平等待遇问题成为困扰现代社会的突出问题。以有色人种、女性、生态主义者等为主体、以平等承认为要求的新社会运动主张，妇女、黑人、同性恋等群体被排除在外不仅源于社会经济地位，而且还在于社会文化的差异性，并因此提出了较广泛的平等要求，其中包括平等承认的要求。“争取承认的斗争”在 20 世纪末迅速构成了政治冲突的主要形式。

为了从理论上回应与解释全球化背景下的新问题、新矛盾，承认理论应运而生。弗雷泽在《身份政治时代的社会正义：再分配、承认和参与》的“泰纳演讲”中指出，当今世界，对社会正义的诉求逐渐区分为两种类型：一种是寻求更公正的资源和财富分配的再分配诉求，另一种是寻求促进价值和认同多样性的承认诉求。随着共产主义的衰落、自由市场意识形态的泛滥、身份政治的兴起，“以前集中在分配上的社会正义话语，现在逐渐划分为一方面再分配的诉求和另一方面承认的诉求”②。

① 王恩铭：《美国多元文化主义与美国政治》，《解放军外国语学院学报》2009 年第 5 期。

② ［美］南茜·弗雷泽、［德］阿克塞尔·霍耐特：《再分配，还是承认？——一个政治哲学对话》，周穗明译，上海人民出版社 2009 年版，第 5 页。

再分配越来越去中心化和边缘化，承认诉求逐渐具有主流地位。

三、国家作为正义主体的地位受到挑战

全球化背景下出现了一些不以领土性为特点的现象，国家作为唯一的正义主体受到挑战，超国家组织、跨国组织、非政府组织等逐渐成为社会秩序构建的主体。"凯恩斯主义—威斯特伐利亚框架"(Keynesian-Westphalian frame)①不再是不言而喻的，因为它在讨论正义时，将民族国家视为默认的框架与前提，将现代领土国家作为正义单位，将国家公民作为相关主体。正义问题被看作民族国家内部的问题，再分配诉求关注国家内部的经济不平等，如国家馅饼如何公平分配，承认诉求仅涉及国家内部的身份等级制，"不论事情是否涉及再分配、承认，乃至阶级差别或身份等级制，正义得到运用的单位是现代领土国家，这一点是不言而喻的"。②

全球化使得封闭系统被开放系统所取代，社会基本结构发生改变。基于此，弗雷泽认为罗尔斯"基本结构"的基石坍塌了，罗尔斯设想的"基本结构"最初是由罗尔斯在《正义论》一书中的"封闭社会"发展而来，这是一个只有在一个人出生时才能进入、只有死亡时才能退出的封闭社会，"由于罗尔斯拒绝所有的跨边界运动，罗尔斯设想了一个自足的社会，这个社会成员的生活机会排他性地依赖于他们自己内部的制度安排。"③罗尔斯从该基本结构出发在封闭系统中寻求建构正义的路

① "威斯特伐利亚"术语源于1648年签订的《威斯特伐利亚条约》，它确定了现代国际国家体系的一些主要特点。弗雷泽并不关心这个条件取得的实际成就，也不关心该体系长达几个世纪的演化过程，而是把它作为一种政治假设，以主权领土国家来图绘世界。

② [美]南茜·弗雷泽:《正义的尺度——全球化世界中政治空间的再认识》，欧阳英译，上海人民出版社2009年版，第12页。

③ [美]南茜·弗雷泽:《正义的尺度——全球化世界中政治空间的再认识》，欧阳英译，上海人民出版社2009年版，第44页。

径不再能够成立,“只要我们引进跨边界的相互交往,我们就有承认多元的、非同构的结构的可能性。这些结构有些是地域性的,有些是国家的,有些是区域性的,有些则是全球性的……同时,我们还承认了这样一种可能性,即人的生活机会是由部分地相互交叠但在范围上有所区别的多元结构所决定的”。① 罗尔斯关于正义的思考以民族国家为框架,而且在民族国家框架下谈论正义首先看到的是分配正义。从罗尔斯的分配正义视角出发,国际社会并没有什么正义问题,但当正义诉求超出民族国家领域的边界,会对原有的正义制度构成挑战,甚至证明这些制度正在制造不正义。全球化使得通过再分配的途径实现正义具有局限性,“通过再分配的‘分蛋糕’做法提供正义已经行不通了,不仅没有在促进公平、正义方面发挥积极作用,反而恰恰破坏了公平、正义的原则”。②

弗雷泽指出,当今无论是再分配还是承认诉求日益超越领土国家的范围,对民族国家框架构成挑战。经济领域的分配正义不再成为正义诉求话语的中心。为承认而斗争的运动超越了领土国家范围,人权活动家通过跨国合作建立包括国际犯罪法庭等在内的世界性组织,惩罚侵犯人的尊严的国家。全球化使得近代以来的民族国家框架受到冲击,跨国性的社会运动、政府间组织和非政府组织以及跨国界的全球性问题冲击着传统的“威斯特伐利亚”的正义观,“跨越国界的社会运动正在争论着一个国家框架,在这种国家框架中,正义的冲突已被历史性加以了定位,并且寻求在一个广阔的尺度上重新图绘(remap)正义的边界”。③ 而政治空间的不稳定使得正义言说边界发生困难,这时如果仍然着眼于正义的国家框架,就会形成不公正。而且如果仅着眼于在

① [美]南茜·弗雷泽:《正义的尺度——全球化世界中政治空间的再认识》,欧阳英译,上海人民出版社2009年版,第44页。

② 张康之:《全球化时代的正义诉求》,《浙江社会科学》2012年第1期。

③ [美]南茜·弗雷泽:《正义的尺度——全球化世界中政治空间的再认识》,欧阳英译,上海人民出版社2009年版,第1页。

有限的领土国家政治共同体范围内寻求正义，必然会模糊国际社会的不公正，忽视跨国界的非正义，如全球贫困和环境、种族主义，也无法解释全球化带来的一些问题，比如全球金融和跨国化生产、美国的军国主义和单边主义、全球治理和全球变暖等等。

四、后威斯特伐利亚的正义构想

全球化使得近代以来的民族国家框架受到冲击，建构一种具有解放意义的关于全球正义的理论框架，改变全球化世界中正义框架设置的深层次逻辑就成为批判理论的首要任务，“我们需要根据全球化的现实去重新审查社会正义，并根据全球化所呈现出来的新趋势去建构一种全球正义”。① 全球化迫使人们从全球范围内思考以下一系列正义问题：“使正义理论化的合适框架是什么？当国家经济观念日益国家化的时候，我们应该怎样构建分配正义问题？当文化与政治的浪潮有规律地越过国家边界，打破旧有的身份等级制并创立新的身份等级制的时候，我们又应该建构承认问题？最后，当结论性决策日益在领土性基础上的政府区域之外做出的时候，我们应该怎样构建代表权问题？”②弗雷泽立足于全球化的宏观历史背景，在对这些问题的回答中阐明全球化世界跨边界的不平等，将正义涵盖为社会、文化与政治及其对应的再分配、承认与代表权的三维正义观，在回答正义的“什么”、正义的“谁”以及正义的“怎样”的问题中阐释后威斯特伐利亚的正义构想。

（一）“什么”的正义

在涉及正义“什么”问题上，传统分配正义理论家关注包括权利、

① 张康之：《全球化时代的正义诉求》，《浙江社会科学》2012 年第 1 期。

② ［美］南茜·弗雷泽：《正义的尺度——全球化世界中政治空间的再认识》，欧阳英译，上海人民出版社 2009 年版，第 36 页。

物品、机会、自由、能力的公平分配问题。承认理论家关注群体身份、文化差异性、共同人性被相互承认的问题。尽管这两类政治哲学家的观点不同,但他们的共同之处在于涉及正义什么的问题上都是一元论的观点,以凯恩斯主义—威斯特伐利亚为框架,以国家未经假设地作为主体,将再分配与承认视为理所当然的正义维度。

然而,全球化背景下的正义不仅具有再分配与承认的维度,还应该具有政治的维度,“正义更多地被看做是一种多维概念,它包括再分配、承认与代表权三个维度”。① 因此,不能将政治的维度简化为经济与文化维度,也不能将政治平等障碍简化为分配不公与错误承认,因为正义的政治维度决定了再分配与承认的范围,“正义的政治维度规定了其他维度的范围:它告诉我们谁被算作在有资格参加公正分配与互相承认的成员圈子内,谁被排斥在外。由于建立了决策规则,政治维度也为提供舞台和解决经济与文化维度上所展开的争论,它设立了程序:它不仅告诉我们谁能够提出再分配与承认的诉求,而且也告诉我们这些诉求是如何被争论与被裁决的”,正义的政治维度规定了正义主体的资格范围,政治维度为解决经济上的分配不公与文化上的错误承认提供话语舞台并设定程序,“没有代表权,就没有再分配或承认”②。

这三个维度的诉求又服从于参与平等的规范原则,“正义需要允许所有人平等参与社会生活的社会安排”。③ 平等参与要求克服造成不公正的制度化障碍,包括以下三个层面,第一,经济结构层面阻止人们完全参与,否定了与其他人同等交往的资源,遭遇分配不公;第二,文化价值层面阻止了人们之间平等条件的交往,使得他们不具有平等交往的身份,遭遇身份不平等或错误承认;第三,决策规则层面阻止人们

① [美]南茜·弗雷泽:《正义的尺度——全球化世界中政治空间的再认识》,欧阳英译,上海人民出版社2009年版,第68页。

② [美]南茜·弗雷泽:《正义的尺度——全球化世界中政治空间的再认识》,欧阳英译,上海人民出版社2009年版,第17、21页。

③ [美]南茜·弗雷泽:《正义的尺度——全球化世界中政治空间的再认识》,欧阳英译,上海人民出版社2009年版,第69页。

充分的参与,否定了他们在公共协商与民主决策制定中的平等声音,遭遇政治不公或错误代表。总之,所有这些制度化障碍都违背了参与平等的原则,从经济、文化、决策等层面阻止以与其他人平等的身份参与社会交流。

(二)"谁"之正义

长期以来关于正义框架默认为现代领土国家框架,正义主体限于领土国家内的公民,"不论问题是社会经济分配还是法定的文化承认乃至政治代表权,正义被运用的单位是与主权国家相联的地理上有边界的政治共同体,这一点是不言而喻的"。① 然而涉及正义框架设置的建构性政治必须回答以下问题:政治边界的设置问题以及谁作为正义的主体、什么样的框架是合适的框架、政治空间的划分等,围绕对这些问题的回答划分为两条路径:1. 肯定性的建构性政治,接受威斯特伐利亚规则的框架设置,领土国家是人们提出并解决有关正义争论的最合适单位,接受国家—领土原则意味着不对威斯特伐利亚秩序的根本逻辑构成挑战。2. 具有解放意义的路径,即改变全球化世界中框架设置的深层次逻辑,国家—领土原则不再作为正义诉求的原则,如果继续求助于国家—领土原则解决框架问题就会形成一种不公正。在威斯特伐利亚框架下,正义被视为领土国家的内部问题,正义主体被认为是有边界的国家内的公民。在后威斯特伐利亚框架下,我们必须思考谁值得作为正义主体的问题,"什么人"的正义不再是不言而喻,正义的范围和政治空间的图景成为斗争的目标,"如果有关正义范围的各种观点相互冲突,那么我应该如何确定谁的利益是最重要的? 面对相互竞争的社会冲突架构,我们应该如何确定哪种政治空间图景是正义的"②。

① [美]南茜·弗雷泽:《正义的尺度——全球化世界中政治空间的再认识》,欧阳英译,上海人民出版社 2009 年版,第 35 页。

② [美]南茜·弗雷泽:《正义的主体:国家公民、全球人类或跨国风险共同体》,古青译,《国外社会科学》2010 年第 1 期。

为了确定"谁"之正义,弗雷泽比较了成员资格原则、人道主义原则、所有人受影响原则与所有人受制约原则。成员资格原则强调通过政治归属解决关于"什么人"的争论,确定正义主体的标准是依据政治共同体中共同的成员资格,即共同归属于同一个有边界的政治共同体。人道主义原则通过诉诸人性标准解决关于"什么人"的正义。共同拥有概念上的人性特征成为主体的前提。在所有人受影响原则下,关于跨领土与非领土的权力相关的主体相冲突,正义主体超越了凯恩斯主义—威斯特伐利亚框架之外,还包括环境保护主义者和本土人士、发展的行动主义者、国家女性主义者等。所有人受制约原则强调,一个群体成为正义主体的条件既不是共同的公民资格,也不是民族性,更不是共同拥有的抽象人性和因果独立的纯粹事实,而是一起服从于一个统治结构。其中,关于"统治结构",包括不同类型的权力关系,这里弗雷泽作了较广泛的理解,不局限于国家,还包括非国家机构,这些机构产生强制力的规则,塑造了重要的社会互动。① 关于"服从",弗雷泽也作了较广义的理解:"这一概念并不局限于正式的公民资格,或者甚至不局限于归属一国司法管辖的诸多条件,而是包括了服从于非国家和跨国家的强制权力的更多条件"②。弗雷泽认为,在所有这些原则中,所有人受制约原则更适合作为反常规则时期的正义原则。该原则打破了当每个人服从于规制社会互动的统治结构时,只需要服从于该结构,并不需要成为该结构中被正式承认的成员。"所有人受制约的原则并不是以单一的全球的'什么人'来替代威斯特伐利亚的'谁',而是反对任何一概而论的正义架构"③。所

① "包括设定全球经济根本规则的机构,如世界贸易组织和国家货币基金组织。支配环境规制的结构如《京都议定书》,警察机构如国际刑警组织,卫生组织如世界卫生组织,民法和刑法机构如世界知识产权组织、国际犯罪法庭和国际刑警组织等",载于[美]南茜·弗雷泽:《正义的主体:国家公民、全球人类或跨国风险共同体》,古青译,《国外社会科学》2010年第1期。

② [美]南茜·弗雷泽:《正义的主体:国家公民、全球人类或跨国风险共同体》,古青译,《国外社会科学》2010年第1期。

③ [美]南茜·弗雷泽:《正义的主体:国家公民、全球人类或跨国风险共同体》,古青译,《国外社会科学》2010年第1期。

有人受制约原则能够告诉我们什么时候针对什么样的情境，适用哪个架构，谁有平等参与的资格，该方案是对正义架构的反思性质疑与实质性的批判的有机结合。

（三）“怎样”正义

怎样实现正义是一个关于正义的程序问题。在威斯特伐利亚框架下，“怎样实现正义”遵循着两条路径：第一条占支配地位的假设，认为强大的国家与私人的精英决定正义的逻辑；第二条所谓的科学假设，认为由规范的社会科学来决定正义的框架。尽管这两条路径存在差异，但是两者解决建构争端方面都具有独断论的弊端。弗雷泽认为，必须创造一种新的全球民主制度，将争端设想为政治冲突，通过对话与公共辩论加以解决，将所有人受制约原则运用于关于正义主体的争论之中。

弗雷泽比较了对话程序的两条路径或轨道。第一条为公民社会轨道，将争端与决定之间的连接定位在公民社会中，将所有人受制约原则运用于社会运动或世界社会论坛（World Social Forum，简称 WSF）之类的话语舞台。然而即使是最好的公民社会结构，也不是充分民主的、有充分代表权的，同时，这些结构缺乏将建议转变为有约束力的政治决策的能力，导致“公民社会的参与者依靠他们自身既不能为诉求作辩解，也不能做出有约束力的决策”。① 第二条为制度性轨道，具有两个特点：第一，需要公平的程度与有代表性的结构，以确保协商民主的合法性；第二，需要有能力采纳关于“谁”的有约束力的决策。该决策反映了他们在交往中产生的判断，而该判断又是针对谁实际上受制于一个给定的管理结构。弗雷泽认为，创建新的全球民主制度需要将对话特点与制度性特点结合起来，从而提供关于正义的“怎样”的整体的概念结构。

---

① ［美］南茜·弗雷泽：《正义的尺度——全球化世界中政治空间的再认识》，欧阳英译，上海人民出版社 2009 年版，第 78 页。

弗雷泽从全球化的后社会主义的时代诊断出发,试图从经验层面描述社会现实,从理论层面对实践中提出的新现象、新问题进行反思性研究,并从全球化影响带来的正义诉求的变化提出关于全球化时代的正义构想,尽管还处于设想阶段,即反映了第三批判理论家在全球化时代对民族国家和超国家层面的公平正义的全面思考,是对批判理论的丰富与发展。当下面临全球冲突加剧的局面,如何建立一种适应全球化趋势的全球正义,是一个极其重要的时代课题,弗雷泽的研究无疑具有重要的启示意义。

(作者　华东理工大学马克思主义学院副教授;华东理工大学马克思主义学院硕士研究生)

纳斯鲍姆的诗性正义论*

叶 晓 璐

摘要:本文首先阐述了纳斯鲍姆对经济学功利主义的批判,指出经济学功利主义借助于工具理性的计算原则,把人看成是"满足的容器",无视人的质性区别及尊严。在此基础上提出了纳斯鲍姆的"诗性正义"论内涵,即它的理论目标是实现对每一个人类个体的尊重;它的理论构架是通过文学想象和情感为中介来重建社会正义的内涵和标准;它的实现途径是通过"诗人裁判"或"文学裁判"来裁定社会正义事务;它的落实措施是通过艺术教育培养想象力和情感。最后阐发了"诗性正义"论本身的意义以及它在纳斯鲍姆整体正义理论中的地位。

关键词:经济学功利主义　诗性正义　尊严　文学想象　情感　诗人裁判　能力理论

在《艺术、理论及社会正义——美国芝加哥大学教授玛莎·努斯鲍姆访谈》一文中,当访谈者范昀询问纳斯鲍姆什么样的理论是"坏理论"时,纳斯鲍姆回答说,"我想到的是经济学家们在思考全球财富时所使用的那些粗陋的规范理论"。在她看来,"经济学家完全忽略道德

* 本文系2017年度教育部人文社会科学研究青年基金项目"情感政治视域下的纳斯鲍姆正义理论研究"(项目批准号:17YJC720034)的阶段性研究成果。

哲学家对功利主义的敏锐批评及其对这些理论的敏锐修正”，完全忽略对“偏好的关切”以及对“美好事物的多样性与不可通约性的相关关切”。更令人沮丧的是，这样一种“粗陋的理论依然盛行于世，并判断着人们的实际状况”。这是纳斯鲍姆对“坏理论”的定义：第一，思想粗陋；第二，影响力巨大。所以，纳斯鲍姆认为批判这样一种理论，“是一场持久而艰难的斗争”。①

根据纳斯鲍姆以上的论述，我们可以说，她这里所言的“坏理论”的代表，就是她在1995年出版的《诗性正义》一书中所批判的“经济学功利主义”，到这篇访谈，差不多十年过去了，这种理论仍然盛行于世并且有越演越烈之势。所以，我们有必要回过头去看看在《诗性正义》一书中，纳斯鲍姆是如何批判经济学功利主义的，以及由此提出的“诗性正义”是如何来对治此种经济学功利主义的，希望通过此种溯本清源使得“诗性正义”这种“好理论”能够抵消和克服经济学功利主义这种“坏理论”，从而为社会正义事业作出自己的贡献。

一

一般而言，古典功利主义强调个人是追求幸福的，社会的目标则是最大化人类幸福的总量，总量越大越好。这里的幸福是指“快乐”或“欲望的满足”，满足的程度则是效用，效用越高越好，因而它也是一种“后果论”的学说。当然，古典功利主义以“快乐”或“欲望的满足”来界定效用，会沦为一种享乐主义，享乐主义是一种简单化的从心理状态来判定一个人是否幸福的理论，对此最有力的反驳是诺齐克的“体验机器”。体验机器是指把我们放进一架机器并结合药物让人产生任何

---

① 范昀、玛莎·努斯鲍姆：《艺术、理论及社会正义——美国芝加哥大学教授玛莎·努斯鲍姆访谈》，《文艺理论研究》2014年第5期。另，中文对Nussbaum的翻译有“纳斯鲍姆”和“努斯鲍姆”两种，为了统一起见，除了原文的引用，笔者用教育部项目申请时用的“纳斯鲍姆”，特此说明。

想要的心理状态,包括永远处于快乐的状态,这当然只是一个思想实验,但即使是真的,即使它能随心所欲地产生各种各样的心理状态,也是没有人愿意一辈子待在机器中生活。因而,功利主义要发展,必须对效用的具体内涵做出新的解释,于是,效用被解释为"偏好的满足",根据这种观点,满足人们的偏好就是增加幸福,对效用的这种解释,要求我们能够平等地满足所有种类的偏好。但是偏好有正确与错误之分,对于错误的偏好,我们是否也应该予以满足?另外,还有一种"适应性偏好",这种偏好在极端的情况下会产生阿玛蒂亚·森所谓的"满足的奴隶"或"幸福的奴隶",即为了适应自己的被奴役状态,奴隶只要得到一点点的满足,就会自欺欺人地告诉自己很幸福,甚至会为此而放弃自由。因而,用"偏好的满足"来界定效用仍然是值得质疑的,换言之,这里的偏好范围太广,因而无法规避错误的偏好和适应性偏好。由此,功利主义进一步修正自己,效用定义为"理性的"(rational)或"有理据的"(informed)偏好,这一修正在理论上确实是一大进步,但在实践上,对于界定哪些是"有理据的偏好",如何计算这种偏好等问题上存在着困难。事实上,在纳斯鲍姆看来,无论给偏好加入多少限定性条件,功利主义都不可能处理好适应性偏好问题,因为"适应性的问题并不只是信息的欠缺",而是"涉及人们在一个社会内的整个养育系统",因而,"假设没有一种独立的社会正义理论(而这正是功利主义理论拒绝向我们提供的),我们就不可能认定哪些偏好表现着我们对一种不公正或错误等级现状的适应。"①换言之,功利主义对自己的修正如果没有一个更广阔的视野,即社会正义的视野,仅仅只是在理论内部做种种精致的调整,只会使自己的理论走入死胡同。

功利主义在其产生之初具有积极的意义,对于个人解放功不可没,这一点毋庸置疑。但是,随着社会的发展及这一理论自身的不断展开,

① [美]玛莎·C.纳斯鲍姆:《寻求有尊严的生活——正义的能力理论》,田雷译,中国人民大学出版社2016年版,第59页。

它的缺点也是逐渐明晰。在纳斯鲍姆看来,功利主义最大的问题在于,“所有功利主义的观点——即使附加了一些独立的约束性条件——仍然包含了对生活的异质性元素的加总,也包括了一种追求最佳的社会总量或平均值的信念。”这一加总的后果就是:“功利主义的道德观吞噬了全部的生活空间”,导致对人的完整性的理解成为不可能。① 换言之,功利主义自身的理论路径,会使其将人看作是同一的、可计算的,而不是丰富的、包含着异质性的个体。纳斯鲍姆所言的经济学功利主义就是这样的理论。

经济学功利主义在哲学上并没有太多的发展,“经济学版本的功利主义理性选择理论极少包含这些哲学的精致修正”,换言之,经济学功利主义并非是功利主义发展的新阶段,它只是经济学这门学科与功利主义思想的简单结合,因而纳斯鲍姆说其思想粗陋,并无多少新东西。经济学本身的观念并非纳斯鲍姆批判的对象,作为一门学科,经济学的视角是分析某一学术领域的便利专业工具,对公共生活相关领域的良好管理至关重要,但是它一旦与功利主义结合,“越界”到生活的其他领域,成为一种有影响力的正义理论时,问题就出现了。经济学功利主义“比这些哲学版本的功利主义理性选择理论的影响力大得多。它不仅支配了经济思想和实践,而且——考虑到经济学在社会科学中的声望——也支配了其他社会科学中的许多作品”;不仅如此,“甚至在一些可能最初看上去最没有经济特征的领域,例如家庭和性的研究领域……以至于它在法律领域也开始具有越来越大的影响力”。② 由于该理论所具有的“优美的简洁性”,使得例如芝加哥流派的新古典经济学等人文学研究,甚至公共政策制定者都对之趋之若骛,大有广泛应用到人类生活所有领域之势。正是因为如此,它成了纳斯鲍姆心目中

① Martha C. Nussbaum, *Creating Capabilities*: *The Human Development Approach*, The Belknap Press of Harvard University Press, 2011, p.83, p.119.

② [美]玛莎·努斯鲍姆:《诗性正义——文学想象与公共生活》,丁晓东译,北京大学出版社 2010 年版,第 35 页。

的“坏理论”。

但是在实践生活领域中，这种“越界”应用却会造成一系列极其怪异的后果。譬如纳斯鲍姆的学术对手兼好友，法律经济学家理查德·波斯纳是此种理论的践行者，他认为，法律的唯一目的应该是提高效率，效率是社会生活中唯一有价值的准则。① 因而，他在《性与理性》一书中，得出“手淫是最便宜的性行为”，“站街女只需很少的成本或者没有成本”以及“情妇或妻子需要更高成本”诸如此类匪夷所思的结论。在这样的分析中，人被当成了物，当成了可以用数据进行衡量的东西。诚如阿玛蒂·亚森和伯纳德·威廉姆斯所言：“从根本上来说，功利主义将人看作是各自效用的容纳场所——看作诸如期待苦与乐，享受苦与乐的活动地点。一旦没有关于一个人效用的记录，功利主义就不再对这个人有直接的兴趣……人就像被当作分析全国汽油消费量的汽油箱，而不是被当作独特的个体。”②对于始终把个体看成独特的、丰富的、有血有肉有情感有需求的纳斯鲍姆而言，经济学功利主义把人看作可以量化的物体，这是纳斯鲍姆必须加以批判的。

纳斯鲍姆通过分析狄更斯《艰难时世》的主人公葛擂硬这一典型人物，归纳出了经济学功利主义的四个特征：第一，它把质的区别简化为量的区别，个体的具体性由于无法被量化从而被当作无关紧要的因素而牺牲掉；第二，专注于计算，它集合了关于个人生活和取自于个人生活的数据，形成一个效用总量或平均效用的结论，以便于精确的计算；第三，秉承古典功利主义“最大多数人最大幸福”原则，通过某些类型的“总和排序”或者最大化程序，决意要找到一种能够清晰而准确地解决任何人类问题的答案，全面“占领”生活的各个领域；第四，将人类看作是数学游戏中的筹码，拒绝观察人类神秘的内心世界，这是经济学

---

① [美]理查德·A.波斯纳：《法律的经济分析》（上），蒋兆康译，林毅夫校，中国大百科全书出版社1997年版，第15页。

② [美]玛莎·努斯鲍姆：《诗性正义：文学想象与公共生活》，丁晓东译，北京大学出版社2010年版，第29—30页。

功利主义必然的后果,人类的多样性在此种主义的光谱下必然丧失殆尽。①

总之,从上述对经济学功利主义的描述中,可以得出经济学功利主义最大的特点就在于借助工具理性的计算原则,通过抹杀质性多样性形成的量化指标来作为衡量一切的标准。这样一种方法在一定的范围内有一定的作用,但想要成为解决任何人类问题的方法,其荒谬和怪异也是显而易见的。《艰难时世》中信奉此种主义的主人公葛擂硬原以为可以凭借这种视角掌控住所有的事情,却不料出现种种扭曲、悲惨以及令人深思的后果,可见经济学功利主义并非是其所认为的那样是万能的。

当然,纳斯鲍姆并不仅仅是从后果论的角度来批判经济学功利主义的,她其实也是看到了这种进路的好处:“它通过囊括满足来测量人口的总的效用和平均效用”,“能够看到资源在帮助人类实现各种目标的过程中怎么为人类服务”,这是它的优点;但是,它“忽视个人的独立性,用一种极其粗糙的思想将个人看作是满足的容器”,②换句话说,在经济学功利主义者的眼里,人不是有血有肉、有情感有需求、有着丰富性和复杂性的个体,而只是数据的集合,满足的容器而已,因此只有量的区别。这样一种思想除了夷平了人的一切质性差别,还有可能产生一个后果就是,“剥夺了和人们强烈感受自身尊严相关的渴望和不满”。③ 对于纳斯鲍姆而言,正义的基础不是幸福或功利主义意义上的偏好的满足,而是人的尊严,或者说,在正义理论中,尊严应该居有基础性的地位。她在《寻求有尊严的生活——正义的能力理论》④一书中,

---

① [美]玛莎·努斯鲍姆:《诗性正义:文学想象与公共生活》,丁晓东译,北京大学出版社2010年版,第38—44页。

② [美]玛莎·努斯鲍姆:《诗性正义:文学想象与公共生活》,丁晓东译,北京大学出版社2010年版,第79页。

③ [美]玛莎·努斯鲍姆:《诗性正义:文学想象与公共生活》,丁晓东译,北京大学出版社2010年版,第79页。

④ 此书的英文名为:Creating Capabilities:The Human Development Approach,但本人以为中文译者的译名表达了纳斯鲍姆的理论旨趣。

明确提出,“人性的尊重乃是一种目的,永远不要将它当作一种单纯的手段”,“以尊严为导向就区别于以满足为导向”,①这样的声明,鲜明地把自己的理论与经济学功利主义把人当作满足的容器的理论进行了区分。并由此提出了著名的“十种核心能力”,指出“人性尊严所要求的生活”应当是“在最低限度的意义上,十种核心能力的充裕是必须实现的”。② 事实上,对每一个人类个体的尊重,是贯穿纳斯鲍姆思想的一根红线,早在她的成名作《善的脆弱性》一书中,纳斯鲍姆通过对古希腊悲剧、柏拉图的对话录及亚里士多德的作品的分析,考察了运气即脆弱性与做个好人及过一种欣欣向荣好生活的关系,认为来自人类生活本身的脆弱性让我们知道每一个人的具体需求,比如身体的健康、对庇护所的需要、朋友、爱人及政治生活等都需要得到尊重;而由人类的无知、贪婪、恶意以及各种其他形式的癫狂所导致的脆弱性,则需要通过好的政治规划和公正的政治秩序加以避免。而她的理论中,无论是对情感的关注、对人文教育的强调、对世界公民的期许,还是对女性主义的研究,无不渗透着她的理论关怀,即每一个人类存在者都应该得到平等的尊重和关怀。她的正义理论就是以之为基础。

本文无法对纳斯鲍姆的正义理论做全面的研究,而是重在阐述她的诗性正义论。在她看来,要实现人性尊严,实现对每一个人类个体的尊重,需要用诗性正义克服经济学功利主义的话语霸权,使一直以来都处于边缘化地位的诗性智慧参与到具体的社会正义事业之中。

二

何为诗性正义?简而言之,诗性正义是指通过文学想象,培养畅想

---

① [美]玛莎·C.纳斯鲍姆:《寻求有尊严的生活——正义的能力理论》,田雷译,中国人民大学出版社 2016 年版,第 66、22 页。

② [美]玛莎·C.纳斯鲍姆:《寻求有尊严的生活——正义的能力理论》,田雷译,中国人民大学出版社 2016 年版,第 23 页。

能力和理性情感,以一种"明智的旁观者"的身份参与到正义事业之中,重建人类正义的内涵和标准。

前文提到,纳斯鲍姆提出诗性正义的契机是源于对经济学功利主义的批判,"由于极端信赖技术化的方式,尤其是信赖用源自经济学的功利主义来为人类行为建立模型,助长了那些对同情心的拒绝。"①也就是说,用这类模型作为公民之间政治关系的向导,会遮蔽掉一些很重要的维度,比如情感的维度,从而使得正义的理论是不完整的。因此纳斯鲍姆提出一种人文主义的视角,这一视角首要的就是把人当作一个个独特的个体来看待,用同情的眼光来看待每一个人,而不是如经济学功利主义者那样,只是冷冰冰地将人当作效用的载体和容器。

如何才能把人当作独特的人?这就需要一种想象力,"想象力促进对他人的意见和权利的尊重,提醒我们其他人既有其能动作用又具有复杂性,并非仅仅是个物体,或只是被动地接受救济金和赔偿。同时,也促使人们对需求和不利情况有直观的了解,从这个意义上讲,使原先对正义的抽象渴望具有了实质内容。"②在纳斯鲍姆这里,在培养想象力之前还需要有一个环节,那就是培养"畅想(fancy)"能力,所谓"畅想",是"一种能够把事物看作是另一件事物,能够从一件事物中看到另一件事物的能力",这种能力能"看到一种指向某些事情本身之外的感知,在可以感知到的和不在眼前的事物中看到其他事物"。③ 纳斯鲍姆举例说,譬如关于小星星,知觉会视为纯粹物理对象的外形,比如在葛擂硬这样的经济学功利主义者眼中,小星星没有任何神秘感。但是在有些人,比如说孩子们,或者纳斯鲍姆课堂上的某位学生的眼中,这些小星星会让他们想和星星说话,想到星星像家里小猎犬的眼睛,从

① [美]玛莎·努斯鲍姆:《诗性正义:文学想象与公共生活》,丁晓东译,北京大学出版社2010年版,第3页。

② [美]玛莎·纳斯鲍姆:《培养人性:从古典学角度为通识教育改革辩护》,李艳译,上海三联书店2013年版,第82页。

③ [美]玛莎·努斯鲍姆:《诗性正义:文学想象与公共生活》,丁晓东译,北京大学出版社2010年版,第60页。

而想象这只狗的经历,这只狗在感受和思考什么,想象它是否会感受到伤害。这样的例子看上去不那么学术,但是却有温度和深度的,回忆一下每个人的成长经历,小时候夏夜抬头望天,那个硕大明亮的月亮让我们想到的不仅仅是一块发光的石头,也是有吴刚、嫦娥、玉兔和桂花树的月宫;以及一起乘凉的小伙伴,讲故事的外公,为了驱蚊点燃的艾草冒着白白的烟雾散着特殊的香味……那种经历,可以一直温暖你的心灵,赐予你前进的动力。而这就是纳斯鲍姆所称的“畅想”。别以为这是一种想有就有的能力,它需要培养和熏陶。在狄更斯的小说《艰难时世》中,这种能力是主人公葛擂硬的教育计划中竭力要加以禁止的,没有一个“小葛擂硬”看见过月亮里的人脸,学过无聊的歌谣,把田野中的牛跟儿歌中的长着歪角的牛联想在一起。在他们那里,月亮就是月亮,星星就是星星,牛也不过是有几个胃囊的反刍的四足动物而已。[①] 而且在葛擂硬眼里,这种畅想能力不仅无用,还有害,因为学习畅想,就是在学习一些没有实用性的东西,在信奉经济学功利主义的葛擂硬眼里,没有实用性的东西是不值得为之花费时间和精力的,人应该把时间花在他所谓的真实的事物上才是值得的。

但是在纳斯鲍姆眼里,畅想不仅不是一种可有可无的能力,更是通向正义的一种至关重要的能力。因为它为生活中的许多种道德活动提供了一种预备。具有畅想能力的人会意识到,在人类的生命中不是所有的东西都是实用的,因而学会了一种并不仅仅关注实用性,而是也能够因为事物本身而珍爱它们的参与世界的模式。接着,他会将这种模式从物与物之间的关系带入到他与其他人的关系中。这不仅仅是赋予一个形体以生命、使得隐喻性的想象具有道德价值的能力;而且也是一种将畅想中建构的东西看作不为任何东西服务,看作因其自身而有益和令人愉悦的能力。[②]

---

① [美]玛莎·努斯鲍姆:《诗性正义:文学想象与公共生活》,丁晓东译,北京大学出版社 2010 年版,第 60—61 页。

② [美]玛莎·努斯鲍姆:《诗性正义:文学想象与公共生活》,丁晓东译,北京大学出版社 2010 年版,第 68 页。

畅想能力是从一件事物中看到另一件事物的能力,当这种能力进入了人与人之间的关系时,就是一种想象力,我们每一个人,受制于特定的生活条件和生活环境,只能过一种当下生活,但这并不妨碍我们同情地去理解不同地域、不同种族、不同性别、不同阶层之人的处境。这样一种同情的理解,需要的就是一种想象力。而想象力的获得,有赖于各种艺术教育,"艺术(arts)的作用至关重要,可以培养想象力,这对公民来说绝对必要。"音乐、舞蹈、绘画、雕塑、建筑都是培养想象力的途径,而文学,尤其是文学中的小说这种题材,在培养想象力时的作用尤其突出。"通过小说训练想象力来培养同情心的基础——如果人们在现实中不能改变自己的种族,可以想象一下身为其他种族的人如何生活,并接近不同种族或不同性取向的人,想象一下若是自己所爱的人过着这样的生活会怎么样。"①

文学是一种叙事艺术,因而通过文学培养的想象力,纳斯鲍姆有一个专门的术语"叙事想象"(The Narrative Imagination)。"叙事想象是道德互动的重要准备。感同身受和推测猜想的习惯产生了某种公民类型和某种社会类型:这种公民和社会培养出的人们关心彼此的需要,并且明白环境如何影响那些需要,同时尊重独立性和隐私。"②具体而言,文学通过对各种人物的塑造、情节的再现,让读者身临其境地参与其中,感同身受地理解作品所塑造的主人公的抱负与渴望,希望与恐惧,理解他们之所以长成如此的前因后果,所有这些都有可能影响人们在以后处理相关问题时做出更加公正的判断。纳斯鲍姆引用亚里士多德在《诗学》(The Poetics)第九章中的相关论述,指出文学给我们展示的"并非已经发生的,而是可能发生的事情"。这种可能性的预知在政治生活中尤其有价值。③ 此一价值就是为社会正义的实现做准备,是社

① [美]玛莎·纳斯鲍姆:《培养人性:从古典学角度为通识教育改革辩护》,李艳译,上海三联书店2013年版,第71、77页。

② [美]玛莎·纳斯鲍姆:《培养人性:从古典学角度为通识教育改革辩护》,李艳译,上海三联书店2013年版,第75页。

③ [美]玛莎·纳斯鲍姆:《培养人性:从古典学角度为通识教育改革辩护》,李艳译,上海三联书店2013年版,第71页。

会正义的开始之处。

诗性正义正是以这种文学想象为中介的。"文学想象不仅激发人们对角色命运的认真关注,而且给那些角色赋予了丰富而并非一览无余的内心世界;在这个过程中,读者学会尊重内心世界中隐藏的内容,并且认识到:这种尊重对于界定生物具有完全的人性非常重要。"①换言之,诗性正义恢复了完全的人性,从而恢复了对人的尊严的尊重,这是与经济学功利主义只把人当成"满足的容器"是决然不同的一种理论视角。

但是这样一种以文学想象为中介的正义,还仅仅是社会正义的一个准备阶段,并不就是实现了正义自身,换言之,文学想象并不能立竿见影地改变社会,但它通过叙事方式让读者认识到他们自己的世界中那些被视而不见的人,用同情心去感受与自己不同的人的生活方式,这至少是社会正义的开始。因为正义问题归根到底是人的行为与他人的关系问题,因而感同身受地对他人的理解,是正义能够开始的基础。从中我们可以得出,正义理论并非是冷冰冰的,一副高高在上的理性脸,而是温暖的,包含情感维度的全面的思想。纳斯鲍姆的诗性正义,就是一种建构在文学想象和情感基础之上的正义标准。

这是纳斯鲍姆正义理论独具特色的一面,但也是被诟病最多的一面。最主要的原因在于,在理性主义主导下的政治哲学领域,情感向来被认为是非理性的,是迎合灵魂中欲望的维度的,因而无法做到客观公正,跟正义理论是格格不入的。而诗歌等文学作品则是会煽动人的情感和想象力的,因而西方哲学的鼻祖柏拉图在《理想国》中就提出要把诗人逐出城邦,从而去掉那些在他看来讨厌的情感因素。那么纳斯鲍姆如何来回应这种指责?这就需要对纳斯鲍姆的"诗性正义"中作为基础的情感进行一番分析。

---

① [美]玛莎·纳斯鲍姆:《培养人性:从古典学角度为通识教育改革辩护》,李艳译,上海三联书店2013年版,第75页。

在《诗性正义》一书中,纳斯鲍姆指出,对情感最大的指责在于认为情感是"非理性的",这一指责展现为各种方式,纳斯鲍姆对它们一一作了回应。

第一种观点认为情感是一种盲目的、动物性的力量,是我们体内一种不完善的人类天性的元素,因而与包含着反省和推理的理性判断没有任何关系。纳斯鲍姆认为,这种观点曾经在认知心理学和人类学、早期行为主义和经验主义理论中流行,但如今都已经受到了质疑,因为情感和诸如饥饿、口渴等动物性冲动并非一回事,在最弱的意义上,哲学家们都认同:"情感和某种类型的信念太容易共鸣了,以至于这种类型的信念的形成不能离开情感",①即使是那些强烈厌恶情感的哲学家,比如斯多葛学派以及继承这一学派的哲学传统,在情感包含信念这一点上也是没有疑义的。

第二种观点认为情感是对外部事物的评价性判断,比如我们经常将财富、荣誉、食物、住所、健康、朋友、孩子、所爱的人、公民资格和政治活动等这些外部事物看成是善的,这样一种评价性判断就是"情感"。这种观点以斯多葛学派为代表,它认可情感与判断的关系,但认为这些判断从来都是错误的,因为它们将重要的价值赋予了不能完全由人的美德或意志控制的外在事物。纳斯鲍姆认为,这种观点秉承一种自洽和超然的规范性主张,无视人的脆弱性以及由此而来的对"外在的善"的需求,这样的一种"美德自洽"否认"一个人自身的贫乏和缺乏自洽",虽然很崇高,但也很无力,对于完整地看待这个世界,公正地进行价值判断都是不足的。

第三种观点和第四种观点的实质是一样的,就是认为情感关涉的是家庭、朋友等这些亲近的人群,所以在私人生活中具有重要性,换言之,情感总是和特殊性联系太多,因而,它总是带有褊狭性,无法公平地

① [美]玛莎·努斯鲍姆:《诗性正义:文学想象与公共生活》,丁晓东译,北京大学出版社 2010 年版,第 94 页。

看待遥远世界的人和事，也无法承担起应有的政治思考，比如对阶级、种族等的思考，更无法在公共审议中起到作用。纳斯鲍姆指出，经济学功利主义正是以此提出所谓的“数字正义”，仿佛那是一种最公正的方法。但是，诚如《艰难时世》中西丝对于“有一百万居民的巨大城镇中只有二十五个人饿死”这桩事情的思考时意识到的，虽然死亡人数很少，但“对于这些死者的亲属和朋友来说，意味着一无所有”。每一个人都是活生生的，值得关注和尊重的，不能因为它在数字正义中只占有很小的比率，就可以被无视或无谓地牺牲掉。基于此，纳斯鲍姆明确地说：“没有情感的思维是价值空虚的：它缺乏情感内部的判断提供的意义感和一个人死亡的重要性。”①不仅如此，就个人的成长而言：“在婴儿时期形成并在童年时期培养的孩子和父母之间的爱和感激的紧密联系似乎是成年人有能力在更广阔的社会世界行善的必然起点。”②从这个角度而言，情感的私人性和特殊性实际上是为以后的社会正义实施做准备的。

通过如上的批判，纳斯鲍姆想要指出两点，第一，在社会正义事业中，情感是非常重要的，经济学功利主义认为“没有情感因素的影响，我们才能将人们的选择看作是规范意义上理性”③的这一观点并不正确，理性也并非如经济学功利主义所言的就是一种数字正义，完整的理性内在地包含着情感④；第二，通过对情感的分析，情感并非是非理性的，在情感的内部结构中就蕴含着评价性的判断，因而，以情感为基础的诗性正义并不会使正义流于一种主观的偏好，因此，文学这一通

① ［美］玛莎·努斯鲍姆：《诗性正义：文学想象与公共生活》，丁晓东译，北京大学出版社 2010 年版，第 103—104 页。

② ［美］玛莎·努斯鲍姆：《诗性正义：文学想象与公共生活》，丁晓东译，北京大学出版社 2010 年版，第 105 页。

③ ［美］玛莎·努斯鲍姆：《诗性正义：文学想象与公共生活》，丁晓东译，北京大学出版社 2010 年版，第 86 页。

④ 关于这一点，可参看本人的文章：《纳斯鲍姆情感理论初探》，《现代外国哲学》2018 年春季号（总第 14 辑）。

过想象力来培养情感的艺术形式也成了“通向正义图景和实践图景的桥梁”。

三

以上我们分析了诗性正义的具体内涵，接下来想阐明这一建立在文学想象和情感基础之上的诗性正义如何才能实现？纳斯鲍姆从亚当·斯密那里继承了“明智的旁观者”这一理论资源，通过此作为可以信赖的筛选工具，过滤掉那些不可信赖的情感，留下那些“在公共生活中发挥应有的宝贵作用所必需的那类情感”①，以便为公共生活与理性活动提供有用的资源及帮助。

那么，何为“明智的旁观者”？“明智的旁观者是一个旁观者。也就是说，虽然作为一个关注的朋友去关心参与者，但他并没有亲自卷入他所目睹的事件。因此，他将不会有涉及他自身安全和快乐的那类情感和想法；在这个意义上他是没有偏见的，而且以某种超然来审视他眼前的情景。对于当前发生的事情，他当然有可能使用所有自身的经验信息——但是这类信息必须筛除那些有利于他自己目标和计划的偏见。另一方面，他也不会由于这个原因而缺少情感。在他最为重要的道德能力中，其中一种就是生动想象的力量，想象成为他所想象那些人中的每一个人将会是怎样的。”②在这段长长的引文中，首先，明智的旁观者不是事件的参与者，因而没有涉及自身福利中的个人利益所引起的那部分情感，所谓的“当局者迷旁观者清”，他就具有相对客观公正的视角；其次，这一旁观者具有想象力，能够以一种“共感”的方式进行实践推理，从而能够更具体入微地做出判断。总之，“明智的旁观者”

① [美]玛莎·努斯鲍姆：《诗性正义：文学想象与公共生活》，丁晓东译，北京大学出版社2010年版，第109页。

② [美]玛莎·努斯鲍姆：《诗性正义：文学想象与公共生活》，丁晓东译，北京大学出版社2010年版，第110页。

是这样一种人,他“学到了一种情感储备,它丰富而热烈,但是去除了由于知道结果中的自身危险而引发的特定偏见”。①

当这种“明智的旁观者”参与到正义事业中来时,用惠特曼的语言说,他们就是“诗人裁判”或“文学裁判”,它们不同于经济学功利主义者,只提供“抽象的关于人类的伪数学的观点”,而是提供“公正的裁判,适合于特殊案件的历史复杂性和人类复杂性的裁判”。② 诗人裁判或文学裁判是诗性正义的实施者,用纳斯鲍姆自己的话来进行总结:“这个文学裁判是亲密和公正的,她的爱没有偏见;她以一种顾全大局的方式去思考,而不是像某些特殊群体或派系拥趸那样去思考;她在‘畅想’中了解每一个公民的内心世界的丰富性和复杂性;这个文学裁判就像惠特曼的诗人,在草叶中看到了所有公民的平等尊严——以及在更为神秘的图景中,看到了情欲的渴望和个人的自由。”③

在上述引文中,我们注意到,纳斯鲍姆用“她(she)”来指称“文学裁判”,这其实可以从一种比喻的意义上窥探出“诗性正义”的地位和意义。女性(她)一般代表感性的原则,即代表情感的维度,而男性(他)则一般代表理性的原则,即代表理性的创造物规则的维度,整全的人性是包括感性的原则也包括理性的原则。而以文学想象和情感为中介的诗性正义很显然在这里代表的是感性的原则,作为完整的正义理论,仅仅有此还是不够的。因而诗性正义“需要许多文学性的工具:技术性的法律知识,历史知识和先例知识,对于恰当的法律公正的仔细关注”。④ 在另一处,纳斯鲍姆再次强调:“我的进路强调需要掌握专业

① [美]玛莎·努斯鲍姆:《诗性正义:文学想象与公共生活》,丁晓东译,北京大学出版社2010年版,第115页。

② [美]玛莎·努斯鲍姆:《诗性正义:文学想象与公共生活》,丁晓东译,北京大学出版社2010年版,第120页。

③ [美]玛莎·努斯鲍姆:《诗性正义:文学想象与公共生活》,丁晓东译,北京大学出版社2010年版,第170—171页。

④ [美]玛莎·努斯鲍姆:《诗性正义:文学想象与公共生活》,丁晓东译,北京大学出版社2010年版,第171页。

技术,也强调需要情感和想象,并且同时强调,前者必须提醒后者和约束后者。”[①]仅执一端,是十分危险的一桩事情,它有可能会无视专业知识,跨越界线,做出一些不符合公正原则的妇人之仁之举,影响整体的社会正义事业。

有人批评纳斯鲍姆提出的“诗性正义”思想过于理想化,是一种不切实际的浪漫主义,在笔者看来,这种批评是没有道理的,“诗性正义”提出的初衷是为了对治那种盛行于世的粗陋的经济学功利主义,因而,诗性正义是一种纠偏的理论,而非是一种替代的理论。纠偏理论的目的是为了划定界限,不仅是划定它所批判的经济学功利主义的界限,从而对溢出使用范围,充斥到生活各个领域的经济学功利主义提出批判;也是划定它自己所提出的理论的界限,阐明自己理论的定位:“它是一种伦理立场的必需要素,一种要求我们关注自身的同时也要关注那些过着完全不同生活的人们的善的伦理立场”,它“包含了一种即便不完整但却强大的社会公正观念,并且为正义行为提供了驱动力”。[②] 换言之,诗性正义只是完整的社会正义理论的一部分,完整的社会正义理论不仅仅需要情感和想象,也需要掌握专业的知识,情感和想象为正义行为提供动机和驱动力,是正义行为蓄势待发的阶段;专业的知识为正义行为指明方向,起到定海神针的作用。两者缺一不可。

从纠偏的角度上来看,诗性正义这一理论本身是能自圆其说的,它有自己的理论目标,即对每一个人类个体的尊重;它有自己的理论构架,即通过文学想象和情感为中介来重建社会正义的内涵和标准;它亦有自己的实现途径,即通过“诗人裁判”或“文学裁判”来裁定社会正义事务;它还有具体的落实措施,即通过艺术教育培养想象力和情感。虽然说它的落实措施,即艺术教育可能是一项收效甚微的事业,这项事业

---

① [美]玛莎·努斯鲍姆:《诗性正义:文学想象与公共生活》,丁晓东译,北京大学出版社 2010 年版,第 146 页。

② [美]玛莎·努斯鲍姆:《诗性正义:文学想象与公共生活》,丁晓东译,北京大学出版社 2010 年版,第 7 页。

“看上去就像用希望的微型堤坝去阻挡偏见与仇恨的力量”，即使培养出了想象力，“在一个冷酷无情的社会中也只是一种脆弱的力量”，①但尽管希望微弱，尽管力量脆弱，这仍是一桩必须坚持去做的事情，也是纳斯鲍姆及许多有识之士一直在推进的一桩事情。所谓的“百年树人”，教育本就是一桩细水长流之事。所以不能用立竿见影的眼光出发去批评所谓的诗性正义浪漫主义倾向。

当然，从纳斯鲍姆正义理论的整体而言，如果她的正义理论仅仅停留于诗性正义，那确实有浪漫主义之嫌。纳斯鲍姆自己始终有这样的意识，即对一种理论的批判，如果不能提供替代的方案，那么就是没有成效的。② 换言之，理论不仅需要解构，也需要建构，这样理论才能真正落实，才能真正发挥其作用。

这就过渡到了纳斯鲍姆正义的能力理论。前面已经提到过，诗性正义为实现对每一个人类个体的尊重提供了方向和目标，通过艺术教育用“星星之火慢慢燎原”的速度为正义社会所需要的情感进行了储备。但要在政策层面实现对人性的尊重，尚需要正义的能力理论来落实。正义的能力理论通过成文宪法内的根本权利保护和司法解释，以及通过立法和行政机构来执行自己的目标，换言之，它是直接应用于当下的公共政策制定和实施的。与上述的艺术教育相比，它是一种更直接和显而易见的落实方式。但是，它还是承诺了诗性正义所蕴含的理论旨趣，因为能力理论的“出发点是一种对全体人类的平等尊严的承诺，无论他们的阶级、宗教、种姓、种族或者性别，而且该理论致力于实现所有人的符合平等尊严要求的生活”；它“尤其关注那些传统上受排斥或被边缘化的群体的奋斗”；“它重视民众所追求的目标的复杂性和质的多元性”；“它没有妄图将所有这些多元化的目标通约在一种一元

① ［美］玛莎·努斯鲍姆：《诗性正义：文学想象与公共生活》，丁晓东译，北京大学出版社2010年版，第8—9页。

② ［美］玛莎·C.纳斯鲍姆：《正义的前沿》，朱慧玲、谢慧媛、陈文娟译，中国人民大学出版社2016年版，第49页。

化的尺度上,而是仔细地检视它们之间的关系,思考它们相互之间是如何支持和补足的。"①至此,诗性正义作为社会正义理论的准备和开始得到了真正的落实。

(作者　哲学博士,复旦大学哲学学院副研究馆员)

① [美]玛莎·C.纳斯鲍姆:《寻求有尊严的生活——正义的能力理论》,田雷译,中国人民大学出版社2016年版,第128—129页。

从身体到政治

——朱迪斯·巴特勒的女性主义批判

吴 华 眉

摘要:巴特勒建立在身体本体论基础上的社会批判不同于法兰克福学派的批判路径。以"批判"为线索,深入阐述巴特勒在身体本体论基础上对性别主体身份的颠覆、权力话语的诘问和伦理政治反思的内在理路,既可以全面、立体地重建其复杂深刻的女性主义批判理论,凸显其对"人",尤其是"被排除的身体生命"的深切人文关怀,也有助于正确评价巴特勒的思想,凸显其对当代中国的现实意义。

关键词:身体　性别　政治　女性主义批判

美国学者朱迪斯·巴特勒(Judith Butler)是第三波女性主义运动中的领军人物、当代西方最著名的左翼思想家之一、"我们时代的主要思想家之一"。巴特勒的思想涉及女性主义、当代政治哲学和伦理学等多个学术领域。在乔治·瑞泽尔的《布莱克维尔社会理论家指南》一书中,巴特勒的名字与马克思、韦伯、福柯和布尔迪厄并列在一起。2008 年,巴特勒因在人文社会科学领域的杰出贡献而获得安德鲁·梅隆基金会杰出成就奖,后又因对性别研究的杰出贡献获 2012 年度西奥多·W.阿多诺奖。可以看出,巴特勒在社会批判理论领域和女性主义研究领域都具有突出的地位。本文旨在从批判理论的语境中整体上重构巴特勒女性主义理论，挖掘其女性主义批判思想的深度。

一、作为女性主义批判理论家的巴特勒及其批判基础

（一）两种社会批判理论

对于巴特勒的女性主义批判思想，芝加哥大学法学教授玛莎·纳斯鲍姆（Martha Nussbaum）在《戏仿教授》（1999年）一文中持基本的怀疑与否定态度，她的评论曾引发了美国学界的论战。在该文中，纳斯鲍姆严厉指责巴特勒文风晦涩，论证不严谨，性别观脱离女性主义政治实践，是一种政治寂静主义。对于这种过激批判，美国著名学者斯皮瓦克（Gayatri C.Spivak）、弗雷泽（Nancy Fraser）、本哈比（Seyla Benhabib）、康内尔（Drucilla Cornell）以及斯科特（Joan Wallach Scott）纷纷站出来声援巴特勒。斯皮瓦克认为巴特勒的理论并未脱离现实斗争，而是包含了"真实女性的真实处境"。本哈比、弗雷泽、尼古森和斯科特则反对纳斯鲍姆这种以历史正统女性主义的面目将巴特勒建构为女性主义背叛者的做法。由此美国很多女性主义学者卷入到这场论战之中，双方针锋相对。2000年之后，随着巴特勒思想的不断完善，巴特勒跻身当代最有影响的思想家行列，论战趋于平息。尽管如此，包括弗雷泽等反对过激批判巴特勒的女性主义者，仍与巴特勒的思想存在很大分歧。她们认为，巴特勒的女性主义批判忽略了规范的判断和解放措施，而规范对女性主义解放政治来说恰是最重要的，女性主义批判不能离开规范性，否则批判自身则会丧失基础，无法抵制怀疑论和相对主义的指责。

不难看出，分歧表明了巴特勒的思想与弗雷泽、本哈比、纳斯鲍姆等人的批判理论存在很大的区别。进一步分析，不难看出，这种区别事实上体现了社会批判的不同路径：一是德国的法兰克福学派的文化批判路径，一是法国福柯为代表的权力批判路径。从总体上看，

德国的社会批判理论认为批判应该在理性的前提下从哲学上和规范性上对现代文明进行审视，以揭示社会具有解放意义的变化的现实可能性。这种社会批判植根于启蒙运动的理性主义，从属于一种处理知识合理性的认识论批判，它将世界对象化，在自身与批判对象的区分中，追寻普遍必然的规范性基础。无论是哈贝马斯的“理想的交往共同体”，还是弗雷泽的反思正义都仍带有这种康德先验批判哲学的痕迹。

与此不同，法国的批判传统则将福柯以权力为切入点的批判作为标志。它认为，奠基于规范性的权力批判和意识形态批判将自己视为超越者或中立者，误以为自己可以摆脱权力之网，可以站在权力之外批判权力，实则是不可能的，因为权力渗透到一切关系中，只有探寻理性化和权力之间关系，才能进行真正的批判。因此，法国的权力批判不再追求具有普遍价值的形式结构，而将焦点从认识论转向存在论，将批判活动自觉地置身于批判对象中，并借此反思和推动对象存在方式以及自我存在方式的重构。

以此反观巴特勒的女性主义批判，巴特勒自觉远离规范与理想，并不诉诸任何确定的基础，反对建立某种理想性的规范形式和真理性的正义理论，她的理论将知识的生产、主体的形成、身体的控制与性别的权力话语结构联系起来，呈现为一种鲜明的身体政治；在将身体作为本体的理论中，她使得批判活动和批判对象直接相互作用，将目标定位为拒绝现在、改变当下，在权力内部改变既定的权力关系。从而，巴特勒的批判理论从属于法国福柯意义上的权力的自我批判，而区别于强调文化批判与社会政治经济结构变革相结合的、法兰克福学派批判理论传统下的女性主义批判路线。

（二）巴特勒的身体本体论

巴特勒的社会批判路径集中体现在她的身体本体论上。正如她在近期著作《战争的框架》中指出的，“如果我们想就保障生存发展权利提出更全面的社会政治主张,就必须以新型的身体本体论作为理论支撑。"①

实际上,巴特勒的身体本体论在其早期对欲望理论的批判性重构中就初步形成了,然后便以此为依托呈现于她的整个思想脉络中。在《欲望的主体》(1987)中,针对扬身抑心的哲学传统将欲望作为哲学的他者的认识,巴特勒反对这种"高贵的"理性与危险的非理性的划分,通过分析斯宾诺莎和黑格尔欲望理论的优缺点,以及分析法国早期黑格尔主义和后黑格尔主义欲望理论,对欲望进行重新评价。她指出,"欲望是关于是存在的询问的模式,是关于同一性和位置的身体(corporeal)的质问"②。在具体的论述上,巴特勒一方面站在斯宾诺莎的立场上,反对笛卡尔的身心二元论,赞同在欲望中肉体冲动和思维的统一,从身心合一的一元论角度把握欲望;另一方面站在黑格尔的立场上反思斯宾诺莎对欲望主体的静止解释,要求一种充满否定性的身体欲望。为了超越黑格尔仍旧封闭的形而上学体系,推进对否定性更深入的理解,巴特勒又以黑格尔《精神现象学》作为自我意识的欲望为起点,借助否定性的概念不断地从黑格尔的辩证法中得到解缆,将否定性保持在精神的前进和开放的冒险中。继而,通过调度和梳理20世纪法国主体性哲学,借助从科耶夫、伊波利特到萨特、拉康、德勒兹的一波又一波新的欲望主体论来颠覆、挑战黑格尔的主体至上论的辩证法。

与此同时,巴特勒不忘暗度陈仓,一次又一次地对各种欲望理论进行身体哲学的批判,她先是通过对欲望理论中身体线索的梳理,终结了黑格尔的欲望叙事,然后在走向福柯时,肯定福柯对欲望主体的批判和书写身体历史的建议,将其理论从欲望的话语打通到身体的话语。福柯在对身体历史的转向中,对形而上学重精神轻肉体模式的抨击,以及

① [美]朱迪斯·巴特勒:《战争的框架》,何磊译,河南大学出版社2016年版,第39页。

② Judith Butler, *Subjects of Desire: Hegelian Reflections in Twentieth-Century France*, New York: Columbia University Press, 1987, p.9.

关于社会制度和规范的权力话语对身体及其活动方式的规训的揭露，对巴特勒产生了极大的吸引力，使她总是"以福柯的观点为出发点"①，成为"激进的福柯主义者"。不过，我们从一开始便可以看到，巴特勒的身体观并不限于福柯，她的文本中随处可见对福柯身体概念的批判。对于福柯关于"身体是事件铭刻的表面，分裂自我的地点和一种不断分解的书卷"的论断，她指责福柯这里所谓的身体最终沦为一种自然主义的、缺乏能动性的消极空洞的身体。她指出，当我们说身体是"事件铭刻的表面"时，不是一定要假定身体总是服从于权力统治，当我们对具体社会情境中的不同身体进行更彻底的历史化关注时，我们可以将"铭刻"解释为更内在复杂化的概念。这种铭刻既是一个管制的时刻也可以是一个"意指的"时刻，在那里，我们将在历史性的具体身体间的相互关系中去理解欲望。②

巴特勒对福柯的反思体现了其与众多纷繁复杂的思想的密切渊源。这些理论资源除了上面提到的黑格尔及法国黑格尔主义哲学外，还包括梅洛—庞蒂的现象学、弗洛伊德和拉康的精神分析学、阿尔都塞的询唤理论、德里达的引用性理论，以及奥斯汀的以言行事理论、女性主义批判理论，等等。对于这些甚至南辕北辙的思想资源，巴特勒对其进行符合自身目的的调用、改造和批判性的融会贯通，因而，她的思想既带有后结构主义的特征，又不缺少现实可触的维度，具有广阔而深厚的哲学空间。通过这些丰厚的思想资源，巴特勒建立了她独特的身体本体论，并将其作为女性主义批判的哲学根基。

由此，巴特勒反对传统哲学身心分离立场，指出欲望具有肉体冲动和意识参与的同时性，从而将欲望纳入可变的身体。对她来说，这个身

---

① 在《身体之重》一书中，巴特勒在导言中坦言，"本书以福柯的观点为出发点，即规制权力产生其控制的主体，而权力不仅是从外部强加的，还是形成主体的规制性与规范性手段。"参见［美］朱迪斯·巴特勒：《身体之重：论"性别"的话语界限》，李钧鹏译，上海三联书店 2011 年版，第 27 页。

② 参见 Judith Butler, *Subjects of Desire: Hegelian Reflections in Twentieth-Century France*, New York: Columbia University Press, 1987, p.237。

体既是一个具有渗透性的表面，能够被政治性地规定，又不是空洞的、缺乏能动性的随意被铭刻的表面。在这里，巴特勒发现，主体形成于文化、历史之中，性别臣服于种族、阶级、性别以及帝国相互交织是呈现于活生生的身体之上的。可以看到，巴特勒反对先在的、统一的主体概念，主张建立身体的历史，从而将能动的身体视为欲望的真正主体。她的这种身体主体观表明，被不断驱赶驯服、饱受压抑而又充满创造性和能量的身体应该成为思考的中心，也正是这种观点构建了巴特勒女性主义批判的灵魂，成为其理论的本体基础，为其理论的实践力量和伦理关怀提供了保证。

二、巴特勒女性主义批判的内容

从巴特勒理论的整体进路来梳理其女性主义批判思想，可以更清晰地看到，巴特勒的理论正是以身体主体为本体根基，从性别主体身份颠覆、权力话语的诘问和伦理政治反思三个方面来展开论述的。

（一）性别—话语批判

早在《欲望的主体》的文末，巴特勒就借助克里斯特娃开始关注了关于性别、欲望和身体的关系。后来，在与弗雷泽关于对资本主义批判方式上的论战中，巴特勒反对将对性压迫的反抗归结为“纯粹的”文化领域的事务，归结为次要的、派生的甚至琐屑的政治。她认为，异性恋主义和阶级压迫一样具有重要和实质性的意义。因此，不同于福柯对身体一般性的权力批判，巴特勒通过洞察性别话语在身体上的书写展开女性主义的质询。巴特勒对当代西方社会的性别—话语批判主要体现在其中期著作《性别麻烦》（1990）、《身体之重》（1993）、《安提戈涅的诉求》（2000）、《易激动的言辞》（1997）中。

在这些著作中，巴特勒首先对西方主流女性主义本质主义的“女人”概念进行批判。以社会建构主义为特征的第二波女性主义者将性别区分为身体解剖学意义上的“生理性别”(sex)和社会构成意义上的“社会性别”(gender),认为社会性别是生理性别的文化诠释。对此,巴特勒在《性别麻烦》中指出,生理性别与社会性别的区分并不存在,表面上看,在生理性别基础上产生了社会性别。事实上,社会性别是话语/文化的工具,通过这个工具,社会性别生产了生理性别,从而以自然的、解剖学的、染色体的、荷尔蒙意义上的“自然生理性别”的科学话语形式出现,而这种“生理性别化的自然”反过来则被建构和掩饰为“前话语的”、先于文化的,“成为一个政治中立的表面,任由文化在其上施行作为”①。

巴特勒对生理性别和社会性别二元区分的批判,是建立在她的身体主体论基础上的。在她看来,将社会性别意义理解为对解剖学上不同身体的铭刻,暗示了社会性别是受意志控制的,从而是一种将身体理解为外在于文化的工具或媒介的静态物质身体论。然而,不应将身体象征化为一个本体的自在之物,说存在一个先定给予的身体,通过心智的投注将其表象建立为认知对象。事实上,正是心智投注产生身体的边界和统一,“身体的轮廓与形态并非仅仅处于心智与物质间的一种不可化约的张力中,它们就是这一张力本身”②。在这里,巴特勒并不是要否认“身体具有某种显著而持续的物质性”③,她要指出的是,“身体总是以某种方式呈现给我们及其他人”④,“没有一个位置、一种命名和一种质询就不能发现这种身体”⑤,

① [美]朱迪斯·巴特勒:《性别麻烦:女性主义与身份的颠覆》,宋素凤译,上海三联书店2009年版,第10页。

② [美]朱迪斯·巴特勒:《身体之重:论“性别”的话语界限》,李钧鹏译,上海三联书店2011年版,第49页。

③ “我们必须认可并确证一系列有关身体的‘物质性’,这些物质性由生物学、解剖学、生理学、荷尔蒙与化学构造、疾病、年龄、体重、代谢、生命与死亡所意指。”[美]朱迪斯·巴特勒:《身体之重:论“性别”的话语界限》,李钧鹏译,上海三联书店2011年版,第50页。

④ There is a Person Here: An Interview with Judith Butler', *International Journal of Sexuality and Gender Studies* 6, 1-2, 2001, pp.7-23.

⑤ Judith Butler, *Excitable Speech: A Politics of the Performative*, New York: Routledge, 1997, p.5.

即，我们无法想象一种没有获得社会定义的身体的生存场景，在文化表述之外的身体是无法使自身得到理解与辨认的。巴特勒在《身体之重》中对物质性概念的系谱学的批判证实了这一点。通过引入伊瑞葛莱（Luce Irigaray）对柏拉图《蒂迈欧篇》中物质性的解构与排除的反思，巴特勒发现，物质性是通过对女性的排斥与罢黜构成的，性别在身体的物质化过程中形成，并参与了物质性的构筑，并不存在先于性别领受的“我”，正在物质的形成中性别层级得以安排并被掩饰。

由此，巴特勒不赞同女性主义将身体不可化约的物质性作为必要前提，拒绝将“女人”（women）身份作为女性主义政治的统一主体。在巴特勒看来，在性别表达的背后没有性别身份，广义的“女性经验”是不存在的，性别不是被强加了社会性别建构的身体既定特征，而是“某个人”得以生效的异性恋规范理想，通过复现和仪式的沉淀，它控制了身体的物质化，使其成为文化可理解界域内有生命的身体，因而性别的身体是一种“述行”（performativity）的结果，是一个可变的、物质化的过程。在这个意义上，强调一个统一的女人身份，实际上是以物质化的身体形态和边界本身作为文化铭刻的基地，这在女性主义内部设立了排除性的性别规范，结果只有被认可为主体者才能得到再现，从而限制了女性主义原本应该要打开的那些文化可能性。

巴特勒对女性主体身份的这种解构，遭到了包括本哈比、阿斯特、A.阿伦（Amy Allen）等在内的大多数女性主义者的反对，她们担心这将使得女性主义丧失根基，无助于女性在政治领域行使自我权力。然而，在巴特勒看来，对统一身份的解构并不是要解构政治，相反，“这种集体性去认同有利于对物质性/重要的身体以及重要性尚未显现的身体的概念重构”①，而且，“没有了女性主义行动必须建立在某种稳定、统

① ［美］朱迪斯·巴特勒：《身体之重：论“性别”的话语界限》，李钧鹏译，上海三联书店2011年版，第4页。

一、大家都认同的身份上这样的强制性预期，那些行动也许就可以较快地启动。”①

（二）权力—主体批判

巴特勒的性别—话语批判表明，人的被定义过程，实际上就是“在话语的作用下，一个身体主体成为某种性别的过程”。因此，她的女性主义批判是内在于权力—主体批判中来完成的。

我们知道，福柯对个体在权力作用下成为主体过程的描述在西方学界影响巨大。福柯指出，错综复杂的权力形态通过个体化的治理和规训的方式在人的日常生活和意义关系中体现，“它对个人进行归类，用他自己的个体性来标记他，把他与自己的认同联结起来，并将一种他必须识别且他人能够在他身上识别出来的真理法则施加于他。”②通过这种“权力化的技术”，人通过一种“良心”将他联结于自己的身份之中，“向我们描述、让我们去解放的人，其本身已经体现了远比他本人所感觉到的更深入的服从效应。有一种‘灵魂’占据了他，使他得以存在，而这个灵魂本身就是权力驾驭肉体的一个因素。它是政治意志自由的效应和工具；这个灵魂是肉体的监狱。”③正是运用福柯的这种权力批判方法，巴特勒对权力如何通过异性恋矩阵对身体进行管控展开了分析，揭露了社会性别建构机制的历史偶然性。巴特勒指出，“‘成为’某个性别就是一个‘被自然化’的艰辛过程；性别身体的形成过程是由律法管制所渗透的，身体总已经是一种带有想象建构的文化符号。”

为此，很多批评者认为巴特勒将身体等同于话语。事实上，如前所

① ［美］朱迪斯·巴特勒：《性别麻烦：女性主义与身份的颠覆》，宋素凤译，上海三联书店2009年版，第21页。

② ［法］福柯：《主体与权力》，董政译，参见 http://www.360doc.com/content/17/1114/06/45954367_703621442.shtml。

③ Michel Foucault, *Discipline and Punish*, New York: Vintage, 1979, p.30.

述，巴特勒从未清空身体，在对福柯关于规训所生产的身体的描述中，她敏锐地指出，福柯“把从精神分析角度来说丰富的‘精神’概念，缩减为监禁的灵魂”①，使他的理论轻易地穿透了身体，从而没能进一步探究服从的身体与顽固的依恋的关系，不能解释规训制度如何能保证身体自愿地服从惩罚，因而使其原本在身体能力增生中带来的反抗潜能陷入了沉默。巴特勒指出，“如果屈从是服从的一个条件，那么，有理由问：权力所采取的精神形式是什么？”②即，“如果主体是作为对规范的吸纳而形成的，那么，主体形成的理论必须给这个吸纳的过程一个解释，并且，这个吸纳的概念必须被询问以探知它所假想的精神地形学。这种欲望的服从是如何需要并创立这种对于服从的欲望的？”③因此，巴特勒通过将精神分析与福柯的重述相结合，来探讨管制规范如何构筑心智与身体融为一体的“性别化”主体。在《身体之重》和《权力的精神生活》(1997)中，她借助弗洛伊德的身体自我和拉康的身体投射理想型，展现了精神、心灵与身体的物质形态是不可分离的，也展现了权力如何通过对身体之维系的规制而设置身体的边界，表达了一种动态、可变的身体概念。

在具体的论证中，巴特勒让精神分析的压抑—生成论和福柯的权力生产论相互修正，主张“身体必须进入规范和性的理论”④，探讨了“忧郁的”身体在服从中产生的复杂内在心理机制，揭示了权力在身体主体与规范之间的相互交缠和浸染的生成和流动关系。巴特勒发现，一方面，管制权力通过生产和利用个体对社会存在的需求，使其接受并

---

① ［美］朱迪斯·巴特勒：《权力的精神生活：服从的理论》，张生译，江苏人民出版社2009年版，第83页。

② ［美］朱迪斯·巴特勒：《权力的精神生活：服从的理论》，张生译，江苏人民出版社2009年版，第3页。

③ ［美］朱迪斯·巴特勒：《权力的精神生活：服从的理论》，张生译，江苏人民出版社2009年版，第17页。

④ ［美］朱迪斯·巴特勒、［英］欧内斯特·拉克劳、［斯洛文尼亚］斯拉沃热·齐泽克：《偶然性、霸权和普遍性：关于左派的当代对话》，江苏人民出版社2004年版，第163页。

践行臣服的性别规范,将个体塑造为主体,从而权力对欲望的压制变成了个体心理空间中主体对自我的监控和管理;另一方面,起臣服作用的性别规范和范畴为了自身的维持和再生产,必须经主体述行性的引用,而在述行性的引用中,欲望的主体变成了主体的欲望,欲望在对权力认同和屈从中开启并维持了批判的能动性。在这个意义上,巴特勒认为,正是动态可变的身体,使得被放逐的他者可以通过述行性的引用或重复规范,来寻求性别的“批判的颠覆”,进行无先在主体的身体能动反抗。

可以看出,在巴特勒的权力—主体批判中,语言和身体相互构成,使其既看到了性别的主体和限制,也看到了能动性和反抗,彰显出一种将语言性和身体性紧密结合的身体政治理论,其理论中引人注目的“性别述行①”以及在与拉克劳和齐泽克的论辩中提出的“文化翻译”(culture translation)的概念就是建立在身体的这种批判的能动性(critical agency)基础上的。无论是扮装、征引、酷儿再意指的性别述行,还是文化翻译,在巴特勒看来,统治术语都可以在具体语境中被不断地模仿和重新部署,从而使主人的话语失去一些对优先性和开创性的声称,被模仿的替身所占据,由此引发对原来术语的置换,使之从公认的权威中分离出来。这种不同语言间的相互理解“发生于熟悉的、具体范围内的以及已知事物的边缘”,在这个边缘和叙事的断裂中,话语的非趋同性得以浮现,基础性暴力得以揭示出来,普遍性的概念得以跨越边界。

(三)伦理—政治批判

在近期的社会批判中,巴特勒不再如中期那样显著地谈论性别问题,她将批判政治与伦理学紧密相联系,更多转向了当今全球政治问题的讨论。这主要体现在其近期著作《安提戈涅的诉求》(2000)、《消解性别》(2004)、《脆弱不安的生命》(2004)、《说明自身》(2005)、《战争

---

① 巴特勒的性别述行概念较为复杂,限于篇幅此处不予展开分析。

的框架》(2009)以及《主体的诸意义》(2015)中。

对此,很多学者认为这是巴特勒思想从性别研究到伦理政治研究的重大转向。然而,不应忘记,性政治对巴特勒来说一直是政治论争的核心,当她发现现有的伦理通过对人的定义中呈现为一种政治暴力时,自然意识到重新思考伦理的根基,对于发动主体的能动性,激起希望来说必不可少,因此其对主体性别化的话语权力批判便穿透到了对"什么是人?""什么样的生命是可行的?"这个问题的思考。可见,她的伦理政治批判实际上是其对主体性别化批判的另一种深入和继续。当然这也从侧面说明,巴特勒的理论并不是简单内在于女性主义的,她从来不是排斥性地全神贯注于女性主义运动内部的发展,而是女性主义运动定位在更广泛的社会批判和人类解放视野中。

对巴特勒来说,重新思考伦理的根基,从根本上也是在思考性别规范下的脆弱身体。她发现,身体的形成不仅体现了社会性别述行的历史,同时表明,身体具有脆弱特质(precarity)。在近期的著作中,她多处重复论及身体的这种脆弱性。她指出,"肉身所具有的社会性的弱点构成了我们政治生命的一部分:身体是欲望与身体弱点的所在,也是既坚强又脆弱的袒露之地。社会构建了我们的身体,我们同他人紧密相连,但这种联系极易丧失,从而使我们暴露于他人,并因此产生遭受暴力之虞。正因如此,我们才难免'失去'与'受伤'之痛。"①在这里,巴特勒对身体的脆弱性的讲述实际上展开了脆弱性的两个面向:一是在社会政治意义上,人类普遍的脆弱特质意味着人与人之间唇齿相依的生存状况。全然社会性的身体使得人与人之间产生情感碰撞、欲求与渴望,带来赋予我们生机与活力的语言和话语能力。二是在特定社会条件之下,身体成为危及我们生存的条件。身体只有身处于社会性的时空环境中才能生存,这种暴露于他人的"褫夺"状态足以招致残忍

① [美]朱迪斯·巴特勒:《脆弱不安的生命:哀悼与暴力的力量》,何磊、赵英男译,河南大学出版社2013年版,第16页。

与暴力,社会性的风险始终存在。

正是身体脆弱性的第二个面向在现实中带来了人的"脆弱处境"问题,在巴特勒看来,脆弱处境的区分分配问题构成了思考的起点,可以以此反思左翼先锋政治,使之继续冲击、打破身份概念设置的藩篱。她指出,规范暴力的存在使得身体这种脆弱特质的地缘分布是有差异的。在全球不同的地方,有些人的生命丧失足以挑起战争,有些生命失去了似乎不值得悲伤;在身体形态学的地形分布上,身体脆弱特质的分布方式亦极不公平,针对性少数的"异常"身体的规范暴力也发出了"非人化"的信息。权力有区别、有选择地针对并管控特定人群,褫夺某些主体作为人类的资格。

面对这种赋予和剥夺人性的承认规范,巴特勒指出,这种牺牲他人福祉保障自身安全或排除"异常"以稳固自身幻想的方式,正摧毁了借以了解自身的重要途径。她呼吁,伦理政治必须要思考的核心问题是"停止为所有的生命立法",同这种决定"什么样的生命可以作为恰当的人"的规范框架作斗争。她认为,将斗争的中心放在"人"的问题上,就应该看到,承认的规范是可以改变的,关于人的标准也是可以改变的。对于承认规范所生产的人、性别以及性的基本范畴,可以对其进行挪用和重新阐释,使其在触及知识的界限时重获定义,从而坚持否定某种暴力,坚持哀悼某些生命。只有通过从这些规范的运作领域中的协商和社会关系的再阐述,才能给"人"这个范畴带来更新的机会,才使得被排斥的生命能够存活,才会带来伦理和社会转化。

可以看出,在巴特勒的女性主义批判中,人的身体脆弱性被读解为人类的前提条件,它构成了伦理学的基础,是催生各类政治需求的条件,同时,这种脆弱的身体也在与他人身体紧密相连的社会行动中保持动态、生机和活力,从而也成为与"可理解性"的规范斗争中对其进行"文化翻译"的基石和希望。以这种脆弱而又可变的身体为本体,巴特勒反对将"我"置于他者欲望的中心,否定至高无上的自我化约他者的自恋,她不再要求人们对规范负责,而要求我们因对他人的基本依赖而对关系负责。不难看出，这种关系伦理学不同于以平等为正义诉求的女性主义对普遍正义伦理的坚持，也不同于强调性别差异和身份政治的女性主义对关怀价值和贡献的强调，而是一种在全球文化的背景下的承认他者的伦理学。巴特勒正是在这种特别的责任伦理学中重新构想左翼政治思维框架，倡导在对规范与身体感知的关系中发展具身化的非暴力伦理关系。比如，在其近期作品《主体的诸意义》(2015)一书中，巴特勒通过对规范社会世界与身体感官易感性的交缠的思考，反思在受到社会权力和弥散的微观权力影响和塑形下的身体自我如何创造自身，从而进一步推进了对性别—话语和权力—主体的思考，积极探索了身体能动性的希望空间。

三、巴特勒女性主义批判理论的评价

综上所述，重建巴特勒女性主义批判理论，可以勾勒出巴特勒以身体理论为基础，对其激进民主的规划的全面展开。我们看到，巴特勒首先以性别—话语批判为核心内容在对身体的重新概念化中将那些被排斥的身体"重议"为至关重要的存在；其次，她通过揭示权力在身体与文化规范之间的生成和流动，在权力—主体批判的语境中展现社会规范的压制与主体的反抗之间的隐秘关联；最后，当仅靠身体的能动性无法有力抵抗外界的政治暴力时，巴特勒结合全球的政治问题，通过伦理—政治批判对女性主义批判进行推进延伸，进一步讨论脆弱身体给我们带来的伦理政治责任。对此，我们应该站在历史唯物主义的立场上，以具体的辩证分析的态度对其进行总体评价。

(一)巴特勒理论的优越性

在理论上，巴特勒不像法兰克福学派传统的女性主义批判理论家那样致力于在规范上构建女性主义的资本主义社会批判理论，而是用反本质主义挑战了那些将某些性别不服从的身体视为"非人"的社会话语结构和文化结构。由于她将其理论建立在人的“身体”之上，其理论进路更具经验性，体现为直接牵涉我们目前处境的“直接”(immediate)的抗争。巴特勒的女性主义的批判不仅为酷儿理论和跨性别理论开辟了战场，而且其从后结构主义、现象学、语言学等多重视角对身体的革命性理解，极大地拓宽了女性主义政治的深度、边界和理论空间，也提供了女性主义批判理论研究的新方向。

从与相近思潮的比较来看，巴特勒的女性主义批判理论从身体和语言的相互作用中探讨革命政治学，细致入微地分析了性别臣服的复杂动力学，将性别统治状态转变为权力关系的流动领域。这一分析为当代法兰克福学派批判理论填补了权力分析的重要缺口，也使左翼理论在性、性别、身体和欲望中生发出了新的生命力，在当今西方社会批判学界影响深远。

在实践上，巴特勒的女性主义批判理论不仅具有一种正义的道德力量，表达了对人类解放的热切情怀，而且其反对身心二元论，深入揭露性别规范通过身体形塑所施行的隐性歧视和不公，把权力和解放的悖论转变成一种激发批判的生产性张力的理论，在很大程度上颠覆了人们对“有性别的身体”的理解，提供了女性、少数性群体、残障人、社会弱势群体进行身体抗争的实践动力、伦理要求和政治希望，也对后现代语境中女性主义实践的疑惑、困境与出路给予了回答。在全球化的时代，巴特勒的女性主义批判理论可以帮助我们认识全球文化下日常生活话语通过微观身体对中国女性的影响，促使我们反思性别、阶级与城乡等的交织对女性及边缘群体生活处境的影响。具体分析和灵活借鉴巴特勒的女性主义批判理论，将其与中国妇女解放的本土化思想和实践相结合，可以推动我国的女性主义事业的发展，为世界妇女运动作出新的贡献，真正实现女性乃至全人类的全面自由发展和解放。

(二)巴特勒理论的局限性

巴特勒将政治注意力转移并专注到身体上，对极大影响人们生活的政府、生产方式和公民社会这类比较抽象一时难以解决的问题漠然置之,使其理论很大程度上退缩到了语言的阐述中,政治力量难以彰显;其过分学术化的研究倾向也难免使其理论成为书斋里的清谈。21世纪以来巴特勒开始探讨全球化背景下的伦理政治的问题,也是意识到这种局限性而力图更好地去反思的表现。具体来讲,巴特勒理论的局限性突出体现在以下两个方面:

其一,巴特勒对身份的解构和对普遍规范的否定态度使其理论缺乏一定的操作性。巴特勒通过对身体物质性的解构,认为一切规范性的政治理论都是对边缘群体的排除,从而将一切规范都视为"基础主义的一丘之貉",揭露为危险的幻象甚至就是压迫和臣服本身的工具。这种反规范的正义的确会带来论战领域的扩展,然而,"我们对差异性的强调不应摒弃全部具有普遍意义的价值观"①,解放的或前瞻的乌托邦希望(anticipatory-utopian)对女性主义批判理论必不可少。正如弗雷泽所说,反规范的正义不能依靠自身克服不公正。"克服不公正至少需要两个额外的条件:第一,一种相对稳定的结构,在其中诉求能够得到公正地诊疗;第二,矫正的制度化结构和方法。这两个条件在反规范正义中都是缺席的。"②换言之,巴特勒对规范的拒绝排斥了一系列批判性的思想和谋求解放的策略,妨碍我们采取一切有效的政治行动。

其二,巴特勒虽在理论上将身体与语言紧密结合,但它将性别统治的解放仅仅诉之于身体的性别述行、文化翻译或寄托于非暴力的关系伦理学,这最终排除了总体上超越资本主义的方法。巴特勒的微观政治只强调独具个性的权力关系,关注在暂时的事件、实践和目标中进行个别的、单独的抵抗行动,从而缺乏对所处历史时期、社会政治环境和

① [美]埃伦·梅克辛斯·伍德、约翰·贝拉米·福斯特:《保卫历史:马克思主义与后现代主义》,郝名玮译,社会科学文献出版社2009年版,第13页。

② [美]南希·弗雷泽:《异性恋、错误承认与资本主义:答朱迪斯·巴特勒》,[美]凯文·奥尔森编:《伤害+侮辱——争论中的再分配、承认和代表权》,高静宇译,上海人民出版社2009年版,第66页。

经济条件的系统相关性作出有说服力而全面的解释。应该认识到,巴特勒将解放付诸性别述行、文化翻译和非暴力的伦理呼吁,实际上把资本主义作为霸权斗争的必需背景论题化了,而终归臣服于未经质疑的新自由主义资本主义命令。因为仅仅靠阐释而不触及产生性别劣势的深层结构,无法带来团结一致的人类总解放,无法实现真正的社会变革,而只能削弱对资本主义进行彻底批判的能力以及政治活动能量。

事实上,在当今资本主义全球化的过程中,资本逻辑影响着整个社会秩序,无所不在的资本权力全面渗透于社会生活中。资本主义的这种“整体化”状态带来了父权制和资本主义的亲密结盟,具有偏见的性别文化规范制度化于资本主义国家和经济体制的深层结构之中。这正如杨(Iris Marion Young)所指出的,经济的剥削、社会上的边缘化、无权力、文化帝国主义以及暴力等压迫的各种面孔是混杂在一起的。可以看到,“这个制度中的一切事务都是相互关联的,构成了一个整体。因此,这一制度需要进行一种完全的、终极性的变革,而不是零零星星的‘改良’”。① 既然女性主义运动中文化变革的诉求与经济变革等诉求是相互重叠、彼此强化的,那么,我们就不能满足于只是将政治斗争仅停留在文化层面上,不能满足于不断地重新进行以自我为中心的性别述行和文化翻译,而应该看到反映共同利益的政治和进行集体主义社会斗争的政治既是有基础的也是必要的,应该努力统一这些反对行动,将解放政治和身体的微观政治有效结合起来。

总之,在女性主义批判事业中,巴特勒的女性主义批判从权力流动的角度上补充了规范话语的问题性。法兰克福学派的女性主义批判从规范性上的审视使解放更具有现实操作性。综上所述,笔者认为,在当下中国的女性主义事业乃至全球反抗性别压迫斗争方面,应该将融对话特点与制度性特点于一体的反思的正义与巴特勒的女性主义批判相

---

① [美]埃伦·梅克辛斯·伍德、约翰·贝拉米·福斯特:《保卫历史》,郝名玮译,社会科学文献出版社2009年版,第208页。

结合,既应该深度和复杂地对权力诸关系进行分析和诊断,维持批判理论方法论的独特性,避免陷入“单纯的规范哲学”,又要肯定理论的“恰当的规范”,在权力和解放生产性的张力中保持解放的或前瞻的乌托邦批判希望。

(作者　山东科技大学副教授)

民粹主义研究

以人民的名义

——论拉克劳民粹主义理论的政治介入

郑　端

摘要:由于特殊的文化背景和政治经历,民粹主义问题一直是拉克劳思想关注的核心问题之一,1977 年他就发表了《通向民粹主义理论》一文,2005 年又出版了《民粹主义理性批判》专著。拉克劳的民粹主义理论有两个面向,在《通向民粹主义理论》中,他把马克思主义的阶级内容与一般意义上的民粹主义政治动员方式结合起来,以政治中立的方式对民粹主义政治做一般的理论解释。这是他的民粹主义理论的浅层逻辑。二是在《民粹主义理性》中,拉克劳以左翼理论家身份对民粹主义进行理论介入,他不仅把民粹主义视为一般意义上现代政治的构成因素,而且视为政治本身和左翼政治的方向。这是其民粹主义理论的深层逻辑。在民粹主义深层逻辑中,拉克劳区分了"政治"还是"人民"概念的本体论和实体论层面,并强调前者对后者的优先性。通过它们,我们可以把政治理解为以命名为核心的霸权斗争,把左翼政治理解为人民的解放斗争过程。虽然拉克劳的民粹主义理论带有思辨哲学色彩,但包含着现实的政治内容,一方面它反对后现代主义把差异非政治化,另一方面批判新自由主义虚假同质化的意识形态霸权。就此而言,拉克劳的理论有一定的积极意义。

关键词:拉克劳　民粹主义　政治主体　命名

对庇隆主义的第一手经验可以说是阿根廷左翼思想家厄内斯托·拉克劳的整个学术思想的背景,也是把握其民粹主义思想源头的关键。关于早期特殊经历的影响,拉克劳自己曾说:“我对民粹主义的兴趣来源于阿根廷的庇隆主义运动……现在十分清晰的是,在那个背景下,当越来越多的民粹主义需求凝聚在特定的意识形态极点时,这一群众动员和群众意识形态形成过程就不能仅仅以阶级的术语来理解。”①早在1977年的《马克思主义理论中的政治和意识形态》一书中,他就在《通向民粹主义理论》一章开始讨论民粹主义现象,在这里,他将阶级之外的“人民”纳入了左翼政治的视野当中,试图超越经典马克思主义的阶级分析理论的局限性。在近30年之后,拉克劳又回到民粹主义问题,出版了《民粹主义理性》(2005)一书。在这里,他不仅用民粹主义理论来补充马克思主义,而且强调民粹主义问题的普遍性,而且强调民粹主义就是政治本身。与流行的观点相反,拉克劳不仅反对把民粹主义看作是进步主义政治应该摆脱的一种政治不成熟状态或者一种非理性的威胁,而且认为它是社会底层走向政治建构自己的霸权的真正途径。

拉克劳之以回到民粹主义问题有两方面的原因:一方面,无论是拉丁美洲的新民粹主义还是当今欧洲逐渐复苏的右翼民粹主义都表明,再一次成了民粹主义并没有消失,它始终是当代政治必须面对的棘手问题。另一方面,随着工人阶级政治的危机,进步的政治运动越来越诉诸“人民”而不是阶级来表达自己的诉求。在当今,我们从朗西埃的“穷人们”、齐泽克的“多余者”、维尔诺、哈特和奈格里等人的“多众”概念中都可以看到一个非工人阶级的“人民”的影子。拉克劳此时回到人民问题,回到民粹主义,可视为是对当下左翼政治困境的一种回应。然而,初窥《民粹主义理性》似乎很难发现他的理论与现实有什么直接的联系。与一般学者关注经验性的民粹主义现象不同,拉克劳似

---

① “Hegemony and Socialism: An Interview with Chantal Mouffe and Ernesto Laclau”, http://anselmocarranco.tripod.com/id68.html, Palinurus: Engaging Political Philosophy, 2007.

乎更多地讨论能指、命名、政治和人民等概念，是理论逻辑问题。拉克劳认为，民粹主义内在于一切政治话语之中，它不是一种政治立场的特称，相反，“简单来说是政治本身”①。在此意义上，似乎民粹主义与现实政治无关，它仅仅是一个用来思考政治概念的理论工具。然而，这一印象是错误的。正如马佐里尼(Samuele Mazzolini)所指出的，民粹主义对于拉克劳来说有两重意义。一方面它是一种我们用来理解各种民粹主义现象的“本体论—描述性观念”②，此意义上的民粹主义可以指涉以不同的意识形态标识的历史事件，如庇隆主义、英国宪章运动等。另一方面他将民粹主义看作一种特殊的政治立场，一种超越抽象自由主义和工人主义政治的斗争形式，一种当今左派应该采取的政治斗争形式。基于马佐里尼的区分，笔者认为，拉克劳的民粹主义理论是由双重逻辑组成的，一个表层的逻辑，一种是深层的逻辑。表层的逻辑解释了民粹主义何以是一切政治的组织逻辑，以及左翼运动为何特别需要运用这种逻辑进行政治动员，而深层的逻辑强调，民粹主义是底层人民的政治命名和出场形式，即以“人民”名义展开的反抗和斗争。有趣的是，这两层逻辑与前后期两个文本之间形成对应关系，浅层逻辑在拉克劳的《通往民粹主义理论》中得到较系统的阐述，深层逻辑在《民粹主义理性》中得到充分的论述。本文将以此为线索展开自己的讨论。

一、意识形态召询的阶级主体之名

在1977年出版的《马克思主义理论中的政治和意识形态》一书最后一章《通往民粹主义理论》中，拉克劳已经初步提出了自己的民粹主义理论。如果不考虑术语，两本书的民粹主义一般理论逻辑上是大体一致的。它们都认为，任何政治都包含着“占统治地位意识形态”与

① Laclau, Ernesto. *On Populist Reason*. London: Verso, 2005, p.xi.

② Samuele Mazzolini, Laclau and Populism: *Is Constructing a People a Viable Option for the Left*?, HM Rome Conference 2015.

“现状”的对抗关系，围绕着这一对抗关系，民粹主义可以和其他意识形态进行链接(articulation)，从而提出自己的主张，但同时也有可能被现状/体制吸收，而被消解为一般意义上的“差异”。但是，在“人民”如何出场这一问题上，两个文本还是有较大差别的，前者把“人民”概念理解为一般意义上的意识形态元素，可以最终被阶级斗争“多元决定”而吸收进入具体的历史阵营。而后者除了作为一种民粹主义政治逻辑中的“空的能指”以外，则把人民与社会底层人民的斗争联系起来。让我们先来看看在《通往民粹主义理论》中，人民是如何出场的。

在《马克思主义理论中的政治和意识形态》中，拉克劳的思想深受阿尔都塞影响，他把民粹主义理解为“对于占主导地位意识形态的一种作为综合—对抗综合体(synthetic-antagonistic complex)的大众—民主召询(popular-democratic interpellations)”①。在拉克劳看来，这一民粹主义的大众召询是我们理解资本主义社会具体的社会结构的关键，因为他们是霸权斗争的目标，从而也定义了特定的社会秩序中的主要关系。我们知道，召询(interpellation)概念来自阿尔都塞的意识形态国家机器理论。阿尔都塞明确地说：“一切意识形态都是通过主体范畴的作用，把具体个人呼叫或建构成具体主体的”②，在这里，意识形态召唤与个人的主体化是相互依赖的，一种意识形态将个人召询为主体，同时意味着主体被意识形态机器俘获，被置于社会秩序的某个特定的位置，因此，我们要考察主体，就首先要考察召询其出场的意识形态。在《通往民粹主义理论》一文中，拉克劳认为，大众—民主召询有三个特点：第一是大众—民主召询的对抗性。拉克劳观察到，有非常多的意识形态和运动都召唤“人民”来为自己的意识形态提供合法化基础，但并不是所有这样的意识形态和运动都可称为民粹主义。一种意识形态之所以能被称为民粹主义，关键在于它与占主导地位的意识形态之间的

① Laclau, Ernesto. *Politics and Ideology in Marxist Theory: Capitalism, Fascism, Populism*. London: NLB, 1977, pp.172-173.

② [法]阿尔都塞：《列宁与哲学》，杜章智译，远流出版公司1990年版，第191页。

关系是对抗性的。同时,主导意识形态也试图对被统治者的对抗"中和化"(neturalize),将"人民"的民粹话语吸收,而消解其反抗潜能。第二点是阶级对抗的首要性。拉克劳认为,一个社会的对抗性主要是阶级之间的对抗性,但是,用来与主导意识形态相斗争的意识形态不能局限于阶级方面的内容。他认为,与占主导地位阶级相对抗可以与各种民主斗争相联系,但最终起决定作用的因素是这种复合斗争中的阶级面向。就此而言,"民粹意识形态……根据阶级斗争的韵律而改变"①。第三点则是民粹民主斗争的流动性。拉克劳区分了社会主义运动中的社会主义传统和大众—民主传统,而大众—民主召询则是面向大众,与阶级召询的区别在于,它与经济层面进行的斗争并不相关,但可以对被压迫阶级进行动员并把它们链接到阶级斗争之中,以此来挑战统治阶级。大众—民主斗争形式的特点是,它可以在人民和阶级之间进行切换,但是,仍然是阶级意识形态提供了一种更为稳定的对抗统治阶级的框架,是阶级斗争为民粹主义提供意识形态内容。

从以上粗略的讨论可以看到,在拉克劳的早期理论中,民粹主义的大众—民主斗争相对于阶级斗争只具有从属地位,虽然它可以成为社会主义运动的一个要素。早期拉克劳的理论仍然被阿尔都塞范式所主导,革命的主体是需要被召询而产生的,而这种召询的双重面向使得这一主体也有双重面向,革命主体一方面是大众—民主传统中的"人民",另一方面也是基于生产关系的"无产阶级",即便如此,拉克劳仍然认为,"'人民'不仅仅是一种修辞概念,而且是一种在具体社会构造中的主要矛盾的两级之一层面上的客观规定性"②。大众—民主传统的民粹主义是矛盾的统一体,其中人民/权力矛盾的民粹主义面向和生

① Laclau, Ernesto. *Politics and Ideology in Marxist Theory: Capitalism, Fascism, Populism.* London: NLB, 1977, p.171.

② Laclau, Ernesto. *Politics and Ideology in Marxist Theory: Capitalism, Fascism, Populism.* London: NLB, 1977, p.165.

产关系的阶级斗争面向相互交织，构成“政治话语的双重链接”①，而两者之间的辩证张力“决定了意识形态的形式”。不过，早期拉克劳认为，在这一人民/权力斗争与阶级斗争的双重链接中，起决定作用的仍然是阶级斗争②，民粹主义传统无法构成一种稳定的、组织化的话语，而能够改变意识形态的，最终也只有“通过阶级斗争，也就是通过主体的生产和话语的连接/去链接”③。此时，虽然政治主体的出场是由一种双重链接的意识形态所召询出来的带有双重面向的主体，但由于生产关系的最终决定作用，政治主体只能是以“人民”命名的阶级。

拉克劳的早期理论在政治上支持一种“社会主义的民粹主义”。这一立场的特征是把民粹主义纳入社会主义话语之中，并认为，“社会主义民粹主义不是工人阶级最为落后的意识形态，而是其最为发达的意识形态”。④ 因为他看到，工人阶级的阶级斗争传统会发生断裂，但大众—民主传统却一直能够保持活力，因此，马克思主义和社会主义者需要关注这一传统。可以说，在《通向民粹主义理论》中，拉克劳提出了一个民粹主义理论的浅层逻辑，即把大众民主传统视为社会主义传统的一部分，认为民粹主义可以为阶级斗争注入新的活力，主张在左翼和民粹主义进行链接，建立政治联盟，但是，政治主体归根到底仍然是作为阶级的“人民”。

二、作为政治构成性的人民

拉克劳以后马克思主义著称，其代表作是 1985 年的《霸权与社会

---

① Laclau, Ernesto. *Politics and Ideology in Marxist Theory*: *Capitalism*, *Fascism*, *Populism*. London: NLB, 1977, p.194.

② Laclau, Ernesto. *Politics and Ideology in Marxist Theory*: *Capitalism*, *Fascism*, *Populism*. London: NLB, 1977, p.160.

③ Laclau, Ernesto. *Politics and Ideology in Marxist Theory*: *Capitalism*, *Fascism*, *Populism*. London: NLB, 1977, p.109.

④ Laclau, Ernesto. *Politics and Ideology in Marxist Theory*: *Capitalism*, *Fascism*, *Populism*. London: NLB, 1977, p.174.

主义策略》,在此之前他的理论可以称为新的马克思主义,其努力的目标是把西方发达国家的新社会运动纳入马克思主义的理论框架,用民粹主义理论补充和完善马克思主义的阶级分析和社会主义政治理论。但是,在明确转向后马克思主义立场后,他不仅放弃了早期著作中微弱的历史唯物主义要素,即经济基础在社会结构中的终极决定作用,而且也放弃了他早期著作中保留的阶级和阶级斗争理论要素。这一立场转向不能不影响着他对民粹主义的理论。拉克劳后马克思主义时期的民粹主义理论集中体现在《民粹主义理性》这部著作中,在这里,他完全独立于马克思的阶级理论发展出了一套高度形式化又有特殊现实针对性的民粹主义理论。在他对民粹主义的考察中,他将霸权、民粹主义和政治本身这三者画上了等号,他反对将民粹主义看成是一种具体的意识形态内容,而认为其是一种政治的基础逻辑,这样他对民粹主义的定义一方面试图纠正传统学者以及日常政治用语中对民粹主义概念使用的混乱,另一方面,通过这种逻辑,他为他和墨菲提出的激进民主的政治计划"命名"出了一种政治主体。下面笔者从五个方面来讨论拉克劳新的民粹主义逻辑。

(一)社会需求

在《民粹主义理性》中,拉克劳不仅是"无怨无悔的"后马克思主义者,彻底放弃了所谓的马克思主义传统的本质主义残余,而且也放弃了阿尔都塞的结构主义立场。拉克劳认为,当代政治哲学首先要解决的问题是"集体身份构成的性质和逻辑"①问题,而《民粹主义理性》表明,民粹主义的政治命名和动员方式具有普遍意义,对理解一般的政治逻辑有重要意义。拉克劳以"民粹主义理性"为书名,本身就具有挑战性,它既不是把民粹主义理解为落后原始的政治意识形态,也不是把它理解为政治的非理性病症,而是把民粹主义理解为一种政治理性形式。

---

① Laclau,Ernesto.*On Populist Reason*.London:Verso,2005,p.ix.

在拉克劳对它的解释中，这一政治理性形式包含着复杂的环节和要素。它的第一个环节就是“社会需求”(social demands)，而不是团体或者政党。社会需要概念特别重要，当今许多民粹主义运动，比如“占领华尔街”“阿拉伯之春”等，不是以阶级或政党为基础，而是高度分散、多元的社会力量受共同的社会需要影响而发生的。

民粹主义出现的条件是什么？拉克劳认为是社会发生了某种“原生危机”，即出现了无法被现有体制以差异化的方式吸收和满足的社会需求。由于这些社会需求的完全异质性，它们无法在现有体制的等同逻辑中被同化和满足，不能纳入传统政党政治和阶级政治的渠道，除非它们被链接入一条等同链条，它们的声音才能被听到，它们才能形成自己的阵线。在拉克劳看来，民粹主义的政治起点是某一个社会需求站出来，将自己的名称做成“空的能指”，以部分代表整体的“提喻法”(Synecdoche)的方式，让自己这一特殊需求来代表整个的反体制等同链条，并提出某种针对现有体制的宣称(claim)，从而形成与体制相对立的反体制阵营。在拉克劳的理论中，民粹主义形成的关键是“空的能指”的出现，它与其代表的诸多非同一的社会需求之间形成一个差异—等同张力关系，形成一个用自己的特殊要求来意指一切他者的霸权游戏场。在这里，社会原生危机意味着社会原有的意指系统的非稳定化，意味着某一特定的社会需求有可能作为“浮动的能指”被对立的阵营以差异—等同的方式纳入自己阵营当中，从而构成对原来意指系统的挑战。

对拉克劳来说，民粹主义不是非理性的泛滥，而是一种政治理性。民粹主义的许多特征在传统政治理论看来是应该消除的缺陷和问题，对民粹主义来说，却是其理性的构成性条件。首先，对抗性不是完全消极的，它是政治的前提，没有对抗就没有政治；其次，符号的模糊性是生产政治意义的前提和政治动员的策略性条件。拉克劳的理论可以非常自洽地解释民粹主义一系列模糊之处。比如，由于民粹主义的符号是浮动的能指或空的能指，它可以与其他意识形态链接；由于其名称/口号/意识形态的模糊性和空洞性，它可以链接各种异质性社会需求，广泛地动员和组成自己的政治阵营。显然,民粹主义一般逻辑可以运用于各种后现代政治。问题是,各种异质性社会需求在政治中是链接在一起的,回答这个问题需要了解拉克劳的命名理论。

(二)命名的奠基性

正如前面提到,对拉克劳来说,政治哲学的核心问题是"集体身份构成的性质和逻辑",在今天这个阶级和阶级斗争已经模糊化的时代,集体身份如何建构,如何发挥集体身份的政治潜能,在拉克劳看来,需要通过"空的能指"来进行自我命名。拉克劳反对将身份构成定位于社会结构之中,把身份理解为社会结构的功能定位。在当代社会学中,存在着以群体来取代阶级的倾向,但是,这一研究方法的代价是放弃了身份的政治性,把政治的主体性问题稀释为社会和文化的群体差异问题。这种后现代政治的多元主义理解不仅不能拯救政治概念,而且容易成为西方政治思想的反政治(anti-political)传统的帮凶。在拉克劳看来,这种反政治传统自从柏拉图开始,就试图消除政治并以对一种"善"的或者"公正"的共同体的治理来取代政治。他强调,民粹主义不能实证地定义,社会学无论列举多少特征也无法给出一个前后一致的民粹主义理论。更为重要的是,从西方政治思想出发很难对民粹主义的积极意义作出解释。因为无论是按照正义的自由主义传统,还是按照追求善的共同体主义,民粹主义都被看作一种"危险的剩余",或是一种可以忽视的边缘现象。在当代政治理论中,民粹主义的形象是负面的,即使没有被看作是一种威胁,至少也因为"模糊性、意识形态的空洞性、反智主义及其暂时性特点"而被抛弃。总而言之,实证主义政治科学缺乏理解民粹主义的存在论工具,构成一般的政治分析和政治理论的内在限度。

在拉克劳看来,构成实证主义内在限度的民粹主义恰恰是"理解政治的康庄大道"①,如果我们把政治理论对民粹主义的排斥颠倒过

① Laclau, Ernesto. *On Populist Reason*. London: Verso, 2005, p.67.

来,民粹主义现象就不仅不应该被视为危险的剩余或模糊不清的混乱之物;相反,它应该作为理解政治本质的核心。在这里,问题的关键在于,“人民”这一被命名的政治主体是否能够超越其被动的主体立场?或者这一政治主体是否能被整合入某一结构化的功能之中?奥利佛·马切特认为,政治主体出场和命名的问题关系到政治与社会的关系,一般认为,社会是政治的基础,但在拉克劳看来,情况正好相反,政治是社会的构成和基础。① 政治主体性的出场是一个被命名的过程。在其他社会科学中,命名是一种能指活动,任何团体或者组织总是先作为实体存在,然而我们才能对其进行命名。但在拉克劳看来,政治正好相反,在命名之前政治主体并不存在,命名才使得某一社会角色能够生成。在这里,霸权理论本质是一种命名的理论。政治不是关于某一团体先定的意志或者利益如何被表达的问题,而恰恰在于某一团体是如何获得其名称的问题。在拉克劳的反本质主义和反决定论中,团体的统一性不是源于社会结构中的稳定位置(比如生产关系),而是霸权的示意/链接活动的结果。团体的名称“不是团体统一性的表达,而是其基础”②。在这一点上,他接受齐泽克的“命名是事物的基础”命题。命名为事物统一性和诞生地,以及它的形而上学秘密。

在当代语言哲学中,命名是一个重要问题,在这个问题上存在着描述主义与反描述主义两种立场。拉克劳拒绝描述主义对命名行为的理解,即命名是与其描述性特征一一对应的,比如苹果之名对应的是一种酸甜的、圆形的、拥有红色外皮的水果。实际上,“苹果”的命名与其描述性特征没有任何本质上的连接。反描述主义的代表克普里克认为,命名是一种奠基性行动,指涉将一个名称与客体连接起来的语言行为,任何命名都是给事物以语言世界的出生证,类似于宗教洗礼。一个客体之获得某个名称完全是偶然的,即使它不再有一组我们以为与它有

---

① Oliver Marchart,“In the name of the people”,*Diacritics*,Vol.35,No.3,pp.2-19.

② Laclau,Ernesto.*On Populist Reason*.London:Verso,2005,p.231.

着“天然”联系的特征时,它的名称也可能仍然不变。比如在另一个世界中,小布什即使不是美国总统,他还会叫小布什。但是,反描述主义者也有自己的问题,他无法回答这一命名之可能性的来源,在这个问题上,拉克劳认同齐泽克一个观点:事物的同一性是“命名自身的回溯性效果”,或者说,“是名称本身,这一能指,来支持任何客体的同一性”①。命名是一种赋予事物内在统一性的能指,而同一性是命名的回溯性作用的结果。在拉克劳看来,“人民”的政治认同或同一性也是通过命名过程被给予的。

当然,“人民”并非是一个新的政治概念,然而,通过命名理论可以给人民概念提供新的理解。在主流政治理论中,“人民”(people)通常指人口学意义上的“人民全体”(population)。但在民粹主义中,“人民”指的是“庶民”(plebs),或者是“社会底层人”(underprivileged)②。但是,仅仅赋予一个词以新的含义还是不够,“庶民”本身还不是民粹主义的人民,它要成为积极的政治主体,还必须有一个特殊的“庶民”(plebs)站出来声称自己代表普遍的“人民全体”(populus),这时,“庶民”就不仅是“庶民”,而且是“人民”。拉克劳把这一以部分代表整体的特殊的命名逻辑称为“提喻法”。在拉克劳的理论中,提喻法是民粹主义理性特有的逻辑。一个属于这一整体的特殊性站出来代表整体性,并且以自己的名称为这一整体命名。在这里,具体的特殊性并没有完全放弃自己,但通过提喻法它赋予了自己特殊性以更多的意义。在拉克劳那里,“人民”既不是同质化的全体人民,也不是后现代主义那种无通约性的差异和特殊性的集合,它的真正意思是,一种特殊的存在因其是整体中的“无部分的部分”反而成了共同体之全部的人民。在拉克劳独特的提喻法中,“人民”是庶民,但又不是一般意义上的庶民,而是自认为自己代表了受压迫人民的特殊的庶民。

---

① Žižek, Slavoj. *The Sublime Object of Ideology*. London: Verso, 1989, p.95.

② Laclau, Ernesto. *On Populist Reason*. London: Verso, 2005, p.81.

在拉克劳的民粹主义理性概念中，命名概念取代了实体成为政治认同的本体论基础，而其提喻法构成了民粹主义理性的特殊理论逻辑。在拉克劳看来，作为政治主体的"人民"需要被命名才能够出现，但问题是，如果命名是政治的基础，是否意味着任何人只要宣称自己是"人民"，就获得了政治主体身份呢？显然问题没有这么简单。在拉克劳那里，政治的（the political）是一个非常关键的概念，正如海德格尔认为存在与存在者之间存在着本体论差异一样，在拉克劳那里，存在论意义上的政治的（the political）和实体论上的政治（politics）之间也存在着本体论差异，作为政治主体的人民既不仅仅是本体论意义的存在，也不仅仅是实体论意义上的存在，它处在人民这一概念的本体论和实体论的自我区分之中。因此，对它的理解还需要对政治概念做进一步的解释。

（三）作为存在论政治之名的民粹主义

在民粹主义和政治之间关系问题上，拉克劳有两个看似矛盾的论述。一方面，他认为民粹主义就是政治本身："民粹主义不就成为政治的同义词了吗？对此答案只能是肯定的。"①另一方面他又说道："我尝试的不是找到民粹主义的真正的指涉，而是恰恰相反：我是要展示民粹主义没有任何指涉统一性，因为它不是属于某一界限分明的现象，而是属于一种效果，一种涉及许多现象的社会逻辑。扼要地说，民粹主义是一种构建政治的（political）方式"②。显然，这两个论述表面上是相互矛盾的。如果民粹主义就是政治本身的话，那就无须从中区分出建构政治的方式和非建构政治的方式；反之，如果民粹主义仅当其成为建构政治的方式时，才是政治的，那么，我们就不说民粹主义就是政治本身，是政治的同义词。

如何解开这个矛盾？答案在于政治概念有着不同的含义。在拉克

① Laclau，"Populism：What's in a name?"，*Populism and the Mirror of Democracy*，ed by Francisco Panizza，Verso，2005，p.47.

② Laclau，Ernesto.*On Populist Reason*.London：Verso，2005，p.xi.

劳看来,我们应该区分为实体(ontic)层面的政治(politics)和存在论(ontological)层面的政治的(political)。虽然这两者的差异在汉语中殊难表达,但意思是清楚的。实体层面的政治(politics)可以理解为具体的社会实践,在这里,政治不仅有现成的形式,而且有明确的领域。在实体层面政治层面之中,具体的政治实践可以有民粹主义的政治和非民粹主义的政治,他们可以被看作是光谱的两极,民粹主义政治涉及将多种需求等同的过程,而非民粹主义政治仅仅是个别的吸收协调特殊的需求。① 存在论的"政治的"(the political)是一个形式化的概念,它不是社会的某个领域,而是指任何以政治方式行动的人类一切活动,包括命名、链接、区分、霸权化等。这两个概念的差别大致可以把前者理解为被构成的,把后者理解为构成性的。

在拉克劳看来,存在论意义上的政治对于社会来说是构成性的,它决定了我们会置身于怎样的社会之中,不是社会是政治的基础,相反,社会是政治的沉淀物,它们之间的关系就如行动和行动的结果一样。但是,这一存在论层面上的政治通常对我们来说是遮蔽着的。因为社会沉淀会将自己展现为一种常量,我们往往忘记它本身并非在先的实体,而只是以前霸权斗争的结果。所以,拉克劳强调,从实体政治的角度来说,我们是无法触及存在论的政治层面。但是,我们不能把存在论的政治理解为超验性存在,只能被思想所把握,与现实无关。在某种意义上,拉克劳的存在论的政治类似于拉康的实体界,它虽然不像想象界和象征界的事物一样被表象或符号化,但是,作为无法还原的对抗性,它总是不断地侵入我们的符号秩序之中,对现有秩序构成挑战。在《霸权与社会主义策略》中,拉克劳说认为自己的后马克思主义是一种新的政治本体论,这种本体论既反对传统马克思主义中经济决定政治的线性因果关系,也不同意结构主义马克思主义把政治理解为政治与其他社会结构领域之间的相互作用关系。在拉克劳来说,政治不仅仅

① 参见 Griggs and Howarth,2008。

(暂时性的)构成了社会的封闭,而且同时阻止了社会的封闭。换句话说,在拉克劳看来,民粹主义话语和实践都是直指这一社会关系中本体论层面的政治本身的,而民粹主义实践也就是社会分成对抗的阵营,而双方(或者多方)之间不断地争夺霸权的斗争过程。① 正是通过我们对"政治"作为被构成物与"政治的"作为构成性活动之间的区分,拉克劳赋予了自己的理论以激进政治内涵。

一方面,拉克劳强调,民粹主义是"理解政治的康庄大道",民粹主义是政治本身,如果把民粹主义边缘化或把它理解为一种病症,就会错过政治的形而上学之维或存在论之维。另一方面,民粹主义是一种政治的命名,如果我们将命名的逻辑运用于民粹主义自身,实际上是要寻找其政治的(the political)之名,是对民粹主义政治的重新命名。前面我们已经提到了命名成为事物的根据,对于拉克劳来说,要彰显政治的(the political)层面就必须对其进行命名。这里涉及拉克劳对于概念和命名的差别。在拉克劳看来,概念属于差异化逻辑,在这里,一个内容依据其与他者的差异化而被分配到一个特定的差异化位置,而命名是一种等同逻辑,它将差异性结构化成为等同链条的节点。在概念中,一个事物就是它自身,它处在与其他事物的差异关系之中,而在命名中,一个单独的名字承担起代表整体的任务,而同时并不表达任何"先于它(命名过程)的概念统一性"。在拉克劳看来,正如存在论意义上的政治意味着社会的不可能性一样,存在论意义上的命名也意味着概念的不可能性。命名不会凭空发生,它意味着我们总是在一个崎岖且模糊地带中寻找概念但又无法实现这一目的。一般的社会科学方法是概念论的,它把民粹主义视为某种实体的(ontic)物,并试图寻找它的"真正"定义。但对于拉克劳来说,民粹主义就不是一个政治的局部现象,而是政治的命名行动。这就是意味着,政治不是一种概念式把握事物,

---

① Laclau, E. and Mouffe, C. *Hegemony and Socialist Strategy*. London: Verso. 1985; Glynos and Howarth, Glynos, J. and Howarth, D. *Logics of Critical Explanation in Social and Political Theory*. London: Routledge. 2007.

而是一种政治介入行动，对民粹主义的命名本身就是介入它的命名和霸权活动之中。所谓民粹主义就是政治本身是指，实体的民粹主义虽然是一种政治，但它代表着政治的（the political）存在论之维。以拉克劳的提喻来说，民粹主义政治（politics）虽然是一种政治，但它代表了存在论意义上的政治的（the political）本身。正如奥利佛·玛切特所指出的，拉克劳的民粹主义理论是一种政治介入，它的目的是要挑战对社会的概念式理解的社会科学，挑战那种把存在论政治之维排除出去的对政治的非政治化理解。① 拉克劳通过对存在论政治之维与实体论政治之维之间优先关系的颠倒，改变了政治理论的土壤，让其有可能从概念的把握（也就是差异性层面）转化到命名的过程（等同性层面）上来。在此意义上，拉克劳的理论不仅仅是对政治的理论化，同时也是理论的政治化。在拉克劳看来，当代左翼政治一个重要的困境是对政治对抗性的忽视。在新自由主义主导的全球化进程中，差异化逻辑盛行的后果是维持现状，把政治替换成治理。具体到民粹主义问题上，现有的政治学和社会科学不是把民粹主义边缘化，就是把它病症化，运用差异化逻辑对它们进行治理，完全抹杀民粹主义以“人民”之名对社会进行重构的可能性条件。就此而言，拉克劳的理论是对新自由主义意识形态的批判。

（四）人民的双重性

前面我们主要讨论了拉克劳如何通过存在论政治与实体论政治的区分，重新把政治存在论化，理解为命名的霸权活动，为重构社会的政治想象提供了哲学的论证。但是，拉克劳的民粹主义理性不仅是新的政治本体论，而且也是一种激进的左翼政治理论。虽然他的理论不像罗尔斯、哈贝马斯等人那样从规范性原则出发，但也有自己的规范意图和目的。民粹主义作为一个描述概念，可以指任何自发的、草根的、反

① Oliver Marchart，“In the name of the people”，*Diacritics*，Vol.35，No.3，pp.2-19.

体制的社会运动,既可用于描述反对的种族民粹主义,也可指进步的人民解放运动。拉克劳以人民为重心来重构民粹主义理论,不仅是想通过民粹主义来重新理解政治的意义,也想恢复人民概念的政治意义,提出一种新的解放政治伦理。

在拉克劳看来,不仅政治有存在论层面和实体层面的双重性,“人民”一词也有双重性,一方面是作为政治(politics)行动者的具体的“人民”,另一方面是存在论政治话语中作为空的能指的“人民”,也就是政治的(the political)主体的人民。正如前面所指出,存在论的政治概念相对于对实体论的政治概念有优先性,同样,存在论的“人民”对实体论的“人民”也具有优先性。但是,这并不意味着存在论与实体论之间没有关系。实际上,理解拉克劳的民粹主义的关键是理解两者之间的悖论关系。作为空的能指的“人民”总是以实体的具体的人民为经验的化身,但其意义又不能被实体的“人民”所穷尽。可以说,每个具体的人民都占据了空的能指的人民的位置,但没有任何一个实体的人民可以完全代表存在论意义上的人民。因为在存在论上人民并不是一个具体的存在,它是一种命名和链接的活动。显然,拉克劳对政治概念的理解可以运用到人民概念之上,两者在结构和特征上是相似的。但拉克劳指出,相对于存在论意义上的政治而言,存在论意义上的人民的作用更为隐蔽,更容易被人们忽视。在存在论层面上,政治主体以人民来命名也就意味着争取自己作为政治主体而存在。这一主体自然无法以逻辑或者经验去证明,我们能看到的是具体的人,但我们从来不可能说,我们看到了主体。那么拉克劳将主体命名为人民,也意味着套用命名的逻辑,为主体的出场找到根据。也就是说,人民之名就成为存在论政治主体的根据。

(五)人民:为异质性命名

为什么“人民”这一能指在当代左翼政治中具有特殊的地位和重要性?拉克劳的解释是人民既具有同一性,也具有异质性,从前者来说，通过人民这一能指我们可以重建左翼政治的普遍目标，从后者来说，为异质性命名意味着政治的合法性不能由某个群体所垄断。拉克劳认为，民粹主义政治的出现不是偶然的，它的历史前提是全球化资本主义中异质性对抗点的增殖。拉克劳在《民粹主义理性》的结论部分提到，其理论的基点就在于异质性，这种作为"不完整的存在或者失败的单一性"而无法被整合到社会示意系统之中的异质性，实际上是作为完满性之阴影而存在的。所以异质性是通过其不在场而在场的。拉克劳有一句话就很关键："这一在场/不在场的后果就是异质性集合，是被差异化的投注（cathected）或者多元决定的（overdetermined）。然而，我们有通过其部分性而代表一个不断后退的整体（ever-receding totality）的部分性客体"。不在场的在场、不完满的完满性是一切政治的可能性条件，而政治总是一种霸权的社会建构，在拉克劳看来，这一社会建构是"生成'人民'的起点"，并且"完全不仅仅是一个学术行为"①。在《政治身份的生成》一文中，拉克劳强调，政治主体的生成绝非是在现有秩序或者具体身份中出现的，而是需要生成出来的。主体是如何生成的，拉克劳与齐泽克的观点一样，都认为主体生成源于真实界即异质性对于符号界和想象界的入侵。在现有的体制中，对抗的异质性无法进入已有的等同链条和差异链条，但它可以通过自己的命名超越现有秩序建立自己的政治认同。回到民粹主义问题上，拉克劳强调，"人民"是"庶民"站出来成为"人民"，"人民"不是现存的存在，而是对异质性的命名，对那些被社会排除在外的底层的庶民的命名。这样他也就确认了这些大众的不满是超越了同意以及异议之间已然规定好了空间之外的，这些被排除被边缘化的需求恰恰就是让"庶民"成为"人民"的关键。但是这些需求也是作为一种缺失，对现有示意空间和话语来说是构成性的。②

---

① Laclau, Ernesto. *On Populist Reason*. London: Verso, 2005, p.224.

② Laclau, Ernesto. *Why Constructing a People is the Main Task of Radical Politics*, *Critical Inquiry*, 2006, p.672.

“人民是对异质性的命名”这一命题的意义不仅是指人民的主体化，而且包含着对一切追求封闭性、完满性和绝对化的政治概念的拒绝。拉克劳强调，虽然每一次异质性的命名都诞生出新的政治主体，但异质性是无法完全消除的。与自由主义的普遍包容和共同体主义的排他性逻辑不同，拉克劳既强调政治主体的自我命名是对特殊性的超越和新的普遍性的出现，又指出每一次命名过程都会有一部分新的异质性被排除在外，用德里达的话来说，异质性是人民的“构成性的外部”，取消了异质性也就取消了政治本身。到这里，我们终于可以回答为什么是“人民”而不是其他能指成为左翼政治的空的能指。因为只有把“人民”视为普遍的能指，我们才能不断地进行一种命名/去命名的过程，让以前忽视的人进入政治过程当中，虽然每一次对人民的政治命名都会产生新的排斥，但它同时也为超越这种排斥提供了规范前提和依据。在《霸权与社会主义策略》中，拉克劳把社会主义理解为围绕着“平等”能指符构成的等同链，不同的政治力量可以围绕这个概念进行斗争，打破已有的限制，赋予其新的内涵。这样，社会主义就成为不断实行着的事业。拉克劳的民粹主义理性理论也是如此。在他看来，当阶级认同和阶级斗争不再具有政治动员和霸权化潜能时，以人民来对异质性力量进行政治命名，可以为底层人成为政治主体提供话语证明，也为左翼政治提供一个区别于其他政治的普遍符号。在这个意义上，拉克劳的民粹主义理性理论不仅是一种新的政治本体论，而且是一种后马克思主义的左翼政治学。在这里，左翼政治是以人民的名义对当代政治的特殊介入，虽然我们无法保证这种政治介入一定产生出令人满意的后果，但至少可以重新激活政治，避免新自由主义霸权的无限宰制和死气沉沉的绝望局面。

结　　语

从 1977 年的《通往民粹主义理论》到 2005 年的《民粹主义理性》，

拉克劳的思想经历了重要变化,也保持着一定的连续性。相距 30 年的两本书在民粹主义的看法上有明显的连续性和一致性。但是,在政治主体性如何出场问题上,两者还是有着一定的差别。在 1977 年的文本中,拉克劳是把民粹主义理解为中性的概念,强调要从左翼的阶级斗争视角对它的政治潜能加以积极的利用。而在《民粹主义理性》中,拉克劳理论的政治介入方式更为复杂和精巧。在这里,他的民粹主义理论建构和作为左翼知识分子的政治介入以有机的方式结合在一起。通过命名的逻辑,拉克劳去除了传统马克思主义的目的论倾向,通过对以人民为核心的民粹主义理念的阐述,他为当代左翼政治开启了更广阔的理论和实践空间。因而,拉克劳的民粹主义理论,不仅仅是一种后现代政治话语,而且是抵制新自由主义霸权和当代世界非政治化倾向的理论介入,是后现代条件西方左翼解放政治的积极努力。

(作者　复旦大学哲学学院博士生)

民粹主义时代

[英]保罗·戈尔巴多[①]

侯丽羽 译

摘要:新自由主义秩序正在坍塌,世界正在进入民粹主义时代。民粹主义可以被视为一种以人民主权为中心诉求的意识形态。民粹主义成为当代政治的主导潮流,是左翼和右翼共同的主导性政治叙事。右翼民粹主义认为主权是民族主权,是与民族共同体有关的权力。左翼民粹主义视金融和贸易的流动为民族共同体的根本威胁。主权问题是右翼和左翼民粹主义的结合点,领土共同体的自决权与保护构成了二者共同的政治诉求。

关键词:民粹主义　人民主权　新自由主义

自英国“脱欧”和特朗普当选美国总统以来,一个形势更加明朗,那就是,我们正站在一个历史性的十字路口,这是一个千载难逢的历史时刻。用黑格尔的话来说,就是“喷薄而出的阳光瞬间照亮了新世界的面貌,缩短了既定秩序的渐衰”。[②] 最近,右翼民粹主义阵营及其候

---

① 保罗·戈尔巴多(Paolo Gerbaudo),英国伦敦国王学院数码文化中心主任、国际社会学协会社会阶层和社会运动研究委员会理事。原文题为“The Populist Era”,刊登于《探测》(*Soundings*)2017年春季刊(总第65期)。

② G.W.F. Hegel, *Phenomenology of Spirit*, trans., A.V Miller, intro., J.N. Findlay, Oxford University Press, 2013, p.7.

选人的一连串胜利不仅表明新自由主义秩序正在坍塌,而且也标志着我们正在进入一个新的世界、一个新的历史时代。在吞噬新自由主义全球化外壳的火焰的照耀下,新世界的面貌若隐若现。这个新世界的特征和我们最近几十年来所熟知的世界有天壤之别。

这个新世界的本质是什么?它给我们带来了报以希望或者深感恐惧的理由吗?备受热议的民粹主义刚从新自由主义秩序的废墟中浮现出来,看起来似乎被特朗普和勒庞的仇恨政治所占据,它只是一种右翼现象吗?正如一些左翼民粹主义者,如美国的伯尼·桑德斯和西班牙的"我们能党"(Podemos)所指出的那样,也许它也带来了自我解放的可能性?

要了解现在的历史情势,我们必须把它看作是两个不同的政治时代之间的过渡时期,用安东尼奥·葛兰西最近常被引用的话来说,这是一个"旧时代正在逝去,新时代尚未来临"的空档期。① 按照这种说法,正在逝去的是新自由主义时代;在剧烈的阵痛中逐渐浮现的新时期则是民粹主义时代。由于自由主义的中心议题已经难以为继,民粹主义将成为左翼和右翼共同的主导性政治叙事。

当代历史的转折点——2007—2008 年的金融危机——不仅造成了普遍的经济困境,而且对于整个新自由主义世界观,譬如创业精神、对能够自我调节的市场的崇拜、建立超越国界及不受国家管控的互联世界的愿景,都是一个致命伤害。对于一些处于资本主义体系中心的国家,尤其是对欧洲和美国来说,这场意识形态危机已经迎来了"民粹主义时刻"(populist moment),或者被称为"民粹主义时代精神"(populist zeitgeist):正在出现的新政治现象填补了所有皈依新自由主义教条的建制派危机遗留下来的虚空——这一切似乎都带有民粹主义的烙印。② 在这个后新自由主义时期,借助于试图跨越左右分裂之趋

① A.Gramsci, *Selections from the Prison Notebooks*, Lawrence and Wishart, 1971.

② C.Mudde, "The populist zeitgeist", *Government and opposition*, 39(4), 2004.

势的幌子,民粹主义才得以出现;而且民粹主义成为反对新自由主义建制力量的共同逻辑。这些反对力量包括美国的唐纳德·特朗普和伯尼·桑德斯,西班牙的“我们能党”(Podemos)和公民党(Ciudadanos),英国的独立党(UKIP)和杰里米·科尔宾。

面对如此高涨的民粹主义浪潮,欧洲和美国的新自由主义精英们对所谓的“民粹主义、无处不在的民粹主义”感到绝望。民粹主义成为当代政治真正的主导潮流。然而,我们似乎一直不能确定这个术语的真正含义。这种困惑源于其长期备受争议的历史:近几十年来,民粹主义常常被视为任何反常或病态现象的万能术语;它被认为起源于所谓的“欧洲病”——许多右翼民粹党派的种族主义、反犹太主义和仇外心理。然而,这种贬低民粹主义的看法似乎毫无用处。民粹主义远不止是一种边缘性的反常现象,它似乎将成为霸权主义的政治逻辑——它不仅表现为右翼排外的丑恶面目,而且还体现在像桑德斯和“我们能党”等人的激进民主、平等的希望与愿景中。

一、全球化世界中对主权的诉求

在21世纪,任何有关民粹主义的讨论必然从埃内斯托·拉克劳(Ernesto Laclau)的作品出发,尤其是《论民粹主义的原因》(*On Populist Reason*)这本书,这本书写于十年前,对于防止简化和贬低民粹主义至关重要,极富远见。① 在拉克劳看来,民粹主义既不是反常也不是例外,而是一种政治逻辑,旨在引发不同元素的特殊接合,以便建构“人民”这个统一主题,从而动员他们反对反应迟钝的政治体制。这种逻辑不同程度地存在于几乎所有的政治现象中,因为所有的政治团体都必定在他们的话语中涉及政治共同体的整体性观念——人民。

然而,在拉克劳关于民粹主义的讨论中存在一个问题,那就是他将

① E.Laclau, *On Populist Reason*, Verso, 2007.

民粹主义视为形式问题而非实际内容,视为风格问题而非实质问题,这种做法比较冒险。可以说,民粹主义既是内容问题又是形式问题。民粹主义言辞的常见特点——对建制派的叫嚣、对人民和民族统一形象的呼吁以及对魅力领袖的频频认同——并不能构成"空洞的所指"(一个能脱离任何特定经验的能指,并且可以与任何政治内容相匹配和配对)。① 毋宁说,它们是一种特定政治内容的表达方式,具有自己的独特之处,而且与过去 30 年来主宰全球的新自由主义世界观——对人民主权的诉求——判然有别。从这个意义上说,民粹主义可以被理解为一种以人民主权的诉求为中心的意识形态。在这种情况下,正式被列入所有共和宪法中的这一原则似乎处境危险。

在通过互联网和跨国公司联通全球的世界中,主权——通常被认为国家在其领土内保持完整权威、管辖疆土的能力——被认为遗弃在历史的垃圾堆中了。但自 2008 年国际金融危机以来,主权又成为左翼和右翼中新出现的民粹主义阵营和领导人坚持援引的一个概念。英国"脱欧"中的"脱欧派"要求"收回控制权",其核心主张是从欧盟那里夺回主权,欧盟被指控剥夺了英国控制自己边界的权力。唐纳德·特朗普在美国的总统竞选中也使用"主权"这一主题。他坚称自己的移民计划和提议的贸易协定改革将确保"美国的繁荣、安全、主权",并经常攻击"自由派精英"的"全球主义"。在法国,玛丽娜·勒庞长篇大论地反对欧盟、移民和恐怖主义,一有机会她就提及"主权",这一概念也是她竞选法国下一任总统的核心理念。在意大利,"五星运动"也经常呼吁主权。2016 年,作为"五星运动"的领导人之一,亚历山德罗·迪·巴蒂斯塔宣布:"主权属于人民",并且说意大利应该放弃欧元,重新获得对经济的控制权。

但是,主权问题并非专属于右翼和中间阵营,它在左翼阵营中也普遍存在。对人民主权的诉求是 2011 年各种广场运动的关键——"阿拉

---

① E.Laclau, *On Populist Reason*, Verso, 2007.

伯之春”、西班牙“愤怒运动”(*Indignados*)、希腊“反紧缩运动”(*Aganaktismenoi*)和“占领华尔街”,这些运动都要求人民收回国家权力,并控制贸易和金融流动。在西班牙,“我们能党”领导人巴勃罗·伊格莱西亚斯(Pablo Iglesias)经常将自己描绘成一个苏维埃社会主义者,而且他一贯采用爱国的话语。尽管伊格莱西亚斯批评“脱欧”战略,但他认为,民族国家应该在欧盟内部恢复其“主权能力”。在美国,像唐纳德·特朗普一样,伯尼·桑德斯批评全球金融和全球贸易。桑德斯反对“跨太平洋伙伴关系贸易协定”(TPP),认为这将“削弱美国的主权”。此外,左翼民族主义运动,如在苏格兰和加泰罗尼亚的民族主义运动,在追求国家自决方面,提出了主权的概念。

因此,可以说,主权已经成为当代政治的“主宰性能指”(master-signifier):它是一个话语和政治的战场,它将决定后新自由主义时代的霸权争夺方向是前进还是倒退。但究竟何为主权,更确切地说,何为人民主权?

在探讨这个问题时,有必要说明,主权本身是一个饱受争议的术语。尽管许多左翼自由主义的作者,如乔治·阿甘本和安东尼奥·内格里都认为主权与威权、右翼政治有着必然联系——许多活动家对此心存疑惑——但主权概念的内涵和政治意蕴远比这个判断更为复杂。

诚然,主权概念出现在专制国家和君主制国家崛起之时,这些国家制度试图对某一特定领土施以绝对统治。然而,作为其具体变体的“人民主权”,也成为民族—人民民主的支柱之一,并被视为有效民主政府的必要条件。从人民民主在卢梭作品中的重要性,及其对雅各宾派和法国大革命、美国革命的影响来看,它是左翼历史发展史上的一个基本概念。① 对主权的诉求也是19世纪运动的一个特点。譬如俄罗斯的民粹主义者(民粹主义术语的起源)和英国的宪章主义者,他们通常被称为民粹主义者,都试图动员人民大众来反对专制政权的统治。

① J.Rousseau, *The Social Contract*, Penguin Books, 2006.

最后,人民主权的概念由第二次世界大战后第三世界的民族解放运动动员起来,最近则由查韦斯和莫拉莱斯的拉丁美洲社会主义民粹主义动员起来,这些运动都试图摆脱美帝国主义的控制。

在我们目前的历史情境下,在1929年以来最严重的资本主义危机之后,在这个无孔不入的互联互通的时代——这个时代特点已经在谷歌、亚马逊和脸书等资本主义公司的全球触角中显示出来——对人民主权的诉求有了新的现实意义。左翼与右翼的民粹主义运动以不同的方式要求恢复领土主权——民众自治的空间基础,这是对新自由主义全球化侵扰所导致的破坏和危机的一种回应。其核心观点是,新自由主义的全球化计划以及它所描绘的互联互通的崇高愿景已经创造了一个如同噩梦般的"扁平世界"(正如《纽约时报》专栏作家托马斯·弗里德曼所说的那样)以及一个失去控制和规则的空间。这个空间被资本、服务、商品和人员的流动无缝穿越,而对地方性和全国性共同体造成的后果则不闻不问。正是这种全球市场力量对政治权力的异化引发了"收回控制权"的要求,正如"脱欧"全民公投运动的旗舰口号所称的那样:对领土自决和自治权的诉求是一种对全球流动的反应,全球流动破坏了所有在领土管制方面的努力。

对于左翼的许多人来说,尤其是对那些具有更自由的自由主义和世界主义倾向的人来说,这种主权政治的崛起似乎与由沙文主义和仇外心理驱动的右翼议程密不可分。然而,正如"我们能党"、伯尼和其他人对主权的逐步收复所显示出的情况那样,事实并非如此简单。在后危机时代,一些左翼人士对民粹主义的拥护,并不是对右翼文化霸权的屈服。相反,它源自对以下观念的认同:要对目前的全球化危机作出反应,就必须对左翼计划进行彻底修正。完成这项任务,则需要摆脱若干问题重重的新自由主义设想,这些设想已经被左翼主观化了。

为了探讨民粹主义时代的矛盾性及其核心的主权政治,我们有必要采取长时段的视角。不过,像当前这样动荡的时期,做到这一点,又谈何容易——在经历了明显的长期停滞阶段之后,我们似乎正在经历列宁所言的“几周内发生了几十年事情”的时期。根据这一视角，我们可以看到，目前的情势与两个不同的政治时代——新自由主义时代和民粹主义时代——之间的断层线相吻合，它们都有各自的主导叙事。

二、新自由主义对主权的抨击

新自由主义时代，作为新自由主义“自由市场”意识形态的主导时期，通常被认为出现于20世纪70年代末和80年代。[①] 它由一些思想家，如弗里德里希·哈耶克、卡尔·波普和艾恩·兰德作为指导思想提出，并作为政府政策被罗纳德·里根和玛格丽特·撒切尔等右翼政治家加以实施。正如米歇尔·福柯所说，这个意识形态的关键在于建设一个以“企业的形式”为基本单位的社会结构。[②] 早期自由主义将自由市场视为自然现象。新自由主义，特别是德国“自由主义”的变种，摆脱了早期自由主义在放任原则下形成的自然主义色彩。相反，它认为市场的产生取决于福柯所言的“司法—机制框架”的建设，取决于一个可以发挥资本主义博弈的法律空间。[③] 这个框架形成于全球体系取代了国家对经济的控制并反对意欲纠正市场失衡的社会政策之时。

这一新自由主义学说是对社会主义政治和社会民主的批判性回应。在知识分子进行干预时，早期的新自由主义者如哈耶克认为这是一种霸权逻辑。新自由主义者认为社会主义代表了当代各种主流政治的倾向，在左翼、右翼和中间阵营中都有所体现，它包括“国家控制与干预的新政和人民前线政策，国家社会主义经济和政治……以及苏联

① D.Harvey, *A Brief History of Neoliberalism*, Oxford University Press, 2007.

② M.Foucault, *The Birth Of Biopolitics: Lectures At The College De France*, 1978-1979, Palgrave Macmillan, 2011, p.148.

③ M.Foucault, *The Birth Of Biopolitics: Lectures At The College De France*, 1978-1979, Palgrave Macmillan, 2011, p.73.

的政治和经济选择。”①根据新自由主义者的说法,所有这些阵营都意味着一个干预主义的国家,其最终必然导致纳粹主义。社会主义和社会民主统治经济把国家看作是保证充分就业和经济再分配的规划者。新自由主义者通过批判这种思想,确保了企业的自由和市场竞争的首要地位。

可以说,当前,我们正在目睹一个范式转变,这个转变与发生在社会主义和新自由主义时代的转变类似。民粹主义时代涉及一种新的中心叙事,这种叙事能够重组整个政治空间,迫使所有行为者据此进行定位,要么支持,要么反对。

随着向与社会主义对立的新自由主义时代的过渡,民粹主义时代的出发点是否定前一个政治时代的思想和价值观。民粹主义运动是在反对新自由主义中产生的:新自由主义围绕的议题只是所有民族在激烈竞争的全球市场中的有效参与,而剥夺了民族国家任何实质性的社会目标。这种对新自由主义批评的关键是重塑主权概念,并找到一个在互联互通的世界中地方与国家可以自治、自决的有效形式。主权问题是右翼和左翼民粹主义的结合点。这两个阵营给人们留下的共同印象是:今天的核心政治问题是如何在一个联系异常紧密的世界中重新确立领土控制和自决的形式。对于这个问题,他们给出了截然不同的答案。

在新自由主义时代,关键的政治问题是如何建设一个超越令人失望的国家计划经济以及福特时代官僚主义的新世界;如何建设一个能够自由发挥社会创造力和个人能动性的世界。新自由主义的主要传播者——哈耶克、米塞斯、弗里德曼等人——把社会主义(在他们最初著作中认为是霸权)视为奴隶制,把国家计划和社会政策视为国家官僚力量干涉社会的自发动力,如哈耶克对社会自发秩序(kosmos)和人为

---

① F.A.Hayek, *Law, Legislation and Liberty: A New Statement Of The Liberal Principles Of Justice And Political Economy*, Routledge, 2014.

的国家秩序(taxis)作出的显著区分时所表达的那样。

这些思想家敌视国家计划和保护主义,瞄准了一切形式的民主主权、领土管辖和管制,这些被他们视为自律市场和创业精神的障碍。对主权的敌意是哈耶克的开创性著作《自由宪法》中的明确主题。他将主权描述为“教条主义民主主义者”的原则,“一种新的专断权力的正当理由”。他建议,多数统治应受到长期原则的严格限制,只有如此,才能保证公司和个人的自由免受国家干涉。①

随着1971年美元和黄金脱钩以及1973年石油危机的爆发,这一蓝图在新自由主义的经济和金融自由化政策中得到了具体应用,并在20世纪80、90年代取得了胜利。跨国公司获得更多流动性资本,规避了民族国家的管辖,开始跨国界经营。它们的跨国经营规模为资本家提供了敲诈政府的手段,用以获取更有利的就业和税收政策。与此同时,“避税天堂”激增,这也抑制了主权对税收和资本流动的控制。如尼古拉斯·沙克森所描述的那样,通过对那些被用作海盗海湾的小岛屿或微型国家宣称主权,“避税天堂”颠覆了主权,从而藏匿了从国库中盗取的收益。② 由于全球贸易条约和世界贸易组织的成立而实现的贸易自由化也削弱了民族国家的主权,剥夺了民族国家通过使用关税和其他贸易壁垒保护当地工业的能力,从而置当地工人于全球竞争的底层,导致工资下降和工作条件恶化。

不可否认的是,新自由主义全球化带来的金融、贸易和通信的联通,每天都有积极的变化:基于互联网而形成的全世界人民沟通的潜力;超市货架上的进口产品;旅游限制减少,富裕中产阶级享有更大流动性;对种族和性别多样性更加包容。如南希·弗雷泽(Nancy Fraser)所言,以上所述构成了新自由主义的进步方面。③ 然而,全球的互联互

① F.A.Hayek,*The Constitution of Liberty*,Routledge & Kegan Paul,1960,p.93.

② N.Shaxson,*Treasure Islands:Uncovering The Damage Of Offshore Banking And Tax Havens*,St.Martin's Press,2014.

③ N.Fraser,“*The End of Progressive Neoliberalism*”,Dissent,2 January,2017.

通也造成前所未有的不平等,这种情况在 2017 年 1 月出版的著名的《牛津饥荒救济报告》(Oxfam Report)中有记载:当前,8 个人所拥有的财富相当于最贫穷的 50%的人所拥有的财富。

鉴于新自由主义战争对主权的这些影响,在当前的新自由主义危机中,许多人认为主权是制定替代政治和社会秩序的必要原则,这在意料之中。然而,除去桑德斯和“我们能党”这样的例外情况,在这一轮事件中,大部分左翼都保持缄默。部分原因在于,左翼大部分人,无论他是温和派还是激进派,都吸收了部分新自由主义思想,将关注点转移到中产阶级群体的后物质主义需求上,远离了日益扩大的经济不平等和社会底层的代表(他们有时被称为全球化的遗老)。若要直面 2008 年崩溃造成的震动性后果,左翼迫切需要摆脱无意间沦落为新自由主义计划从属地位的局面,并重新担负起保护工人和社区免遭资本主义蹂躏、争取社会和经济平等的历史使命。

三、重建领土民主与保护

民粹主义的时代肇始于推翻新自由主义时代的不证自明的假设,特别是它对民族—人民主权的争论。从这个意义上来看,民粹主义似乎是新自由主义的克星。在新自由主义宣扬个人自由意志不受任何集团控制和管理束缚之时,民粹主义肯定了集体人民主权的首要地位。在新自由主义提出了一个没有边界、没有壁垒的全球化世界的形象之时,民粹主义不但重申领土和国家的主权,而且主张要在这些离散和毗邻的空间中建立起强大的政治共同体。简而言之,民粹主义试图恢复新自由主义最初对社会主义进行攻击的原则:人民主权。

当代政治的主要困境涉及如何在全球范围内恢复主权的问题,即如何重建能够在互联互通的世界中提供保护、安全和支持的领土当局。主权问题的回归及所包含的领土权力的内涵,意味着后危机(post-crash)时代的社会焦虑集中体现在贸易、金融和劳动力的流动上,而这构成了联通世界的经济命脉。在新自由主义霸权的鼎盛时期,这些流动大多被视为财富之源,但在一个经济停滞、不安全、地缘政治不稳定和全球恐怖主义的世界中,它们被视为风险之源。

对全球流动的任何管制都将涉及对国家角色的彻底重新思考,也将涉及针对新自由主义的宽松管制所造成的国家权力空洞化而采取的措施。新自由主义时代的主要愿望是打破一个看似过度扩张和干预的国家机器的刚性外壳。今天,与此形成鲜明对比的是,我们的愿望是找到新的保护屏障、调整机制以及不同形式的国家干预,以便在一个不稳定的、过度干预的世界中提供某种形式的安全。新自由主义的世界市场、边界和传播系统的开放性,远远没有形成一种开放的文化——一种大众世界主义——反而产生了相反的情况:一种恐旷症,一种对开放空间的恐惧,以及一种沙文主义的民族主义。

这种失控的感觉为右翼民粹主义者如勒庞和特朗普提供了可燃物,他们成功地将恐惧症与仇外心理联系起来。因此,现在已经没有时间让左翼无视这种成见,把主权的话语权留给右翼。从根本上说,对恢复主权的诉求,源于实行新自由主义的国家在摧毁民族国家时带来的社会苦难和真实的屈辱经历,这一点必须予以重视。只有当左翼努力理解这一全球恐旷症并对其作出令人信服的回应时,它才有机会在这一经济和政治危机时期撼动新右翼的主导地位。

在对主权真正含义的理解上,左翼和右翼的民粹主义者区别明显,全球力量和流动是他们难以掌控的真正根源。对于右翼和排外主义的民粹主义者来说,主权首先是民族主权,是与民族共同体有关的权力,通常根据族裔和孤立主义的界限加以界定,并动员民族共同体对付外部敌人。这种对主权的憧憬带有浓厚的托马斯·霍布斯(Thomas Hobbes)的哲学色彩。对霍布斯而言,政治的首要任务是在防备其他国家时提供安全和保护。[1] 在这方面,主权的重申意味着对移民——

① T.Hobbes, *Leviathan*, Penguin, 2003.

包括逃离战争的难民——关闭边界，排斥内部涉嫌危及社会安全和凝聚力的少数群体——现在尤其是穆斯林。这种排外态度在“脱欧”全民公投中显而易见。在公投中，“脱欧派”通过诉诸移民和难民问题而获胜，他们指控移民和难民将导致工资下降、公共服务消耗以及助长恐怖主义。

从“我们能党”到伯尼·桑德斯，位于左翼民粹主义政治核心的进步主权观有着截然不同的特性。对于左翼民粹主义者来说，恢复主权不是国家安全的问题，而首先是一个民主问题，因为没有某种主权的概念，没有一些人民权力可凌驾于公司和个人“特殊利益”之上的领土范围，就没有真正的民主可言。从这个意义上说，恢复人民主权可以被视为是对目前的民主赤字的回应，就像科林·克劳奇(Colin Crouch)分析的那样，是对“后民主”时代的回应。这就是为什么在左翼的话语中，人们经常看到主权与民主紧密关联。① 此外，对主权的诉求与在市场支配期之后重建经济保护形式的反复需要有关，如卡尔·波兰尼的“双重运动”理论所述，在资本主义扩张后的每个阶段，通常会出现对保护和监管的诉求。这是对资本主义将经济从社会中“脱域”出来的方式所产生的必然反应。② 因此，左翼民粹主义的愿景以建立新的防御结构和保护性壁垒为中心，以免在开放的自由主义全球化的大草原上出现“龙卷风式的资本主义”。

不同的是，左翼民粹主义者所确定的敌人是公司和银行，而不是外国人和难民。对领土共同体的福祉和安全造成真正威胁的是金融和贸易的流动，而非移民的流动。主权被认为是一种防御性武器，由多数人对少数人行使，致力于保护普通百姓免受一个超越国家的、违背人民意志的权力精英的宰制，并从经济流动所造成的令人不安和破坏性后果中获益。银行家、腐败的政客和游说者，以及“三驾马车”和国际货币

---

① C.Crouch, *Post-democracy*, Polity, 2004, pp.70-76.

② K.Polanyi, *The Great Transformation: The political and economic origins of our time*, Beacon Press, 2014.

基金组织等全球机构，都被指责干涉地方和全国共同体对某种程度的自主权的合法诉求。

未来将告诉我们，谁的主权叙事在民粹主义时代盛行，谁将赢得霸权之战。目前，右翼民粹主义似乎占上风。在很大程度上，这是因为左翼拒绝将自己转变为新自由主义，并把主权视为民主的必要组成部分时犹豫不决。为了应对新自由主义经济、政治、道德危机所造成的愤怒和混乱，左翼迫切需要回归其基本的人民主权观念，并构建一种先进的领土管制观，旨在建设一种新型的激进民主和社会保护，以对抗全球资本主义的力量。

（译者　中国社会科学院研究生院博士生）

现代性问题

重读黑格尔这个法哲学家*

[意]安东尼奥·奈格里/著

汪行福/译

摘要:当代国家首当其冲是对活劳动的法律控制。黑格尔的《法哲学》是现代性的第一个哲学文本,其核心是把资本主义秩序理解为自由权利的实现。在《法哲学》中,权利以三种形象出现:作为抽象法、规范和禁令,它是人格权的否定保护的因素,是社会本身构成条件的因素;作为市民社会的直接的主观的权利和要求,它赋予特殊性以能力和"在所有层面上展开和发展"的可能性;作为伦理世界的有机纽带,权利克服了特殊性,被升华合作的纽带和"实体性的自由"。《法哲学》本质上是资产阶级意识形态理论,是组织剥削的资本主义实践的最高指示。对《法哲学》的解读必须拒绝辩证法,即拒绝把劳动作为对立面的综合,相反,拒绝劳动本身同时就是迈向拒绝国家,它作为自由的集体事业而肯定自身。

关键词:奈格里　黑格尔　《法哲学原理》　辩证法　拒绝劳动

---

* Antonio Negri, *Rereading Hegel: The Philosopher of Right*, 载 *Hegel & Infinite*, edited by Slavoj Žižek, Clayton Crockett, and Creston Davis, New York: Colubia University Press, 2011。经作者授权翻译,在此表示感谢。本文受国家社科基金重大项目"复杂现代性与中国发展之道"(项目编号:15ZDB013)资助。

一

今天,国家(State)和权利(Right)的理论和政治问题似乎聚焦于活劳动的社会控制主题,或者说是社会劳动的法律控制问题。这也就是说,如果当代国家正在变得日益社会化,如果它的活动变得日益弥散,如果由此劳工世界运动日益壮大而变得极其重要,那么,当代国家的司法本质与劳动的社会组织形式融为一体就将趋于极限状态。计划型国家拥有两种状态,私有财产的虚构仍然被承认,同时又被(社会国家和社会主义国家)所否定,由此它确实是在强制与共识相联结的整个背景下建立了它的合法性,并借助它形成了社会生产模式。在这个意义上,有组织的劳动变成了社会财富的排他性基础,也在同样程度上变成了宪政的基础,即法律的物质条件。当代国家首当其冲是对社会劳动的命令、对活劳动的组织。

带着当代性意识重读一个法哲学家——他处理的问题要为当代读者进行客观地转译——意味着把他置于我们前面所提到的问题之中,追问他是如何思考社会劳动的支配问题,考虑在何种程度上他的思想在这类问题上的独特性。法哲学史仅当在它表现为是社会劳动组织化的哲学之时才开始变得有趣。

黑格尔的《法哲学》也许是现代性的第一个哲学文本,因为如此这般的研究方式可能是有效的——甚至是唯一有效的。黑格尔,这个法哲学家,从这个观点看完全是一个当代作家。

权利是社会劳动的支配和组织化,是通过劳动所构成的文明。这是一个反复重申和基本的概念:

> 教化[Bildung],就其绝对的规定而言,就是**解放**和通向更高解放的**工作**;它是向伦理生活[Sittlichkeit]的无限的主观实体性的过渡,这种伦理的实体性不再是直接的、自然的,而是精神的,同时也是提升到普遍性[Allgemeinheit]的形态的。在主体中,这种解

放即是**艰苦的工作**，这种工作反对举动的单纯主观性，反对情欲的直接性，同时也反对感觉的主观虚无性和偏好的任意性。

正因为解放是这样一种艰苦的工作，因而也就解释了对教化的部分不利看法。但正是通过这种教化工作，主观意志才在其自身中获得客观性，只有在这种客观性中它才有资格和能力获得理性的现实性[Wirklichkeit]。①

实体(substance)，因而是理念合理组织化的文明的整个劳作，是理念的客观性和伦理宇宙的新的必然性。权利完全包含在理念——通过劳动——的自我客观化之中。“法的体系是实现了的自由的领域，精神世界从自身中生产出了第二自然。”②它是一种不是被发现的，而是由人的社会劳动彻底构成的自然，所有的人都被包括进理念劳动的深层必然性之中。个人的艰苦劳动被包括进并内置于精神(Spirit)③的绝对劳动的设计之中。劳动是精神世界[mondo spiritual]的本质。

现在，黑格尔在《法哲学》中所处理的作为市民世界[mondo civile]之基础的劳动实体性，在其早期著作，特别是在其早期的哲学—法律著作中，有更清晰的陈述。

在法兰克福和耶拿时期之间，黑格尔通过经济分析，并明确参考了英国经济思想的经典，劳动(作为价值的来源)和财富(作为劳动的结果)就被结合进了精神的叙事之中，并被认为是客观性的积极资格的条件。社会是通过物质活动的需求综合体和维持总体人类劳动的规定性所构成的总体。更早的青年时期的伦理共同体的形象，即个体性和合理性的和谐一致，在耶拿时期消解为一个由人类的辛苦劳作阶段穿越的诸阶段，即从需求到需求的相互依赖，从劳动到对管理总劳动的社

① [德]黑格尔:《法哲学原理》，第187节附释。作者引用的是意大利文本，译者根据英文翻译，同时参考《法哲学原理》，范扬、张企泰译，商务印书馆1995年；《法哲学原理》，邓安庆译，人民出版社2016年版。

② [德]黑格尔:《法哲学原理》，第4节。

③ 作者在文中把“精神”一词大写，意指作为黑格尔整个体系基础的绝对精神，而不是狭义上的主观精神。凡用作名词时，作者所用的都是这个意义上，下同。

会集体性。为此,他描述了总体图景的合理性:“生理需求和快乐……在总体性为它们自身设定起来,在其无限的交织中遵循着一种必然性并构成一般的相互依赖系统,即它着眼于生理需求、劳动和它们的积累以及——被称之为科学——所谓的政治经济体系。”①

从这里可对图景加以深化。这一演化要推至在个体劳动中发现其普遍性伦理价值的实体性起源才臻完善。在几年以后的《精神现象学》中,黑格尔说:

> 个体为其自己的需求而**劳动**就如同为自己的劳动一样也是为了他的需要的满足而劳动,只有通过他人的劳动他才能让自己的需要得到满足。正如个体[der Einzelne]在其自己的特殊[in seiner einelnen]工作**事实上是无意识地**完成着普遍[allgemeine]的工作,所以,也就履行着普遍的任务,就如同把它作为自己有意识的目标一样。整体**完全**[als Ganzes]变成了他自己的工作,因为他为之牺牲的正是他从中获得他自己的自我的东西。②

劳动的实体性因而是人类文明的基础。不过,“需求与劳动,上升到普遍性,建构自己……是一个共同性和相互依赖的扩展系统,其生命是由死的东西推动的,是由盲目的运动所激发的,就其基本方式而言,或此或彼,类似于野生凶残的动物需要驯化和变为家禽一样。”③

在此,黑格尔思想所持有的观点更为清楚地体现了一个当代的形象。恢复劳动对精神生命的积极性,劳动者在其中的深深卷入[inerenza],它的根本性质就不可能是现成给予的。文明不是简单的劳动,而

---

① G. W. F. Hegel, *Über die wissenschaftlichen Behandlungsarten des Naturrechts, seine Stelle in der praktischen Philosophie und sein Verhältnis zu den positiven Rechtswissenschaften, in Welke*, Vol.2, Auf der Grundlage von 1832-1845 neu edierte Ausgabe, ed.Eva Moldenhauser and Marl Markus Michel(Frankfurt:Suhkanp,1979),p.428.

② G.W.F.Hegel, *Welke, Vol.3, Auf der Grundlage von 1832-1845 neu edierte Ausgabe*, ed.Eva Moldenhauser and Marl Markus Michel(Frankfurt:Suhkanp,1979),p.265.

③ G. W. F. Hegel, *Jenener Realphilosophie*, ed. J. Hoffmeister(Leipzig, 1932), Vol. 1, p.239.

是受管制的、被组织的和被控制的劳动。如果没有权利，没有国家，劳动就会变得一团混乱，就会是僵尸般的生命，特殊性就会取代自为的普遍性。在另一方面，劳动只能是而且必须是普遍的：但只有以国家为中介。劳动的基本本性被辩证化、接纳和升华了。卷入伦理生活整个发展之中的经济在耶拿时期受制于劳动调节的必然性。然而，调节总是对被调节者内容的缓慢地抽象：在需求和享受的社会化基本过程之中，通过需求体系，经济与司法天然地结合在一起。无论如何，这一进程会直至成为“第二自然”，直至出现贪欲的阶级；于是，权利（Right）被释放了。仅仅通过对它与劳动社会化过程的共同性否定，它才能调节这个过程。因此，它明确地向人类世界宣告了劳动的本质。权利是契约、刑罚正义、制度：与经济的直接必然性混合在一起。但这种必然性已经变成了制度、国家、政府；也就是说，它既调节，同时也是对受调节的世界的现实的赞美。从此开始，劳动将处在国家的命令之下。

《法哲学》呈现的是一个权利完全拥有对劳动霸权的图景——而它就是伦理世界的本质。对劳动的支配权在这里终于构成了国家本身的公式：劳动被置于绝对（Abosolute）之下是通过命令的形式出现的，以社会劳动的国家结合（statal articulation）形式出现的。劳动分工直接服务于支配劳动的形象。资产阶级生产模式在原始积累阶段就被漂白了，并被作为一般社会劳动的实质。其中，政治权力的支配是这一发展阶段的保护者。唯心主义战胜了经济分析，它提升为精神性，成了经济现实之中发号施令的力量。

在《法哲学》中，需求体系，虽然可以设想为其是内在辩证的财富（“在这种劳动和满足需要的依赖性和相互性中，**主观的利己心**转化为**满足其他一切人需要的贡献**。通过一个辩证的运动，特殊被普遍所中介，以至于每一个人在为自己[fur sich]取得、生产和享受的同时，由此也为了其他一切人的享受而生产和取得”①），就直接地臣服于资本主

① Hegel, *The Philosophy of Right*, § 199.

义财富“分割”(participation)的辩证法:

> 这种普遍资源中分享的可能性——即拥有特殊的资源——无论如何,一方面是以自己直接的禀赋(即资本)为条件的,另一方面是以一个人驾驭他人的技能为条件的;后者本身又转而以前者为条件,也受到偶然的环境所制约,偶然环境的多样性又引发本身[fur sich]就已经不平等了的自然体质和精神[geistigen]禀赋在发展上的差异。在这个特殊性领域,这些差异表现在一切方面和一切阶段,并且连同其他的偶然性和任意的环境,必然导致诸个体之间在资源和技能上的不平等。①

在财富分割上的差别绝非是个体的事实,一种独一无二的例外。这一过程的普遍性同样也表现在“普遍集合”[allgemeinen Massen]②的多样性之中,表现对社会活劳动的分割和支配之中。

因此权利强加给了在财富组织中社会合作的活的共同体。

活劳动的资本主义组织所预设的同一性与分化、合作和臣服的关联因而最终也构成了黑格尔法哲学概念的内部联系。

事实上,在《法哲学》中权利以三种形象出现:它是抽象法、规范和禁令,是人格权的否定保护的因素,是社会本身构成条件的因素;在第二处,它也是直接的、主观的权利和要求——人变成主体、意志和行动的主动符合。与此种形式相关联的权利(Right)的附魅现实(auroreal)的生命完全类似于生产世界中社会合作的自我构成。权利赋予特殊性以能力和“在所有层面上展开和发展”③的可能性。它就是行动的自由,在世界之中特殊性发展为受规定的社会的集体意图:“特殊物自身反映在一般的福祉中”④。也就是说,它是一个从需求体系到财富生产的劳动的集体增长。劳动,作为被构成的世界,作为塑造的力量,作为

① Hegel, *The Philosophy of Right*, § 200.

② Hegel, *The Philosophy of Right*, § 201.

③ Hegel, *The Philosophy of Right*, § 184.

④ Hegel, *The Philosophy of Right*, § 113, Remark.

第二自然,作为生产出来的客观性,因而同时构成了社会和权利立于其上的发展基础。

但是,权利在《法哲学》中还以第三个、确定的形象呈现:作为伦理世界的有机纽带,伦理制度,整个社会世界的确定的联系。正因为如此,对黑格尔来说它的出现是真实的精神,是从特殊性向普遍性、从有限到无限的过渡,由此产生的结果是,权利定义的整个过程受到了调整,法律与合作结为一体的纽带完成了,被升华为臣服中合作的纽带。自由,变成"实体性的自由"——几乎总是退回到无法到达的否定性背景之中——完全臣服于人类建构的世界,被看作自由的集体事业。其合作和集体积极生产的辩证法消解到背景之中,这一背景完全把自由封闭在对绝对过程的臣服之中——对先于任何类型过程的绝对来说:"这一理念就是存在,是精神的永恒自在、自为和必然性。"①确实,

> 相对于私权[Privatrecht]和私人福利,即对家庭和市民社会这两个领域而言,国家一方面是一种**外在的**必然性和更高的权力,相对其本性,它们的法则和利益都从属于并依赖于这种权力;但另一方面,国家又是它们的**内在**目的,国家的力量就在于它的普遍的和最终目的与个人的特殊利益的统一,即个人对国家尽多少义务[Pflichten],同时也就享有多少权利。②

但是,市民社会和国家关系的这一双重性,即国家同时是市民社会的否定又成为市民社会的真理,只是表面上的双重性,因为变为真理就包含在臣服之中,这个过程只是在否定上是真实的。因此,为了建构现实,将社会劳动体系置于权利体系之中确实行使了它的实体性功能,并能继续成为它(权利体系的)的条件,只要它让自身完全臣服于国家。国家是最终意义上的伦理现实:社会和合作的世界之所以是现实仅在于它们自身臣服于国家的行动。臣服(subordination)渗入进合作的整

---

① Hegel, *The Philosophy of Right*, § 113, Note.

② Hegel, *The Philosophy of Right*, § 261.

个过程，留下它的印迹。臣服，国家的现实性，本体论上内在于构成合作的辩证过程之中，它呈现为社会合作的因素，而社会合作给予臣服以确定的存在。劳动是国家的最终基础。对社会活劳动的控制是国家的劳作。

二

作为劳动和它的组织化的权利与国家思想完全地、清晰地出现在《法哲学》之中。它是一种关于劳动及其确定组织的思想：资产阶级和资本主义。

这一点直截了当地出现在黑格尔的分析前提之中，这种分析是彻底地以斯密和李嘉图式政治经济学的基础概念为条件的。因此，价值在劳动的源头就被肯定了；然而，无论如何，在这个基础上，它还需要翻译为交换价值的普遍性：

> 物[Sache]在使用中是一个单一物，由质和量所规定，并与特定的需求有关。但是，它的特殊效用，作为**可量化的**规定，同时可与具有同样效用的其他之物**比较**，正如，该物所满足的需求同时也是**一般的需求**。……物的**这种普遍性**——它的简单的规定性是从物的特异性[partikularitat]中产生的，其方式同时也是从这一特定的质中抽象出来的，——就是物的价值。物的价值的真实实体性得到了**规定**并成为意识的对象。①

在第二处，关于劳动和它的组织化，黑格尔话语的资产阶级和资本主义的规定性源自他把不平等设定为规定劳动过程主体的基本条件。这不是简单的、自然的不平等②，而是生产过程不同功能的升华（也就是说，不得不如此）：联合使臣服成为必要，劳动的合作使价值维持过

① Hegel, *The Philosophy of Right*, § 63.

② Hegel, *The Philosophy of Right*, § 57.

程的差异成为必要,劳动使命令和资本成为必要。①

第三,结果是黑格尔式市民(civil man)概念将交换规则视为至关重要:市民,作为"资产者"②,必然在社会臣服的整个机制中——作为阶级的集体——遭遇到抽象的可交换需求(在社会中,所有人首先是商品)的必然性和扮演一个确定角色的可能性。

因而,黑格尔,这个法哲学家,是一个资产阶级和资本主义劳动组织的哲学家。

黑格尔思想不仅是对现行资本主义过程的理论化和证明。不仅仅是要恢复斯密和李嘉图之间经典经济学理论的理论直觉。在这些之外,还有一个资本的乌托邦,即对关系的现实性和现实的合理性这两个前提之间超验和促进关系的完美定义。如果关系的现实性是对事实状态的神圣化,是观念与现实之间平和的绝对内在主义,是征服被规定为平和,那么,黑格尔就能把资本当作资产阶级规定性之下的绝对秩序化,除此之外,还有对现实的合理性完全辩证的肯定。因此,启蒙的革命激情有意识地臣服于资本的必然性。

国家是伦理生活的现实性,是劳动的现实性。它首先是这种绝对同一性的起促进作用的合理性。源自合理的内在本质的张力会动摇一个把现实的当作合理的、当作正当的世界。某种未被满足的理智意志,未被满足的以行动来统治的意志,一种行动的理智就会因此横穿整个图景。在那里,一切事物似乎都完成了,一切事物又都未完成。在那里似乎规定性取得了胜利,而现实的实践性(praticability)的边缘却暴露出未限制。但是,所有这一切都是在控制和发展管理的尺度下发生的,都只能在实现了的伦理理念、在国家之中寻找它自己的确定条件。它是国家的本质,是作为劳动世界屈服(subordination)的完成性之资本的本质:所有的一切都是绝对的、自主的和自我运动的。抽象的伦理理念

① Hegel, *The Philosophy of Right*, § 196.

② Hegel, *The Philosophy of Right*, § 190.

的不动本质发现自身是现实的推动者。如果现实的东西是劳动，现实的秩序是“资本”，如果合作与臣服之间、特殊与普遍之间的关系就是国家，那么，我们在这里所拥有的国家就是发展，就是必然发展的资本。作为资本的国家是作为发展的国家。权力在发展并通过发展来执行。国家是动态的组织，它视权利为社会框架内确定行动的展开，把一切社会行动带回到既有的理性秩序的总体规定性之中。

在这里，在事件的非连续的系列中再次发现普遍性，在内在经验的自洽宇宙中建立起行动联系，在个体意义与总体意义之间确立起必然的联系，就成了一个需要回应的任务。科学通过这一过程完成了自身并得到满足，在自身中感觉到绝对：在作用中，它得到证明，它总是被设定为客观的，虽然结果包含在每时每刻之中。战胜了部分之间张力而来的平静，反之亦然，部分的规定性都和谐地放到总体的运动之中。资本家提升世界、碾碎它、把它重建、完全统治它的紧迫感——是从来不会停止的，总是一项坚韧不拔的要求：这一迫切性被黑格尔主义转译成科学。从乔瓦尼·金蒂雷到卡尔·斯米特，两次世界大战之间(ENTRE DEUX GUERRES)的欧洲知识分子已经知道，这就是它的护教使命。

资产阶级的和资本主义的黑格尔主义的永恒财富包含在这样一种理性形象之中，它同时是已然的(given)，又是超越的和未完成的，就如同国家既是发展的又是完成的一样。没有什么比这更符合资本主义自身生产的图景了，发展和危机、改革和压制的永恒交替，是由其存在所决定的。关于资本国家(state of capital)这一总体的、动态的筹划，没有什么其他著作比《法哲学》提供更好的解释了。既不是黑格尔的美学也不是逻辑学，甚至不是他的宗教哲学和历史哲学，在努力给出这一完整的图景。《法哲学》毫无破绽地给出了一个实证性和理念(Idea)的和解的图景，而这幅图景不是宗教直观的非确定性，不是历史叙述的粗糙性，不是美学愿景的不稳定性，不是逻辑过程的形式主义，所能扰乱的。事实上，在《法哲学》中，权利的单纯实证性和单纯的国家规范并不比理念更能自我维持;相反,在此起作用的是通过劳动实现的社会生产的完全的实证性。这一密实的社会现实——单一性地显现和消解在理念过程中——就是《法哲学》努力达致其全部轮廓的动态的实证性的尺度。它是这样一幅图画,既可从社会结构是实证的这一点读出它的僵硬性,也可解释同一社会结构必然是动态的,为了深刻地和理性地把握这一图景,需知这一资本决定的世界是在当代才完全达到的。

《法哲学》这一内部结构的完成既使 19 世纪和 20 世纪的哲学和政治思想得以繁荣,同时也禁锢了它。当一个人想到连续的自我批判的能动性只是把合理性和实证性的活生生的联系强加于资产阶级思想,只能使之成为一个宽厚大量的实证的囚笼。实证性意义上的 19 世纪进步概念与此(通过它,18 世纪的理性主义得到了扬弃)紧密相联;历史主义的乐观主义;一波伟大的科学思想自身:如果不把它与这样的直觉,即运动自内部产生因而并不失去其实证性的构成,所有这一切都是不可理解的。在人类历史上,以黑格尔的方式,秩序变成了进步主义,权力变成了改良主义。按照黑格尔主义的名义,资产阶级拥有更新旧的东西的可能性,文艺复兴的革命要求,对它的怀旧迄今为止并没有完全消失。

但是,囚笼总是囚笼,即使它被镀了金——总而言之,如果它把资产阶级思想只理解为压制和粉碎社会劳动,如果它只是对以剥削总体活劳动为前提的发展秩序进行资产阶级辩护。发展、统治、财富:但这些"会与对它们进行无限抵抗的物质有关,即跟成为自由意志所有物的特殊种类的外部手段有关,因而这种物质的抵抗是绝对顽固的"①。在此,绝对的铁笼子动摇了,它确实发现了它的对立面。而"绝对顽固"的东西是不会接受理性、国家计划的构成结构。

当资产阶级的思想意识到所有这些时,正如绝对安于内部危机一样,它仍然不会力图解放自己。黑格尔式思想强加给我们的囚笼就不

① Hegel, *The Philosophy of Right*, § 195.

再是金光闪闪了；相反，它是戏剧性的。我们经历、意识和忍受着“无法解脱的规定性和绝对的顽固”；然而，绝对的铁笼子不能、不会也不想粉碎自身。在19世纪黑格尔主义的神圣化（apotheosis）之后，20世纪出现了对理性方案的绝对这一参照系的报复（nemesis），而这一参照系的最透彻理论正是从黑格尔那里继承来的。这一新的艰难获得的规定性是不能被制伏的。新的辩证法——既处在黑格尔之中又反对黑格尔——被开启了：但不再战无不胜，而是经常陷入神秘或禁欲之境，而且总是悲剧式的，总是愈加否定的。

事实上，黑格尔式的理性过程的总体性再也不能构成自身了，过程中断了；然而，它还想构成其本身。哲学的科学来自被规定性，它想在绝对视角下重构被规定性。但是，现在绝对顽固的和无法消除的对抗性现实现身了。总体性要求脱钩了，与它的重新构成的机制疏远了；过程和结果不再能达致同一。这里，总体性只能以一种无法解脱的双重论节奏被追求：它是功能意向性（functioning intentionality）的苦行，重复着各种模式的超验公式，承载着一种不能把握绝对的现象学重负。倒过来，它是对意义世界、历史给予的接受，在总体的本体论上有说服力的意义的缺场中，历史的给予被紧抓不放：这里，绝对变成了通例，给予的东西醉醺醺地被神秘地肯定，屈服于它无法打破的权力。最终，它将意识到，意义与本体论事件之间的纽结是无法解开的，规定性与总体性之间关系也没有结论：“总体是不真的”。但是，在这一发现背后是多么可怕的命运啊！否定痛苦地被它所依赖的对绝对内容的怀旧所限制。黑格尔式现象学以颠倒的形式再次被经历：不是一个带它向《法哲学》的资本主义结构的顶峰的过程，而是倒过来，从对它的批判开始，在构成这一过程的一系列矛盾之中，在一种今天无法解决的一系列矛盾中，越陷越深。黑格尔的总体性消解在构成自身而又无法加以克服的矛盾之中。此“伦理中的悲剧”不再是总体性的条件，而是过程的结果。

三

黑格尔国家和权利思想的轨迹并不仅仅是资产阶级和资本主义的:黑格尔式思想的影响是如此复杂,影响深远,它也是有效的,起码潜在是如此,即使是以矛盾的方式。

如果劳动的拒不臣服的规定性在资产阶级哲学的发展中被感受到,以至于把它引向绝望的结局这一事实是真的,那么,同样真实的是,这一特殊性确实也历史地上升到对一般的资本主义利益的反对,而这一利益就体现为黑格尔式的国家形象。始于 1848 年,接着在 1870、1917 年的工人阶级革命行动中,特殊的工人成为主体,提出并与受压迫劳动的国家统治机器相决裂,似乎黑格尔式国家意识形态终结了历史解释:

> 一方是资本,另一方是劳动,两者作为独立的形态互相对立;因而两者也是作为异己的东西互相对立。与资本对立的劳动是**他人的**劳动,与劳动对立的资本是**他人的**资本。对立的两极的**特点**不同。①

然而,此论断还没有被证实,或只是以乌托邦的、革命的、希望的形式被证实。实际上,已有社会主义的真实经验证明的是连续性——我们看到,是与黑格尔式国家实践之间的悖论式连续性。革命作为资本主义制度再次被组织起来;社会主义带上了国家的形象。在革命工人的军事合作中,首先见到的是,由于经济过程的结构中生产功能的迫切性和积极性,国家结构中的平等式参与(equalitarian participation)阶段性地被支配型参与(subordinate paricipation)取代的必然性。渐渐地,在这一历史背景中,在教育中、在政治意志的管理中的自由参与被摧毁了,被臣服于经济机制的必然性。社会主义被赋予了黑格尔式国家的

① 《马克思恩格斯全集》第 30 卷,人民出版社 1995 年版,第 223 页。

形式。特殊的工人的利益,它的"顽固性",因而不能够从这种一般的利益中,从一般的臣服计划中解放自己。马克思在《大纲》中已经注意到,"要保存雇佣劳动,同时又要扬弃资本,这是自相矛盾和自相取消的要求"①。

确实,事情有一些变化。在这里,正如在黑格尔思想的发展中,在当代资本主义国家建构的关键阶段中,权利和国家也没有提出超越劳动世界的必然性——包括在辩证法的终点,在《法哲学》的"从市民社会到国家过渡"的章节中,或从占有者的第二阶级到普遍阶级中也是如此。即使劳动者被推向普遍阶级的圈子,也只能在合作和臣服的辩证法中发现自己,黑格尔思想的连续性在这里中断了——在劳动过程之外——它庆贺其政治的自主性和升华。在这一新的经验中——它想成为否定的经验——黑格尔主义悖论地继续存在着;它发现了一种更亲密的一致性。绝对并没有斩去它的劳动之根,秩序并没有与预设和构成它的辩证法相脱离;现实的社会主义给我们提供的是国家在劳动中整体塑造的模式的连续性。劳动与权利,合作与臣服,社会与国家,在结为一体的封闭的共同体中,在辩证发展的所在层面上一同出现。

这里,《法哲学》的囚笼也伸向它的一个潜在否定。它战胜了它。在不仅仅怀疑,而是否定这一点上,它战胜了它,深化了背景的连贯性。似乎是颠覆的东西表现为彻底的肯定。令人恐怖的国家被再次提议作为伦理观念的实体,精神普遍联系的特殊性的答案。确实,它是一种"起作用"的**精神**,难道《法哲学》不是一开始就认为是"最高自由的辛苦劳作"吗?

在黑格尔式国家和解的公式中,起义者,不臣服的特殊性,难道就没有能力解决它的问题吗?或者说,难道不可解决的对抗就不会——在极端的最终尝试之后——找到使自己深化的恰当领域吗?不再仅仅是反对权利,不再仅仅是反对国家,而是反对劳动,这一最终解决办法

① 《马克思恩格斯全集》第30卷,人民出版社1995年版,第268页。

难道就不能表现为其普遍的可理解本质，不能作为解决合作和臣服之间关系的关键吗？

不臣服的特殊性运动的迅猛推进——完全超越了黑格尔式社会主义囚笼所施加的限制——表明通向自由之路恰恰是反对劳动之路，而这是不能在黑格尔式的绝对方案中实现的。作为科学和实践，革命必须把自己从黑格尔主义中解放出来：精神的生产如同劳动的生产一样表现为一个囚笼，一个剥削与发展、劳动与资本主义进步的启蒙乌托邦相结合的当代的终极之神。作为非臣服态度的一般条件，对劳动的大众拒绝必须攻击合作与臣服的黑格尔式妥协（既包括资本主义的，也包括社会主义的）。首先，合作必须解散，转向反对臣服，在臣服中去发现"作为客体，作为绝对的悲惨"，不是作为合作者，而是"作为财富的一般可能性的主体和活动"来反思自身。"劳动不是作为对象，而是作为活动存在；不是作为价值本身，而是作为价值的**活的源泉**存在。[劳动]这种一般财富同资本相反，在资本上，财富是作为对象即作为现实性而存在，劳动则表现为财富的**一般可能性**，这种可能性在活动中得到实现。"①因为首先，劳动必须打破把它与国家联合在一起的实体主义的定义：拒绝劳动本身同时就是迈向拒绝国家，它作为自由的集体事业而肯定自身。社会的活劳动的组织因此托付给一般人类所要求的幸福和财富，自身的发展，并反对任何臣服的因素。

在拒绝劳动的社会实践中，斩断合作与臣服之间的联系就是恢复特殊性的顽强；它使之作为行动的特殊性、主体成为现实。从特殊者的行动开始，另一个世界，一个真正地建构的"第二自然"非常丰富的可能性被打开了。但是，批判地说，我们首先应该强调：拒绝劳动，在黑格尔式绝对过程的最彻底的维度上，把特殊性的顽强作为最深刻意义上的否定而加以赞扬。对粉碎黑格尔《法哲学》宇宙必须在其源头上发生：超越权利和国家的必然性，它们无论如何不是源头性的，它们属于

① 《马克思恩格斯全集》第30卷，人民出版社1995年版，第253—254页。

对象化过程的必然性的真实内核,是劳动的资本主义组织的必然性。这里并没有什么特殊的辩证法内容可供讨论;这里不能重复对辩证法的新黑格尔式(neo-Hegelian)改良的形式化事业:作为一个辩证过程本身,它应该拒绝被认作是特殊内容,即劳动的资本主义组织的充分形式。拒绝劳动要深入拒绝辩证法,彻底消解劳动主体与臣服的必然性的组合,彻底地肯定特殊固执的集体现实是不可取消的。

从这里向前走,这一过程必须赋予断裂的能力,理解为一系列的斗争:特殊性显示自身是自在的,是活动,是内在的斗争,一种在任何可能意义上都更加一般的东西。这里不存在重构的必然性,因为特殊性的固执并不承认他者的剥削,不再去把握对立面的同一;只存在着特殊性自身的深化,通过回转发现新的普遍性,一种集体特殊物向自身的开掘。现实性并不是辩证的,而是部分的、自主的、独特的;现实性不是普遍的,而完全是单方面的(unilteral);它是通过把自身建构为特殊权力的参与和冒险。

最后,在辩证法之外,在纯属神秘化的任何构成过程之外,在劳动作为对立面的综合之外,在哲学以理想取代现实和特殊的领域之外,对劳动的拒绝就把《法哲学》之发现的后果描述为:"它是资产阶级意识形态和组织剥削的资本主义实践的最高指示。"这里,特殊者的思想,一旦把自身从劳动辩证法中解放出来,就把自身从哲学作为现实辩护的午夜幽灵中解放出来:密勒发的猫头鹰必须从我们的夜晚中消失。

在他诞生两百周年之际,我们向黑格尔,向这位《法哲学》的伟大思想家的致敬是尖刻的——如果我们意识到他的反思中包含着意识形态(虽然不断加以更新)的宽大基础,而这种意识形态意欲人剥削人,虽然它承认解放的希望却又对它加以禁锢,就应该这样做。对这种思想的必然性的历史认识,即对19世纪的开端和成熟的资本主义而言是必需的,就是对它的削弱和改变。我们要警惕黑格尔哲学带来的神秘化后果和对一个半世纪思想史令人窒息后果的意义。神秘化,对革命要求的政治扭曲,都指向黑格尔。让我们迈过我们道路上这一难以克服的障碍！让我们解放我们的实践，从这种幻想中解放我们的思想！也许只有仇恨，即让我们思想不断壮大的不屈特殊性的表达，才能界定我们与黑格尔关系的性质。

然而，无论如何，这种情感，带着它的厚重，仍然矛盾地把我们与他捆在一起。

（译者　复旦大学哲学学院教授 复旦大学当代国外马克思主义研究中心研究员）

对于交换社会的逃脱在何种程度上是可能的

——从阿多诺哲学出发的一个考察

孙 斌 张艳芬

摘要：在由交换关系所统治的社会中，作为交换原则的同一性把有差别的东西还原为抽象的量，由此必然带来社会的物化。社会如果要继续再生产出它的成员的生命，就必须超越交换的概念。阿多诺关于艺术乃是社会的社会性反题这个判断正意味着对交换的概念的超越，即对交换社会的逃脱。一方面，艺术凭借它对社会的反对而变成社会性的，另一方面，社会在它最远离社会的艺术作品中最强烈地活跃着。作为结果，质的方面由于对交换的超越而得到恢复，事物成为不可替代的，而幸福毫无例外地系于不可替代东西。但是，阿多诺又指出，艺术是永远被打破的对幸福的允诺，艺术作品使人想起的是这样一种现象：在被救赎的世界中，一切都如其所是，可是一切又全然有别。

关键词：交换 艺术 社会 幸福

在这个时代，人只能以一种唯一的方式即交换来换取属于自身的东西并进而换取自身。交换，在它的这种须臾不可缺席的意义上，不仅构建起了以交换方式呈现的人与人之间的关系，而且使得社会在这样的关系中成为一种社会实存物，即阿多诺说的，“真正使得社会成为社会实存物的东西,从概念上并从现实上构建起它的东西,乃是交换关系,交换关系无形中把所有参与到这种社会中的人都捆绑在了一起。"①接下来,所交换的东西——根据交换的等价特性——必须废除其自然的、具体的属性上的差别,而代之以社会的、抽象的属性上的同一。那么,有无可能以及如何可能从交换社会中逃脱出来?对此,阿多诺以他的辩证法考虑了对社会的社会性反对,它被表述为一个短语"社会的社会性反题"。阿多诺将可以充当这个反题的东西指认为艺术,他说,"艺术乃是社会的社会性反题"②。也就是说,阿多诺承认对交换社会的逃脱是可能的,并且,这种由艺术而来的逃脱恰恰是社会性的。对交换社会的逃脱意味着经验到不可替代的东西。在阿多诺看来,幸福就系于那不可替代东西。

一、作为交换原则的同一性

在交换价值的支配下,人被降低为客体,即阿多诺说的,交换价值的支配"先天地阻止主体成为主体,并且把主体性本身贬低为一种纯粹的客体"③。这意味着,交换所关涉的不是被直观到的客体,而是由主体性的被贬低所形成的客体。这样的贬低使得人的需要以及效用发生了根本的改变,这些改变足以使人本身被另外的东西所取代。也就是说,交换社会中的客体的需要及其效用并不是客体天然具有的现实的东西,恰恰相反,它们从一开始就是由精神性的东西以假象的方式配置出来并强加于上的,这就如同阿多诺所说的,"与使用价值相比仅仅是一种精神配置的交换价值,支配着人类的需要并且取代了它们;假象

① Theodor W. Adorno, *Introduction to Sociology*, Edited by Christoph Gödde, Translated by Edmund Jephcott, Cambridge: Polity Press, 2000, p.31.

② Theodor W. Adorno, *Aesthetic Theory*, Translated by Robert Hullot-Kentor, London and New York: Continuum, 2002, p.8.

③ Theodor W. Adorno, *Negative Dialectics*, Translated by E. B. Ashton, New York: Continuum, 1973, p.178.

支配着现实。在这个程度上,社会是一个神话,对它的说明一如既往地必要。"①把社会指认为神话,很容易使我们想起阿多诺和霍克海默关于启蒙回复到神话的观点,因而也使我们对启蒙与资本主义社会的内在关联获得了考察的角度。不过,就这里而言,我们所获得的更为直接的是对交换价值和使用价值之间关系的一种考察角度。这是因为,如果人们认为使用价值来自于现实的东西,那么就会对交换价值的支配产生质疑。比如,"马克思澄清了下面这一点,交换价值从使用价值中区别出来,获得了一种独立性或者说自主性,正是这种独立性或者说自主性界定了商品,但是,尽管如此,这种界定从来不是完全的,因为最终所交换的乃是使用,而且,如果某样东西不再是可使用的,那么它也就不再是可交换的了。"②然而,如前所述,在资本主义社会中,任何东西包括商品以及作为商品的人的可使用或者不可使用都不是由它们本身所决定的,而是由如同神话那般的社会所决定和管理的。

正是在这个意义上,阿多诺谈及了客体的可用与不可用,他说:"管理员事先把人看作是他根据可用性或不可用性来加以估价的客体。"③在这个出自"被管理的世界或者:个人的危机"一文的判断中,客体由以得到估价的可用性以及不可用性被归结到了管理员,而管理员所写照的就是社会的无所不在以及无时不在的中介。在交换社会,一方面,就这种可用与不可用是被中介的而言,它们不是出于事物自身的缘故,而总是为着其他的什么东西;另一方面,就交换是基本的社会关系而言,根据这样的可用所形成的交换刻画了事物的存在。阿多诺

---

① Theodor W.Adorno,"Sociology and Empirical Research",in Theodor W.Adorno et al.,*The Positivist Dispute in German Sociology*,London:Heinemann,1976,p.80.

② Stewart Martin,"the Absolute Artwork Meets the Absolute Commodity",in *Radical Philosophy* 146(2007),p.19.

③ Theodor W.Adorno,Max Horkheimer and Eugen Kogon,"Die verwaltete Welt oder:Die Krisis des Individuums",in Max.Horheimer,*Gesammelte Schriften*,*Vol.*13:*Nachgelassene Schriften* 1949 - 1972,Herausgegeben von Gunzelin Schmid Noerr,Frankfurt am Main:S.Fischer,1989,p.137.

在他的黑格尔研究中分析道:"……万事万物存在于其中并且仅仅为别的东西而存在于其中的普遍交换关系,在这样一些人的支配之下,他们把持着由他们做主的社会生产;这种支配在哲学上受到崇拜。……没有什么东西是为着其自身的缘故而存在的世界,也是释放生产的世界,这样的生产遗忘了它的人的目的。生产的自我健忘,交换社会的不知足的和破坏性的扩张原则,在黑格尔形而上学中得到了反映。"①也就是说,事物的可用和不可用不是出于它们的天赋,而是在支配者或管理者所把持的社会中被生产出来的。

由此,在有用和交换的问题上,我们也获得了一个视角来看待阿多诺这里所提及的黑格尔,黑格尔曾经说:"正如对于人来说一切都是有用的,同样地,对于一切来说人也是有用的,而人的天职恰恰在于,使自己成为团体中的一员,既对共同利益有用,也对一切可用。他为自己利益的操心程度必定也相配于他为他人的服务程度,并且,他为他人服务多少,他就为自己操心多少:一只手洗另一只手。但是,无论他置身于哪里,哪里都是他适当的地方;他既利用别人也被别人所利用。"②这里所说的有用以及由有用而来的利用与被利用,仿佛是基于人与一切的天赋对它们的普遍本质所做的刻画,但是,我们知道,这只是并且总是社会中介的结果,确切地说,是交换的结果。对此,我们或许也可以考虑《1844 年经济学哲学手稿》中马克思在归纳亚当·斯密的论述时所说的一番话:"人的才能的差异与其说是分工即交换的原因,不如说是它的结果。也只有交换才使这种差异成为有用的。同类而不同种的动物的特殊属性生来就比人的禀赋和活动的差异显著得多。但是,因为动物不能从事交换,所以同类而不同种的动物具有的不同属性,对任何动物个体都没有用。……人则不同,各种极不相同的才能和活动方式

① Theodor W. Adorno, *Hegel: Three Studies*, Translated by Shierry Weber Nicholsen, Cambridge: The MIT Press, 1993, p.28.

② G.W.F.Hegel, *Phenomenology of Spirit*, Translated by A.V.Miller, Oxford: Oxford University Press, 1977, pp.342-343.

可以相互为用……”①不过，在这里更为要紧的，不在于分工使得人与人之间在才能上产生了彼此的差别，而在于这种差别既然是由于交换而产生的，那么它必然同样由于交换而消失——因为人非但不是通过这些有差别的才能来成为自己，反而是通过出卖它们来取消自己。简而言之，在交换社会中，建立在差别之上的有用性仅供出卖之用，即马克思所说的，“你必须把你的一切变成可以出卖的，就是说，变成有用的”②。如果是这样的话，那么分工即交换从根本上来说乃是为了废除差别而制造差别。

不管人们在劳动分工中被赋予怎样的差别，他们都与这些差别无关，因为他们与这些差别之间不存在一种能够体现他们的质的内在关联。这样一来，每个人似乎都由于分工而从事有差别的劳动，但实际上恰恰是由于分工而从事无差别的劳动，即无差别地出卖自己的有用性。阿多诺说：“……作为日益推进的分工的结果，工作过程变得越来越相似了，以至于到了这样的程度，即，据认为由分工而来的质的差别最终被废除了——又一个辩证的主题——所以，作为这种分工的一个逻辑后果，到最后，任何人能做任何事。”③这里所说的“任何人能做任何事”就如同杜威在谈到劳动者时所说的，“他可以做一百件其他工作中的任意一件，以作为获取报酬的一个条件——他经常就是这么做的——并做得同样的好或者坏。”④这些论述提醒我们，既然不存在质的关联，那么人们对于有差别的分工来说是可以彼此替代的，正如有差别的分工对于他们来说也是可以彼此替代的。而且，正是因为这种彼此替代，人们才能更加有效地、更加彻底地出卖自己。那么，出

---

① 《马克思恩格斯文集》第1卷，人民出版社2009年版，第240页。

② 《马克思恩格斯文集》第1卷，人民出版社2009年版，第228页。

③ Theodor W.Adorno, *Introduction to Sociology*, Edited by Christoph Gödde, Translated by Edmund Jephcott, Cambridge: Polity Press, 2000, p.42.

④ John Dewey, *Experience and Nature*, Chicago and La Salle, Illinois: Open Court Publishing Company, 1994, p.297.

卖或者说交换的尺度是什么呢？回答是量——一种与质形成截然对照的尺度，同时又是等价交换所必须遵循的尺度。阿多诺和霍克海默这样描述道："资产阶级社会被等价性所统治。它通过把不同的东西还原为抽象的量而使之成为可比较的。"①量之所以是抽象的，很大程度上在于它采取了废除具体差别的同一性原则：只有同一性的东西才能归于量的计算之下。这种同一性原则可以在经济学上得到分析和批判。

在经济学上，同一性原则与社会劳动时间有关。阿多诺说："古典政治经济学证明，就像马克思在轮到他时所做的那样，作为等价形式位于货币之后的真正单位乃是社会劳动时间的平均必要的数量，当然，它随着支配交换的特定社会关系而得到修正。在这种就平均社会劳动时间来说的交换中，所交换的客体的那些特定形式必然被忽视；取而代之的是，它们被还原为一种普遍单位。"②在这里，由平均社会劳动时间而来的普遍单位，作为一种量的东西，正是被取消特定形式的抽象同一的结果。只要万事万物不是为着自身的缘故而是为着其他的东西而存在，这样的同一就是不可或缺的，因为它们或他们必须依靠可被量化的同一性的东西来进行交换。那么，这样的交换究竟意味着什么的发生？阿多诺的回答是，什么也没有发生。他说："交换是神话式始终如一性的合理性形式。在每个交换动作的同比中，一个动作取消另一个动作，账户余额为零。如果交换是公平的，那么没有什么会真正地发生，万事万物都保持原样。"③我们发现，这番话所陈述的是阿多诺反复思考的问题，他在一次讲演中以与之相仿佛的词句说道："如果交换是公平的，那么就什么也没有发生，每样东西都像它曾经所是的那样，人们两

① Theodor W. Adorno and Max Horkheimer, *Dialectic of Enlightenment*, Translated by John Cumming, London and New York: Verso, 1995, p.7.

② Theodor W. Adorno, *Introduction to Sociology*, Edited by Christoph Gödde, Translated by Edmund Jephcott, Cambridge: Polity Press, 2000, pp.31–32.

③ Theodor W. Adorno, *Critical Models: Interventions and Catchwords*, Translated by Henry W. Pickford, New York: Columbia University Press, 1998, p.159.

相抵消，事物就像它们从前曾经所是的那样。”①阿多诺的这些话道明了交换的真相，即时刻发生的交换使得什么也没有发生，因为所有的一切都始终如一。

可是，始终如一的只可能是物，而不可能是生命——“世界被物化，被剥夺人类关系的直接性，被抽象的交换原则所支配”②。作为结果，交换社会不管它从表面上来看多么活跃，从实质上来看却只有没有生命的物的那种死寂。而死寂这种最无差别的同一恐怕正是对同一性原则的严格刻画。这样一来，对于古典政治经济学中的同一性原则的批判，就不仅仅是指出客体那些遭到忽视的有差别的特定形式，而更是要指出以同一性为其原则的交换社会必须被摧毁和超越。因为只有这样，社会才能真正作为社会再生产出它的成员的生命，而不是像在交换社会中那样，人们以他们由交换所获得的货币和财富来作为他们被剥夺的生命甚至人性的补偿，即如马克思所说，“国民经济学家把从你的生命和人性中夺去的一切，全用货币和财富补偿给你”③。货币和财富作为可度量的、同一性的物，乃是死寂的东西。这些都表明，在资本主义交换社会，对于社会的分析必须转向对于社会的批判，或者说，分析就是批判。所以，阿多诺阐述道：“……社会的概念不再成为那种看起来空洞的抽象……这样的一种社会概念通过它的本性而变成对于社会的批判，因为它所涉及的客观地位于社会本身之中的交换过程的展开将以摧毁社会而告终。证明这一点是马克思在《资本论》中的真正意图。因此，社会如果要继续再生产出它的成员的生命——正如我们今天应当详加阐述的东西那样——就必须超越交换的概念。”④

① Theodor W.Adorno, *History and Freedom: Lectures* 1964-1965, Edited by Rolf Tiedemann, Translated by Rodney Livingstone, Cambridge: Polity Press, 2006, p.170.

② Theodor W. Adorno, *Critical Models: Interventions and Catchwords*, Translated by Henry W.Pickford, New York: Columbia University Press, 1998, p.120.

③ 《马克思恩格斯文集》第 1 卷，人民出版社 2009 年版，第 227 页。

④ Theodor W.Adorno, *Introduction to Sociology*, Edited by Christoph Gödde, Translated by Edmund Jephcott, Cambridge: Polity Press, 2000, p.32.

二、艺术成为社会的社会性反题

艺术成为社会的社会性反题,正意味着对交换的概念的超越。那么,在何种意义上,艺术是社会的社会性反题?对于艺术和社会的关系,就社会出现在艺术作品中而言,我们通常会将其指认为是程度不同的共谋或者批判。但是,在阿多诺看来,情况是复杂的。这种复杂不是指共谋或批判的指认过于简单,而是指社会在艺术作品中的"出现"不那么简单。阿多诺说:"社会不仅以意识形态的方式,而且也以论辩真理的形式'出现'在艺术作品中,这易于导致历史哲学的神秘化。思辨很容易成为这样一种想法的牺牲品,即认为在社会和艺术作品之间有一种被世界精神预先设定的和谐。但是,理论必定不屈从于这种关系。"①这样的出现之所以受到质疑,很大程度上在于艺术作品并不是社会得以出现于其中的载体——艺术作品之为艺术作品本身就是一个社会过程,不管它承载什么甚至不管它是不是载体。脱离这个过程来讨论社会和艺术作品及其出现的关系,就会造成它所涉及的内在方面的抽象化或者神秘化,而社会和艺术作品的关系就会成为一种被某种外在于它们的力量所安排的东西,就像阿多诺这里说的预先设定的和谐。可是,如果不是出现,那么是什么关系?阿多诺之所以拒绝莱布尼茨单子论中的预先设定的和谐,恐怕是因为他看到它将不可避免地导致同一性意义上的总体。不过,单子的无窗特性就完全不同了——就这种特性刻画了单子的互不影响而言,它正是向我们提示了一种彼此之间的不可还原以及不可交换的状态。所以,阿多诺从这种无窗特性入手来阐述社会与艺术作品的关系。

阿多诺说:"发生在艺术作品之中并在艺术作品中陷入停顿的过

① Theodor W. Adorno, *Aesthetic Theory*, Translated by Robert Hullot-Kentor, London and New York: Continuum, 2002, p.236.

程，将被构想为是艺术作品所嵌入其中的那相同的社会过程；根据莱布尼茨的公式，艺术作品无窗地描绘了这个过程。一件艺术作品的诸要素遵照内在法则而取得它们的作为一个整体的配置，这些内在法则与外在于这件艺术作品的社会法则有关。社会生产力以及生产关系作为被剥夺其真实性的单纯形式而返回到艺术作品中，这是因为艺术的劳动是社会劳动；而且，它们总是这种劳动的产品。在艺术作品中，生产的力量本身并没有不同于社会生产力，除非它们在构成上缺席于现实社会。艺术作品中所做或所生产的东西几乎无不在社会生产中拥有其模式，尽管是隐而不见地拥有。艺术作品的超越它们内在性权限的结合力起源于这种亲和力。"①在这里，艺术作品的过程之所以与社会过程相同，不是由于来自外部的和谐安排，而是由于出自内部的相同法则。因此，根本不需要操心社会是否以及如何出现在艺术作品中，而只需要让每一件艺术作品的要素都遵照内在法则，我们就能触及社会的社会性反题。在这个反题中，一方面，艺术作品拥有社会所拥有的一切；另一方面，这一切又都是被剥夺其真实性的。一方面，从无窗特性来看，艺术作品是一种不受社会影响因而对于社会来讲不在场的东西；另一方面，从相同法则来看，艺术作品又由于分享社会中的模式而超越了它们的内在性权限。简而言之，艺术作品既是社会所不是的自身，又是自身所不是的社会。

怎么理解这一点？恐怕还是要通过阿多诺的辩证法。他说："作为无窗的单子的艺术作品'表现'它们自身所不是的东西，这几乎难以理解，除非是因为它们自己的动力，它们的作为一种自然和对自然的支配的辩证法的内在历史性，不仅与外在于它们的辩证法有着相同的本质，而且与它相像却不模仿它。审美的生产力与有用劳动的生产力是相同的，并且有着相同的目的论；而可以被称作审美生产关系的东

---

① Theodor W. Adorno, *Aesthetic Theory*, Translated by Robert Hullot-Kentor, London and New York: Continuum, 2002, p.236.

西——生产力嵌于其中并于其中保持活跃的一切东西——是社会生产关系的沉淀或印记。”①艺术作品的动力即源自辩证法的内在历史性使得它们无法被彻底地物化,尽管它们从形式上来看仍然是物并因此作为外在的事实存在于社会之中;就前一个方面而言,艺术作品是自主的,就后一个方面而言,即就其与社会发生关系而言,艺术作品又是异质的。当然,不管就哪个方面而言,艺术本身的自主性是更为基本的,因为如阿多诺所说,作为社会生产关系的沉淀的审美生产关系使得生产力于其中保持活跃。所以,阿多诺紧接着就说:“艺术的双重特性,即既是自主性的又是社会事实,乃是在其自主性的层面上不断得到再现的。”②包含于这一双重特性中的张力,使得艺术作品在最是自身的地方最不是自身,并在最不是社会的地方是社会——前者指社会事实,后者指自主性的。对此,我们也可以结合《美学理论》英译者罗伯特·赫洛特-肯特尔在译者导言中所概括的阿多诺的几个主题来加以考虑,“因此,阿多诺自始至终反复重申这样一些主题:艺术作品是单子,它是社会性的小宇宙,社会在它最远离社会的艺术作品中最强烈地活跃着。”③在这里,就我们讨论的社会而言,更为要紧的不在于艺术作品是作为社会性小宇宙的单子,而在于艺术作品使社会远离社会来保持社会的活跃。

如果是这样的话,那么对于“艺术乃是社会的社会性反题”这个命题,更为要紧的不是从艺术作品方面出发的理解,而是从社会方面出发的理解,或者说,从艺术作品方面出发的理解也已经是社会的了。之所以如此是因为,艺术作品是作为社会的东西来与社会发生关系的,即阿多诺说的,“艺术作品能够占用它们的异质性的要素,即它们与社会的

① Theodor W. Adorno, *Aesthetic Theory*, Translated by Robert Hullot-Kentor, London and New York: Continuum, 2002, p.5.

② Theodor W. Adorno, *Aesthetic Theory*, Translated by Robert Hullot-Kentor, London and New York: Continuum, 2002, p.5.

③ Theodor W. Adorno, *Aesthetic Theory*, Translated by Robert Hullot-Kentor, London and New York: Continuum, 2002, p.xvii.

缠绕,乃是因为它们本身总是同时就是社会性的东西。”①但是,如前所述,它们之为社会性的东西,乃是因为它们远离社会。事实上,在阿多诺那里,这种远离同时也是一种反对。如果结合我们所讨论的对交换社会的逃脱,就会发现,要逃脱交换社会,就要确立起反对社会的东西,而这种反对就在艺术作品中。就此而言,艺术作品不是作为涂尔干意义上的社会事实而具有它的社会方面,恰恰相反,这个社会方面是它要逃脱的东西。因此,较之艺术的体现着辩证法的生产方式而言,它对社会的反对是更为重要的,而它也正由此而变成社会性的。对此,阿多诺说:“如果,在某一方面,作为社会性精神劳动的产品的艺术总暗中地是社会事实,那么在变成资产阶级艺术的时候,它的社会方面就显而易见了。资产阶级艺术的对象是作为人工制品的它自身与经验社会的关系;《堂·吉诃德》站在这个发展的起点。然而,艺术之所以是社会性的,不仅是因为它的生产方式,即生产力和生产关系的辩证法集中于其上的生产方式,也不只是因为它的主题材料的社会来源。更为重要的是,艺术凭借它对社会的反对而变成社会性的,并且,它只是作为自主性艺术才占据这个位置。”②这里以及前面的论述在某种程度上都意味着,在阿多诺那里,艺术提示了逃脱交换社会的可能途径,而且,这恐怕也是社会性的社会的可能途径。

这个充满辩证意味的命题体现了阿多诺所思考的规定的否定。在《否定的辩证法》的一开始阿多诺就明确表示,他既要反对辩证法的肯定性,又要坚持它的规定性,他说:“本书试图使辩证法从这些肯定的品质中摆脱出来,而又不减少它的规定性。”③我们正是在“社会的社会

① Theodor W. Adorno, *Aesthetic Theory*, Translated by Robert Hullot-Kentor, London and New York: Continuum, 2002, p.238.

② Theodor W. Adorno, *Aesthetic Theory*, Translated by Robert Hullot-Kentor, London and New York: Continuum, 2002, p.225.

③ Theodor W. Adorno, *Negative Dialectics*, Translated by E. B. Ashton, New York: Continuum, 1973, p.xix.

性反题”中看到了这种工作，即对社会的肯定的品质的反对既不是抽象的也不是绝对的。换言之，既不从空虚出发也不从理性出发，而是从社会性的这样一个揭示社会活跃程度的规定性出发。当然，我们知道，规定的否定是一个出自黑格尔的术语。但是，它在阿多诺那里获得重要的阐发，他说：“因此，在辩证法的最深处赢得优势的乃是反辩证法的原则：那种更具算术意味的负负得正的传统逻辑。它是从黑格尔在其他地方别出心裁地加以反对的数学那里借来的。如果全体是咒语，如果它是否定的，那么对——化身于这个全体之中的——特殊性的否定就仍然是否定的。它的正面仅仅是批判、规定的否定；它不是靠着对肯定的幸福把握而来的一个突然变向的结果。”①也就是说，对于否定而言，它的正面不是肯定，而只是规定的否定。为此，阿多诺给出了与黑格尔“真正的东西是全体”②这个命题针锋相对的另一个命题，即“全体是非真的东西”③。社会，就其代表着某一种不遗漏任何东西的缠结而言，正可以被看作是一个总体；而现在，规定的否定的运用把它揭示为非真的东西。这意味着，社会不可能像巫术那样突然发生转向并从而变成真正的东西，与此同时，看似可兑现为对肯定的幸福把握的交换其实什么也兑现不了。在这个意义上，也可以说，全体是绝对的无，是毫无规定的东西。

事实上，艺术之所以能够对逃脱交换社会的可能途径有所提示，很大程度上正是因为规定的否定的贯彻。对此，阿多诺结合他有关精神的思考来加以阐述。他说：“只有作为精神，艺术才是对经验现实的反驳，对既存世界秩序的规定的否定。”④我们知道，阿多诺不止一次地将

① Theodor W. Adorno, *Negative Dialectics*, Translated by E. B. Ashton, New York: Continuum, 1973, pp.158-159.

② G.W.F.Hegel, *Phenomenology of Spirit*, Translated by A.V.Miller, Oxford: Oxford University Press, 1977, p.11.

③ Theodor W. Adorno, *Minima Moralia: Reflections from Damaged Life*, Translated by E.F.N.Jephcott, London: Verso, 1985, p.50.

④ Theodor W. Adorno, *Aesthetic Theory*, Translated by Robert Hullot-Kentor, London and New York: Continuum, 2002, p.89.

艺术归结到精神,他的每一次归结都是耐人寻味的;而在这里,精神对于艺术来说意味着从经验现实中解放出来,这种解放不是为艺术寻找一个属于它自己的空间,而毋宁是把这个空间建立在经验现实的反面之上。也就是说,艺术对经验现实的反驳,并不是单纯的个别状态,而是要通过个别状态对既存世界秩序进行规定的否定。相反地,如果它诉诸一种直接的全体意义上的反驳,那么它很大程度上就变成了它所反驳的东西;事实上,它所反驳的东西也引诱它这么做。

三、对不可替代的东西的经验

对于交换社会的逃脱同时也就是对于同一性的摆脱,因为万事万物特别是人自身不再在等价性的统治下被还原为没有差别的抽象的量。换言之,质的方面得到了恢复。在质的上面,它们以及他们无法以等价交换的方式彼此替代。事实上,前面谈到的艺术作品已经暗示了这种不可替代性,比如赫洛特-肯特尔在解读阿多诺时就说:“艺术作品毕竟是独一无二的,尤其是当它们被经验时,它们是从内部被经验的。”①在阿多诺看来,这种不可替代性是同幸福联系在一起的,他说:“在普遍的可替代性中,幸福毫无例外地系于不可替代东西。”②但是,既然艺术是对经验现实的反驳,既然艺术作品是从内部被经验的,那么从阿多诺关于艺术是社会的社会性反题的论断中所得出的就是:对于幸福的经验不是一种经验现实,也不在外部世界。这样的经验被阿多诺考虑为一种形而上学的经验。

不可替代的东西是独一无二的,这意味着它只在它所在的那个地方,而不在任何别的地方。可是,它究竟是怎样的呢?阿多诺探寻了它

① Theodor W. Adorno, *Aesthetic Theory*, Translated by Robert Hullot-Kentor, London and New York: Continuum, 2002, p.xii.

② Theodor W. Adorno, *Minima Moralia: Reflections from Damaged Life*, Translated by E.F.N.Jephcott, London: Verso, 1985, p.120.

的踪迹，他说："对于孩子来说，不言而喻的是，他最喜爱的村子里的令他快乐的东西只在那里才能找到，只在那里才有而别的地方都没有。他是错误的；但是他的错误创造了经验的模式，一种概念的模式，这种概念将以事物本身的概念而不是以来自事物的贫乏投射而告终。"①我们知道，从交换的角度来说，村子里的任何东西甚至包括村子本身都没有什么与众不同，即它们都可以通过等价交换得到或失去。因此，这种只在那里才有的东西，如阿多诺所说，与一种新的经验模式有关。这样的经验是面向事物本身的。唯有面向事物本身，我们才能从对普遍的东西的窥视中摆脱出来。阿多诺把这样的经验称作形而上学的经验，他说："什么是形而上学的经验？如果我们不屑把它投射在据称原始的宗教经验上，那么我们最有可能，像普鲁斯特所做的那样，例如在像水獭溪（Otterbach）、棉花溪（Watterbach）、后悔谷（Reuenthal）、月亮井（Monbrunn）之类名字所允诺的幸福中想象它。人们认为，去往那里就会带来圆满，仿佛那里就有这样的事。真的到那里却使这允诺像彩虹那样后退了。然而，人们并不失望，人们感觉到只是自己太近了，因此而看不到它。风景和决定童年意象的地区之间的差别大概根本不是这么大；对于相同社会阶层的许多孩子来说，普鲁斯特在伊利耶所看到的东西也会在其他地方看到。但是，这种普遍性所形成的东西，即普鲁斯特的表象的真实之处，乃是人们无须窥视普遍性便在一个地方所着迷的东西。"②当人们在某一个地方着迷的时候，他们并不把这个地方当作普遍的东西的样本。事实上，他们内在于它之中，而并不把它当作一个可以用普遍的方式来指认的对象，亦即不把它当作外在的对象来加以窥视。在这样的形而上学经验中，那个地方以它的名字对幸福作出允诺，尽管在外在的和普遍的对待中它会后退和消失。换言之，我们无

① Theodor W. Adorno, *Negative Dialectics*, Translated by E. B. Ashton, New York: Continuum, 1973, p.373.

② Theodor W. Adorno, *Negative Dialectics*, Translated by E. B. Ashton, New York: Continuum, 1973, p.373.

法通过普遍的东西来经验幸福,这就如同阿多诺所说的:“那个否认我们幸福的世界是充满普遍性的世界,是普鲁斯特的经验改造所坚决反对的世界。”①可以说,阿多诺由普鲁斯特的经验改造所阐发出来的形而上学的经验正是幸福的经验模式。

从这样的形而上学的经验出发,我们不难发现,幸福乃是一种我们身在其中以至近得看不到它的东西。对此,我们可以在阿多诺一个关于形而上学的讲演中看到明确的阐述,他在那里同样援用了普鲁斯特的那个例子,他说:“当一个人小时候度假并读到或听到像月亮井、后悔谷、火腿井这样的名字时,他会有这样的感觉:只要他在那里,在那个地方,那就是它了。这个‘它’——‘它’所是的东西——很难说是什么;人们或许也会循着普鲁斯特这里的轨迹说,它是幸福。当人们后来抵达这样的地方时,它根本不在那里,人们没有找到‘它’。……人们就在这现象之中,并感觉到,由于完全在它之中,所以他们实际上并不能看到它。……幸福的人离幸福太近了以至于不能够在意识中拥有朝向幸福的立足点。”②也就是说,如果一个人是幸福的即便他在幸福之中,那么幸福对他来说似乎也是无比遥远的,因为他甚至无法凭借意识的朝向来估算他与幸福的距离。这意味着,当对幸福的经验被考虑为形而上学的经验时,形而上学的经验并没有把幸福把握在自身之内。事实上,在阿多诺看来,形而上学的经验根本未曾触及幸福,它们之间的关系是一种外在遥远而内在相合的关系,他用星座这个源自本雅明的术语来说明这一点:“因此我想说,幸福——在形而上学的经验和幸福之间存在着一个极深的星座——是某种内在于对象之中同时又远离于对象的东西。”③只有在关于幸福的形而上学的经验中,幸福才可能

① Theodor W. Adorno, *Negative Dialectics*, Translated by E. B. Ashton, New York: Continuum, 1973, p.374.

② Theodor W. Adorno, *Metaphysics: Concept and Problems*, Edited by Rolf Tiedemann, Translated by Edmund Jephcott, Cambridge: Polity Press, 2000, p.140.

③ Theodor W. Adorno, *Metaphysics: Concept and Problems*, Edited by Rolf Tiedemann, Translated by Edmund Jephcott, Cambridge: Polity Press, 2000, p.140.

是这种内在又远离的东西。这种内在又远离是至关重要的,因为它表明幸福不是某种同一性的东西,亦即它没有在意识活动中被思维所同一。尽管如此,根据规定的否定,这个没有被同一的东西的规定性并没有减少,换言之,内在和远离实际上是要以这种方式给出规定。那么,这个规定是什么呢?一个地方。阿多诺说:“只有在一个得到规定的地方,才允许引起对幸福的经验,对不可交换的东西的经验。”①而我们也已经在前面所说的月亮井之类的地方看到了这一点,在那里以及在这里,幸福和不可交换的东西都以可以相提并论的方式起作用。

进一步地,除了上面所提到的空间尺度,阿多诺还考虑了幸福的时间尺度。他的这个考虑是从另一个比喻即作为原初庇护的母亲开始的,他说:“对于幸福而言,同样为真的是:人们不是拥有幸福,而是在幸福之中。事实上,幸福不是别的而就是被包含,在母亲中的原始庇护的一种后像。但是,由于这个原因,没有哪个幸福的人能够知道他是幸福的。为了看到幸福,他必须出离于它:就好像他已经生出来那样。说自己是幸福的人是在说谎,并且在对幸福的祈求中违背幸福。唯有这样说的人才是守信的:我曾是幸福的。意识和幸福的唯一关系乃是感激:它的无与伦比的尊严就在于其中。”②在这里,以母亲为喻的包含再次道明幸福是从内在的方面来考虑的。不过,我们更重视这里涉及的时间尺度,它表明:只有在过去时中,对于幸福的表达才是妥当的,而在现在时中这样的表达就成为了一件悖谬的事情。作为结果,或者在幸福中而不知道幸福,或者知道幸福而不在幸福中。不过,这里所说的知道作为一种意识活动也并不是在一般意义上将幸福当作认识对象,而是将幸福当作感激的对象。也就是说,不是在反思中认识幸福,而是在回忆中感激幸福。但是,显然,回忆不会在经验现实的层面上改变我们

---

① Theodor W. Adorno, *Kulturkritik und Gesellschaft I*, in *Gesammelte Schriften*, *Band* 10.1, Herausgegeben von Rolf Tiedemann, Frankfurt am Main: Suhrkamp, 2003, p.305.

② Theodor W. Adorno, *Minima Moralia: Reflections from Damaged Life*, Translated by E.F.N. Jephcott, London: Verso, 1985, p.112.

的生活，换言之，对幸福的心怀感激改变了内在的一切，与此同时任外在的一切继续如其所是。

这样的景象是艺术所救赎的世界的景象，阿多诺说："在其与经验现实的关系中，艺术作品使人想起这样一种神学现象，即，在被救赎的世界中，一切都如其所是，可是一切又全然有别。"①不难发现，这样的现象所透露的更多的是一种否定性的东西。接下来，即便幸福由于救赎而在这样的关系中有所显现，那么它也不能由此而保持一种如其所是的地位，而必须同样向着那些全然有别的东西让出自身，这就如同阿多诺说的，"幸福不是不变的；只有不幸的本质才始终一成不变。"②如果我们想在这个问题上获得更多的思考，那么我们也可以追踪到阿多诺的以下判断，即"艺术是永远被打破的对幸福的允诺"③。正是由于允诺被打破了，所以幸福并不以一种肯定的方式存在于将来或者别处，毋宁说，它以一种否定的方式存在于现在或者这里，即对当前的资本主义社会的实践进行批判，因为后者正是幸福的妨碍。对此，阿多诺说道："艺术对幸福的允诺不仅意味着迄今为止的实践妨碍了幸福，而且意味着幸福是超越于实践之上的。实践和幸福之间的深渊由艺术作品中的否定性的力量来度量。"④这一点是重要的，即那被度量的东西既不是实践也不是幸福，而是它们之间的深渊；换言之，艺术作品作为一种否定性的力量，既没有取消实践也没有带来幸福，而是让我们知道并面对那深渊。或者说，我们已经在这深渊之中，艺术作品只是在度量它。有必要说明的是，实践从来不是抽象的人类活动，在今天，它必然

① Theodor W. Adorno, *Aesthetic Theory*, Translated by Robert Hullot-Kentor, London and New York: Continuum, 2002, p.6.

② Theodor W. Adorno, *Negative Dialectics*, Translated by E. B. Ashton, New York: Continuum, 1973, p.352.

③ Theodor W. Adorno, *Aesthetic Theory*, Translated by Robert Hullot-Kentor, London and New York: Continuum, 2002, p.136.

④ Theodor W. Adorno, *Aesthetic Theory*, Translated by Robert Hullot-Kentor, London and New York: Continuum, 2002, p.12.

是资本主义社会的实践，就像我们已经道明的那样。由此，我们就不难理解实践中的暴力了，“暴力对于实践来说乃是内在的，并且在它的升华之中得到保持，而艺术作品，哪怕是最为侵略性的艺术作品，则代表非暴力。”①暴力再次使实践成为艺术的反面，同时也更扩大了它与幸福的深渊。

借助于艺术，阿多诺让我们窥见了对于交换社会的逃脱途径。那么，逃脱之后又怎样呢？阿多诺下面的这句话是意味深长的：“艺术出离然而又没有出离世界；它所反映的世界仍然是其所是，因为它只是被艺术所反映。”②但同时，就像前面所援引的，在由艺术作品而得以呈现的被救赎的世界中，“一切都如其所是，可是一切又全然有别”。

（作者单位　孙斌，复旦大学哲学学院副教授；
张艳芬，上海大学社会科学学部哲学系副教授）

① Theodor W. Adorno, *Aesthetic Theory*, Translated by Robert Hullot-Kentor, London and New York: Continuum, 2002, p.241.

② Theodor W. Adorno, *Aesthetic Theory*, Translated by Robert Hullot-Kentor, London and New York: Continuum, 2002, p.351.

现代性危机与劳动者的“乌托邦”

——兼论阿伦特对马克思“劳动”概念的洞见

喻 麓 丹

摘要：在阿伦特看来，由现代“理性主义的错误”和判断力失效所表征的现代性危机是与对“权威”的感觉的丧失共存的“世界的异化”。相对于这个以抽象的“平等”和“消费”为普遍原则的大众社会及其“自由”理想来说，阿伦特认为，马克思对“感性劳动”的回归和对“废除劳动”的强调从根本上是在对传统自然观与现代自然观的对立形式本身，以及在黑格尔对二者进行了统一基础上的再颠倒来完成的。而她与马克思在“劳动”地位上的表面分歧实则是基于这样一个洞见：马克思所用的传统词汇及其颠倒形式显现出一种因传统与现代同享的“感觉与超越物”的二分结构的终结，在以“占有”和“增殖”为原则的，乃至思想混乱的现代社会中讲述“超越性”才会显示出的矛盾形式。

关键词：现代性危机　阿伦特　自然　乌托邦　劳动

阿伦特在《马克思主义与西方政治思想传统》中说：“马克思是19世纪唯一使用哲学用语真挚地叙说了19世纪的重要事件——劳动的

解放的思想家。”①这一断言的分量不仅在于她认为马克思是最早发现产业革命中产生的各种问题的人，更在于她意识到我们正处于由马克思时代经历的变化所带来的以它无常的事态、结果、变动为主要特性的世界里，而马克思指出并把握住了他所在的时代变化中的核心。② 虽然她反对马克思在颠覆、终结传统的意义上赋予劳动以“人类营生中心的高贵地位”及由此而来的政治重要性，但她更关心马克思主义中那些被纳粹与其他并行发展起来的类似潮流所利用的“极权主义要素”——在传统及其本身概念框架里没有的新事物，同时显示了马克思思想的现代性，即在什么情况下能引领我们在接受传统断裂的前提下返回并继承传统中的宝贵遗产。

传统对于阿伦特来说尤其重要，她认为，只有在传统中我们为自己树立的“奠基性”行动的优秀范例为世界带来的永恒性和持久性，也许是人们借以抵御一个普罗透斯式瞬息万变的宇宙，为后人建造、保存、照料这个世界所需要的最重要的条件。传统对于我们来说同样重要，透过传统脉络本身，我们得以看到现代性由传统的连贯性中断之处上升并呈现出的统一特征：这种以劳动在传统生活秩序中地位的颠倒作为现象的“现代性”，其对于传统的颠覆，不仅仅在于传统框架本身的又一次倒转——就像已经发生过的柏拉图对荷马的世界秩序的倒转一样，而是在于“现代性”让传统的“自然”概念面临全面颠倒或混乱。厘清阿伦特从马克思以劳动观为起点的关于“自然”的总体理解中所得到的启发，以及由此而来的意见分歧的真正基础——她认为，马克思为陷入现代性危机中的各种同时颠倒传统与现代思想形式的观念进行再奠基的方式，其实难以真正解决现代社会已然出现的大众文化倾向所带来的判断失效的问题。对于我们理解那种在极端情况下，同时挣脱

① [美]汉娜·阿伦特：《马克思西方政治思想传统》，孙传钊译，江苏人民出版社2012年版，第12页。

② [美]汉娜·阿伦特：《马克思西方政治思想传统》，孙传钊译，江苏人民出版社2012年版，第11页。

传统与现代观念双重束缚的混乱自然观所导致的对人类生活的毁灭所具有的深度，具有重要意义。相较而言，彼此间或深或浅的分歧将居于次位。

一、现代性危机表现为感知自然必然性的危机

——人的异化与世界异化

危机(crisis)，通常都被我们用来表达一种事件正处于生死攸关的变化的临界点的状态，由于其形容词 critical 还涉及对真相或事物价值的评价，且从词源上说，作为它们来源的希腊语 krinein 不仅有表示进行决定性判断之意，还有检验、分离之意，因而“危机”除了预示紧急状态，更重要的是把我们拉回一种对自身判断以及判断力的审视。而现代性启蒙为人们的科学判断所准备的“阿基米德点”，在初期完成人们对知识确定性所需要的奠基后，依然未能避免落入“方法的困境”而让我们再次失去判断，胡塞尔称此为“理性主义的错误”。然而实际上，现代社会的节节进步一方面让我们仍然保留着对自然科学无限发展的信心，并以此来对抗斯宾格勒的“文明的没落”；另一方面上个世纪虚无主义在德国的胜利又让我们意欲摧毁当今世界及其潜能，或曰现代文明。施特劳斯认为，虚无主义的核心在于无神论中，即抛弃一切宗教信仰的形式。因为“无神论的特征不是自由思想也不是理性主义：它标志着理性否认它本身的能力，理性失去了区分具有意义与无意义、理性之物与非理性之物的能力。”①

阿伦特从上世纪初就显现的危机中看到同样的本质性现象：传统的丧失以前所未有的程度把我们的生当作毫无意义的东西，把判断作

① ［法］卡萝勒·维德马耶尔：《政治哲学终结了吗》，杨嘉彦译，华东师范大学出版社 2016 年版，第 131 页。

为不能确定的东西，把思维当作浅薄的东西。[①] 这意味着在以变化为主要特征的现代世界里，我们在由传统的丧失所导致的范畴和基准的丧失中所丢掉的是权威感——传统的基准中排列在最前面的是为保证事件和思想的可信性提供了证据[②]——最初的证据是对自然必然性的感知，这种感知的丧失在美国表现为一种颠覆性的教育的危机，而它之所以跟政治危机相关，从本质上说是因为它颠倒了传统“平等”概念的政治内涵，将自由主义式的“一切人平等”蔓延到了儿童世界。更重要的是，当现代性基于普遍科学观点的形而上学原理，为现代社会颠倒了古代自然法所发挥的传统道德功能以后，无论是儿童世界还是成人世界，都将变成“大众社会”的两个版本而已。

与大众社会对应的是权威的丧失，是对世界的疏离，它建立在我们对生存的焦虑之上，却又利用与之相伴而生的衍生物从相反的方向掩盖住，而不是彻底解决了这种焦虑——大众文化。因而与传统社会相比，它的现代性内容在于：“如果说在‘优良社会’意义上的社会是由那些不操心钱财而有闲暇致力于‘文化’的人组成的，那么大众社会的确表示着一种新的事务形态，即人口的大多数如今已从令人筋疲力尽的劳动重负中摆脱出来……大众社会不需要文化，只需要娱乐，社会像消费其他商品一样消费着娱乐工业提供的玩意。”[③]这首先意味着古典传统中的“闲暇”不再作为人们摆脱劳动重担后自由行动的时间，而变成一段除去睡眠和必要劳动后的多余时间。其次，“大众文化”最终与所有其他生活必需品一道，以实现使用价值，即以能够被我们消费、满足我们的某种需要为唯一目的，统统被我们的生物过程卷入循环往复的

① [美]汉娜·阿伦特：《马克思西方政治思想传统》，孙传钊译，江苏人民出版社 2012 年版，第 21 页。

② [美]汉娜·阿伦特：《马克思西方政治思想传统》，孙传钊译，江苏人民出版社 2012 年版，第 127 页。

③ [美]汉娜·阿伦特：《过去与未来之间》，王寅丽、张立立译，译林出版社 2011 年版，第 184、190 页。

新陈代谢中。这被阿伦特称为“世界异化”,意味着人类脱离了自身在世的生存处境而呈现出一种对自我的赤裸裸的忧虑和操心。她认为这既是现代性的标志,也是可以被用来与马克思的“人的异化”形成某种对立的概念。然而值得注意的是,它们表面的对立性质在澄清了以下一点后将得到缓解:阿伦特的“世界异化”是在就传统的公共世界衰微、私人领域同样被消解,因而导致一种无世界思想态度的孤独大众的生活的意义上说的。就此来说,它与马克思关于劳动异化导致“人的异化”的观点,实际上并无抵牾。此外,他们之间的一致性还在于,如果从古代政治思想通过在公共世界与“被剥夺了”公共性的私人领域之间安放一座“财产”的桥梁来保护公共世界的优先地位来说——“‘私人’这个词一旦与财产相联系,就立刻失去了它的被剥夺性质以及通常情况下与公共领域相对立的性质;财产显然具有某种属性,这些属性使得它虽处于私人领域,却始终被看作是政治团体的最重要组成部分”①,而同时丧失了两种领域的现代人对“财产”的看法,早已丢失掉它在古典世界中用以打通两种领域界限的中介性内容,反而只与财富及其无限增殖的欲望相关。他们对私有财产的不同态度实则都指向对同一个现代性现象的批判:我们从对自然的传统信仰中解脱出来后,仅以享受般的占有全面取而代之。因而她认为,马克思的伟大恰恰在于抓住并把握住了与自然必然性最接近的问题——作为私有财产的主体本质的劳动的解放问题。

二、现代“乌托邦”之于被颠倒的传统

令阿伦特最在意的这几组矛盾,贯穿在马克思的早期著作到《资本论》第三卷。她将其总结为:“因为要废除所有的暴力,所以需要使

① [美]汉娜·阿伦特:《人的境况》,王寅丽译,上海人民出版社 2009 年版,第 41 页。

用暴力”“历史的目标是使得全部历史终止”“劳动是人类唯一的生产活动,生产力的发展又是要最终废除劳动”。① 从这些被简洁化的论断中,阿伦特看到的是马克思对西方政治思想传统的挑战。他与从怀疑飞跃到信仰的克尔凯郭尔、从超越理念尺度的非感觉世界跳跃到生命感觉的世界的尼采一样,共同对传统采用飞跃与颠覆的方法,在作为先驱者的黑格尔的引领下“在传统的延续中断前迎来了传统的终结”。然而,阿伦特断言,传统终结后其概念也会继续对人们发挥专制的影响力,但由于这些概念失去了与传统的血肉联系,因而已经造成了政治领域里大众的困惑和精神领域里大众舆论的混乱。其原因就在于,传统的丧失已经以前所未有的程度把我们的生和判断力变成无意义与不可能的东西。而这在我们的经验中已经有了关于那些在战时发动着杀人机器的艾希曼们,与在战后占据着不同的立场对社会主义与极权主义间的关系争论不休,从各自的角度把持着对自由与民主的解释权力并总是试图指出对方的逻辑谬误的人们的记忆。阿伦特意识到存在于马克思理论中的明显矛盾,其深度不在于它“造成了传统终结”,而恰恰在于它反映出马克思(与克尔凯郭尔及尼采一道)意识到已经不能用我们的传统思想来解决新问题和难题②:我们的野蛮世界所暴露出来的事实的特性与过去相比,已经变成在过去连影子也找不到的形态。而她十分清楚意识到马克思的伟大之处在于,他知道除非用一种颠覆传统的方法,否则根本不能让人注意到,或许在他开始著述之前就已经存在的现象的深刻性:暴力已经成了历史的助产婆,劳动也成了社会的中心活动,世界所有人的平等也开始成为既成事实。③ 这三个根本性现象只有从它们位于传统观念中的位置来看之时才呈现出相互联系的

---

① [美]汉娜·阿伦特:《马克思西方政治思想传统》,孙传钊译,江苏人民出版社2012年版,第27页。

② [美]汉娜·阿伦特:《马克思西方政治思想传统》,孙传钊译,江苏人民出版社2012年版,第98页。

③ [美]汉娜·阿伦特:《马克思西方政治思想传统》,孙传钊译,江苏人民出版社2012年版,第30页。

有机形态和对立性——它们是阿伦特从他的劳动批判理论和历史终结论中看到“乌托邦特征”的隐含前提。

(一)偏离了传统用法的“乌托邦”与回到“劳动”

虽然哈耶克在1944年出版的《通往奴役之路》里面写道“社会主义已经取代自由主义成为绝大多数进步人士所坚持的信条”,但他所理解的“社会主义”无疑只是一种“通过等级制度的路线审慎地改革社会,并强加一种强制性的‘精神力量’,以此‘终结革命’的一种尝试”①,因而只是作为一种“对法国大革命的自由主义的反动”和“对自由的最严重的威胁”的集体主义的变种。哈耶克代表着一部分自由主义者,他们通过把“社会主义”等同于法西斯主义或民族社会主义(自由主义的一种反常形式,其实质是市民资产阶级受到社会改革威胁时动用暴力来确保统治)来反对“社会主义”对“平等”与“自由”的要求。他认为社会主义所允诺的新自由虽然是摆脱了必然性的自由,但由于这种“必然性”只体现于环境的强制与人们对物质财富选择权上的限制(经济制度的束缚),因此社会主义的新自由不过是对平均分配财富的旧要求的重申而已。于是“自由”与“平等”合流,他引用了托克维尔的话来印证这一点:“民主在自由之中寻求平等,而社会主义则在约束和奴役中寻求平等。”②因而他认为这个在1848年革命前强大的民主潮流影响下将“民主”冠在“社会主义”之前所形成的新的“民主社会主义”显然与圣西门要计划委员会做的事情并无差别,而张伯伦说的“以民主手段实现并维持的社会主义应该属于乌托邦世界”似乎也很对他的胃口,因此在一般意义上,哈耶克所反对的“社会主义”只是一种处于采用强制干预的手段排除自由竞争的层次上的变种的“集体主义”,

---

① [英]哈耶克:《通往奴役之路》,王明毅等译,中国社会科学出版社1997年版,第50页。

② [英]哈耶克:《通往奴役之路》,王明毅等译,中国社会科学出版社1997年版,第51页。

而他所支持的自由主义则是一种在相反意义上，从经济领域的竞争自由延伸到政治领域中去的类比物。

然而马克思早在《巴黎手稿》中对巴贝夫等人创立的空想共产主义所作的评价，已经可以对上述两种对立事物的本质进行了概括：

这种共产主义——由于到处否定人的个性——只不过是私有财产的彻底表现，私有财产就是这种否定……任何私有财产，就它本身而言，至少对较富裕的私有财产怀有忌妒心和平均主义欲望，这种忌妒心和平均主义欲望甚至构成竞争的本质。粗陋的共产主义不过是这种忌妒心和这种从想象的最低限度出发的平均主义的完成。①

如果说“社会主义”——在哈耶克等现代自由主义学者的眼中——与自由主义的对立在于前者是“在约束和奴役中”，而后者是“在自由中”寻求财产的平等（哈耶克论证了金钱是我们在现代社会中追求其他一般性机会的媒介，而不是我们受到贫困束缚的原因，因此追求财产上的自由是平等的条件），那么它就尚未达到马克思对空想社会主义批判的水平，乃至于如此这般的社会主义还尚未达到原本的“乌托邦”所具有的批判现实的水平。

阿伦特直言，马克思的未来社会是要消灭所有国家，统治者与被统治者、支配者与被支配者的区别消失，它并非不具有场域（topos），其模板就是公元前 5 世纪的雅典城邦。“在城邦生活中……与国家有关的所有的形态中暴力都消失，行政管理代替了军队和警察。于是立法官员不制定法律，只是明文化了的自然科学家，只是对法律进行说明……（列宁曾经很明确地指出，）如果考虑到人性本质是堕落的，或考虑到人类的法并不是从自然法中推导出来的话，这种理想，就是‘乌托邦’。”②换言之，马克思所设想的劳动本身的解放/废除所超出平均主义和普遍的私有财产等的粗陋形态的程度，乃至它呈现于表面上（被

① 《马克思恩格斯全集》第 42 卷，人民出版社 2002 年版，第 118 页。

② ［美］汉娜·阿伦特：《马克思西方政治思想传统》，孙传钊译，江苏人民出版社 2012 年版，第 29 页。

许多人所指认)的“乌托邦”式的荒谬性本身所具有的艰深与高度,需要在概念的传统用法中才得以衡量,因为“乌托邦”本身需要回归到传统才能被真实地理解。

(二)被颠倒的“自然”的传统——关于劳动的现代性的两个主要特征

“劳动”在现代社会所发挥的政治作用远远超过了前现代社会。施特劳斯曾言,如果我们要谈论圣经信仰世俗化以后的现代社会还有什么蓝图的话(把巨变频仍的现代性当作某个统一的东西来谈),就要把现代性理解为对前现代政治哲学的彻底变更——前现代政治哲学所具有的统一性将反映在现代性上,从而使后者具有与前者同等的清晰度。① 而前现代社会最核心、最具包容性的问题,无疑是如何理解自然的问题,以至于现代社会也以同等程度对待自然问题——虽然是通过颠倒“劳动”在传统的积极生活内部的地位来重新中介人与自然之间关系的。

劳动在积极生活中处于最低的等级,与古希腊人对劳动的蔑视有关。当他们在自然与奥林匹斯诸神身上发现了超越个人有限生命的不朽,而哲学家又在城邦事务之外的孤独中发现了超越政治生活的永恒体验之后,在对不朽与永恒的模仿中,公民借助行动和言说表达着“热爱不朽声明胜过热爱可朽之物”,哲学家(柏拉图)则借助沉思领受无言的惊奇。② 与这些活动相比,劳动是人们受限于生活必需品和周而复始的生命节奏的体现,是所有奴性的或具有自然痛楚的辛苦操劳的凝结,它与不朽和永恒之间相隔的距离超过其他所有活动。阿伦特在《人的境况》中对劳动产品的易朽性做出强调:劳动是被生命强力所驱

① [美]列奥·施特劳斯:《苏格拉底问题与现代性》,刘振等译,华夏出版社 2016 年版,第 319 页。

② [美]汉娜·阿伦特:《政治的应许》,张琳译,上海人民出版社 2016 年版,第 44 页。

动的，它辛苦劳动的产物会被生命过程迅速消费掉，无一剩余；劳动是最不具有世界性的活动，它与同样在活动过程转瞬即逝的“自由”技艺的区别不在于智力程度的高低，而在于后者与政治家的德性（明智判断的能力）和公共效用有关，而前者只与私人的痛苦和辛劳有关；劳动只有在循环重复中才能帮助世界抵御自然盛衰过程的侵蚀。我们从劳动非世界性的循环消耗中得到的是免于被自然支配的自由，而这恰恰是我们进入工作和行动中生产持久物、维持世界的持久和稳固、发动新事件的前提。这是由于在柏拉图以前的城邦传统中，建立在对奴性劳动的支配之上的自由就已是政治的前提，而不是政治的目的（城邦的目的“善”是实现正义而非“自由”），故而我们能够理解亚里士多德为什么在现代人不能理解的地方区分了“自然奴隶”和“自然自由人”，并让他们随其天赋的本分而成为统治者和从属者。① 因为对于他来说，只有当前政治的属于身体的生活受制于属于灵魂的生活，而灵魂的情欲部分受制于理性及其理智部分的时候，即在对持久性进行着某种模仿的公共生活本身成为身体劳动的目的，且这两方面都无可缺少的时候，无论是对于个人还是对于城邦，才是“合乎自然而有益的”。

相对于把“自然”同时理解为自然必然性以及“合乎自然的”节制的德性原则的希腊传统，现代人在对待“自然”的两种原则上颠倒了古代的政治经验——原本属于前政治的家政领域的“占有”和“无限增殖”原则成为现代社会对“私有财产”的规定。这两种原则都与现代人对自己身体感觉的重新发现有关，它是我们对自己充分经验世界的能力进行普遍怀疑的结果，因而“自然”必须首先“教条地”成为我们感受的对象。但由于从古至今，最私人性的、最难以分享个人感受的活动就是“劳动”，无论是辛苦的日常操劳还是痛苦的生命繁殖，以及相伴随的摆脱疼痛的经验，“是唯一让我们离开世界如此遥远的感觉经验”，

① ［古希腊］亚里士多德：《政治学》，吴寿彭译，商务印书馆 1965 年版，第 19 页。

因而“自然”成为劳动对象，不过是人们为了在这种排他性的感觉经验中寻找主观性明证的需要而已。由此，阿伦特认为劳动是无世界性的，“在劳动中人尽管也活着，却被抛回到了自身，除了关心他自己的活着之外什么也不关心”——这完全符合把劳动作为财产的私有性来源的典型的国民经济学家的喜好，他们所不能理解的只是西塞罗所概括的那种古典时期人们对财产的观点：财产要么是来自于古代的征服，要么来自战胜或法律的分割——从公有中圈出来的东西。

具体地说，“占有”的原则与现代普遍自然科学的奠基行动有关。如果我们还记得霍布斯是怎样用机械唯物主义原理为自然的不可理解性提供现代解决方法的，那么也不会忽略他将关于“运动”的学说作为我们构建人类社会的理论来源时所具有的效用。由于新的理智工具为其所座架于其上的位于我们外部的自然提供了一种统一于知识的内在关切的目的，我们得以将人类的需要，或者说最迫切的欲望制定为科学的最高的统辖性的原则，正如霍布斯认为快乐是“纯粹运动”中的一种积极的表象，所以善等同于快乐。施特劳斯在考察霍布斯的“政治享乐主义”与伊壁鸠鲁的享乐主义的区别时说，霍布斯不接受伊壁鸠鲁对必需的自然欲望与不必需的自然欲望的区分，是为了打破以有节制的“平静”状态作为幸福生活的制约，而以任何有可能激起“愉悦”表象的运动作为政治科学和社会科学的真正对象；又因“自我保全”不仅属于“表象”的领域，还属于“运动”的领域，故而所有“新道德”应是围绕有利于避免争端、自我保全的目的而设，相应的，恶也变成相互间有意冒犯的品质，而不再主要是灵魂的淫逸放荡等堕落形态。在这一对比中，施特劳斯指出的是现代性政治思想与前现代的深刻区别，而斯宾诺莎也曾经把这个区别直接写进了《伦理学》中：对于任何事物我们并不是我们追求它、愿望它、寻求它并欲求它，因为我们认为它是好的；而是，正好相反，我们判定某种东西是好的，因为我们追求它、愿望它、寻求它、欲求它。① 可以说现代公民

① ［德］斯宾诺莎：《伦理学》，贺麟译，商务印书馆1958年版，第106页。

社会对古代城邦的颠倒在于，它把作为艰苦劳动的报偿的“便利的生活”提升到原来“善的生活”的高度，而把关于人类优异性的生活变成私人的选择。

在“占有”原则的基础上，洛克在《政府论》中引入了“增殖”原则作为被统一于现代财产权的另一个原则。施特劳斯说洛克的财产学说是他政治学说中最核心、最具有特色的部分，它使他的政治学说与传统学说得以鲜明地区分。洛克与霍布斯的区别体现在对自然状态不同看法上，他认为自然状态是一种资源潜在丰足的状态，“自然和大地只提供了本身几乎没有价值可言的原料”，占有事物唯一正当的方法是通过劳动来从自然之母那里，而不是从别人那里得到（这再一次体现了现代劳动的私人性才是财产的合法基础，财产的首要功能不再如传统那般是作为连接分隔的个人与世界的中介）。其次，洛克与亚里士多德一致的地方在于，他们都认为自然树立起财产的尺度，这不仅是从自然物的有限性和盛衰特性是劳动对象和产品的天然界限来说的，也是从自然生命的循环节奏是人的新陈代谢和消费的界限来说的。洛克反对人们囤积超过自己消费限度的东西并任其腐烂，比起“一个星期就会腐烂的李子”，他可以积蓄更多不易腐烂的坚果，他认为随意浪费对别人有用之物是违反“自然法”的。然而，他们之间的一致止步于此。洛克的财产理论体现得更多的是对传统的颠倒：亚里士多德认为真正的财富就供应一家人的良好生活而言，不该是无限度的。私人生活有其本分目的，由于家务管理的功能不追求无限度的非必要财富，因此，家务管理的技术不同于获得财产的技术。前者的目的是使人们摆脱自然必然性的束缚进而获得进入公共生活的自由，而后者的目的是前者。当一双鞋违背了制鞋者的原意，不用于正当穿着而用于交易牟利时，即颠倒了“技术”与“目的”本身的自然秩序，把尽可能多地敛财作为目的，让屈服于物欲的奴性生活主宰政治生活时，是不合自然的。洛克则相反，他认为，在自然状态中的劳动是占有财产的资格，在公民社会中却并不是唯一的资格，而如果我们将他的“财产”在自然状态与公民社会内的不同状况稍加对比，就能发现对他来说重要的是这样一个事实：劳动在自然状态中是唯一的增殖方式，而在公民社会中却不是——公民社会中的人可以按照实在法所许可的每一种途径来获得可大量囤积的财富，货币——而由货币所释放的贪欲只要有利于公共财富的增长，就是合理的，因为现代“自然法”只是阐明“公共幸福”或民族繁荣兴盛的理性条件，只作为理性为保障人们的和平与安全而发出的诫命，它不再为人们的优良生活而在“自然必然性”与自由间划定界限。社会福利及其持存取代了传统政治生活的目的，因为它能让一个英格兰的短工过得比美洲一个广袤地域的国王更好。

（三）以“增殖”的无限来代替“永恒”的无限的“现代性”

“不能浪费”的诫命与具有无限增殖能力的劳动之间的矛盾，在古典城邦时期，是通过被还原为“个人生命的有死性”与其所归属的“自然的永恒性”之间的对立来找到解决之法的。阿伦特在考察了古代历史学家对人与自然之间关系的观点后指出，自然对于希腊人来说是“不需要人或神的帮助就自己出现的事物的总和”，自然物是永恒的，因为它与所有人为之物的区别是它不需要记忆来使之持存，所以希腊文化“在其最伟大形式中悲剧性的一面”是由一个悖论造就的，这个悖论就是：一方面，一切事物都是在永恒之物（自然）的背景下被审视和衡量的；另一方面，人的真正伟大被理解为存在于最脆弱、最不持久的行动和言辞中。① 这相当于，虽然在长度上，个人的行动和言说比他们的自然生命还要短暂，但对于早期希腊人来说，个人言行的易朽性只要可以被赋予某种永恒性，它们就在一定程度上进入了永恒世界。哲学家柏拉图指出使死之人与“不朽”比邻而居的办法，即从城邦事物中抽身而出，在“无言”的沉思中关照理念真理。而亚里士多德直言人

① ［美］汉娜·阿伦特：《过去与未来之间》，王寅丽、张立立译，译林出版社 2011 年版，第 42 页。

生的幸福可以在能够获得自足、闲暇、无劳顿以及享福祉的沉思中找到，因为沉思就是努斯的实现活动，是神性的生活，而关于肉体的生活是人性的生活——它们之间的区别在于，只有前者体现了时间上持续性的无限，而后者体现的是空间上的间隔性。① 换句话说，属于灵魂部分的努斯的实现活动如果要保持对属于身体部分的实践活动的优越地位，就必须将后者节制在拥有足够而不至于浪费的财产上，否则只会妨碍幸福。

现代财产权则意图打破这种节制。现代政治哲学建立在对自我利益极端重要性的强调上，阿伦特认为，这种主观化只是仍在增长的世界异化的一个方面，因为任何判断都无一例外地还原到知觉的层次，所以我们对有限生命的超越方式就不可能像古代一样，用诗歌或史料，经由记忆女神之手，为转瞬即逝的言行打开永恒世界的门，或在世俗事务之外保留一个静观的理念世界作为我们对于永恒的某种把握。由于现代科学的对象不是物自身，而是过程，因此有"现代历史意识之父"之称的维科之所以转向历史领域，是因为他知道"我们能证明数学问题，因为我们自己制造了这些问题；要证明物理的存在，我们就得制造它们。"②而出于同样的理由，现代人对自然生命的天然界限及其对它的感受体验的极端重视在受到习惯和重复性经验的启发后，把对生命的消费能力来说多余且不能抵偿劳动的痛苦感受的占有之物作为违背自然法的"浪费品"来加以反对，而把通过劳动及其他合法手段（交易等）实现的对欲望所需之物和财富的无限增殖作为对"幸福"和无限性的模仿来重塑我们与自然之间，即有限性与无限性之间的关系。

---

① ［古希腊］亚里士多德：《尼各马可伦理学》，廖申白译注，商务印书馆2003年版，第307页。

② ［美］汉娜·阿伦特：《过去与未来之间》，王寅丽、张立立译，译林出版社2011年版，第53页。

（四）马克思与阿伦特:关于对“私有财产”与“消费能力”的两种视野

劳动从传统消费的天然限制中摆脱出来,成为能够抵御自然侵蚀的可囤积之物,除了得益于人们对欲望的态度从传统式的遏制转变为现代式的引导,并以欲望的无限性本身来取代不朽,还得益于人们对劳动的看法从传统的“人的特定的外化形式”转变为现代的“财富的普遍本质”,马克思在《巴黎手稿》中曾准确地指出,国民经济学家认为劳动是财富的主体本质,并因此把具有完全绝对性即抽象性的劳动提高为原则,是一个必要的进步:

因此,如果上述国民经济学是从表面上承认人、人的独立性、自主活动等等开始,并由于把私有财产移入人自身的本质中而能够不再受制于作为存在于人之外的本质的私有财产的那些地域性的、民族的等等的规定,从而发挥一种世界主义的、普遍的、摧毁一切界限和束缚的能量,以便自己作为唯一的政策、普遍性、界限和束缚取代这些规定。①

马克思说国民经济学家通过把私有财产移入人的本质,从而既使人成为本质,又同时使作为某种非存在物的人成为本质,只是因为他们的科学发展得更彻底、更加真实罢了。由于我们已知现代科学根植于人的内省世界,所以它与现代自然法之间的一致就在于,它们目的都指向人的世俗的生存欲望——保全的欲望以及占有欲望。虽然传统积极生活中的劳动也是以满足生存需求为目的,但现代的“占有”行为借助席卷所有公共领域的生产的普遍规律的支配,从两个方面完成了对人的抽象:劳动和资本化。

因此,马克思指出,“私有制使我们愚蠢,以致一个对象,只有当它为我们拥有的时候,就是说,当它对我们来说作为资本而存在,或者它被我们直接占有,被我们吃、穿、住等等的时候,简言之,在它被我们使

① 马克思:《1844年经济学哲学手稿》,人民出版社2000年版,第74页。

用的时候,才是我们的。”①这正是私有财产运动的感性展示中的其中一种——消费。阿伦特在对马克思的思想进行反复研读后,从另一个角度提出关于消费与劳动分工的关系的看法。在她看来,大众社会中的消费能力是劳动分工最严重的界限。

马克思在《德意志意识形态》中,主要从私有制对劳动的支配形式和不平等分配等方面来说明分工。他关注的是异化劳动不仅使工人的类本质发生异化,还使工人变得越来越贫困,因而他是从分工对“现实的个人”所具有的影响的角度来说的;阿伦特从劳动分工的另一种性质——单一性,来说明现代社会的劳动是如何剥夺人们的世界性,则是从分工颠覆了传统的“劳动”如何作为人的条件的角度来说的。因此,她与马克思在劳动分工问题的表面上的分歧,并不大于他们对现代劳动所具有的“片面性”问题的共同看法。阿伦特从积极生活内部的劳动与工作的传统区分出发来考察现代劳动分工,得出现代劳动社会的本质正是在大众消费能力与生产能力的相互限制中追求双重无限的结论。与工作具有其制成品的天然持存性不同,劳动产品不具有脱离于生存需要的持存性。因为劳动出于对摆脱生命必然性的需要,所以劳动产品伴随着生命的新陈代谢的过程被生产出来及被消费掉,而由于个人生命力的有限决定着个人劳动力的有限,且个人劳动力只有在作为集体劳动力的一部分时,劳动力整体才作为永不枯竭的过程对应于人类物种的长生不死的生命过程,因此,劳动必须能够以纯粹量化的方式相加,好让每个人都能以无差别的物种成员的身份“彼此像一个人一样行为”。在这个意义上,劳动分工明显区别于工作的专门化,因为工作的对象受制成品的不同目的和性质的限制,需要的是差别化的工匠间的合作,且制成品在持存性上恰恰是要逃避即刻的消费。但劳动者社会的劳动要么是实现生存手段的再生产——阿伦特也把它叫做“消费能力的再生产”,从而是从一个有别于马克思的角度重新审视

① 马克思:《1844年经济学哲学手稿》,人民出版社2000年版,第85页。

“人的自然”对生产力的限制——要么是最终使得人类劳动力耗尽。她认为,如果从一国水平来观察社会克服繁殖力的自然限制的方式,就是把所有使用物都当成消费品来对待。因此,这里她得出与马克思几无二致的结论:人与世界打交道的方式与物被生产出来的方式完美匹配。① 在她看来,人们正是在以克服自然生命有限性为目的的生产活动中引入了无限增殖的原则,且当生产的无限性受消费能力的拖累后没有削弱,反而强化着消费的原则,以全面性的消费弥补自然能力的界限。

阿伦特用“消费能力”的再生产来代替“生产力”的再生产的说法,让现代以分工形式出现的“劳动”以最明确的方式,颠倒了传统对劳动在积极生活中的地位的界定。她提醒我们,在柏拉图那里,赚钱的技艺是区别于所有其他如医疗、航海、建筑之类自由技艺不同的谋生的附加技艺,其他技艺的目的远远超过谋生的基本需要,不是在量的方面,而是在政治性和优越性上超出劳动的目的。她强调“消费”是劳动的天然界限,实际上是想说明一个问题,随着生产力发展,现代工厂中发达的工具和机械极大地减轻了劳动的负担和痛苦,但这些都不能取消劳动对人的强制,也不能消除人受制于需要和必然性的状况——而马克思把劳动解放视作对人的真正解放——这是她认为自己与马克思在劳动解放问题上的分歧所在。分歧虽有,可这些分歧是否如一些研究者所认为的那么巨大,仍然值得讨论。也许有人会指责阿伦特误会了马克思区分“生产性”和“非生产性”劳动的初衷——然而她并没有把这个问题视作分歧的关键,她曾在《人的境况》中指出,如果把劳动产品转换成消费品来理解,即使劳动剩余也不能改变产品本身的属性,那么,马克思的著作其实显示出了他对前辈还费心区分生产性劳动和非生产性劳动、熟练劳动和非熟练劳动的轻蔑。② 也有人指责阿伦特没

① [美]汉娜·阿伦特:《人的境况》,王寅丽译,上海人民出版社 2009 年版,第 90 页。
② [美]汉娜·阿伦特:《人的境况》,王寅丽译,上海人民出版社 2009 年版,第 79 页。

有理解马克思的“异化劳动”与传统“劳动”间的差别，因而导致她自己反而因过于依赖“行动”而走向“行动唯我论”，最后还无不讽刺地又与她自己所反对的“正统的”或“科学的”马克思主义者走到了一起①——然而由于阿伦特的“行动”最大的特点是“诞生性”，是经由言说的“彰显”而发动新的过程并最终浮现为行动者独一无二的生活故事，就像尤利西斯倾听他自己的生活故事，虽然没有作者，但倾听者、行动者和受难者是同一个人，因而它通过呈现一种黑格尔式的“回忆之泪”的悲剧性来区别于我们通常理解的顺应历史的“行动”。也许还有人指责阿伦特把马克思与古典经济学家归为一类，以为马克思与自由主义者一样都主张政治应当专心致志去满足“生命的必要”②——然而，阿伦特从来没有把马克思看得如此浅薄，她反对马克思把“劳动”提升到社会生活的普遍形式是基于对现阶段国际社会普遍呈现出“劳动者社会”“消费社会”的世俗形象的观察，在这场尚未结束的以丧失了传统权威和判断能力为表征的现代性危机中，她看到了在传统终结后所留存的传统词汇对现代社会的专制，但这种专制力完全的显现发生在传统终止以后。她认为，无论是马克思所在的 19 世纪对传统宗教、政治思想和形而上学的反抗还是它们在 20 世纪的余波，并不是我们历史中断的原因，“这种历史的断绝，是由于政治领域里大众的困惑和精神领域里大众舆论混乱导致的结果。”③而马克思，与克尔凯郭尔与尼采一道，对于我们来说，却是指向丧失了权威的过去的路标——当我们直线穿过她文本中足以构成迷宫的文字，可以看到她所理解并反对的“劳动”，已不再是马克思原初理论体系中的“劳动”，而是那个在 20 世纪的思想混乱的大众社会中实际发挥了强制力的概念。

---

① 白刚：《“超越政治”还是“回归政治”》，江苏人民出版社，2015 年版，第 56 页。

② [日]川崎修：《阿伦特：公共性的复权》，斯日译，河北教育出版社 2002 年版，第 289 页。

③ [美]汉娜·阿伦特：《马克思西方政治思想传统》，孙传钊译，江苏人民出版社 2012 年版，第 98 页。

（五）现代“乌托邦”——“自由王国”的双重“超越性”对现代性危机的启示

阿伦特与马克思政治思想的分歧，也许更多的还是在于对这个问题的不同回答：关于达到真正的政治生活的目标，除了通过对现实中异化“劳动”的扬弃，还需为应对危机恢复哪些传统而思考。

阿伦特在把“乌托邦特征”运用到对马克思观点的评价时似乎并没有包含过多的贬义，虽然她在《人的境况》中的“行动”章不止一次地把“乌托邦”与制作过程进行类比，并强调它对人的“复数性”，即政治自由的剥夺，但如果因此而把她的观点总结为“现代乌托邦主义等于极权主义”，并将她直接归入波普尔、哈耶克等右翼思想家阵营，则较大地忽略了她思想中由回归传统的线索所揭示的极权主义因素与传统和现代之间的双重张力的复杂性——这一点也构成了她对“乌托邦”本身和对马克思思想中的“乌托邦特征”的态度的复杂性，因为这一特征恰恰是她所把握到的由马克思在传统断绝的现代社会重新竖起的指向传统中的理解力的路标。

她当然不是从“非革命”和“拒斥行动”的角度去使用这个词，而是参照了柏拉图的理想国，用它来刻画一种理念与实际城邦生活之间的分离。或许也是为了让我们相信马克思确实是在现代性迷雾中指向传统的路标，她借用了“乌托邦”这个用现代眼光来看似双刃剑般的词汇——或许只有形容两面刀刃都极其凌厉的词语，才能把他思想的独立性展示出来；或许只有这个来自传统起源处的词语，能把极权主义从马克思思想中借来的要素追溯到马克思之前的真正来源上。尽管新自由主义者们也喜欢用“伪乌托邦”来攻击当代社会主义者，但他们的理由跟马克思恩格斯曾经反对“乌托邦社会主义”的理由大相径庭。自由主义者们实际上反对的不是“伪”，而是理论化了的超出以自由为目的的“乌托邦”本身。倘若把现代自由主义实现了完全的财产自由和充分的市场竞争的理想国度拿来与马克思的共产主义社会对比，那么前者或许在“难以实现”上与后者共享了同样的特性，但因前者专注于经济发展的目的而并没有脱离“家务管理”的层次，政治自由也往往成为经济运转的附属物和扩大经营规模的工具。因而即便是富人，更普遍操心的问题仍然是如何使自身的日常消费配得上收入（尤其是将遗产税考虑在内时），其生活就并不以超出世俗领域的“善”的品质为目的——虽然他们常常也用“乌托邦”来攻击对手，却没有留意到自己所缺少的超越维度，而纵观阿伦特的重要文本，无不是在说明这个维度。

她在《人的境况》中思考柏拉图的“制作”时就已发现“制作”与理念的关系比“行动”与之的关系更接近，因为行动与沉思处于彼此对立中，而工匠在“制作”过程中需要观看模型、接受超越的理念的引导，并以此作为实际制作中的标准。“制作”与理念之间内在的相似性让我们不能简单忽略掉在“乌托邦”的原始用法中与“制作”相关的另一重要内涵——超越性，这层内涵恰恰是使得我们能够透过文本表面来理解阿伦特重拾这个概念来表达马克思思想在什么意义上凸显出一种“核心矛盾”，以及通过分析这种“矛盾”本身对阿伦特认识“传统的断绝”对现代政治的影响所具有的意义的必要前提——尽管这个概念马克思本人已在拒斥“乌托邦社会主义”时使用过。

事实上，当她在把“乌托邦”类比为制作过程之后，就无可避免地把传统政治生活对于私人领域的超越性的关注贯穿于她的大部分文本，并成为了她在考虑回答现代性危机的大众平庸的问题时找到的思想钥匙。通过追溯到柏拉图传统并以之作为对“乌托邦”的典范性运用，她还意识到另一个颇为隐蔽的事实——柏拉图同时使用洞穴寓言和地狱神话来向不同的听众解释理性真理的做法，本身也成为一种对超越性的诠释：“洞穴”是为了说服少数能够懂哲学的人的，而关于死后赏罚的神话是为了直接统治不懂真理的大多数的。因此，阿伦特认为柏拉图的“理念的超越性关系到城邦的世界，在与能够测定的对象的关系中，尺度不一定必然是超越的，应该说超越它适用的所有事物的标准的意义上是超越的。"①哲学家离开洞穴,向往理念的纯粹天空只是为了沉思存在,只有当他回到洞穴的时候,理念才成为了人类生活的尺度和标准,因此,对于尘世生活来说它始终需要有一个用来规定制作和判断的、本身却处于制作过程之外的绝对标准,这个理念标准与制作之间,又是以"模型"来关联起来的。因此,传统"思想"与"活动"之间的一分为二对政治传统的意义就在于:把一个人在无人对话的条件下发现真理,和通过对话、活动在人类事务相关和相互依存的网络中获得真理一分为二,成为政治思想传统中的一个规则,这样就在我们思想和活动的关系之间制造了一个能共同理解的基础②——但她用"乌托邦"来形容马克思的未来闲暇社会,却显然不是在简单地模仿柏拉图把真理与城邦一分为二,让马克思的共产主义社会倒退为一种意识的抽象统治的意义上说的。因为当阿伦特说马克思,包括克尔凯郭尔和尼采对传统的挑战不是把感觉论和观念论、唯物论和唯心论、内在主义和超越主义之间的对立简单颠倒过来,而是对三者进行了根本的颠倒③的时候,是站在他们对黑格尔用历史辩证法来取代传统的已有基础的再颠覆之上说的。或许可以这样理解:传统框架范畴内部感觉的事物,当它们被夺去超感觉的、超越的东西的背景的时候,会失去其存在的唯一理由,也就是海德格尔所说的,"消除了超感觉的事物,也就消除了感觉的事物及与之相区别的事物。假如消除就会以消除感觉而告终。"因此当传统以自然必然性为界限的劳动概念在现代社会失去了它们原本在积极生活中的超越目的,那么这个概念本身也将在共产主义社会完成"劳动的废除"后消失。

在这一意义上,阿伦特始终关心的是这样一个问题:马克思通过将

---

① [美]汉娜·阿伦特:《马克思西方政治思想传统》,孙传钊译,江苏人民出版社2012年版,第110页。

② [美]汉娜·阿伦特:《马克思西方政治思想传统》,孙传钊译,江苏人民出版社2012年版,第111页。

③ [美]汉娜·阿伦特:《马克思西方政治思想传统》,孙传钊译,江苏人民出版社2012年版,第108页。

传统意义中被看作必然的劳动颠倒过来进行冲击,实际上是一种用传统的词汇来理解现代性生活内容的尝试,但由现代异化劳动的现实出发而断言异化劳动将得到扬弃、劳动随着生产力的提高而以某种形式被废除、社会成员因此被保证拥有几乎是无限的闲暇时间等虽然都是正确的预言,但就目前来说,依然被“赋予了乌托邦的特征”①。如果把《马克思与西方政治思想传统》中与“乌托邦”有关的语境考虑在内,会发现阿伦特在思考哲学史上的几次转向所实现的在对立概念之间的“颠倒”时把握到的唯一关系是:思考本身,以后所有的颠倒都会转到最初开始的颠倒上面。因为由最初开始的颠倒的作用带来的紧张必然是传统所规定的东西。② 只是在这个意义上,她把现代以来以克尔凯郭尔、尼采和马克思为代表的对传统的挑战看作已然遵循着一种由柏拉图开启的以“永恒的真实世界”对“现象世界”进行颠倒的二分法的传统(柏拉图是通过把荷马在《奥德赛》中描写的冥界提升到地球表面来开启二分法的传统的)——正是现代性所呈现的危机本身让我们在失去了对传统词语的理解力,但又不得不用它们来表达现代危机的经验时,马克思的自由王国才具有了类似于原初的柏拉图的二分法传统中的“乌托邦特征”——不仅因为马克思的新世界观和本质观从已丧失传统内容的传统词汇的颠倒中找到了超越本身已被颠覆的传统二分结构哲学的道路,也因为由传统的断绝对旧概念在延续意义上造成的困难实际表现为了面对新近现实问题的无力,因而她注意到,在马克思对传统思想进行根本颠倒后,“废除了劳动、暴力、阶级斗争”的自由王国基本上可以完整地体现为具有双重性质的“乌托邦”。

首先,在传统终结的过程中,由于思维与存在被统一于历史的辩证运动中以及传统权威的丧失,早期的马克思仍需要“类存在”这样的超

---

① [美]汉娜·阿伦特:《马克思西方政治思想传统》,孙传钊译,江苏人民出版社2012年版,第93页。

② [美]汉娜·阿伦特:《马克思西方政治思想传统》,孙传钊译,江苏人民出版社2012年版,第106页。

越范畴的支撑。事实上，马克思在《巴黎手稿》中通过对异化世界的本质就是人的本质的否定形式的发现，重新界定了人的积极的、肯定的原初形式——由自由自觉的劳动所确立的自然界的属人本质或人的自然本质。阿伦特指出，和“克尔凯郭尔、尼采一样，马克思的颠倒，也到达了问题的核心，因为他们都不约而同地把关于人类能力的传统虚无主义作为问题提出来。换一种说法的话，他们重新发问的是人类固有的特征是什么这样一个本质问题。”①这个问题对于现代人的意义，要比对于前现代人的意义更重大，且越来越重大，因为现代人比古人多经历了一次传统价值秩序的颠倒和一次传统政治思想的终结，以及越来越深的虚无主义的困扰。所以质问一个条顿人首领阿里奥维图斯是否“傲慢和残忍”，其意义远不及质问希特勒以同样的问题，甚至不及质问条顿人已开化的敌手恺撒。随着传统自然法和理性主义的衰落，乃至近代自然权利的起源被生产力的无限能力逐渐遮蔽起来之后，人们不仅对上帝，对理性也失去了信仰，比如当韦伯宣称我们不可能从科学或哲学里得到关于人类正确目的的真正知识，科学人应当避免作关于价值的自由决断时，我们就知道自己已经站在了蔑视理性的门槛上，而摧毁所有原则的欲望一旦没有伴随任何清晰的概念来填补摧毁后的空缺，就成了虚无主义。马克思显然知道我们无论用什么方式使得所有价值得到重估之前，仍然需要首先确定超越的终极“价值”的尺度根据，现代尺度对人的异化促使他在黑格尔把形而上学改变为历史哲学之后，转而从传统意识—物质对立框架颠覆的失序中跳跃到“实践”的新尺度。而阿伦特也知道这个跳跃的根本意义首先不在于跳到“劳动”还是其他非劳动活动，即不在于由不同的假设建立起体系和世界观，而是在于“跳跃”的行动本身，在人们中间重新建立起能够共同理解的基础。②

---

① [美]汉娜·阿伦特：《马克思西方政治思想传统》，孙传钊译，江苏人民出版社2012年版，第109页。

② [美]汉娜·阿伦特：《马克思西方政治思想传统》，孙传钊译，江苏人民出版社2012年版，第109页。

其次，她从自己的观察中发现一个事实，虽然马克思对未来共产主义的描述是建立在消灭现存状况的现实的运动，因而“在无国家（非政治的）、也不存在劳动的社会里，不仅实现了古代作为一般的条件劳动之外的闲暇，而且实现了政治之外的闲暇……马克思想象力所表现的理想的人性，所谓 schole 和 otium 等传统表达闲暇的用词的词义，包含着为了高于劳动、工作、政治的目的而献身生活的意思……”①且 20 世纪的工业社会中确实有与闲暇发展到大众化规模的理论吻合的部分，但也有不吻合的部分——大众闲暇在自由之外还有另一种可能的产物。大众文化，它的破坏性在于使得原本被复制并大量廉价抛入市场的书籍、绘画等为了迎合观众口味，再次被压缩、改写、摘录以适应广播和电影改编的需要。于是文化不但没有传播到大众，反而自身遭到了破坏。这一点可以我们从霍克海默和阿多诺在《启蒙辩证法》中关于文化工业论的观点那里得到佐证，虽然他们更想展示的是 20 世纪的资本主义由生产效率提高而发展出一种大众的技术综合，这些技术通过将“文化”归纳为一致性的图示表征，将个人意识归纳为个体的消费欲望，来中和由马克思所揭示的资本主义的危险的不稳定性。从中我们甚至可以看到阿伦特所说的由某种新技术对文化实行专制的运作机制，它述说了由“消遣”转化为真正的“闲暇”的难度，对应于人们在真正扬弃异化劳动之前，依然被劳动的消费性质束缚着的社会现实与未来共产主义之间存在着分离（“乌托邦特征”），反映了现代人在传统终结后、在找到自由本质前，包括现代初期假设“自然状态”的理论意义被资本的增殖原则所掩盖，从而受到“从社会中独立出来的‘绝对的’却又随时可以任意转化的东西”的专制的时刻。阿伦特认为，马克思被传统束缚表现在他把这种近代发展（因生产力提高而多出来的闲暇时间）作为理想，用与近代完全不同的历史时代产生的用词和概念来

① ［美］汉娜·阿伦特：《马克思西方政治思想传统》，孙传钊译，江苏人民出版社 2012 年版，第 93 页。

理解这种发展,就会导致忽略了在真正扬弃异化劳动前近代世界中真正麻烦的问题,这才造成了革命后的“自由王国”无法再用除了“劳动”“暴力”等传统词汇外的别的词汇来描述的矛盾。

三、消解分歧的可能:重建人的本质与判断

阿伦特在对马克思关于“劳动”理论的理解上也许并不全面且有偏颇之嫌,而她对马克思的“实践”与历史之间关系的看法也失之准确①。首先,她没有考虑到马克思对“劳动”概念的强调正是来自于对以私有财产为原则的现代社会对人的本质的异化的批判的核心——异化劳动,而它的四个规定恰好对应了人与自然、人与人之间的全面关系,因此马克思从一开始就没有把劳动作为与公共领域,乃至于与真理相对的专属于私人领域的事务来理解,而是在否定异化劳动的基础上,认为劳动既是我们维持肉体生存的手段,更是我们确认自己的普遍性本质和自由的实践活动,只有当我们把创造对象世界、改造无机界(自然界,就它自身不是人的身体而言,是人的无机的身体②)的实践活动看作是对自己的本质力量的确证,因而不是在肉体的直接支配下生产,而是在自由的尺度下生产的时候,人对人的关系直接就是人对自然的关系,且就是他自己的自然的规定。因此,对于马克思来说,对异化劳动和私有财产的扬弃是从根本上对“人和自然界之间、人和人之间的矛盾的真正解决,是存在和本质、对象化和自我确证、自由和必然、个体和类之间的斗争的真正解决”③。

其次,由于传统的“劳动”概念本身就包含有两方面的内容——通

① 阿伦特认为对于马克思来说,所谓立法者是把历史法则作为可以预见的科学观察的那种发展运动,并把它公式化的自然科学家,从而法的政治功能以及人在面对历史进程时的自由被废除。参见[美]汉娜·阿伦特:《马克思与西方政治思想传统》,孙传钊译,江苏人民出版社2012年版,第169页。

② 《马克思恩格斯文集》第1卷,人民出版社2009年版,第161页。

③ 《马克思恩格斯文集》第1卷,人民出版社2009年版,第185页。

过劳动而达到的自己生命的生产以及通过生育而达到的他人生命的生产——表达着自然关系和社会关系，而只要私有制、非自愿的分工以及不平等的分配仍存在，那么，即使单个人的活动想摆脱地域局限和民族局限而扩大到世界历史性的，无论是同整个世界的精神生产还是物质生产，即人的创造能力的全面生产相关联，这种共同活动仍然表现为对人的异己的、对立的力量。对于这种受生产力制约，又制约生产力的交往形式，我们已经非常熟悉——市民社会。因此，马克思对政治自由的洞见早已跳出传统积极生活的框架，不仅把自由看作是人们摆脱自然必然性的束缚、进入公共领域的前提，还把自由看作是人们对自己的本质的全面复归，对所有虚幻的共同体面向个人的支配形式的扬弃——而这是超出传统劳动观本质界限的部分。

然而，值得注意的是，阿伦特对马克思劳动部分理论的批判是基于对 20 世纪工业社会近况的观察，而非对他的学说的根本性否定。她看到现代社会在相继失去了传统自然法的遗产（从它虽然仍保留在书本里，但已对人们失去实际统治权的意义上说）和现代理性的权威后，所陷入的被与传统脱离血肉联系的传统词汇所强制的处境，但由于这种强制并不具有真正的根基（它们虽表现为“绝对的”却又是可以任意转化的），因此还有另一种恰好与它相对立的处境也发挥过它的作用——激进化的自由主义。在西季威克评价康德没有区分他的“自由”的两个层次后，福柯、德勒兹等人把康德的第一层自由——主体有独立于自然倾向、欲望的选择自由——彻底化为独立于一切肯定性的法律、规则，包括独立于康德“自由”的第二层含义——自由地选择作善还是作恶，否则将是对自由本身的压迫。福柯说康德一方面主张启蒙的自由，另一方面又区分出正当的理性的使用和不正当的理性的使用，生怕出现越轨（transgression），但他自己则认为如今的批判恰恰就是要尽可能地越轨。① 而德勒

① Foucault, *What is Enlightment*?, in Foucault Reader, Pantheon Books, 1984, pp. 32-50.

兹则在《反俄狄浦斯》中将否定性的自由推到了极致,不允许有一点点肯定性的建制。“那就是不能有一分一秒的‘定居’,而必须‘游牧’。”①这种后现代的自由预设了个体的孤立,这种孤立切断了个体与政治社会之间最根本的关联——而个体与共同体之间的关系是阿伦特真正关心的问题,她着力于列举一种与积极生活相关的劳动、工作和行动的等级秩序及超越积极生活的真理,实际上是想要讨论当体现了传统道德理想的生活等级被20世纪的事件颠覆后,人们还能如何确定“正确的”判断。

(作者 复旦大学哲学学院博士研究生)

① [美]列奥·施特劳斯:《自然权利与历史》,彭刚译,生活·读书·新知三联书店2016年版,第54页。

论吉登斯晚期现代性的生活政治理论

陈　曲

摘要:针对晚期现代性社会解放政治所面临的困境,吉登斯提出"生活政治",从解放政治的宏观话语转至微观生活,意在对当代政治生活进行理论重构。依托其结构化理论,反思性作为一种社会性的建构,既构成自我认同的重要环节,同时也对社会结构进行功能性调节。生活政治的实质乃是自我认同与社会结构的双向重塑,其中包含着有关道德与生存性问题的思考以及"后传统社会的普遍伦理"。吉登斯的生活政治理论,是其作为策略的第三条道路及其社会民主思想的生存论基础,但其是否可被作为晚期现代性社会的人类共享理论,则是可疑的。

关键词:晚期现代性　生活政治　反思性　结构二重性　后传统社会的普遍伦理

一、从"解放政治"到"生活政治"的话语转变

自启蒙伊始,现代性社会在促进人类解放观念发展的同时,也在解放政治的宏观视野下得到增进。作为一种宏观政治的解放政治,起初是指人类从传统和宗教的教条性规则中得到解放。人类高扬理性,将

其运用于生活中的诸领域进而实现自由，解放的力量同时推动着历史的发展。现代性的重要属性就是将人类从传统束缚中解放出来，即将此前对人类活动产生决定性影响的社会与自然界共同置于人类控制之下。因此，吉登斯将解放政治视为“他者”的政治，旨在将无特权群体从不利境况中解放出来，抑或是减弱各个群体之间的差异。

这里涉及解放政治的一个重要特征——权力。在这一语境下，可将其理解为个人或群体意志施加于他人之上的能力。可以说，解放政治在一种“权力等级化”的情境下运行，其政治话语旨在针对不平等、剥削、压迫等宏观社会问题。因此，相较于生活政治，解放政治更多是对某些境况的远离，即并非关于新形式及制度的造就，相反，它是在现存的有限框架下寻求个体与群体潜能的实现。值得注意的是，尽管解放政治涉及个体自由与潜能的实现，但这种自由假定了个体在他人关系中需要承担责任，以及在其个体行为活动中承担集体义务。反观生活政治，则是在描绘未来社会图景的基础之上，有关个体身份认同与生活选择的政治。

长期以来，主流政治话语坚持解放政治理念。但随着现代性进程的不断演变，解放政治也面临许多问题。一方面，它是侧重于政治制度和体制的宏观政治，而晚期现代性社会①已然催生众多微观生活方面的问题，这些问题是解放政治难以解决的，甚至在很大程度上妨碍个体的生活决策；另一方面，启蒙理性也遭遇困境。晚期现代性社会是“失控的世界”，比起启蒙理性对确定性的寻求，现代性带来的更多是“不确定性”，是与人为风险联系在一起的不确定性。科学技术的进步连同经济发展机制，迫使我们面对一度隐匿在自然和传统的自然性之中的道德问题，而此刻不能仅把它们视为“自然危险”。在这一背景下，生活政治作为一种新的政治思维被提出。

① 吉登斯认为现代性发展存在着早期和晚期两个阶段，晚期现代性指20世纪中后期西方的现代性，是后传统社会（post-tradition society）；晚期现代性，是生活政治的时代背景。

不同于解放政治,“生活政治”是一种微观政治,关注个体身份认同与生活方式选择。其不仅包括个人生活,更要去解决“集体人面临的挑战”,处理个人与群体之间的关系并力图把当代西方社会的各种问题都纳入政治议程中。从这一意义上,生活政治是吉登斯对当代政治生活理论的重构,他将政治的行动者从国家和政府转换到个人和团体—普通的行动者层面。从解放政治到生活政治,体现出从宏观到微观的政治话语转变。

生活政治关注的领域非常宽泛,涉及社会生活的方方面面。如果把它们化解为问题,可称之为生态问题、贫富差距问题、家庭问题、身体问题、自我认同与自我实现问题等等。这些问题固然与解放政治所关注的社会公正、正义和解放等问题具有相关性,但它们更多是涉及与价值认同和价值选择相关联的生活决策、生活方式的选择,即在传统与自然趋向衰微之后我们应当如何生活的问题。其中,“自我身份认同在当今是一种通过反身性方式而获得的成就。自我身份认同的叙事需要在与不断变迁的本土和全球社会情境的关系中被形塑、修正并以反身性方式被保持。个体必须以这种方式把多元化的传递性经验所产生的信息与本土的实际生活相整合,从而使未来的投射与过去的经验得以通过一种合理且连贯的方式实现联结。而只有当个体能形成一种内在真实性时,这样的整合和联结才能实现。”也就是说,生命历程被理解为一个统一体,进而形成一种基本的信任框架。因此,与关注权力与资源的差异性分配的权力等级制的解放政治不同,生活政治中的权力是生成性的,即作为转换能力的权力,旨在形成一种在全球化背景下促进自我实现且在道德上合情合理的生活方式,对生活政治的现实关切昭示着未来社会秩序意义深远的变迁与发展。

从解放政治到生活政治,还体现出回到现实生活的自觉。这一过程不妨通过现实的社会运动——学生运动与女权主义运动来加以理解。最初,学生运动宣扬“个人的即是政治的”,可以说是政治话语转变的开端,也是生活政治的先驱。参与者把个人举止行为与“生活方式上的抗争”(以生活方式作为一种反抗剥削与压迫的手段)作为向官方进行挑战的形式,力图表明日常生活模式的改变可动摇国家权力。不过,尽管这种“个人的政治”昭示着生活政治的开端,但实际上其反压迫剥削之义更为接近于解放政治的政治形态。而后,女权主义运动彻底打开了生活政治领域。尽管对于解放的关怀依然是妇女运动的关注点之一,但现代性社会中女权主义开始更为关注女性身份认同的问题。尤其是在“解放”(即女性将自身从家庭及琐事中解脱)之后,真正的问题——自我身份认同才开始凸显:女性在家庭之外面对的仍然是一个封闭环境,女性的身份被严格依照家庭关系来界定,以至于当她们迈入社会环境后在社会上所获得的身份多由男性固有形象界定。那么,女性如何在家庭之外获得自我身份认同与自我实现?这一问题伴随现代性带来的多元情境与多重选择衍生而来。贝蒂·弗里丹曾就这一问题进行讨论,并提出“女性的新生活投射”这一解决方案。在她看来,“生活投射是帮助女性在之前未曾探索过的公共领域中形成新的身份认同的重要手段”。① 这种“新生活投射”包括对个人成长的全身心投入,对过去经历的再思考和再建构以及对未来涉及风险的承认。实际上,这一过程就渗透着生活政治中最为重要的“反思性”环节,构成“自我的反身性投射”。

当然,生活政治的议程绝不会仅仅限于性别身份认同,自我身份认同的政治还涉及其他诸多领域,诸如自然、生殖、全球化、自我和身体等领域,将道德与生存性问题重新置于现实政治生活中。而这一点是由现代性的反思性特性所决定的。“现代性,是在人们反思性地运用知识的过程中被建构起来的,而所谓必然性知识实际上只不过是一种误解罢了。”②也正是在这一意义上,吉登斯表现出他对于历史必然性、历史决定论的不认同。在他看来,没有什么东西是绝对确定的,建立在经

① [英]吉登斯:《现代性与自我认同》,夏璐译,中国人民大学出版社 2016 年版,第 202 页。

② [英]吉登斯:《现代性的后果》,田禾译,译林出版社 2011 年版,第 34 页。

验之上的知识是不稳定的,而现代性的主要特征就是流变。

综上所述,吉登斯在晚期现代性社会背景下,从权力等级化的解放政治宏观话语转向权力生成化的生活政治,在后传统秩序下关注“我们应如何生活”的道德与伦理问题。这一问题显然围绕着个体有关生活和行动方式的选择。因此,生活政治不同于解放政治,不是去关注如何将社会生活从固化的传统和习俗中解放,而是关涉晚期现代性社会与自我反身性投射相关的变化和问题,尤其是对道德维度的重视。在下一部分,我们将结合晚期现代性社会背景,对自我之外的社会关系世界对自我身份认同和生活方式的反身性影响展开更为详尽的讨论。

二、生活政治:自我认同与社会结构的双向重塑

吉登斯提出生活政治的基本背景是晚期现代性中的生活世界。关于生活世界这一概念,可以说吉登斯与哈贝马斯较为相似的一点就是将其理解为日常社会行动的领域。较之于以往的现象学解释,他们更强调以行动理论与社会理论去解释,但与哈贝马斯从生活世界的殖民化并在现代性重建意义上重构生活世界相比,吉登斯强调的是一个有别于盛期现代性的晚期现代性中的生活世界。值得注意的是,晚期现代性社会(后传统社会)与传统社会的一个关键区分就在于现代性内部指涉体系的出现。所谓内部指涉体系(internally referential system),意指社会关系或自然世界的相关部分按照内部标准通过反身性的方式被整合的过程。其中,内部指涉性成为现代性动力机制的基本要素。这一体系的动力源与动力机制并非源自外在于人类活动的影响,而是源自现代性源源不断的动力机制的延续,并预示社会将发生更为深刻的结构性转型。吉登斯将现代生活独特的动力特质主要归于三组元素,其一为“时空分离”(separation of time and space)。在他看来,前现代时期时间与空间的联系仅仅是通过具体位置的情境性联结。也就是

说，必须通过具体位置这一中介才能联系在一起。而现代生活中，经由“时间虚空化”与“空间虚空化”产生了时空分离和重组。这种重组可以将不同位置的人类行动协调，不再需要具体位置的中介。因此，这种时空分离促使跨越广阔时空领域的社会关系发生联结成为可能，成为现代性动力机制之一。现代性动力机制的第二元素为“脱域机制”(disembedding mechanisms)。这一机制由“象征标识”与“专家体系”构成。由于二者都具有抽象化特征，也可合称“抽象体系”。脱域使社会关系得以从特定场所中解脱出来，摆脱场所的特殊性。抽象体系一方面营造相对安全的场域，另一方面也衍生着风险与危机。在这一意义上，现代性的确是一种风险文化，而这也正是现代性社会的特征所在，故而乌尔里克·贝克称其为“风险社会”。

在上述时空分离与脱域机制的双重影响下，现代性制度动力机制的第三个主要元素“制度反思性”(institutional reflexivity)①得以凸显。正是前两个元素驱使社会生活脱离既有的规则惯例，进而在后传统秩序中形成制度反思性。值得注意的是，现代性反思性是一种制度反思性，即定期将知识应用于社会生活的行动情境中，成为社会生活组成和转型的建构性要素。其强调的乃是一种敏感性，是对那些生活中新出现的知识和信息作出反应因而对自身社会关系进行修正的敏感性。正是“因为在现代社会条件下存在着对反思性进行反思的诸多可能”，此前知识的确定性受到制度反思性的弱化，社会科学和自然科学领域都

① 不同中译本将 reflexivity 译为“自反性”、“反思性”、“反身性”。这里根据语境选择“反思性”。所谓制度反思性，即“将新知识或新信息以常规方式整合进行动的场景中，这一场景因而得以重组”之意。在吉登斯看来，反思性是一种社会性的建构，制度反思性与行动反思性涵盖了从宏观制度建设到微观自我认同层面，因此，反思性是晚期现代性社会的最显著特征。对于将“自反性”与“反思”特意区别开的乌尔里希·贝克，实际上是由于他将现代社会发展分成两个阶段，第一个阶段主要描述自主性现代化过程发生的自我威胁，这里是“自反性现代化”；第二个阶段才是对风险社会触发的社会问题和政治问题的“反思”。因此，自反性强调的是一种自我对抗(self-confrontation)，其意在与“反思”阶段区分。所谓自反性现代化，是指导致风险社会后果的自我冲突。

存在着被怀疑和修正的可能。

不难发现，上述三大动力源构成的现代性制度的动力机制已然深深影响着日常生活世界。总的来说，现代性特有的动力机制始于时空分离与时空重组，形式上的重新组合使生活世界出现了时间—空间的“分区制”，形成“脱域”。脱域机制将社会关系从特定情境中解脱，并通过时空重组使现代性的制度特性趋向全球化，也影响着日常生活世界。受反思性影响，行动者、结构、社会关系不断发生改变与调整。经由时空分离与重组，“自我”与“社会”实现相互联结。

可以说，反思性这一概念在吉登斯后期研究中居于核心地位，并与结构化理论共同构成生活政治的理论基础。它不仅形塑着社会结构与制度，更对生活方式的选择、个体身份认同、价值、道德以及自我实现等层面都产生影响。除上述“制度反思性”之外，还存在与自我认同相关的“自我的反思性觉知”，并引发一种新的自我认同机制在晚期现代性时期产生，具有自我反身性的结构性特征。其中，现代性反思性延伸至自我的核心部位，自我变成了一个“反身性过程”(reflexive project)。至此，“自我”不再是承受外界影响的受动个体，而是在自我认同的形成过程中向那些具有全球性影响的选择决策施加自身作用的行动者。其中，反思性成为自我认同与社会结构的功能性调节的中间环节，身体成为反思性的载体与表现，将个体与社会相联结。

吉登斯将这一自我反身性过程描述如下：

> 在现代性的后传统秩序中，同时伴随着媒体所传递的新型经验，自我认同遂成为一种具备反身性特征的、有组织的活动。自我的反身性投射，虽存在于前后一致却又不断被修正的传记式叙述中，却发生于经抽象体系过滤后的多种选择之情境下……具备反身性特征的、有组织的生活规划，通常被认定为经专业知识过滤后对风险的考量，而上述规划亦成为自我认同形成过程中的核心特征。

这里需要结合吉登斯早期的结构化理论加以理解。结构化理论作为社会理论的方法论立场，是吉登斯生活政治理论的基础，其核心特征就是结构二重性(duality of structure),意在取代传统的二元论,如主观与客观、个体与社会等。"'结构二重性'以存在于社会实践中的社会生活的重复性为核心:结构既是实践再生产的媒介,同时也是其结果。结构同时进入行动者和社会实践的构成之中,存在于这种构成过程的各个时刻。"①与传统社会理论不同,吉登斯注重制度分析,吸纳了"能动性"概念,进而弥补结构化理论中行动理论的缺失,并对既存的行动哲学方法进行修正。在吉登斯看来,离开结构我们就不能充分说明人类的"能动性"。反之亦然,具体就体现在对"行动主体""时空与行动流"的重新考量。

一方面,吉登斯阐释"行动主体"概念时最为重要的一点,就是强调社会行动者的反思性。反思性是行动的固有属性,反映"持续发生的社会生活流受到监控的特征,而不仅仅是自我意识"。② 这一点有别于结构主义传统。实际上,自索绪尔以来的结构主义传统,存在一种在吉登斯看来可谓"标志性的缺陷",即无论涂尔干还是施特劳斯,个体与社会之间都存在逻辑鸿沟。比如列维·施特劳斯,他把社会行动者的自我意识从结构分析中排除,拒斥反思性。而吉登斯提出一种人格的"分层模式"来构建起主体理论。这一人格模式由三组关系构成:"无意识、实践意识和话语意识。实践意识是结构化理论的根本特征。"③另一方面,"在能动性理论中,为表明行动与结构之间的相互依赖关系,我们必须把时空关系看作是内在于所有社会互动的构成过程之中。"④将行动置于时间

① [英]吉登斯:《社会理论的核心问题》,郭中华、徐法寅译,上海译文出版社2015年版,第5页。

② [英]吉登斯:《社会的构成》,李康、李猛译,中国人民大学出版社2016年版,第62页。

③ [英]吉登斯:《社会理论的核心问题》,郭中华、徐法寅译,上海译文出版社2015年版,第3页。吉登斯重要的一步,就是对实践意识(practical consciousness)与话语意识(discursive consciousness)做出区分。实践意识,指行动者在社会活动的构成当中习惯性地使用的知识储备。话语意识指行动者能够在话语层次上表达的知识。

④ [英]吉登斯:《社会理论的核心问题》,郭中华、徐法寅译,上海译文出版社2015年版,第3页。

与空间之中，理解为一种持续的行动流。吉登斯坚决拒绝如共时与历时、静态与动态等二元划分，他认为这会导致“时间”在社会理论中被压制。他更愿意将时间理解为海德格尔所言“可能的生成”（becoming of the possible），可以源源不断地“行进”。“通过把结构看作是非时间性的和非空间性的，看作是一种作为社会互动的媒介和结果而得到生产和再生产的虚拟差异次序，社会系统就可以理解成是存在于时间和空间当中的了。”①这种生成性与能动性，正如马克思在《大纲》中所言，“具有固定形式的一切东西，在这个运动中只是作为转瞬即逝的要素出现……生产过程的条件和物化本身也同样是它的要素，而作为它的主体出现的只是个人，不过是处于相互关系中的个人，他们既再生产这种相互关系，又新生产这种相互关系。”②在关于能动性与结构问题上，可以说马克思成为吉登斯重要的思想来源。

在晚期现代性社会，反思性以身体作为载体联结个体与社会：社会变迁势必直接影响个人经历，而这些发生变迁的个人生平都将以反身性的方式重塑自我认同。因此，吉登斯的“自我”绝非作为一种被严格限定的个人领域与政治领域隔离，这也标志着晚期现代性的社会转型。借由制度性反思、脱域以及本土与全球之间的相互渗透影响，这种转型不仅是外在转型，而是彻底改变人们日常生活的实质，影响到经验中最为个人化的那些方面。具体表现为，在晚期现代性的轮廓下，由现代制度引起的社会生活中的变化直接与个体生活相融合，进而与人的“自我”相交织，集体层面以及日常生活中的道德问题与生存性问题重新占据核心地位。基于此，一种新的政治参与形式与设计方案——生活政治被提出。“生活政治是一种由反思而调动起来的秩序，这就是晚期现代性的系统，它在个体和集体的层面上都已极端地改变了社会活

---

① ［英］吉登斯：《社会理论的核心问题》，郭中华、徐法寅译，上海译文出版社2015年版，第3页。

② ［德］马克思：《政治经济学批判大纲》，人民出版社1962年版，第712页。

动的存在性参量。”①

值得注意的是，出于对社会行动的重视，吉登斯生活政治的议程不再局限于解放政治的宏观政治，类似自然、生态、自我认同、身体、全球化等诸如此类的问题都开始具有政治意味，并尤其重视风险和道德重建相关的诸领域。它不仅保留解放政治的核心价值，更要处理解放政治带来的各种问题，诸如生态问题、生殖伦理、全球化影响、认同问题等，而这些问题都与生活方式的选择相关联。

首先，生活政治将生态问题与现代政治交织在一起。自然不再是外在于人类社会生活的环境，而是受到人类生活的渗透发生“自然社会化”。实际上，人与自然的关系问题早在马克思“人化自然”概念提出时业已引发思考。马克思对于自然观念的理解已经超越传统机械论自然观，将人类活动与自然联系起来。不过，囿于马克思当时所处时代背景的局限，现代性问题并未完全显露。而如今，问题已不仅是针对人对自然的过度控制所引起的生态恶化现状，更是聚焦于现代性抽象体系的外在刺激因素上。当人们进行生活决策与道德决策之时，“自然”转变为行动之域，成为政治议程中的组成部分。举例来说，当一种有益于生活质量却导致生态恶化的技术研发出来并广泛运用后，“政府应在什么时候以及怎样宣布新的技术信息而日益凸显的有可能的风险?”②这里的两难就在于，无论是官方夸大后果导致的政府公信力减弱，或是因避免恐慌而采取谨慎对待所导致的“掩盖真相”，都凸显着生活政治问题的复杂与新的风险的不确定性。随着社会历史的发展，在晚期现代性背景下，吉登斯重点关注自然社会化背后的道德与生存性问题，即“人类对自然应负有何种责任”、“环境伦理应包括什么内容”、“自然的终结”更是引发诸多值得思考的新问题，其涉及的道德场

---

① ［英］吉登斯:《现代性与自我认同》，夏璐译，中国人民大学出版社 2016 年版，第 251 页。

② ［英］吉登斯:《第三条道路》，郑戈译，北京大学出版社 2000 年版，第 64 页。

域乃是生存与存在。

此外,在晚期现代性背景下,自我、身体都成为生活政治的重要领域。一方面,与传统社会相较,自我和身体不再是自然的,也就是说,不再是原初给定的,而是发生着"自我社会化"与"身体社会化"。我们的身体,是经由"自我反身性规划"的身体,反身性使身体不再被接受为个人生活的既定"图像",而是具有"全面排查程序"(comprehensive screening programme)作为身体的自我排查程序,对身体的健康进行实时监控,反思性地利用饮食和医疗知识组织个人的未来生活;另一方面,现代性使反思性自我认同的积极建构成为可能。在传统社会,自我仅理解为具有独特性的某个人;而在晚期现代性社会,拥有自我必须通过行动才能够回答"我是谁",完成自我实现与自我认同。"自我"绝不是一成不变的被外在影响决定的被动实体,自我身份认同更强调一种经由行动者反思后的认知过程,其中的"自我"是一种"具备反思性的行动者",而"身体"在其中起到类似中介的作用,用以接收和传递经验信息。自我可以通过反思性构建着身体,并以之为基础进行自我实现与自我认同。查尔斯·泰勒曾言,"为了形成并保有一种自我感,我们必须清晰地知晓我们来自何处,又去向何方"。因此,这一过程具有历史性,必须要不断吸纳周围发生的事件并纳入自我生平中。晚期现代性社会中,自我身份认同有着既稳健又脆弱的矛盾特征。一方面,由于其具备一种预设的本体安全感——接受他者的存在但不会依赖于他物,因此保障了自我身份认同的稳健性;而另一方面,由于外部环境随着社会的发展发生变迁,那些构成自我身份认同主要内容的"自我生平"也会产生变化。现代性的抽象体系彻底渗透了自我和身体,并使之成为各种各样新型生活方式选择的检验场。此时,自我与身体以一种私密的方式置于自我身份认同的反身性投射之中。这里还渗透着个人生活伦理学,即一个人不重新发现道德生活,就不能"成为某个人"。

谈至伦理,生活政治涉及的一个现实问题就是生殖伦理。生物学意义上,生殖固然体现的是基因的传递,但从道德角度上来说,它还触发生存矛盾的问题。其背后所关涉的乃是自我的超越,即人的个体生命有限性与无限接近自身限度的问题。比如刚刚出生的胎儿,具有何种权利?又或者未出生者具有何种权利?这些问题不仅是分析问题,更是道德问题。此外,生殖领域也体现出个体生活方式的选择与全球性影响之间的联系与作用。比如传统社会科技的滞后造成避孕手段的单一与局限,造成生殖方面人为控制的可能性极小;而随着现代各种避孕手段的出现以及生殖技术的发展,生殖领域充满多元选择,基因的传递可以不依赖于生物体而是以人工的方式实现。从此前通过避孕控制生命跨越到如今依托技术创造生命,个体决策有可能直接关涉到整个社会秩序的变动,这种亲密关系的变革将长期影响人类的生活世界。因此,生殖领域引发的多样选择为生活政治议程中的机遇与风险提供了丰富内容。

除了上述诸领域,生活政治在全球化问题上同样值得重视。乍看之下,全球化似乎作为一种外界现象,代表世界范围内社会关系的发展,与日常生活中的自我认同成为两个不同领域。然而现实并非如此,"全球化可以被定义为:世界范围内的社会关系的强化。这种关系以这样一种方式将彼此相距遥远的地域连接起来"。[①] 现代性动力机制将社会关系扩展至具有世界性意义的全球体系中,引发社会活动的全球化,可以说是公域与私域的交汇。在这一意义上,现代性正在经历着全球化过程,尤其就体现在其制度性特征中。与前现代性社会的地域性相对,现代性是"非地域化(dis-place)"的,也就是上文所表述的"脱域"。非地域化对应着一种"再嵌入(re-embedding)",即脱域机制把社会关系和信息交流从具体的时间—空间情境中提取,同时又为它们的重组提供机会。因此,全球化的本质就是时空延伸。与现代性的四个制度性维度(资本主义、监督、军事力量、工业主义)相对应,全球化也具有世界资本主义经济、民族国家体系、世界军事秩序、国际劳动分

① [英]吉登斯:《现代性的后果》,田禾译,译林出版社2011年版,第56页。

工这四个维度。并且,每一不同制度性维度背后存在着文化全球化,可以说抽象体系的抽离促生了全球化与去传统化的过程。

在一般意义上,全球化通常被理解为一种经济全球化。然而,作为生活政治重要领域的全球体系绝不仅是经济上的相互依赖,而是发生在生活中的时空巨变。经由政治与经济的全力推动,通讯革命与信息技术发生变革,全球化逐渐影响着世界各地人们的习俗与日常生活模式。同时,我们作为社会中的个人所作出的种种决定,其后果也往往是全球性的。鉴于后果严峻之风险因素,全球化所引发的实质的道德性问题部分是"遏制性的"。比如,人类是否应该对科技创新设立某种限度与边界?是否在使用核武器时考虑道德与人道立场?上述问题都关涉道德与生存性问题,并且与个体和集体对生活方式的选择密切相关。这些问题都将在下文进行探讨。

三、晚期现代性社会道德维度的反思与重建

不难发现,一方面,解放政治的议程中更倾向于关注宏观层面的政治问题,而对自然、道德、生存性问题鲜少涉及,进而导致道德与生存性问题长期处于一种压抑状态;另一方面,随着现代性的不断发展,在现代性内部指涉体系衍生矛盾的推动下,解放政治导致更多道德与生存性问题出现在日常生活中的具体领域。因此,生活政治实际上是对解放政治引发问题的反思。比起解放政治对国家与社会制度这些"大"问题的侧重,生活政治更关注在晚期现代性时期社会背景下人类的自我实现,开启了关注微观生活的政治议程。它关注的不是狭义上的"政治化",即生活方式的种种决定,而是将这些决定重新道德化——更准确地说,是对日常生活中被经验封存的道德和生存问题的重新关注,完成晚期现代性社会道德维度的反思与重建。

作为生活政治的核心议题,这些道德与生存性问题可大致被概括

为四种类型。其一,关于存在的本体论问题;其二,人类生命的有限性与自我超越性的问题;其三,自我与他者的关系问题;其四,自我身份认同问题。首先,本体论问题在现代性意义上与传统社会区分开来。传统情境将行动模式固定化,在传统社会个体行动与本体论框架相互联结,本体论概念明确且稳定,而现代性势必打破这种稳定。第二类生存性问题反映出的是一种“生存性矛盾”,即人类作为具有自我意识并认识到生命有限性的本质存在,既属于自然,又作为具有感知和反身性的生物与自然分离。一如海德格尔所言,此在是一种既有生有死,又对自身死亡之界限有着清晰认知的存在形式,而后者便是“非本质存在的存在性认知”……这里人类关于有限性的认识,随着人类对时间范畴的认知日益增进形成,并产生与信任相对立的“生存性焦虑”(existential anxieties)①,这种不信任的焦虑就体现在对抽象体系和对个体的不信任上。一方面,不信任抽象体系,即对所体现的专业知识持怀疑态度或否定态度;另一方面,不信任个人,则是怀疑或不相信行动体现的真实。这里就涉及第三类关于主体对他者认知的问题,即主体对他人特质和行动的阐释。问题不在于他者是否可知,而是主体能否准确了解他者,维护“本体性安全”②(ontological security)。要知道,信任是本体性安全的基础,对他者的信任与内在的可信任性共同奠定自我认同的稳定基础。最后,第四类问题乃是自我身份认同的延续性问题,意指在自我和身体中人的持续感受。吉登斯强调一种稳定的自我认同,是由主体经由反身性持续不断吸纳着周遭世界进而丰富其个人生平,这一过程需要本体安全感作为保障。然而在现代性社会,资本主义城市化背景下,日常生活中大部分活动都失去了对道德的考量,它们

① 在吉登斯的各种中译本中,多数被译为存在性焦虑。然而,这里与海德格尔的生存(existence)相承,因此统一为生存性问题、生存性焦虑。

② 所谓本体性安全,就是人对其自我认同之连续性以及对他们行动的社会与物质环境之恒常性所具有的信心。在传统社会,这种本体性安全被传统习俗与秩序所提供,趋于稳定。

更多是习惯或麻木的经济强制的表现,那种存在于例行性平常生活中的“本体安全”程度相对较低。在这一意义上,原初的自我感被摧毁,难以形成自我身份认同。

在吉登斯看来,上述诸问题关涉人类生活的基本参数,与社会具体情境中的每个行动者息息相关,却被现代性带来的经济增长等具化现象所遮蔽。而“我们应该如何生活”这一有关生活方式的选择的问题,实际上就是一个切实贴合当下语境的道德与生存性问题。因此,“个人的伦理”是生活政治的基本特征,它以“我们应该如何生活”作为所有问题的起点,实现生活世界的再道德化,将上述道德与生存性问题纳入政治议程之中,构成对当代政治生活的理论重构。

那么,人类应该如何生活?尤其是在晚期现代性社会充斥“人为不确定性”的情况之下,生活政治又提供了怎样一种思路去面对全球化与解传统化带来的问题与挑战?吉登斯提出的生活政治并不只是为西方而设,而是包含着一种全球性的构想,具体而言是确立全球性普遍价值的愿景。

这里的“人为不确定性”,一方面强调现代性衍生的风险具有不确定性,而这种不确定性很大程度上是由人自身造成的。主要体现在启蒙以来的科学技术工业发展导致的对基本道德问题和生存环境所造成的影响。科学技术的进步连同经济发展机制,迫使我们面对一度隐匿在自然和传统的自然性之中的道德问题。与人为不确定性相联系的风险使我们意识到需要解决这些问题,而不能仅把它们视为“自然危险”。另一方面,这种不确定性,是表明从传统社会例行化常规活动的确定性向晚期现代性社会反思性引发的不确定性的转变。晚期现代性下的生活世界,充斥着由反思性主导的知识的不确定性,人作为物种的生存不再具有保证,且对于未来的建构也是模糊且不可预测的。受到现代性动力机制影响,“日常生活中的生活组织的性质和全球系统的构成发生了重大转变……许多变化或对我们今天的生活最有影响的政治决策并不是来自正式的政治体系这个正统的决策领域。相反,它们塑造并帮助重新界定正统政治秩序的性质。"①

有学者曾质疑,既然吉登斯认为现代性反思性触发了对传统经验的怀疑,那么这种怀疑是否会导致对知识可能性的否认,怀疑一切,甚至归为一种虚无主义?对于这一问题,首先,必须先将经验上的怀疑论与方法论上的怀疑区分开来。在吉登斯那里,"方法论上的怀疑不同于经验上的怀疑论,相反它代表了对话的渠道、有力的辩解以及与他人的共存……它不同于虚无主义,因为它带来了用理由证明论点(和行动)的需要。"②因此,晚期现代性社会的反思性实际上可以理解为一种制度自检机制,在这种反思性的作用之下,生活政治是一种关于未来的政治,是持续充满可能性的政治。其次,未经反思的经验并不能称之为真正的知识。现实表明,许多传统社会固有的习以为常的经验,都随着科学技术的发展而遭受质疑。在晚期现代性社会,知识反思性打破确定性真理存在的可能。哈贝马斯在《现代性的哲学话语》中,认同首尾一致的认识论存在之可能,以及人们可以获得关于社会生活和社会发展模式的普遍性知识。尽管学界认为吉登斯与哈贝马斯在生活世界、公共领域等观点上极为相似,但吉登斯从一开始就区分于哈贝马斯的一点,就是强调现代性的断裂性特征。尤其是晚期现代性社会,我们被诸多"失控"的因素纠缠,因而难以获得关于社会组织的系统性知识。正是因此,吉登斯对于现代性始终持客观态度,既看到风险,也看到其积极影响。随着自然与传统的消解,现代性社会迎来各种机会与困境。

然而,在"非传统化的"晚期现代性社会中,传统社会所具有的强大道德规范作用与道德感召的约束性也一并消弭,个人主义价值观盛行。对此,吉登斯提出建立在新型民主关系之上的社会团结方案——"后传统社会的普遍伦理"。在他看来,晚期现代性社会是一个全球社

---

① [德]乌尔里希·贝克、[英]安东尼·吉登斯、斯科特·拉什:《自反性现代化》,赵文书译,商务印书馆 2014 年版,第 3 页。

② [英]吉登斯:《超越左与右》,李惠斌、杨雪冬译,社会科学文献出版社 2000 年版,第 266 页。

会，也是一种模糊的空间意义上的社会。社会纽带不是承自传统而是被创造。无论是个人层面还是集体层面，都需要一种迫切的“交往”。现代性带来的是个人生活与集体生活的重新组合，这里面的逻辑不再是“为自我持存而斗争”，而是致力于社会团结。吉登斯对于民主问题的观点就是民主是自主与团结的结合，与其他政治理论家不同，吉登斯对“个人主义”的理解从来离不开集体。在他看来，社会反思性的扩大，使整个社会具有高度反思性，进而每个人都具有一定的行动自主性。但值得注意的是，自主性并不是利己主义的，而是充分考量行动者与周遭的社会关系，达成互惠，在社会领域中调和自主与相互依赖，进而更好生存并构建个人生活。“在人际关系领域中，向对方敞开胸怀是社会团结的条件；在更大的范围内，在全球性世界秩序中伸出‘友谊之手’从伦理角度来看是不言而喻的。”①

基于此，生活政治“关注的不是狭义上的政治化，即生活方式的种种决策，而是对这些决策加以重新道德化——更准确地说，是把日常生活中被经验隔离搁置一边的那些道德和生存问题挖掘出来。这些是把抽象哲学、伦理思想和非常实际的关怀融合在一起的问题”。生活政治是关于整个生活世界的全方位政治，也是关于未来的政治②，是“全球化与解传统化”双重作用下出场的新政治思维。吉登斯指出，“现代国家的合法性由于与资本主义经济发展的紧密关联而预先假定了对于生活的道德取向——这种取向本身无法得到证明或者再生产。跟随全球化，它给人类带来的问题也出现在每一个维度上，比如富裕与贫穷之间的两极化，工业和科技给环境生态系统所造成的破坏性影响，监控的强化即权威政体对人权的压制，无所不在的大规模战争的威胁等”。“我们不应忽略，在生活政治背后隐藏着一股力量，即全球化的后传统

① ［德］乌尔里希·贝克、［英］安东尼·吉登斯、斯科特·拉什：《自反性现代化》，赵文书译，商务印书馆2014年版，第134页。

② 吉登斯认为生活政治的重要性只有在高度现代性时期，在后匮乏社会（post-scarcity society）中才能够真正凸显。

社会伦理。"①尽管此前我们反复提及全球化所带来的不可预测的风险、不确定性的后果以及现代性社会的碎裂性特征，然而这并非吉登斯对于现代性社会的全部认识。在他看来，全球化非常重要的积极影响就是使"后传统社会的普遍伦理"的形成成为可能。这种普遍伦理，作为生活政治的愿景，为处于生活世界中的我们揭示了普遍性的价值，即在自主、团结、追求幸福的主题引导下恢复积极的生活价值。可以说，全球普遍性的伦理原则承认人类生命的神圣性以及幸福和自我实现的普遍权利，同时人类也要承担推动世界主义团结的义务，并承认差别世界主义，尊重非人类力量的存在，能够容纳差异与多元。

我们知道，反思和重建现代性的本质就在于反思和重新探索实现人类自由的方式。唯有切实思考当前生活世界人类的道德与生存困境现状，正视风险并重建道德，使个体生活方式的选择蕴含时代特征，才能为整个人类社会价值的重塑奠基，建设普遍意义上的伦理观。生活政治追求社会团结，把自主与个人和集体的责任联系在一起。面对生活中普遍性伦理原则的缺乏，以及个体行为迫切需要普遍性的规范约束，生活政治提供了新的政治设计。可以说，吉登斯在其社会理论中描绘了一种使政治理想主义再生的政治框架，"后传统社会的普遍伦理"反映出的是伦理观下的理想主义，是对未来美好社会图景的描绘，但这一构想，是吉登斯所形容的"乌托邦现实主义"，还是终究归为"乌托邦"？都是尚需探讨的问题。

四、生活政治的限度及其问题

生活政治理论作为吉登斯后期思想的重要部分，反映出吉登斯整体研究方向已逐渐侧重于晚期现代中的自我与社会。而作为其核心概

---

① ［英］吉登斯：《超越左与右》，李惠斌、杨雪冬译，社会科学文献出版社2000年版，第266页。

念的"反思性"也随着研究重心的偏移,与"自我的反身性投射"关联在一起。身体作为反思性的载体与表现,似乎已然受到反思性的影响和控制。对于这一变化,有学者指出,如果说吉登斯早期著作《社会的构成》中,身体是作为对社会行动约束的自然有机体出现的,得以对个体施加自然约束。并且,既受到社会结构的影响,又积极主动再生产着社会结构。那么,在后期的生活政治理论中,身体则是现代性境况下融入社会生活的反思性组织,被吸纳为内在指涉的反思性的定位场所。吉登斯的身体观随研究重心发生了变化,而这种对反思性的放大似乎忽视具身性中具备社会生产性的要素,身体对结构性规则和资源的再生产和转化所发挥的作用都让位于反思性。可以说,"社会的反思性力量和具备反思性能力的个体结成相互决定的关系,似乎没有给肉身化主体的能力和倾向留下任何积极肯定的余地。"①

此外,"反思性"的运行过程也遭受质疑。比如,现代性反思性的自我控制及自我限制何以可能?失控的世界会不会在反思性的作用下越陷越深?对此,一种回应是"乌托邦现实主义"解释:因吉登斯将其理念定位为"乌托邦现实主义",将看似矛盾对立的两个维度(理想主义与现实主义)共同纳入其中,其实质是对未来状态设定了一条底线,这条底线切断了现代性无穷开放的可能,进而拥有一种关于生活的稳定性。但实际上,这种解释存在一个问题,即将内在的本体性安全感作为抵制"向外崩溃"和失控的工具,使生活政治偏重于自我领域。对于这一问题,鲍曼也曾持相似质疑,他认为"生活政治始终都被封闭在个体性的框架之内:个体的身躯充满了'内在自我',充满了要求得到并同意给予的个体认同,充满了个体通常想拥有'更多的'、避免他人干扰的'空间'。生活政治不仅是以自我为中心的,也是以自我为参照的。"②斯科特·拉什则认为,在吉登斯理论中有关文化的社会分析和对经济生活的社会分析处

---

① Chris Shillig, *The Body in Culture, Technology, and Society*, Sage Publications of London, 2005, p.66.

② [英]鲍曼:《被围困的社会》,郇建立译,江苏人民出版社 2005 年版,第 200 页。

于边缘化①。

对于这些问题，始终要结合吉登斯作为社会理论者所应对的现实境况来进行回应。面对解传统化与新个人主义盛行的社会现实，生活政治理论的初衷就是旨在将自主与个人和集体的责任联系在一起，在这种背景下积极寻求创建团结的新手段。现代性带来的是个人生活与集体生活的重新组合，反思性也是“社会反思性”。这里，人所具有的行动自主性并非停留于封闭的自我领域，而是充分考量行动者与周围的社会关系进而达成互惠，在社会领域中调和自主与相互依赖。其目的也正是贴合生活政治的目标，即更好的生存，构建社会团结。

不过，比起生活政治理论构想，吉登斯作为布莱尔的幕僚所提出的“第三条道路”政策方案②从提出伊始就遭受诸多质疑。第三条道路遵从生活政治的伦理基础，“寻找个人与社会之间的一种新型关系，寻找一种对于权利和义务的重新定义”。③ 吉登斯将这种新型关系概括为“无责任即无权利”。可以说，第三条道路是一个深化并拓展民主的过程，在这一过程中重新定位国家与政府职能，个体性与社会团结不再彼此对立，整体上从阶级认同走向社会认同。然而，有学者认为，“第三条道路实质乃是一种‘超越左右的新的意识形态霸权’，带有威权主义色彩，从根本上忽视了自由，并否定了选择的多样性。在开放的世界

---

① [德]乌尔里希·贝克、[英]安东尼·吉登斯、斯科特·拉什:《自反性现代化》，赵文书译，商务印书馆 2014 年版，第 272 页。

② 在吉登斯初提第三条道路时，曾草拟了一份被他称为“正在形成过程中的”纲领。第一，要重构新型的民主国家（没有敌人的国家），实现民主制度民主化。第二，培育一个积极的公民社会。第三，发展作为政府同公民社会实现合作的经济基础的新型混合经济，其“新”乃是区分于老式的受制于政府的混合经济，试图在公共部门和私人部门之间建立一种协作机制，在最大限度利用市场动力机制的同时，把公共利益作为一项重要的因素加以考虑。其四，实行积极的福利政策，针对右派对“福利国家”所提出的批评，将“福利国家”转变为“社会投资国家”（social investment state）……

③ [英]吉登斯:《第三条道路》，郑戈译，北京大学出版社 2000 年版，第 68 页。

中，远不止两条或三条道路，而是有无数条道路与多种选择。”①此外，第三条道路在英国已经失败，那么生活政治在今日是否还具有意义都值得商榷。

这里需要从两方面作出回应。一方面，针对第三条道路本身。第三条道路的确是要为社会民主政策提供一套完整方案，但它更是体现出社会民主主义者对当下形态阶段性的反思。与其说它是意识形态与威权主义，不如说它试图适应过去二三十年世界所发生的变化。其意义正在于试图超越老派的社会民主主义和新自由主义，取消一直以来左与右的政治范畴划分。另一方面，需要厘清第三条道路与生活政治理论的关系，绝不应将吉登斯的政策性方案与其理论思想等量齐观，也不能将其与英国工党的政治命运联系在一起。尽管那种被布莱尔作为实质性政治纲领的“第三条道路”仿佛已然随着英国工党的倒台而失败，但这与英国国情密切相关。并且，第三条道路毕竟作为一种政治纲领性的存在，并不能反映出生活政治理论构想的全貌，尤其对于现实中国来说，生活政治理论思想价值不该因此受到忽视。囿于文章篇幅，这一点将在另一篇文章进行探讨。

总之，生活政治固然存在一定的限度与问题，但这一理论最重要的意义或许就在于提出一种从私人领域通向公共领域的新政治模式。吉登斯的生活政治，其实是“生活—政治”，政治不再是僵化的形而上学，相反是自我作为政治行动者对生活方式所进行的具有生成性、可能性与创造性的决策与设计。

（作者　复旦大学哲学学院博士研究生）

① Ralf Dahrendorf, *The Third Way and Liberty: An Authoritarian Streak in Europe's New Center*, Foreign Affairs, 1999, Vol.78, p.5.

人·艺术·世界*

——捷克新马克思主义美学现代性批判理论研究

彭成广

摘要:捷克新马克思主义美学思想内涵丰富,斯维塔克和科西克是其代表人物。他们的美学思想集中于对艺术、人与世界之间的实践关系的辨识,以此凸显艺术与人具有本质性的内在关联;他们从人类文化学的维度,考察了异化理论的内涵和发展史,指出艺术具有反抗异化、解放人性的本质规定性;通过对艺术内部特征和价值指向的揭示,实现了对官僚体制、集权政治的深度批判;他们从哲学人类学的立场探讨了"实在"的概念、艺术与"实在"的关系,批判并解构了"模仿论"、"反映论"的前提,赋予了艺术的本体地位,认为艺术构成了"实在"本身。这些思想集中体现了捷克新马克思主义美学现代性批判理论的丰富性和深刻性。

关键词:捷克新马克思主义　美学现代性批判　异化理论　实在

与众多中东欧国家一样,捷克斯洛伐克的近现代历史也是一部饱

* 本文系国家社科基金重大项目"东欧马克思主义美学文献整理与研究"(项目编号:15ZDB022)的阶段性成果;西南民族大学2018年中央高校基本科研业务费专项基金"东欧新马克思主义美学现代性理论及其当代价值研究"(项目编号:2018SQN32)阶段性成果。

受列强入侵和异族统治、内部各民族之间矛盾冲突不断的沧桑磨难史。1914年第一次世界大战爆发，捷克和斯洛伐克为摆脱奥匈帝国的统治，开始奋力谋求独立统一，1918年，捷克斯洛伐克共和国成立。其间，受俄国十月革命的影响，捷克出现了无产阶级革命的浪潮，并于1919年成立了捷克斯洛伐克苏维埃共和国，于1923年成立了捷克斯洛伐克共产党。1938年"慕尼黑会议"召开后，迫于法西斯主义的威压，斯洛伐克成为纳粹德国的附属国。1945年，在苏联红军的帮助下，捷克斯洛伐克战胜法西斯的统治，重新从分裂走向统一，但是又进入了彻底而长期的"斯大林化"模式，这种状态一直持续到1968年，以"布拉格之春"为标志，捷克开始了试图摆脱苏联模式的系列社会主义改革运动。"同南斯拉夫、波兰和匈牙利相比，捷克斯洛伐克的'斯大林化'最为彻底，也最为持久。"①从经济、政治到文化、思想无不受到斯大林主义的全面钳制和整体异化，在这种悲惨的历史遭遇下，民族解放独立、个人民主自由是捷克民族的永恒渴望和毕生追求，"耗子的民族"精神在捷克人身上体现得尤为明显。②

对于捷克新马克思主义美学家而言，由于他们生活在"斯大林化"全面统治的历史现实中，他们对现代政治体制的全面操控有着最切身的现实体验和最深刻的理论反思，这构成了他们美学现代性批判理论的本质内涵。在他们的美学思想中，必然会涉及如下问题：艺术与人、社会到底具有何种关系？艺术的本质诉求应该体现什么？艺术的根本意义是什么？作为艺术家是如何看待世界的？当然，这些问题是所有美学理论家或艺术批评者的普遍性问题，但对于捷克新马克思主义者而言，对艺术与人的关系的探究显然有着更为独特的现实针对性和更加具体鲜活的体验内涵。因为在"斯大林化"的集权笼罩下，凸显乃至放大艺术、美的"自由"本质和非"功利"特征，不只是对艺术自律性的

---

① 衣俊卿等：《20世纪新马克思主义》，中央编译出版社2012年版，第651页。

② "耗子的民族"一语，源自卡夫卡的《约瑟芬，女歌手或耗子的民族》一文，大意是指犹太民族由于悲惨命运而导致的异常成熟性，却因此具有无限的可能性。

重复确认,更是人之生存的重大关切,艺术是实现人之解放的重要路径。捷克新马克思主义在批判政治集权体制、批判官僚异化以及在确立艺术与人有着本质的内在关联时,具有鲜明的共同性,即都具有强烈的人道主义色彩和强调人与世界的实践关系,充分体现了美学现代性批判理论的丰富性和深刻性。

一、重续欧洲精神传统与官僚异化批判

作为捷克新马克思主义的代表人物,科西克和斯维塔克两人不仅在身世、经历和遭遇方面有着较大的相似性,两人关注的哲学问题也具有极强的类比性。斯维塔克偏爱从人类学的角度来分析人的本质,进而从人的本质出发,来谈论诗与艺术的作用;而科西克的"实在"概念更是被学界认为其深受海德格尔的存在主义的影响。[①] 因此,捷克新马克思主义又统称为"存在人类学派","此学派立足于捷克传统知识分子对人的存在的真理和'捷克问题'的关注,通过现象学、存在主义和马克思主义人类学的融合追求海德格尔式的本真性存在"。[②]

(一)作为思想来源的欧洲精神传统

斯维塔克和科西克两人不仅在学习教育经历上有较大的相似性,其思想来源和理论诉求也有着明确的契合性,下面分而述之:

在学习、教育经历上:两人同在布拉格查理大学接受教育,斯维塔克获得法学博士学位,而科西克就读于布拉格查理大学哲学系。鉴于大学的兴起在东欧国家的重要性,在此必须赘述。"大学的出现同现

---

① 李宝文:《科西克的实在概念及其批判效应——从海德格尔出发》,载《学术交流》2006 年第 11 期。

② 傅其林:《论东欧新马克思主义美学》,载《苏州大学学报》(哲学社会科学版)2014 年第 1 期。

代文化精神和现代性的诞生具有本质的联系”①,作为欧洲最古老的大学之一,由罗马皇帝查理四世创立于1348年的布拉格查理大学,对捷克斯洛伐克的文化培育、知识传承和文化思想变革等方面的重要性不言而喻。推而论之,在东欧这片饱受磨难的土地上,以查理大学和波兰的克拉克夫雅盖隆大学为代表,大学的兴起在传递欧洲思想方面起到了至关重要的作用,而在传播与接受中,东欧本土的独特体验和反思又会积极地反哺滋养甚至修正欧洲文化精神,进而构成欧洲精神的内在肌理组织。

在思想来源和理论诉求上:两人的思想来源都为欧洲精神的传统延续,都试图回答欧洲精神遭遇现代危机之后如何重建等问题。如前所述,大学的兴起在以捷克斯洛伐克等东欧国家中起到了承接、融合与再生欧洲精神的重要桥梁作用。捷克深受欧洲文明尤其是西欧传统的影响,这种影响不是外在的,而是内生性的,它直接构成了欧洲思想的一部分。对此,斯维塔克直言:“……将捷克人视为东欧人完全是一种误导,因为他们过去一千年的历史都属于西欧历史。在20世纪,(捷克)产业工人代表着超过三分之一的(欧洲)工人人口,其文化也是一切欧洲文化的重要组成部分。”②有学者也鲜明地指出,“中东欧的思想理论属于欧洲文明的重要组成部分”。③ 但是,“由于中东欧各民族既是欧洲文明的重要创造者和参与者,又常常是欧洲文明,或者世界文明发展进程的受害者,这种复杂的历史处境和历史体验使中东欧的理论家在接受西方各种文化时往往保持足够的怀疑精神和批判意识。”④之所以要在此重申欧洲精神传统对于斯维塔克和科西克等人哲学思想的

① 衣俊卿:《东欧新马克思主义精神史研究》,黑龙江大学出版社2015年版,第62页。

② 员俊雅:《现代性危机的反思与人道主义马克思主义诉求——斯维塔克文化批判理论研究》,黑龙江大学出版社2015年版,第27页。

③ 衣俊卿:《东欧新马克思主义精神史研究》,黑龙江大学出版社2015年版,第178页。

④ 衣俊卿:《东欧新马克思主义精神史研究》,黑龙江大学出版社2015年版,第182页。

重要性，是因为他们的哲学主题必然要凸显并反思欧洲理性文明本身。尤其在胡塞尔宣称欧洲科学已经陷入重重危机之后，如何看待理性和责任的关系，哲学艺术乃至美学应该起到何种作用？只有把这些问题融入重思欧洲精神危机之中，其回应才有力量和深度。“对于昆德拉来说，反思自己的小说艺术一定要将其置于胡塞尔关于欧洲人性危机的沉思当中，否则一切都是没有意义的。”①这一论断不仅仅适于昆德拉，更应该推及捷克斯洛伐克的所有艺术理论家和美学家，对于斯维塔克和科西克而言，他们的美学思想不仅具有现实批判性，还有试图重建欧洲精神的努力。

（二）对官僚体制的深刻批判和异化理论的再考察

有学者把苏联对捷克的“大清洗”时期称为捷克人的“面包时代”。这种清洗运动最终在捷克斯洛伐克建立了彻底的“斯大林化”模式，生活在这种政治集权高压状态中的人们，“在恐惧环绕四周的时候，日常生活的面包便超越了人类所有其他的目标，成为唯一追求的对象。”②整个社会都被扭曲变形。因此，以斯维塔克和科西克为代表的捷克“存在人类学派”，他们的美学思想重心必然是揭露与批判国家集权体制和官僚机器对文化艺术的戕害，极力彰显文化艺术应有的独特功能、丰富形态和自由特质。

关于官僚机器与艺术创造力、想象力的敌对性特征，斯维塔克有比较精细的分析论述。他认为想象力、创造性和玄幻力是艺术的永恒来源，人的精神活动存活于科学方法与迷幻、想象与理性、理智与情感、荒谬与常识的对立统一中；艺术作为人的世界观，总暗含着关于世界的总体看法。通过对艺术的来源、内在动力的分析，斯维塔克表明，艺术的

① ［法］莱涅尔·拉瓦斯汀：《欧洲精神》，范炜炜等译，吉林出版集团有限责任公司2009年版，第134页。

② ［法］莱涅尔·拉瓦斯汀：《欧洲精神》，范炜炜等译，吉林出版集团有限责任公司2009年版，第108页。

本质与当前官僚机器及科学理性格格不入。“社会经济可以置于官僚机构的管理之下，假如官僚机构本身有竞争力的话，但是艺术、科学和哲学则从来不能由官僚机构所主导。”①

斯维塔克之所以特别重视文学艺术的价值内蕴和特性规律，除了他本人对文学艺术有着独到研究以外，还是他借此关注政治问题的做法。对此，他曾明言，在1968年以前，很多问题只能通过反驳文学和哲学主张的形式来阐释。② 与卢卡奇、鲍曼等众多东欧新马克思主义理论家一样，斯维塔克首先是哲学家、社会学家，然后才是美学家，因此，他的美学思想必然是他哲学思想的反映，而他的哲学思想是历经现代资本理性文明和参与社会主义改革试验后的理论反思，其最终指向是对人本身的思考，是对人在世界中的位置、人的意义、人的价值以及人如何存在与发展等问题的探究。从这一主题和宗旨来看，斯维塔克和科西克具有高度的一致性。斯维塔克的代表作《人和他的世界——一种马克思主义观》和科西克的代表作《具体的辩证法——关于人与世界问题的研究》，仅从书名便可直观到他们的哲学主题是对“人与世界”关系的探讨。当然，“人与世界”是所有哲学的基本内蕴和底色，但斯维塔克与科西克所确立的“人与世界”主题，是在人与世界，尤其是人与“现存”“现世”发生了严重的价值扭曲和异化的现状下所做的探究，这种探究就具有鲜明的现实批判性，是对时人具体生存困境的关切。因此，这种从痛苦和压抑的实践体认中的理论反思就显得更为“实在”、具体和厚重。与哲学传统的抽象、形而上和普遍性有着根本的区别。

对现存官僚体制的批判，在同时代的捷克作家中也有充分体现，如哈谢克的《好兵帅克》就是捷克斯洛伐克共和国时代的一部政治讽刺

① [捷]伊凡·斯维塔克:《人和他的世界——一种马克思主义观》，员俊雅译，黑龙江大学出版社2015年版，第60页。

② [捷]伊凡·斯维塔克:《人和他的世界——一种马克思主义观》，员俊雅译，黑龙江大学出版社2015年版，第4页。

史，昆德拉的《玩笑》被广泛认为是控诉斯大林主义统治的一份证词，卡夫卡的《城堡》、《审判》等作品更被认为是对传统和现代相互交织的政治体制和行政管理体制的深刻揭露，等等。巧合的是，科西克和斯维塔克均对卡夫卡给予了充分关注和相关研究。

（三）异化理论的人类学反思

异化理论的核心价值目标是人的解放，异化的主体是人，异化理论是人与上帝、人与社会、人与自身个性相冲突的发展史。斯维塔克认为，对异化理论的相关研究只能在人类学的背景中来进行，对异化起源发展的阐述和对异化克服超越的方法也只能在关于人的理论中寻求。在此基础上，他首先把异化理论分为神学的、哲学的、科学的和艺术的四种类型，并分别对应着超验理性、理性思辨、经验和自身。他认为，这几种异化类型无法比较，因为它们对应着不同的先验假设和方法论。如同为理性、神学的超验性和哲学的演绎理性就完全不同，而科学作为经验的学科，表面上提供了客观的基础和可能，但是科学绝对不能划入意识形态争论——虽然这是无法避免的。“科学总是倾向于割裂社会学的、心理学的、生物学的或其他的方面，将关于人或异化的片面图景视为整体。”①在斯维塔克看来，异化是人的永恒命运，是文明生活的历史性范畴，是20世纪科学和技术发展及其后果的新历史现象。

从根本上讲，人道主义是所有异化理论的本质属性，因为人道主义所关心是人的起源、归属与发展等核心问题。斯维塔克对社会主义人道主义的来源进行了辨识：“社会主义思想是欧洲人道主义发展的结果，这个传统深深植根于古希腊、文艺复兴和启蒙运动。”②他高度肯定了费尔巴哈关于“人是具体感性存在”的论断，人从基督教的身体与灵

① ［捷］伊凡·斯维塔克：《人和他的世界——一种马克思主义观》，员俊雅译，黑龙江大学出版社2015年版，第120页。

② ［捷］伊凡·斯维塔克：《人和他的世界——一种马克思主义观》，员俊雅译，黑龙江大学出版社2015年版，第149页。

魂的二元论的主导中解放了自己,人发现了自身,并认为“费尔巴哈的人类学,关于人的普遍科学,是前马克思主义的人道主义的顶点。”①但是,斯维塔克认为,费尔巴哈虽然把握了人的具体性,但仍然没有跳出抽象人的囚徒,他只是在性与家庭的领域理解人,所以他的理论必须让位于人们自身的实践活动,让马克思主义人道主义来完善。斯维塔克认为,有三种关于人的重要概念的出现,构成了马克思主义人道主义的基础,即“从自然身份状态经历社会发展达到自身的自由;从基本人性的异化经历异化的克服达到历史的目标——共产主义;从自然状态经历非人性到人性。”②经过克服异化后,“孤立个体的人的概念被超越了。”斯维塔克反对那种将青年马克思与晚期马克思断裂开来的做法,因为在他看来,马克思的辩证人类学正视了人是积极能动的主体和自身的创造者,人总是不断地同各种异化作斗争来丰富完善自身,人的概念在不断地扩展。“斯维塔克认为,马克思是一位人道主义思想家,他关注人的主体创造和个性的全面发展,强调人的自由随着人的历史进程的积极参与和创造而不断增强。”③

二、艺术与整合:人与社会分离状态的再融合

艺术与社会之间到底具有何种关系?对此,斯维塔克和科西克均作了充分回应,尽管他们的侧重点各异,但其最大的共同点是绝不把艺术视为完全孤立的存在对象。

---

① [捷]伊凡·斯维塔克:《人和他的世界——一种马克思主义观》,员俊雅译,黑龙江大学出版社2015年版,第149页。

② [捷]伊凡·斯维塔克:《人和他的世界——一种马克思主义观》,员俊雅译,黑龙江大学出版社2015年版,第159页。

③ 衣俊卿:《东欧新马克思主义精神史研究》,黑龙江大学出版社2015年版,第490页。

（一）艺术是对社会决定论的超越

艺术的观念与本质和人的观念紧密相关，并且会随着人之意义的变迁而变化。斯维塔克强调，整个艺术乃至文化观念的变迁都建立在社会变迁的基础之上，“拒绝考虑社会进程（艺术组成了其中的一部分）并拒绝理解它的意义的艺术，无论是努力提升社会的积极因素还是批判它的消极特征，都是毫无效果的。”①这是马克思主义唯物史观的基本立场。但是，他并非单纯的唯社会学论者，他认为，正是社会过程的历史潮流对艺术的限制，才使得艺术家们更加意识到个体表达和创作权利的重要性，要言之，限制与自由是辩证存在的关系。艺术家的可贵之处在于，正因为充分认识到了限制，所以才尽可能去超越去创造，把人带向现存不可能达到之处。这是基于历史现实考察和对艺术规律特征体认相结合的辩证论。

艺术在文化革命中发挥了独特的作用，艺术是文化革命的组成部分。但是艺术不是静态的、被动地被外在的社会进程所决定，艺术自身也会进行内部改革，艺术史上一系列的美学反叛和革命运动便是确证。并且，艺术远没有耗尽自身的潜力和不断增长的活力。斯维塔克反对艺术终结论，他认为只要艺术内部没有停止改革和变化，那么，艺术就不会死亡，艺术的作用也不能替代。这是符合历史事实的考察，因为单从能量守恒定律来考察，艺术只要保持运动，就势必会产生新的能量。

（二）艺术观念与人之概念的内在联系

斯维塔克在《人之模式的变迁》中简要划分了人的四种思维方式，即宗教的、艺术的、哲学的和科学的四种模式。与之相对应的是，人界定自身有理性模式、生物学模式以及社会文化学模式，斯维塔克所持的是人的社会学模式，认为人是文化的产物：“人是社会的、文化的存在；

① ［捷］伊凡·斯维塔克：《人和他的世界——一种马克思主义观》，员俊雅译，黑龙江大学出版社2015年版，第58页。

在社会之外,人也许是动物或神,但他不是人,因为只有在人当中,他才是自身。""既然人既是文化的创造者又是文化的创造物,他也是具有传统的存在者。""没有自然的文化、自然的人、自然的规律和自然的宗教,因为文化是人的而不是自然的自由作品。"①诸如此类的论断都有一个根本指向:人是文化的产物,而艺术在人的意义的形成中起到了非常关键的作用。"人的模式通过艺术表达了自身。艺术创作的意义和艺术作品内容的变化是——在其他东西中——人的意义的认知方式发生变化的结果。""艺术作品是时代的社会意识和情感的投射。"②

斯维塔克以人之模式的变迁视角来分析《哈姆莱特》《俄狄浦斯王》这两部经典戏剧艺术作品,以此来凸显艺术与人的本质关联。在他看来,人可以分为古代模式、理性主义模式、文艺复兴模式和现代模式。在人的古代模式中,由于人类生产力和认知力的低下,人关于自身的概念是模糊的,或者说,是仅仅处于与动物类属性层面上,即"与动物的亲近感、族群中心主义和依赖神秘力量的观念"。③"依赖神秘力量的观念"既让人处于动物类属性层面,又让人意识到自己与动物的不同之处,这是人性来源和人文主义理念的滥觞。这种神秘力量导致了古希腊神话的兴盛,通过神话来拔高人在世界中的位置和优越性地位,赋予了人的理性、逻各斯。但是恰恰是理性反过来极大地消解了人的神秘性,人开始认识到,人需要从理性来认识自身。人是理性的产物,具有可以解剖的结构,世界也如是。这种思想可以作为世界"祛魅"思想之滥觞。当然,人可以认识自己和世界,并不代表人具有全知全能性,神秘力量并没有就此消失,古希腊思想的核心在于,在人的认识之外,依旧存在着不可把握的偶然和命运,以一种超人的逻辑存在。

---

① [捷]伊凡·斯维塔克:《人和他的世界——一种马克思主义观》,员俊雅译,黑龙江大学出版社 2015 年版,第 72—73 页。

② [捷]伊凡·斯维塔克:《人和他的世界——一种马克思主义观》,员俊雅译,黑龙江大学出版社 2015 年版,第 75 页。

③ [捷]伊凡·斯维塔克:《人和他的世界——一种马克思主义观》,员俊雅译,黑龙江大学出版社 2015 年版,第 79 页。

人虽然可以理性来控制自身的情感，但是无法决定自己的命运。《俄狄浦斯王》就是一种理性与偶然性并存的关于人的古代模式的认识。《俄狄浦斯王》也承认人的理性，但是在人的理性之外，还存在着命运即天意，体现了人的意图与神圣旨意之间相冲突的悲剧。

斯维塔克认为，在莎士比亚的悲剧中，“历史是人类利益的毫无意义的一团乱麻，是事件的混沌堆积。他缺乏更高的、神圣的、在古人看来人必须臣服的意义。”①文艺复兴确定了人自身的意义，人是自己意义的创造者，哈姆雷特是文艺复兴式的关于人的概念的典范模式。哈姆雷特和俄狄浦斯均认为，人的命运是注定的，人不可能反抗它，否则，必将有罪；但是俄狄浦斯认为在人之外存在无法超越的神，神有着自己神秘逻辑，而哈姆雷特认为整个世界都由偶然性构成，人与神都无法逃避偶然性和非理性的命运。

总之，斯维塔克通过比较古代理性模式、文艺复兴模式以及现代观念三种不同的人之概念模式的变迁，旨在表明，关于人的观念有一个延续变化的过程，那么，与之相对应的是，关于艺术的概念也不是一成不变的。

三、反抗异化与解放人性：诗的本质与人的内在关联

对诗的意义和本质的回应，无论是从诗学理论出发，还是从哲学思辨入手，甚至从社会文化的整体观照来看，斯维塔克的《人与诗》都可以视为经典文本之一。在《人与诗》中，他集中从哲学的、人类学的和文化学的角度来充分回应诗的意义和本质、人与诗的关系以及诗是什么等问题，虽然在具体论述中，斯维塔克善用格言警句般的语言，使得

① ［捷］伊凡·斯维塔克：《人和他的世界——一种马克思主义观》，员俊雅译，黑龙江大学出版社 2015 年版，第 96 页。

整个文本就如一首精美的长诗,但是在如诗般的文本下隐藏着严谨的论证逻辑,体现了他扎实的学理底蕴和对诗之本质的精确把握。

(一)诗之意义:人的本质关联

在《人与诗》中,斯维塔克提出并回应了三个问题,即诗的意义是什么?诗人是如何看待世界的?诗人是什么?斯维塔克认为,诗的意义等同于人的意义。“诗学意义的变化和欧洲文化中人的形象与意义的变化紧密相关……诗的意义来源于人的意义……诗之意义的转换是诗人作为创作者和艺术消费者之感受性转换的必然结果。”①因此,不同时期、不同诗人对诗之意义的回应十分不同。

人和诗究竟具有何种内在关联,以至于能把人与诗等同?要理解其中的逻辑关联,必须要回到斯维塔克的立场中去,他从提问到回应,都采用了哲学人类学的立场。在他这里,与其追问“诗的意义是什么”,不如追问“诗对人的意义是什么”,对此的回应也是此逻辑。否则,只是单纯地把人等于诗,把诗的意义等于人的意义,无论多么精彩的论证,也始终无法让人信服。从哲学人类学的角度来研究诗,是将诗视为一个整体来研究,探究的是诗的人学意义,从诗的意义的变迁反过来也可以透视出人的概念的不同演进;从哲学人类学立场来谈论诗之意义,必然对具体作品的内在结构、诗体、篇章及节律等细节不感兴趣,甚或,诗在此只是高度凝练与综合化的对象文本,是人类的所有艺术创作物的代指,而不限于文学之类型的诗。换言之,研究诗的意义,就是研究诗对人的存在有何种意义。这种看似简明直接的逻辑,其实丰富地体现了斯维塔克的人学立场,凸显了他整个思想的聚焦点,也体现了他作为哲学家的本体立场,即关注的是人及人的意义等根本问题;从哲学人类学的角度来看,人之外的任何对象,可以以客观的物而存在,但

---

① [捷]伊凡·斯维塔克:《人和他的世界——一种马克思主义观》,员俊雅译,黑龙江大学出版社2015年版,第101—102页。

不具备任何意义，因为它没有被人对象化。那么，诗对人到底有何种意义呢？鉴于斯维塔克对此的回答类似于格言警句，现不惜篇幅，摘录如下："诗的意义是人对世界的感受力、知觉和理解力的升华……它影响和修改了人的感知力，改变了他的感受力。""诗毫无疑问具有传播美的美学功能，但他并不局限于此……当它唤醒人身上发现和感受自身真实生命之美的直接和独特的能力时，它就成为诗化生命的工具。""诗将人与生命直接相关联……诗使人理解自身，激发他生命的潜能……诗是人体验程度的纪录……诗是存在强度的伟大证明。""诗激发了人与自身个性的关联，它使人增强了对自身的意识，它使人意识到他是一个感知这个独特的、转瞬即逝的世界的独特的、转瞬即逝的存在，他是一个对世界开放的存在。"①

面对上述零散而结论式的回应，我们依然能够找到其内在的论证逻辑，那就是确立了"人—诗—世界"的相互关联。诗既可以丰富人感知世界的形式和路径，诗又使人更本真地认识自我，包括对生命限度、长度和丰富样态的认知体悟。因为有了诗，人的生命才与其他物种有着最根本的不同，个体之间差异性也才能够得到理解。诗是人存在于世界、认识世界的强有力证明和记录。尤其是对于遭遇两次世界大战、奥斯维辛集中营和斯大林主义的全面束缚的东欧各国而言，"诗的见证"意义更不同寻常："不是因为我们见证诗歌，而是因为诗歌见证我们。"②

正因为诗与人的存在具有本质的内在关联，因此，诗绝不是经济、政治的附属物，也不是与经济、政治并列属于人的外在的社会性关系的区域，而是内在于人自身的本质活动。对此，科西克说得更为明确："诗歌并不是比经济低一等的实在。虽然它属于不同的类型和形式，

① [捷]伊凡·斯维塔克：《人和他的世界——一种马克思主义观》，员俊雅译，黑龙江大学出版社2015年版，第99—104页。

② [捷]切斯瓦夫·米沃什：《诗的见证》，黄灿然译，广西师范大学出版社2016年版，第4页。

具有不同的使命和意义，但它同样是一种实在。”①

（二）诗人之眼及何为诗人

关于第二个问题，诗人是如何认知世界的？斯维塔克认为，诗作为诗人的世界观，是诗人看待世界的立场和方式。诗人的世界观具有三个特点，其一，诗通过孩童一样的感觉棱镜揭示世界和表现世界。这种感知方式是具体的、直接的、表面的和非抽象的，所反映的世界具有诗意的真实性、魔幻的具体性和无意图的损坏性。“好像他断言浸在水中的小木棍是断了的或者太阳围绕地球转一样，他忽视用作为基础的事实来描述世界的基本现象。”②其二，诗人视角是独特的逻辑和诗性思维的因果律。从科学的角度看，诗是不合因果律的、不合逻辑的词语结构，诗并不从科学的角度言说世界，然而这不等于诗没有逻辑、没有所指。诗的逻辑是关于变化的基本辩证法，是对现象的本质直观，是对世界的内在反思，是非分析性的总体世界观和普遍性方法，它通过自身的主客体合一的直觉逻辑创建以前没有的东西和微观世界。其三，诗歌的世界驻留于想象的维度。诗是对既定事实秩序的反抗，是世界人道化的组成部分，诗通过现象表达了生命的本质，美化了生命。

对“诗人是什么”问题的回答，斯维塔克采取了“诗人如何行动”的方式，从人的行为来界定人的概念，这本身就是马克思主义哲学的根本立场，因为马克思主义的“实践”本质就是行动，斯维塔克在此延续了马克思主义从实践之维来规定人之本质的传统。斯维塔克认为，人最有价值的品质不在于他的长于分析的理性，而是他的想象能力，因为想象能力才是他创造才能的集中体现。创造力、幻想、创造性思维、本能

---

① ［捷］伊凡·斯维塔克：《人和他的世界——一种马克思主义观》，员俊雅译，黑龙江大学出版社2015年版，第83页。

② ［捷］伊凡·斯维塔克：《人和他的世界——一种马克思主义观》，员俊雅译，黑龙江大学出版社2015年版，第107页。

的想象、戏谑又是诗歌创造的精华所在。“诗是人关于自身最亲密的、最真实的记录，是人作为类存在的核心本质的深刻证明。……诗是人之自由的告白，是反对异化的方式；它是人之存在的基本价值——创造性、自由、人道——的确证。”①

因此，在他看来，诗人的行动方式是：把诗作为对抗异化的基本形式。这当然有其客观合理性和历史局限性。因为如前所述，当时的捷克正处于彻底地“斯大林化”时期，集权政治体制对国家的经济、管理、政治以及文化艺术等方面实现了整体控制，从文化艺术品的生产、传播乃至于接受解读都进行内部干预，因此，诗的创造性、个体性、象征性和自由性受到了极大的戕害，基于其时的历史实际，斯维塔克强调诗的反抗性就显得尤为必要。但是，过分强调诗的神秘性和独立性，必然不符合马克思主义社会学和人类学的辩证立场，因为无论从中国两千多年的诗学传统来看，还是从西方欧洲文明的历史维度出发，诗作为人类情感体验与表现与交流的形式，必然融合了文化学、社会学、政治学的传统，独立的诗并不存在。

与斯维塔克一样，科西克也把艺术视为对抗异化的有效方式，他认为艺术的真正特质是劳作与创造的融合，而资本主义社会造成劳作与创造的分离，或者说，把一切创造都异化为劳作。在科西克看来，劳作与创造是人的本质属性，在文艺复兴时期劳作与创造都还是统一的，而发展到资本主义社会，尤其是大工业化的发展和流水线作业，使得劳作变成了千篇一律毫无创造力的奴役劳动，这种劳动过程是呆板的，因为每个人生产的是毫无生气的物品，未能灌注个性的精气神，是标准化程序化的重复，机械完全可以替代人的劳作。在这种情况下，“人失去了对自己所创造的世界的控制，也就失去了实在本身。”②换言之，艺术之

---

① ［捷］伊凡·斯维塔克：《人和他的世界——一种马克思主义观》，员俊雅译，黑龙江大学出版社 2015 年版，第 115 页。

② ［捷］科西克：《具体的辩证法——关于人与世界问题的研究》，傅小平译，社会科学文献出版社 1989 年版，第 85 页。

所以能够成为对抗异化的根本方式,是因为艺术最能体现人的个性和特性,这是科西克和斯维塔克的共通之处。

四、超越与永恒:艺术实在的丰富形态及阐释的必要性

艺术与现实到底有何种关联?是对现实的纯粹模仿还是机械地反映?对此,斯维塔克和科西克均作了充分回应。如斯维塔克就指出:"艺术家并不模仿世界,并不消极地反映世界,而是构造它、重构它、重塑现实,使其具有某种样式并解构它。"①如果说,斯维塔克对模仿论、反映论的批判还停留在格言式、结论式的层面,那么科西克对反映论和模仿论的批判,从前提逻辑、批判过程到结论都做了充分的论证。

(一)可疑的"实在"与作为实在的艺术

对艺术模仿论和反映论的批判,科西克是从重新辨识"实在"概念开始的。他认为,无论是反映论还是模仿论,它们都有两个前提假设:假设了"实在"的客观存在,假设了"实在"已被全部认知。以此,是否反映"实在"便构成了19世纪伟大的现实主义和非现实主义之论争的焦点。论争双方都认为"实在"是业已确定的概念,分歧只在于是否忠实、超越乃至扭曲"实在"而已。然而,科西克认为,最大的问题就在这里。关于"实在"是什么,还需要严肃与充分的论证。因为在一般的论者看来,"实在"基本等同于经济等物质性元素,而自觉地把艺术等创造性的精神性活动排除在外。这会造成对艺术的最大误会,也会对"实在"造成不可原谅的片面理解。在他看来,"诗歌并不是比经济低

① [捷]科西克:《具体的辩证法——关于人与世界问题的研究》,傅小平译,社会科学文献出版社1989年版,第61页。

一等的实在。虽然它属于不同的类型和形式,具有不同的使命和意义,但它同样是一种实在……经济总不能生出诗歌来。”①经济与诗歌都是人类实践的创造物。艺术不是经济的附属物,反之亦然。那种认为经济是唯一的实在,把经济看作一切东西之最终根源的人,就是把人类实践的根源视为一个物,是物教化的表征。而经济决定论者所持的正是这类观点。于此,科西克对马克思的辩证唯物史观就极为推崇,他认为马克思主义的伟大之处就是对经济决定论的超越与批判,“唯物辩证法不是把意识还原为环境,而是把注意力集中在具体的主体生产和再生产生活实在,同时也历史地生产和再生产出主体自身的过程上。”②

科西克对马克思的辩证唯物法把握相当到位,经济决定论的核心要素就是环境决定论、社会决定论。然而,意识不能也无法还原为环境,因为环境与意识不是对应、等同的关系,所以,那种试图通过社会环境来理解并阐释艺术的人,他们的做法并没有错,可以视为理解艺术的重要途径,但是绝对不能视为唯一和全面的途径。艺术是意识与环境的综合产物,并能动地构成社会实在本身。“每一件艺术作品都有不可分割的两重性:它表现实在,同时又构造实在。它所构造的实在,既不存在于作品之外,也不存在于它之前,只能存在于作品本身之中。”③艺术是创造性和再现性并存的实在。以此出发,就超越了庸俗机械的反映论和再现论,艺术的描绘性和构造性并存而不可分割。

科西克还认为,人总是试图从整体上把握实在,但是,实在不会自行展现,或者从根本上说,自行展现的实在不是人所寻求的实在,因为实在就存于人的寻求之中,不存在于人之外。这种找寻和构建,就是人类实践与生产的具体化,这种生产对于人乃至社会具有决定性的意义,

---

① [捷]科西克:《具体的辩证法——关于人与世界问题的研究》,傅小平译,社会科学文献出版社 1989 年版,第 83—84 页。

② [捷]科西克:《具体的辩证法——关于人与世界问题的研究》,傅小平译,社会科学文献出版社 1989 年版,第 86 页。

③ [捷]科西克:《具体的辩证法——关于人与世界问题的研究》,傅小平译,社会科学文献出版社 1989 年版,第 89 页。

因为“没有个体的再生产，任何社会都无法存在，而没有自我再生产，任何个体都无法存在。”①生产的具体内容既包括从自然中获取资源的物质经济活动，也包括从自然确定自身位置的意识价值活动，科学、哲学、艺术都是其主要途径，所不同的是，专门的科学分支只能把握实在的某个局部领域，而哲学和艺术能达到人类实在的整体认识。“艺术与哲学的特殊地位和特殊使命的基础就在这里。由于艺术和哲学具有生机勃勃不可或缺的功能，它们是不可替代和不可移置的。”②这是科西克对哲学和艺术存在合法性的论述。

不仅如此，科西克还反对那种把艺术作为显现实在的媒介的观点，在他看来，在艺术中显示的实在不是已经存在的外在之物，而是显示过程中形成的实在，也就是说，在艺术品尚未形成之前，实在的概念与艺术所要显现（构建）的实在不是同一个实在，只有通过艺术品的形成，才能构建与创造了一个实在。因为如果按照艺术只是表现一个外在的已存的实在，那么，艺术就会沦为工具、媒介和途径。之所以古希腊的神庙、中世纪的大教堂和文艺复兴时期的宫殿随着时间的流逝，但仍然有它的价值，是因为它们在表现实在的同时也构造实在。③ 它们所构造的实在已经超越了单纯的物，它们既不是对已有的客观存在的呈现，也不是已有实在的反映。实在与艺术的关系不能简单地被理解为时代环境、历史状况与社会等价物。

“科西克不仅关注艺术本身的理解，更注重艺术与人类自由存在、具体的本真性存在的关系。”④人与纯粹的自然不同，人既是自然的一

① ［匈］阿格妮丝·赫勒：《日常生活》，衣俊卿译，黑龙江大学出版社 2010 年版，第 3 页。

② ［捷］科西克：《具体的辩证法——关于人与世界问题的研究》，傅小平译，社会科学文献出版社 1989 年版，第 91 页。

③ ［捷］科西克：《具体的辩证法——关于人与世界问题的研究》，傅小平译，社会科学文献出版社 1989 年版，第 92 页。

④ 傅其林：《论东欧新马克思主义美学》，载《苏州大学学报》（哲学社会科学版）2014 年第 1 期。

部分，他又通过自己的劳作来创建一个新的实在，这个实在必然要在自然的基础上产生，但是又不可能还原为自然。只有从这个建构的实在出发，才能超越自然解释自然，才能在纯粹的自然中找到自己的位置。这是斯维塔克与科西克的哲学思想的基本出发点。

科西克的“实在”还与恩斯特·布洛赫的“尚未”内涵有高度的一致性。如前所述，科西克的“实在”，并不是已完成的物，而是不断形成和发现的过程，也是一种尚未意识，“既是对尚未存在的意识，也是对存在的尚未性的自觉意识”。① 表明了人的现实生存实际的待发现和待完成性，人的本质未得到也无法达到应有的“去蔽”和敞亮状态。正因为这种未完成性，才为哲学、艺术乃至美学等人文阐释有了存在的必要性。科西克的“实在”概念体现了人之实践的运动特征。

（二）艺术的永恒性与阐释的必要性

艺术价值的永恒性是否意味对时间的战胜或消除，抑或是艺术作品可以超越时间而存在？在科西克看来，“作品的永恒性存在于它的暂时性之中。生存意味着在时间之中。存在于时间之中不是运动于外部连续性之中，而是运动于暂时性之中，是作品在时间中的实现。”②以此，艺术的永恒性不可能离开时间而存在，永恒性既不是对时间的排除，也不是时间的停留，也不可能离开历史而纯粹的存在，而是在时间中连续性地暂时性的变化，永恒性就是不断地与历史中的人发生内在的本质关联，艺术价值的永恒性只有处于不断地暂时性的解读和阐释中才能产生。任何试图把永恒性等于恒定性都是非辩证的、僵化的“伪具体”做法。在此，充分体现出科西克辩证唯物论的立场，在多种场合，他都明确表示了对马克思主义的拥护和辩证解读。他关于艺术

① 周惠杰：《布洛赫乌托邦哲学思想研究》，黑龙江大学博士论文，2008 年，第 55 页。

② ［捷］科西克：《具体的辩证法——关于人与世界问题的研究》，傅小平译，社会科学文献出版社 1989 年版，第 102 页。

永恒性的论证,既充分肯定艺术作品产生时的历史环境的基础性,又充分正视艺术与人的关联的时效性就是辩证唯物论的应用。据此,他还重申了艺术的起源与效准问题。决不能把这两个概念混为一谈,因为"起源与效准的关系问题,是环境与实在、历史与人类实在、暂时与永久、相对真理与绝对真理的关系问题。"①

艺术价值的永恒性问题,还必然涉及阐释者的地位和功能。"阐释的生成和存在,是人类相互理解与交流的需要。"②艺术需要阐释,因为纯粹的离开人的艺术价值不会存在,也不会自行显现,艺术价值也并非全都包含于创造者的意图之中,创造者赋予作品的价值的特殊性必须要被阐释者不断地具体化。"作品之所以是作品并作为作品而赋有生命,是因为它需要阐释,因为它具有多种意义的感染作用。"③但是阐释必须有相应的限度和向度,否则就会对作品的歪曲、误解和主观解释。在科西克看来,阐释是艺术价值具体化、不断再生的过程,而具体化和再生产之所以能够产生,至少有两个基础性的条件,一则为作品本身灌注着实在与真理,二则生产者和感受者的主体有生命感知力,去延续作品的内在生命。"作品的生命不是它的自主性生存的结果,而是它与人相互作用的结果。"④承认艺术作品具有内在生命的同时,更加凸显创造者和接受者等人在艺术形成中的根本作用,这与阿格妮丝·赫勒的"凝神观照"具有内在的一致性⑤。以此融通了艺术、作者、接受者与社会、实在之间的复杂关系。

---

① [捷]科西克:《具体的辩证法——关于人与世界问题的研究》,傅小平译,社会科学文献出版社 1989 年版,第 97 页。

② 张江:《公共阐释论》,载《学术研究》2017 年第 3 期。

③ [捷]科西克:《具体的辩证法——关于人与世界问题的研究》,傅小平译,社会科学文献出版社 1989 年版,第 100 页。

④ [捷]科西克:《具体的辩证法——关于人与世界问题的研究》,傅小平译,社会科学文献出版社 1989 年版,第 101 页。

⑤ 参见阿格妮丝·赫勒:《艺术自律或者艺术品的尊严》一文,傅其林译,载《东方丛刊》2007 年第 4 期。

五、结　语

捷克新马克思主义美学思想非常丰富,但是本人限于语言的障碍和能力的限制,只能在国内现有相关研究的基础上,结合捷克斯洛伐克的“历史行状”①(科西克语),以斯维塔克和科西克的美学思想为考察中心,立足文本细读与历史阐释相结合,试图“以偏概全”地概括出整个捷克新马克思主义美学现代性批判理论的基本特征和价值取向。他们的美学现代性批判主题主要体现在以下几个方面,其一,对现存官僚体制、极权政治的强烈批判,极大地彰显了艺术所蕴含的个体性、自由性和解放本质;其二,从人学立场探讨艺术之于人的意义,揭示了艺术与人之间的本质关联性;其三,从艺术内部出发,彰显了艺术之于文化革命和人之解放的不可替代的功能作用和价值特征;而这三方面的内容,均可视为对欧洲精神遭遇现代危机之后如何重建的回应,尤其是对资本理性文明和极权官僚、政治异化的深刻批判,体现了美学现代性批判思想的深刻内涵。

(作者　文艺学博士,西南民族大学文学与新闻传播学院讲师)

① “历史之所以是历史,是因为它既包含着环境的历史性,由包括实在的历史行状。短暂的历史性沉入过去,并且一去不复返。历史行状则是持续着的东西的形成,是自我形成和创造。”以此,对捷克斯洛伐克的解读也必然内在于“历史行状”中。参见[捷]科西克:《具体的辩证法——关于人与世界问题的研究》,傅小平译,社会科学文献出版社 1989 年版,第 104 页。

意识形态研究

意识形态批判：一种政治而非形而上学的观点*

张 洪 新

摘要：意识形态批判是马克思之于哲学的最大馈赠。然而，当前意识形态问题有其自身的复杂性，即是否存在意识形态压迫在侵犯者和/或受害者中间并没有得到承认，有时候存在合理分歧。尽管如此，马克思构想意识形态批判的方式仍然具有相关性和意义。意识形态不仅是一般观念科学的认识论问题，更是涉及不平等、权力和支配的实践问题。意识形态的形而上学批判是必要但不充分的，更应当直面当下实践，依赖规范理论进行一种政治上的批判。

关键词：意识形态　马克思　形而上学　政治理论

引　　言

每个人都会仰赖自己的知识与认识，并被这些东西所束缚着，还将这些事情所编织的事情称之为现实。然而，知识与认识只不过是些非常暧昧的东西。那个现实或许只不过是幻觉而已，人们都活在自己先

* 本文系李拥军教授主持的国家社会科学基金重大项目“马克思主义法学方法论研究”(11&ZD077)的阶段性成果。

入为主的想法中。作为广义上观念形成的一部分，进行意识形态批判可以说是马克思之于哲学的最大馈赠。马克思本人的意识形态概念主要是否定性的、压迫性的。① 马克思相信，在他所生活的时代资本主义物质条件对人的一般控制以及由此产生的矛盾，已经达到了最尖锐、最普遍的程度。意识形态对个体的压迫也给个体提出了明确任务，即"确立个人对偶然性和关系的统治，以之代替关系和偶然性对个人的统治"②。

然而，在现代价值多元、存在合理分歧的现代社会，意识形态压迫问题却呈现出新的特点，有着自身的复杂性。某种思想和观念是否是压迫性的意识形态，有时候受害者或/和侵害者没有认识到，或者即便认识到主体之间又存在相互竞争的观点。③ 尽管意识形态压迫问题在现代社会具有紧迫性，本文将作为论证马克思构想意识形态概念的方

---

① 有必要承认的是，马克思坚持一种否定性的意识形态概念这一事实本身并不能否认其他采用不同逻辑的肯定性方法的有效性。实际上，在马克思主义传统内部协调这两者之间的关系的尝试一直没停过。在马克思主义传统内部，否定性的意识形态概念和肯定性的意识形态概念既在理论上不相容，又在历史上具有前后相继性。参见[法]路易・阿尔都塞:《保卫马克思》，顾良译，商务印书馆 2016 年版；[匈]卢卡奇:《历史与阶级意识》，邓文渊译，商务印书馆 1999 年版；[德]卡尔・曼海姆:《意识形态与乌托邦》，李步楼等译，商务印书馆 2014 年版；[意]葛兰西:《狱中笔记》，曹雪雨等译，河南大学出版社 2014 年版。本文反对将马克思的意识形态概念解读为一种肯定性的概念，但仍然支持其他马克思主义理论家从不同的视角对这一问题所展开的探讨，并承认他们的理论贡献。当然，承认马克思的意识形态概念主要是否定性的并不表示否定性的意识形态概念是没有问题的。例如，英国马克思主义学者雷蒙德・威廉斯就指出了否定性意识形态概念中所存在的问题，并强调在意识的意识形态形式和非意识形态形式之间所做的区分是一种不应效仿的做法。因为这一区分使我们随后就会遇到一个令人困惑的问题，这就是"科学"这一费解的概念。意识形态与科学的对立是建立在这两种知识形式可见的区分基础之上的，而并非借助于某种实证方法。[英]雷蒙德・威廉斯:《马克思主义与文学》，王尔勃等译，河南大学出版社 2008 年版，第 68—70 页。

② 《马克思恩格斯全集》第 3 卷，人民出版社 1960 年版，第 515 页。

③ See e.g., Sally Haslanger, "Culture and Critique", Proceedings of the Aristotelian Society Supplementary, Volume 91, 2017, pp.149-173.

式,对当前意识形态批判仍然具有相关性和意义。因为在逻辑上,“无论我们如何在某些方面成功地超越自身,从而使自己成为怀疑、批评与修正的对象,但这一切都必须借助于我们自身内部的某些东西才能得以完成,后者就包括思想,进行推理,构成信念,做出表述”①。因而,一种哲学意义上的形而上学批判是必要的。然而,现代意义上的意识形态压迫不仅是观念科学形成的认识论问题,②更是涉及不平等、权力和支配的政治问题。进行意识形态批判不得不依赖一种规范的政治理论,这种规范的政治理论直面当下实践中所存在的不平等问题。现代意义上的意识形态批判,需要一种政治而非仅仅形而上学的观点和视角。

一、意识形态的社会建构性

像所有压迫一样,意识形态压迫涉及不公正的社会实践。在马克思那里,意识形态所特有和典型的特点是那些不适当地表述实践的观念,它为矛盾提供一个不合适的、歪曲的图绘,即要么是通过忽视矛盾的方式,要么是因为误认所致。然而,当前的意识形态“压迫”却呈现出内在复杂性,即通常意识形态所具有的这种压迫性质有时为“受害者”所否认,或者/和不为“侵害者”所承认。有时候,在识别“谁”是意识形态压迫的受害者或者侵害者时,存在着相互竞争的观点,压迫同时存在于双方。

可以说,意识形态压迫所呈现的这种内在复杂性在价值多元现代社会得到集中体现。例如,男子在街上对陌生女性吹的“流氓口哨”是

① [美]托马斯·内格尔:《理性的权威》,蔡仲、郑纬译,上海译文出版社2013年版,第74页。

② 据考证,受启蒙运动时期自然科学、实证主义思潮的影响,“意识形态”(Ideology)一词由法国学者德斯蒂·德·特拉西于1796年创制,其本意是一种关于“观念的科学”。但由于特拉西的共和主义政治立场,作为观念科学的意识形态便受到拿破仑的敌视和破坏,将其扭曲为观念本身,将意识形态学者看作是不务实事的脱离现实之人,意识形态也由此变成一个备受嘲笑和歧视的概念。参见吴胜锋:《马克思意识形态概念辨析——基于〈德意志意识形态〉文本的解读》,《马克思主义研究》2016年第6期。

否是一种意识形态压迫？“流氓口哨”具有意识形态压迫性受到男子的否认，然而却得到女权主义者的强烈反对，并将其重构为一种“街头性骚扰”。① 同样，某些社会中女性进行隆胸手术、需要穿并不舒服的高跟鞋才能被视作美丽，是否构成一种意识形态的压迫？由于隆胸手术和穿高跟鞋受到大部分女性的有意追求，其意识形态的压迫性质显然受到“受害者”的否认。在围绕着堕胎权的争议中，妇女究竟是侵害者和受害者？在积极认肯行动中，不同种族的申请者中谁才真正是受害者，或者说根本不存在受害者和侵害者。② 对这些“意识形态”是否当然具有压迫性质，显然并不是一个容易回答的问题。③

为了理解现代意义上的意识形态所具有的这种内在复杂性质，在此十分有必要指出的是，不应该将意识形态的这种压迫性质等同于一种虚假意识。一个精神错乱的人的反常举动，在数学上所犯的逻辑错误，都可以虚假的，甚至是歪曲的，但却没有理由将其视为意识形态的压迫。“虚假意识的问题在于，除了是一种省略对社会基础的参照的模棱两可的表述之外，它还缺乏具体性。对于否定性意识形态概念来说，无疑现存的意识形态都具有某种歪曲性，但问题是必须具体明确是何种意义上的歪曲，以便能揭示歪曲的具体属性。否则意识形态就可以被错误所替代，这个概念本身也就没有什么具体新意可言了。”④因而，不能简单地把否定性意识形态概念等同于虚假意识论，也没有理由将虚假与存在对立起来。虚假的意识仍然可能是现实的，甚至可能产生效果。对此可能存在分歧和争议，但这种分歧和争议并不是合理的。

---

① See e.g, Clare Chambers, *Sex, Culture, and Justice: The Limits of Choice*, University Park: Pennsylvania State University Press, 2008, pp.28-35.

② See Louis P.Pojman, “The Case Against Affirmative Action”, International Journal of Applied Philosophy, 12 (1), 1998, pp.97-115.

③ 参见[美]理查德·罗蒂:《女性主义、意识形态和解构主义:一个实用主义的观点》,载[美]斯拉沃热·齐泽克等:《描绘意识形态》,方杰译,南京大学出版社2002年版,第298—308页。

④ [英]乔治·拉雷恩:《马克思主义与意识形态:马克思主义意识形态论研究》,张秀琴译,北京师范大学出版社2013年版,第113页。

然而,通常意义上意识形态压迫的关键特征不被某种意识形态的遵循者所承认,实际上反而是他们所否认的。即是说,意识形态是否具有压迫性(如果有的话又存在何种压迫性)在持有不同背景模式和价值观念的主体之间,存在合理分歧。

当然,意识形态的压迫性质之所以不被某些实践者所承认,根本原因在于意识形态或者一般意义上的观念都是社会建构的产物。① 社会建构意味着我们大部分实践要依赖于某种社会语境才变得有意义。没有社会语境,高跟鞋、隆胸术等通常被视为可爱和美丽的概念和语词就变得无法理解。美丽、身份、自尊等概念不可避免地是社会建构的。强调意识形态的社会建构方面,就是要一方面认识到社会语境不仅决定了主体所可得的选择范围,而且型塑了可得的选择是适当的或者不适当的;另一方面,也是最为争议的,偏好也同样被具体社会语境所建构。这就使得人们通常愿意遵循他们社会语境中的规范,这种遵循的意识可以发生在不同的层面之上。如妇女之所以愿意穿着不舒服的高跟鞋工作,是因为她判断这会有助于她的工作;而在一个凭着较好容貌就可以在工作竞争中脱颖而出的社会,整容也就自然成为人们的真正偏好。

可以说,承认观念和偏好对社会语境的依赖性为意识形态批判提出了两个真正的问题。首要问题是,如何解释为什么意识形态是压迫性的,如果这种意识形态的压迫性质不被相关观念的遵从者所承认。第二个问题是,何种东西担保了哲学学者或者批判学者以权利去判断得到某种文化所承认的实践是错误的。意识形态批判的这两个问题是紧密相关的,但仍然是不同的。② 第一个问题涉及意识形态批判的可

---

① See Sally Haslanger, *Resisting Reality*: *Social Construction and Social Critique*, Oxford: Oxford University Press, 2012, pp.168-170.

② 尤其是马克思那里,人的自由全面解放不仅是一种意识形态批判的筹划,更包括意识形态的重构。马克思指出:“意识在任何时候都只能是被意识到了的存在,而人们的存在就是他们的实际生活过程。……那些发展着自己的物质生产和物质交往的人们,在改变自己的这个现实的同时也改变着自己的思维和思维的产物。”《马克思恩格斯全集》第3卷,人民出版社1960年版,第29—30页。

能性,因为如果意识形态总是思考和实践的构成部分,如何能够逃避它,更不说批判它。如果概念思考和社会实践总是由意识形态所塑造,如何能够知道什么是错误的和正确的,什么是善的或者恶的?第二个问题则涉及意识形态批判的合法性。如果总是存在着意识形态的社会建构性,意识形态的遵循者仅将他们自身描述为受制于文化。既然每个人都受制于某种文化,哲学学者或者批判学者如何获得相应的能力和权利来批判不同于自身的某种文化是具有压迫性的意识形态呢?即是说,如果一种文化或实践是压迫性的,那么便存在着批判的显明情形,但我们仍然需要知道何时批判是合法的,尤其是当意识形态批判旨在发挥一种行为引导的功能时。

因而,关于意识形态的问题,关键不是以何种依据批判一种意识形态,而是以何种依据能够说某种事情是意识形态?可以说作为观念科学形成的一部分,对意识形态的批判,需要进行一种形而上学的批判。在这里,马克思的意识形态批判概念也指出了这一点。在马克思那里,"只要人们在日常生活中再生产这一客观力量及其矛盾,他们关于这些矛盾的意识就注定是歪曲的。意识和实践之间的密切关系决定了人们只能在意识中解决那些他们在实践中可以解决的问题。只要个人(由于他们受有限物质活动方式的局限)尚不能解决这些实践中的矛盾,他们就会以意识形态的意识形式投射这些矛盾。因此,意识形态是一种解决方案,是在社会意识层面解决在实践中无法解决的矛盾的方案。"①在意识形态赖以存在的社会条件被实践所瓦解之前,意识形态的歪曲首先是在理论中被瓦解的。可以说,对于意识形态的批判任何拒斥形而上学的立场都建立在一种羸弱的基础之上,其结果只能是相对主义或自相矛盾。那么,如何在形而上学的层面展开意识形态的批判呢?这是接下来本文所要分析的问题。

① [英]乔治·拉雷恩:《马克思主义与意识形态:马克思主义意识形态论研究》,张秀琴译,北京师范大学出版社 2013 年版,第 26 页。

二、意识形态的形而上学批判

作为社会建构的产物,意识形态的形而上学批判旨在从意识层面揭示规范中立的文化得以转变为具有压迫性意识形态的方式。探究压迫性的意识形态得以形成的内在机理,为意识形态批判的可能性提供了可靠依据。当然,这种形而上学的批判是否为意识形态批判提供充分基础,则是另一个问题。

(一)形而上学批判的展开方式

既然承认文化的无所不在,也既然意识形态本身也是社会建构的产物,那么,显然不能仅仅将某些"意识形态信念"描述为错误的,因为在社会领域,某种共享的信念能够使得某种事情是真的,特定的判定标准肯定不在意识形态概念自身之中。对此,现代学者指出,由于并非所有的文化手法(cultural techne)都是意识形态,判定某种文化手法是否是意识形态要依据这种文化手法产生效果的非正义性和所阻碍的价值。① 这种形而上学的批判需要在认识论和道德的两个方面予以展开。概括而言,认识论的批判指向了意识形态阻止了概念的使用者和实践者适当地评估事情的方式,而道德批判则指出意识形态产生了道德上恶的或者不公正的结果。现代哲学学者汉斯兰格尔(Sally Haslanger)提供了认识论批判路径,而哈贝马斯则为资本主义的意识形态提供了道德层面上的批判。

首先,就认识论层面的批判而言,汉斯兰格尔指出,价值多元的现代社会使得某种文化手法是否为一种具有压迫性的意识形态存在合理

① See e.g, Clare Chambers, *Sex, Culture, and Justice: The Limits of Choice*, University Park: Pennsylvania State University Press, 2008, pp. 29 – 31; Sally Haslanger, "Culture and Critique", Proceedings of the Aristotelian Society Supplementary, Volume 91, 2017, pp.164–165.

分歧,进而变得复杂起来,即有时候为受害者所否认,有时候压迫存在着各方主体之中,有时候难以识别确定的侵害者和受害者。然而,如果压迫性的意识形态在现代社会仍然真正存在的话,那么,这些相互冲突主体的观点和视角显然就不能同时是正确的。在这个意义上,承认意识形态的社会建构性,并且假定不同主体观点和视角的共存这一事实,在意识形态界定方面就必须实行“认识论上的谦抑”(epistemic humility),[①]在文化手法内部考虑所有直接受某种实践所影响的主体观点当中。由于不存在超越某种特定文化的立场,某种文化手法是否存在意识形态的压迫性,就必须考量直接受实践影响的参与主体。毕竟,某种事情是否具有压迫性只有当事者最为清楚,也是判定是否存在压迫性意识形态的适格主体。如“必须穿高跟鞋才看作是性感的”、“禁止堕胎”是否为具有压迫性的意识形态,只有妇女的观点和视角在判定存在压迫性的意识形态时才是道德上相关的事实,因为只有妇女才是相关实践的直接当事人。

另一方面,诉诸认识论上的谦抑识别出所涉问题的所有道德相关事实之后,分析者还必须在这种受到直接影响的主体中识别出何种观点和视角在认识论上更为优越。这是因为虽然在某种事情是否为具有压迫性的意识形态存在相互竞争的观点和视角,但并非所有的观点和视角都是相容的,也并非所有的观点和视角都是正确的。因而,需要在相互价值的各种观点和视角中间选择一个更为优越的观点和视角。[②]从认识论的角度,这种认识论意义上更为优越的观点和视角最终能够保证判定某种意识形态所依赖的价值规范的客观性。如“小学生在学校必须穿打底裤才被视作可爱”是否具有压迫性的意识形态,如果通过认识论上的谦抑能确定具有相关道德意义的事实是来自小学生、学

---

① See Sally Haslanger,“Culture and Critique”,Proceedings of the Aristotelian Society Supplementary,Volume 91,2017,p.166.

② See Sally Haslanger,“Culture and Critique”,Proceedings of the Aristotelian Society Supplementary,Volume 91,2017,pp.167-169.

校以及父母的观点和视角,显然,并非这三种主体的观点和视角都具有同等的重要性。如果依据社会传统、家庭教养、同龄人压力等因素,能确定父母的观点和视角更具有优越性,那么,"小学生在学校必须穿打底裤才被视作可爱"是否具有压迫性的意识形态就最终由父母一方的观点来判定。

其次,对于现代资本主义的意识形态批判,哈贝马斯提供了一种道德层面的批判基础。这种规范层面的共享的道德基础使得意识形态批判是真正的批判,而不是争吵的延续,这是因为"如果存在着真正的交流和论争,所有参与方都必然受到某种准则的引导;否则,理解和一致性便是虚假的,就仅仅是对于其他的主张或是许多主张的回声而已。"①在这个意义上,话语层面的真正交流和批判只能发生在至少是持有共同依据的存在者之间。

可以说,正是这种共同的道德依据指出了意识形态具有压迫性的内在原因,即产生了道德上恶或不公正结果。在逻辑上,这种共同的依据表现为一种假象的社会状况,也可以呈现为一种完美的社会模型,一种哈贝马斯式的抽象建构的理想言谈情景。在哈贝马斯看来,正是在对话中隐含着一种真正的共识,它使得"理想的言谈情景"成为可能,"这种理想的言谈情景凭借自己的形式特点只容纳代表普遍利益的共识。"②理想言谈情景将真理与自由和正义联系在一起,并使得真理与正义和自由在其中得以可能,由于这一理想状态可望出现在所有言谈活动中,现代意义上的意识形态批判正是在这一语言结构中找到了其规范性基础。

诉诸理想言谈情景作为共同依据,哈贝马斯强调在未被发现的情况下,发达资本主义社会的意识形态承担的任务是系统地限制交往,

① [英]奥诺拉·奥尼尔:《理性的建构:康德实践哲学探究》,林晖、吴树博译,复旦大学出版社 2013 年版,第 59 页。

② [德]哈贝马斯:《合法化危机》,刘北成、曹卫东译,上海人民出版社 2000 年版,第 143 页。

"只有从压制普遍利益的模型出发,并且将某一时期的规范结构与在其他条件下不变情况下经过话语形成的规范系统的假设状态进行比较,一种具有意识形态批判特征的社会理论才能确定社会制度系统中所固有的规范权力。"①对于哈贝马斯而言,意识形态特有的属性就在于它用一种不引人注意的方式全面地限制了交往。意识形态对交往渠道的扭曲有时是主体无法认识到的,这就使得哈贝马斯的意识形态批判更多地转向一种精神分析。②

总之,无论是意识形态认识论层面的批判,还是道德层面的批判,意识形态的形而上学批判都让我们管窥到某种文化手法得以变成具有压迫性的意识形态的原因,并让我们进一步看到祛除意识形态压迫性的不同方法。然而,问题在于形而上学的批判对意识形态压迫性的诊断能够成立吗? 显然,这是进行意识形态批判得以行进的前提性问题。

(二)形而上学批判的不充分性

本文的观点是,意识形态的批判需要在形而上学的层面予以展开,并不表示形而上学的批判对解决意识形态批判问题的可能性和合法性是充分的。无论在认识论层面还是规范的层面,意识形态批判都存在相应问题,需要其他因素的补充。

首先,在认识论层面,意识形态批判的形而上学观点认为,"某种事情是否具有压迫性的意识形态"存在着各种相互竞争的观点,显然这些观点和视角不能同时是正确的,必然存在着某种更为优越的观点决定了某种事情是否具有压迫性的意识形态。然而,问题在于如果将更为优越的观点作为界定意识形态压迫性的标准,将危及意识形态批判的合法性。首要问题是诉诸何种标准才判定某种观点是更为优越的,显然除了诉诸某种规范正义理论,这个问题无法先验地解决。因为

---

① [德]哈贝马斯:《合法化危机》,刘北成、曹卫东译,上海人民出版社 2000 年版,第 150 页。

② See D.Held, *Introduction to Critical Theory*, London: Hutchinson, 1980, pp.276-278.

不能当然认为将客体视为在话语之中并通过话语得以建构的做法是对现实的正确理解。① “话语对象不可在话语实践之外得到具体化”这一原则的合法性依据何在？实际上,这一原则并不比其对立观点更少些教条性。“如果客体只在构建它们的话语之中才有意义,那就无法担保它们是否能准确描述那些话语之外的东西。如果没有这一担保,如果任何话语都没有优先权,那么也就没有办法获得真理了。认识论上的个人教条主义显然不见了,但为此付出的代价却是一切都成了话语,……这是一个封闭的世界,没有任何外在的尺度可对它进行合理的测量。”②

另一方面,即便是能够识别出某种更为优越的观点,并将之作为具有压迫性质的意识形态概念的界定,在逻辑上将意味着优越的观念本身就是一个意识形态问题,可以被安置在独立于实践之外的某种认识论结构之中。所以也就没有必要讨论被压迫观点和视角的具体解放问题了。压迫不再是意识形态的支撑,解放也不再是任何主体的具体事务。③ 然而,将认识论层面上的优越性等同于具有压迫性的意识形态却是一种严重的误导,其特点十分类似于马克思对青年黑格尔派的批判,即青年黑格尔派认为虚假观念是“人们的真正枷锁,……只要同意识的这些幻想进行斗争就行了。”然而,马克思提醒我们注意的是,“既然他们仅仅反对现存世界的词句,那末他们就绝不是反对现实的、现存的世界。”④

其次,就形而上学批判的规范层面而言,将理想言谈情景作为意识

① 参见安启念:《〈德意志意识形态〉“费尔巴哈章”思想的逻辑结构与马克思恩格斯的唯物史观》,《哲学动态》2017 年第 2 期。

② [英]乔治·拉雷恩:《马克思主义与意识形态:马克思主义意识形态论研究》,张秀琴译,北京师范大学出版社 2013 年版,第 18 页。

③ 对意识形态压迫解放的强调,可以说是马克思的意识形态批判之于黑格尔意识形态概念和现代法兰西学派批判理论的最大不同,参见吴凯伦:《意识形态批判:从黑格尔和马克思到批判理论》,《国外理论动态》2016 年第 7 期。

④ 《马克思恩格斯全集》第 3 卷,人民出版社 1960 年版,第 22—23 页。

形态批判的基础，作为共同依据，哈贝马斯展开意识形态批判方式的问题在于它使得意识形态批判的可能都取决于一种完全脱离历史实践的，但却十分符合抽象理性的理想状态的语言重构。这就使得哈贝马斯式的形而上学批判必须面对以下两个方面的诘难：在概念层面，把理想言谈情景当作一种意识形态分析模型，实际上是剥夺了这两种现象的具体内容，由于它们都聚焦于抽象的和形式的方面。正如赫德所指出的那样，"通过在一种交往范式中来观察意识形态和精神状态，哈贝马斯冒险将关注焦点从每一个具体性中转移了出来，……也因此从意识形态与物质利益的矛盾关系中转移了出来。"①理想言谈情景是一个缺乏具体性的定义，意识形态也就相应地丧失其作为一个单独概念的独特属性。无疑批判的意识形态概念涉及某种歪曲和压迫，但并非所有的歪曲和压迫都必然是意识形态的。这里的要点就在于要具体界分意识形态的歪曲和压迫所具有的特殊性。

在实践层面，由于理想言谈情景作为批判的基础太过于抽象以至于无法提供对特殊情景和具体纲领进行判定的可操作性的标准。对于任何一种抽象的调解模式，"我们可以自由论争，自由打开话语，但老问题又出现了：要求在选择和采用话语方式时必须存在一个对称传递机会的对称性要求是否已经设定了能够确立的理论和实践立场？我们如何判断不同论证的优劣之分？可以合法地采用什么样的证据？我们如何解决声称要确立客观道德和政治立场的竞争性观点之间的争端？"②由于理想言谈情景预先设定了抽象标准的先在性，诉诸该理想言谈情景只不过推迟了一个仍然需要回答的问题，即如何判定该理想言谈情景本身的非意识形态性。

也许，将理想言谈情景并非看作是一种抽象的、非历史的和归因的应然，而是将其视为当下社会既存要素的现实化，也许是一种更好的阐

---

① D.Held, *Introduction to Critical Theory*, London: Hutchinson, 1980, p.394.

② D.Held, *Introduction to Critical Theory*, London: Hutchinson, 1980, p.398.

释选择。① 理想不是对当下的否定,而是肯定可以(尽管是局部地和不完美地)在当下找到的一种现实。虽然意识形态具有否定和压迫的性质,但是其否定性不是断然地割裂了当先与现实之间的关联性这个意义上来说的,而是说它避免描述未来理想社会的具体特征;意识形态的压迫性质也不是否认存在着侵害者或者和/受害者,而是说具体受害者和侵害者的识别必须诉诸规范的正义理论。正如拉雷恩指出,“更加理性的未来不是在抽象中、作为一个模型或作为历史整体意义必然结果而获得合法性的,其合法性只能通过实践地改变既定社会关系而获得。”②意识形态的批判,就必须立足于对当下的分析,一种依据规范正义理论的政治上批判。

三、意识形态批判合法性的政治拯救

无论何种意义上的意识形态,其所特有和典型特点是那些不适当地表述实践的观念,都具有潜在压迫性。然而,对于马克思来说,意识形态颠倒、扭曲的认识论性质,其个中原因不在于认识过程本身,不是认识出了错误,而是由实践自身的矛盾、实践的局限性所致。“如果这些个人的现实关系的有意识的表现是虚幻的,如果他们在自己的概念中把自己的现实颠倒过来,那么这又是由他们狭隘的物质活动方式以及由此而来的他们狭隘的社会关系造成的。”③马克思指责了德国古典哲学家的“颠倒”,因为后者把社会问题归结为意识内部的冲突,且丝毫没有提及构成意识冲突之基础的现实矛盾的存在。马克思强调:

① 在讨论共产主义理想面对现实的巴黎公社问题时,马克思指出:“工人阶级并没有期望公社做出奇迹。……工人阶级不是要实现什么理想,而只是要解放那些在旧的正在崩溃的资产阶级社会里孕育着的新社会因素。”《马克思恩格斯全集》第17卷,人民出版社1963年版,第362—363页。

② [英]乔治·拉雷恩:《马克思主义与意识形态:马克思主义意识形态论研究》,张秀琴译,北京师范大学出版社2013年版,第240—241页。

③ 《马克思恩格斯选集》第1卷,人民出版社2012年版,第151页。

"思辨终止的地方,即在现实生活面前,正是描述人们的实践活动和实际发展过程的真正实证的科学开始的地方。关于意识的空话将销声匿迹,它们一定会为真正的知识所代替。"①就此而言,意识形态批判要想是可能和合法的,就不能仅仅停留于形而上学批判的层面,而应当直面当前实践中的不平等、权力与支配,进行一种政治视角的批判。

当然,除了形而上学批判的不充分性,对意识形态的批判之所以必须进行一种政治的批判,是因为意识形态的压迫性问题总是特殊和具体的,总是根植于特殊的人民在特定时间里的具体需要之中的,根植于对不平等、权力与支配的识别和确认当中。"不管我们谈的是痛苦或是不公道或是权力,除非是对一个超自然主义者,并没有那个关于恶的问题这种东西,有的只是各种的恶。我们对于病态的权力欲以及这种欲望成长的东西、它所使用的工具和它借以隐藏在背后的神话知道得越多——并且我们越使这种知识公开——我们就越能更好地对付和克服权力欲的问题。"②就此而言,堕胎对妇女是否构成一种意识形态的压迫,如果围绕这一议题中真正具有利害关系的是妇女权利和性别不平等,那么寻求堕胎的妇女就是道德上相关的事实。同样,如果堕胎仅仅涉及对胎儿的不公正伤害,那么妇女的动机就不再是道德上相关的事实了。在这里,究竟何种道德上相关的事实构成堕胎问题的观点和视角,存在着合理的分歧。假定理性多元的事实,③问题显然不能仅仅进行一种形而上学的分析就得到解决。

进一步,在社会规范领域,对客观性的寻求极其具有误导性,因为并不存在诸如时尚、美丽或者可爱的客观标准。意识形态批判旨在面对的问题并不仅仅是是否应该同意或者不同意某种权威主体所言说的事情,

---

① 《马克思恩格斯全集》第3卷,人民出版社1960年版,第30—31页。

② [美]悉尼·胡克:《理性、社会神话和民主》,金克、徐崇温译,上海人民出版社2006年版,第129页。

③ 罗尔斯强调,价值多元的共存构成现代社会的一项根本境况,参见John Rawls, *Political Liberalism*, New York: Columbia University Press, 1996, pp.5-15.

而是这种话语当中是否暗藏着不平等、权力和支配的关系。① 如果说意识形态的形而上学批判所寻求的问题是:何种主体的观点和视角具有认识论的优越性、是否实践的真值条件必然是相对的以及何种共同依据构成真正的意识形态批判,那么,意识形态的政治批判旨在回答的问题是:主张一种观点具有优越性的真正利害关系是什么、假定存在一种优越性的观点如何使其占有优势地位而不进一步产生压迫以及如何在不同文化语境中进行意识形态批判而不陷入相对主义的漩涡。显然,这些都是意识形态批判的关键问题。在这里,尽管不是全面的,马克思的意识形态批判概念对意识形态可能性和合法性的政治问题做出了某种回答。

首先,依据意识形态批判的形而上学观点,意识形态是一个总体,一个由各种具有竞争关系的不同观点和视角所划分出来的客观社会层面。处于优越地位的某种观点直接决定了某种观念是否为一种压迫性的意识形态,意识形态的形而上学批判将意识形态理解为一种特殊的场所,各种相互竞争的观点发生斗争的场所。然而,在马克思那里,意识形态不是彻底地由某种优越性的观点所决定的思想,而是某种掩饰矛盾、进行压迫的思想形式,是思维对矛盾的掩饰效果。对马克思而言,意识形态并非虚假或者与现实完全对立的东西,毋宁是对社会实践中真实存在矛盾的遮蔽和歪曲。“意识形态的作用不是由其阶级出身来界定的,而是由掩藏矛盾这一属性来决定的。它的形成则是借助于努力重组一个统一而连贯的意识世界来完成的。”②像马克思所使用的

---

① 在现代,强调话语和权力之间的相互编码和支撑,可以说是福柯对意识形态理论的独特贡献。对福柯意识形态理论的一个分析,可参见张秀琴、孔伟:《福柯的意识形态论:“话语—权力”及其“身体—主体”》,《国外理论动态》2016 年第 7 期。当然,福柯这种以话语—权力为运作机制的意识形态,其载体和效果便体现为身体—主体关系,参见[法]福柯:《规训与惩罚:监狱的诞生》,刘北成等译,生活·读书·新知三联书店 1999 年版,第 31 页以下。然而,由于强调话语和权力之间的相互编码,福柯的意识形态理论使得个人的解放成为不可能。

② [英]乔治·拉雷恩:《马克思主义与意识形态:马克思主义意识形态论研究》,张秀琴译,北京师范大学出版社 2013 年版,第 26—27 页。

其他语词，如矛盾、异化、颠倒、控制、剥削和压迫等，都涉及对不同社会层面的现状的不满。借助于这些语词本身的内容，都可以用来表达对歪曲的现状的一种批判。

就意识形态可以是一种具有压迫性质的社会规范而言，真正具有利害关系的问题是具有竞争关系的诸种观点和视角表达的是何种价值，这些价值序列是否都能够被相关的利害关系主体、一般意义上的社会大众所承认和接受，在这些价值序列都得到相关主体承认的意义上，在建构某种社会规范时价值权重和优先次序如何得到恰当的安置和处理。① 显然，某种观念是否被界定为一种具有压迫性质的意识形态，这些都是不能被回避的问题。虽然对这些复杂的议题并不存在客观的答案，但存在着某种解决方案则是确定无疑的。正确地提出这些问题，并将其意识形态批判安放置其中，可以说构成任何一种合法的意识形态批判得以展开的必要前提。这意味着，现代意义上的意识形态批评必须面对和处理压迫性被否认、受害者和侵害者不确定等问题。意识形态批评需要一种政治上的批判，一种驱除权力、不平等与支配的批判。

其次，在价值多元的现代社会，虽然某种社会规范是否具有压迫性存在各种竞争性观点，但为了确认各种竞争性观点的道德相关性，识别真正的侵害者和受害者，必然需要一种规范的正义理论，尽管这种规范的正义理论不必是完备性的。正如马克思所说，"批判的武器当然不能代替武器的批判，物质力量只能用物质力量来摧毁；但是理论一经掌握群众，也会变成物质力量。"②可以说，任何涉及马克思的意识形态概念，就必须在意识形态的实践方案与意识形态批判之间进行区分。虽然说在逻辑上理论和实践不可分离（separate），但并不表示不能在分析

---

① 考虑不同价值权重和优先次序，可以说是现代意义上进行经济社会决策时的一种典型思考方式，对此一般性分析可参见［印］阿马蒂亚·森：《正义的理念》，王磊、李航译，中国人民大学出版社 2013 年版，第 94—99 页。

② 《马克思恩格斯选集》第 1 卷，人民出版社 2012 年版，第 9 页。

的意义上将两者予以区别(distinguish)。[①] 在根本意义上,由于意识形态仅是实践中真实存在矛盾的遮蔽或歪曲,意识形态的克服最终只能通过实践来完成。然而,对马克思来说,实践的改造也并不是一个盲目的、预先决定的过程,而是一个包含着对矛盾的理解和对其解决方案有预期的有意识的过程。

实际上,任何行动,只要不是冲动,就必然有个"理论",并且行为涉及面越广,重要性越大,我们对理论的需求就越急迫。[②] 在意识形态批判的语境当中,由于意识形态的压迫性有时候并没有得到受到实践直接影响的主体承认(如男子对妇女吹的"流氓口哨"),有时候压迫性在不同主体得到同时主张(如妇女对堕胎的主张),有时候难以识别谁是侵害者和受害者(如对少数群体的积极认肯行动),因而需要建构一种正义理论决定谁是侵害者和受害者,何种主体的观点应当作为道德上相关的事实纳入考量范围。换句话说,规范的正义理论的任务就是判定各种竞争性的观点何种是道德上相关的事实。

在这个意义上,某种意识形态的批判之所以得到召唤不是由于某种共同的依据已然或者通过某种抽象建构而客观存在,进而能够形成一种合意。相反,在意识形态批判的政治观点当中,使得批判成为真正的,不是由于它对某种问题给出了权威的答案,一种最终的语词,而是在价值多元、存在合理分歧的场所,意识形态批判这项事业允诺了一种协调一致(act in concert)的解决方案。[③] 在这里,意识形态批判能够真正地发挥一种行为引导的功能。在对某种问题的共同

---

① 有关理论和实践在思维方式的分殊、各自内涵及其特征,可参见姚建宗:《法学研究及其思维方式的思想变革》,《中国社会科学》2012 年第 1 期。

② 参见[美]约翰·杜威:《道德理论与实践》,载《杜威全集早期著作(1882—1898)》第 3 卷,华东师范大学出版社 2010 年版,第 78 页以下。

③ 在这里,意识形态批判的功能类似于罗尔斯所强调公共理性在政治自由主义中的作用,参见 John Rawls, *Political Liberalism*, New York: Columbia University Press, 1996, pp.242-245.

筹划当中，由于各种道德上相关的事实都得到了适当安放和处置，由此所形成的社会规范更能够为相关主体所承认和遵从。

最后，强调意识形态和文化在本体论和现象学意义上的等同和类似，并不意味着进行跨文化的意识形态批判是不可能的。由于文化和意识形态总是存在着社会建构性，并不存在先于或者非社会的意识，因而其概念上的分殊是由他们各自反应和维持的价值所决定。不能批判意识形态说它型塑了思想、概念和实践，因为文化也同样发挥作用。相反，意识形态批判是可能的，因为其错误地型塑了知识，维持了一种偏颇的价值。在这里，要寻找一种规范性事实，这种规范性事实的真值条件并不依赖一种特定的文化。① 像高跟鞋是性感的、黄色皮肤是美丽的等陈述，其真值便依赖于特定文化。然而，规范性事实和判断，如种族隔离是错误的、性感是不公正的虽然在某些社会得到承认，但其真值条件则不依赖所存在的文化语境。意识形态更准确地说正义的批判要想是可能的，就必须存在着这些不依赖某种特定文化的规范性事实。

然而，问题在于一个准许并鼓励多重价值和多重联合的社会，正义的批判能够接受什么具体方法呢？美国马克思主义学者胡克指出，明智方法可以说是民主程序的最主要的东西。“在一个民主社会中理智愈被解放，它对自然和富源的支配也就愈大；它对自然的支配愈大，各种利益、价值和联合的多样化的可能性也就愈大；多样性愈大，理智的调停、综合和协调的作用也就愈为需要。”②概括而言，明智的方法通过着重指出狂热主义所使用的条件和后果而抑制了那种把目的作为一种崇拜的偶像的狂热主义。特别是，在使用自身的某种规范性承诺（实质但是有争议的）批判他人的某种实践时，如果这种价值至少同样有

① See Clare Chambers, "Ideology and Normativity", Proceedings of the Aristotelian Society Supplementary, Volume 91, 2017, pp.175-195.

② [美]悉尼·胡克：《理性、社会神话和民主》，金克、徐崇温译，上海人民出版社2006年版，第262页。

力地被使用来批判自身的实践,那么,对他者实践进行意识形态批判就是合法的。通过这种明智方法,批判者既揭露出当前社会生活中的各种责任,又加强了这些责任。明智的方法,而且只有通过明智的方法,才能在可以谈判的和不可调和的社会冲突之间做出区别,并区别各种传统的程度。在冲突是可以谈判的场合,它就把那些社会问题作为当用实验和分析来解决的问题,而不是作为在血腥欲望的愤激情绪中打个明白的战斗来处理。

结　语

在马克思看来,人总是处于某种社会关系当中,依赖文化传统来界定自身,并进行相应的社会生活。然而,假定嵌入在文化传统当中具有压迫性的意识形态是存在的,假定进行反思和批判总是意味着某种成本和负担(由于心理惯性人总是不愿意质疑他所熟悉和依赖的事物),在根本意义上,就始终存在着进行意识形态的批判是否可能的哲学疑问。因而,虽然最终是意识形态的政治批判担保了现代意义上意识形态批判的合法性,但关于意识形态批判的哲学可能性的问题仍然没有消失。

当然,关于意识形态批判的哲学可能性并不是本文所旨在分析的问题,但这并非是一个难以解决的问题。正如托马斯·内格尔所说,"在客观性的合理性和有限性背后隐藏的基本思想是:我们是一个大的世界中的小的生物,我们对这个世界的理解非常偏颇,而且事物呈现给我们的方式,既取决于世界,也取决于我们的结构。通过在一特定的层次上积累我们的信息,即从一种立场出发进行广泛的观察,我们可以增加关于世界的知识。但是,只有当我们考察了同先前的理解有关的世界与我们自身之间的那种关系,并形成一个对我们自身、世界及两者间的相互作用拥有一种更超然的理解的新概念时,我们才能把我们的理解提升到一个新的层次。”①如果哲学始终是智力的幼儿时期，那么，进行意识形态的批判也就成了智识的一项永无止境的事业。

（作者　法学博士，周口师范学院政法学院讲师）

① ［美］托马斯·内格尔：《本然的观点》，贾可春译，中国人民大学出版社 2010 年版，第 3—4 页。

如何跨越物质与意识的二元对立*

——论阿尔都塞的物质性意识形态的生效机制

林 靖 宇

摘要：阿尔都塞在他的质询理论中没有澄清，物质性意识形态的国家机器是如何能够跨越心—物二元对立、进而“决定”意识的。为此需要对其作两方面的补充：首先，“主体”等同于“想象性关系”，因而，借助精神分析理论，通过“质询”产生主体的过程可以被理解为是个体在镜像前的自我误认。其次，意识形态和主体都是“结构”，因而是作为“缺席的原因”通过“结构性因果性”在上述自我误认中生效：为了弥合主体性缺失，个体将会认同特定的观念，由此就承认了意识形态所象征的社会秩序。但是仅依据阿尔都塞我们还不能理解纯粹的物质如何变成是具有意识形态效果的机器。为此需要引入博德里的理论，将意识形态的国家机器的物质性理解为具有意识形态效果的装置空间。

关键词：意识形态国家机器　质询　主体　结构性因果性　装置空间

* 感谢复旦大学哲学学院张双利教授在论文写作和修改期间对我提供的帮助。

阿尔都塞在《意识形态和意识形态的国家机器》及其手稿①(以下简称《ISA》)中最重要的创见之一就是将意识形态唯物化,从传统的对于虚假意识的批判转而对于物质性的意识形态的国家机器(下文简称ISA)的考察。但是这种唯物化的方案自然就引出了其生效机制的问题:如果心与物是两种不同的实体的话,那么物质性的ISA如何能影响非物质性的意识形态要素呢?这一问题并非无关紧要,对此的追问能够使我们看清阿尔都塞的意识形态理论背后的精神分析和结构主义两大传统所起到的支撑作用,并由此看到其理论存在的空白和对其进行完善的方法。

一、意识形态为何是物质的

不同于传统理解将意识形态看作是观念性的存在,阿尔都塞在文中将意识形态称为是物质性的,并且认为意识形态的国家机器也是意识形态的一部分。而我们都知道,物质和精神是两种不同的实体,并且这二者之间如何发生联系一直是形而上学的一个重要问题。在阿尔都塞将物质性的ISA称为是意识形态的一部分的时候,为了要理解ISA如何能够塑造每个个体的意识形态,这个二元论的难题就成为对于他的理论的一个潜在威胁。

要理解这个生效机制的难题首先要理解阿尔都塞对于意识形态的界说。意识形态在《ISA》一文中可以被分解为三个环节。首先是作为观念的意识形态,这就是我们传统意义上所说的各种观念体系,例如宗教、道德等等。通常人们认为这些观念是精神性的,是人对于自己的生存条件的想象、亦即对于实在世界的扭曲。而阿尔都塞则问,人们在表

---

① 《意识形态与意识形态的国家机器》一文最早在1970年发表于《思想》杂志第151期,后来收入在《列宁与哲学》一书中。其手稿《论再生产》的法文版于1995年出版,在2014年有了英文版。本文以正式出版的文章为主,同时参考了这个手稿的英文译本。

述自己的生产条件时，为什么需要对于这些实在生存条件进行“想象性置换”呢[①]？通过这个问题就可以看到，观念性的意识形态不是简单的对于现实的歪曲，它表述的“首先是个人与生产关系的及其派生出来的那些关系的（想象）关系”[②]，由于这种关系的想象性歪曲而产生了作为对于这种关系的表述的观念的想象性歪曲。而由于观念不过是对作为想象性关系的意识形态的表述，所以后者反倒是更为基础的意识形态，我们可以将其视为包含在意识形态概念内部的第二个环节。最后还有第三个环节的意识形态，这就是他的“意识形态的国家机器”这个概念。阿尔都塞的ISA概念受到葛兰西的“霸权”概念的影响。在葛兰西那里，国家并非是完全外在于市民社会的，它还包括了“若干由‘市民社会’产生的机构，如教会、学校、工会等等”[③]。阿尔都塞的ISA也是这样的一些组织，例如家庭ISA、法律的ISA、“政治的ISA（政治制度，包括不同党派）”“传播的ISA（出版、广播、电视等等）”它们不同于传统的暴力的国家机器：暴力的国家机器是一元的，作用于公共领域，并且其产生作用的方式是“运用暴力”镇压。而ISA则是多元的，并且作用于私人领域，且“运用意识形态”发挥功能[④]。

二元论的难题出现在阿尔都塞将意识形态唯物化的过程中。在阐述上述三个环节中的每一个环节时，阿尔都塞均称其是具有物质性的。但是回到语境之中会发现，“物质性”这个概念的含义对于各个环节来说不尽相同。令人奇怪的是，他并没有对于作为想象性关系的意识形态的物质性进行阐释，作为想象性关系的意识形态这个概念在

① ［法］阿尔都塞著，陈越编：《哲学与政治 阿尔都塞读本》，吉林人民出版社2003年版，第353页。

② ［法］阿尔都塞著，陈越编：《哲学与政治 阿尔都塞读本》，吉林人民出版社2003年版，第353页。

③ ［法］阿尔都塞著，陈越编：《哲学与政治 阿尔都塞读本》，吉林人民出版社2003年版，第334页。

④ ［法］阿尔都塞著，陈越编：《哲学与政治 阿尔都塞读本》，吉林人民出版社2003年版，第335—7页。

随后的文本中也没有再出现过。在谈到 ISA 的物质性时,阿尔都塞认为:“一种意识形态总是存在与某种机器当中,存在于这种机器的实践或各种实践当中。这种存在就是物质的存在”①。其最典型的例子就是教会及其各种仪式:由于人们参与到由教会组织的各种仪式当中就是在现实地或者物质地进行某种实践活动,因而可以说 ISA 是物质的。而在谈到作为观念的意识形态的物质性的时候,阿尔都塞认为:

就单个的主体而言,他所信仰的观念具有一种物质存在,因为他的观念就是他的物质的行为,这些行为嵌入物质的实践,这些实践受到物质仪式的支配,而这些仪式本身又是由物质的意识形态机器来规定的……②

在这个表述中,观念的物质性体现为两个层次:一方面,生活在观念性意识形态中的个体是主体,他们会根据自己信念来行动;另一方面,他们的这些行动或者说实践又都是受到 ISA 支配的。

由此可以看到,阿尔都塞取消观念的方法在于断言一个拥有某种观念的主体必然会做出相应的物质性实践,从而将观念与根据观念所做出的行动完全等同起来。这样一来,之所以 ISA 具有意识形态效果,是因为“他作为主体在完全意识到的情况下自由选择的观念就‘依赖于’这个意识形态机器”③。这就是说,由于人们的观念具有这样的物质性存在、必然实现为某些行动,因而 ISA 就通过规定人们的行动而规定了人们的意识。换言之,面对观念—物质的二元对立,阿尔都塞在这个初步的说明中试图通过将观念直接说成是受其他物质影响的一种物质,以此来建立二者之间的因果联系。

---

① [法]阿尔都塞著,陈越编:《哲学与政治 阿尔都塞读本》,吉林人民出版社 2003 年版,第 356 页。

② [法]阿尔都塞著,陈越编:《哲学与政治 阿尔都塞读本》,吉林人民出版社 2003 年版,第 356 页。

③ [法]阿尔都塞著,陈越编:《哲学与政治 阿尔都塞读本》,吉林人民出版社 2003 年版,第 357 页。

然而从总体上来看,阿尔都塞并没有如他自己所宣称的那样完全将观念放弃,相反,在他给出的图景中,观念本身的意识形态功能是不可或缺的一个环节:阿尔都塞认为,"一个个人会信仰上帝、职责、正义……这种信仰源于这个个人的观念,即源于这个作为有意识的主体的个人:他的意识里包含了他信仰的观念。"①人们所做出的行动本身毕竟还是要由个体自身根据他所秉持的观念来发出的。而如果一定要为精神性的观念在意识形态中保留一个位置的话,这就意味着通过将观念等同为行动以此来规避物质—意识二元对立的困境是无效的。所以必须阐明从物质向观念的跨越是如何能够实现的,亦即要理解处在观念与 ISA 之间的中间环节所具有的中介作用。

二、如何理解质询机制对于二元对立的跨越

在完成了对于意识形态的唯物化之后,《ISA》一文的重心转向了"主体"。主体对于意识形态中具有核心地位,因为"……每一个被赋予了'意识'的主体,会信仰由这种'意识'所激发出来的、自有接受的'观念',同时,这个主体一定会'按照他的观念行动',因而也一定会把自己作为一个自由主体的观念纳入他的物质实践的行为"②。因而意识形态机器实际上是通过塑造主体而发挥作用的。阿尔都塞将其塑造主体的机制称为"质询"③。他通过一个日常的例子来说明其含义:当我们在街上走的时候,如果有个警察说"嗨,叫你呢",这就是一种质询;而我们就会停下来转身面对他,是因为我们是一个主体、并且通过

---

① [法]阿尔都塞,陈越编:《哲学与政治 阿尔都塞读本》,吉林人民出版社 2003 年版,第 357 页。

② [法]阿尔都塞,陈越编:《哲学与政治 阿尔都塞读本》,吉林人民出版社 2003 年版,第 356 页。

③ 本文所依据的中译本中将"interpeller/interpellation"翻译为"传唤",但是本文采用国内大多数文献所使用的"质询"一词。参见[法]阿尔都塞著,陈越编:《哲学与政治 阿尔都塞读本》,吉林人民出版社 2003 年版,第 361 页。

这个应答承认自己就是主体①。而意识形态的质询是通过一种双重镜像结构生效:例如在基督教的仪式中,面对象征社会秩序的大主体(上帝)的质询,作为小主体的个体承认"是我",即承认他是一个主体,并且他知道只有承认那个大主体自己这个小主体的地位才能得到保证,这就实现个体对于自己的主体—臣服②地位的自我承认。

那么这样一种作用于主体的质询机制如何能够使得阿尔都塞摆脱我们前文提出的二元对立的困境呢?

(一)主体与想象性关系

在质询理论中处于观念与物质之间的中介环节是主体。因而需要理解为什么通过引入主体概念就能够弥合物质与观念之间的割裂,以及主体所具有的沟通两种实体的作用具体是如何实现的。

首先需要理解的是阿尔都塞在文本中做出的一处跳跃。在说明了作为想象性关系的意识形态与观念性的意识形态之间的关系之后,阿尔都塞就完全抛弃了作为想象性关系的意识形态这个概念,而转入对于观念性的意识形态与主体二者之间关系的讨论③。那么为什么阿尔都塞能够做这样一个跳跃,其意义又是什么呢?

"想象"一词来自拉康的精神分析理论,而阿尔都塞则将其与马克思的意识形态理论结合起来。马克思在《德意志意识形态》中讨论意识形态时说:"……这些观念都是现实关系和活动……有意识的表现……"④,而阿尔都塞则在《ISA》一文中将其改写为"意识形态是个

① [法]阿尔都塞著,陈越编:《哲学与政治 阿尔都塞读本》,吉林人民出版社2003年版,第364—365页。

② "subject"一词同时有"主体"和"臣服"两重含义,阿尔都塞利用这种多义说明主体同时意味着臣服。

③ [法]阿尔都塞著,陈越编:《哲学与政治 阿尔都塞读本》,吉林人民出版社2003年版,第364—365页。

④ [法]阿尔都塞著,陈越编:《哲学与政治 阿尔都塞读本》,吉林人民出版社2003年版,第325页脚注。

人与其实在生产条件的想象关系的'表述'"①。实际上这种结合在《保卫马克思》中就已经出现,其重要意义可以通过对于这个文本的回顾看出。在那里,阿尔都塞认为,意识形态虽然是一种表象体系,但它并非是意识的,而首先是无意识的,"作为一种结构而强加于大多数人,因而不通过人们的'意识'"。② 人们在意识中体验世界,这看上去是简单的,但是这却是以一种复杂的关系为基础:首先有一种人们与世界之间的真实关系,其次有关于关系的关系,这就是一种"体验的"或者"想象的"关系:"人们正是在意识形态的这种无意识中,才能变更他们同世界的'体验'关系,并取得被人们称为'意识'的这种特殊无意识的新形式"③。可见,意识形态作用于无意识领域,并且"想象性关系"指的就是这种意识形态、亦即一种中介了我们与世界的关系的关系。由此可见,阿尔都塞试图通过将拉康与马克思结合起来,将在观念层面的意识形态研究转换到无意识层面中。

那么这种位于无意识层面的想象性关系与主体之间的关系是怎样

① [法]阿尔都塞著,陈越编:《哲学与政治 阿尔都塞读本》,吉林人民出版社 2003 年版,第 325 页脚注。

② [法]阿尔都塞:《保卫马克思》,顾良译,商务印书馆 1984 年版,第 202 页。

③ [法]阿尔都塞:《保卫马克思》,顾良译,商务印书馆 1984 年版,第 203 页。可见在阿尔都塞看来,意识和不被意识到的心理层面实际上都是无意识的组成部分,但它们同时又是两种相互区别的无意识。意识是不同于无意识的无意识;就其是无意识而言,实际上也是受到象征法则的支配的;而就其被主体认作是一种有中心的意识而言,这里实际上发生了一种误认,而这种误认恰恰正是意识形态的效果。另可参见《弗洛伊德和拉康》一文中的总结性论述:"因为有哥白尼,我们才知道地球不是世界的'中心',因为有马克思,我们才知道人的主体、经济、政治或哲学的自我不是历史的'中心'——而且,甚至和启蒙时期的哲学与黑格尔说的相反,历史没有'中心',只有一种结构,它没有必然的'中心',除非在意识形态误解当中。接下来,弗洛伊德也为我们找出:现实的主体、有其独特本质的个体,是没有以'自我'、'意识'或'存在'为中心的一种自我的形式……人的主体是没有中心的,是由一样没有'中心'的结构构筑起来的,除非是在对'自我'的印象误认中,即在包含有自我'承认'自己的意识形态中。"([法]阿图赛:《列宁和哲学》,杜章智译,远流出版事业股份有限公司 1990 年版,第 234 页。)

的呢？阿尔都塞写道，“在这种反应中起作用的是意识形态的承认功能，它是意识形态的两种功能之一（其反面是误认功能）”①。意识形态的构成主体的功能在于个体承认（reconnaissance）自己是一个主体，或者用他在后文中给出的更准确的说法来说，主体在一种承认中误认自己为一个主体。承认和误认这两个概念都与拉康的镜像阶段理论有关，而在拉康的理论中，这个镜像阶段又恰恰是属于“想象界”的内容。所以，阿尔都塞所说的处于无意识层面的“想象性关系”指的应该就是个体对自己的主体性的“作为误认的承认”这一发生在无意识中的想象；而如果主体无非就是这种承认的内容和结果的话，那么可以说它实际上就是这种想象性关系。

那么具体说来，来自想象界和象征界的要素是如何在对于主体的质询中发挥作用的呢？拉康在论述想象性关系的时候提出了一种主体自我误认的机制。我们业已澄清，被“想象性”所描述的关系就是在质询中的镜像关系②；而处在这个想象性的镜像关系的一端的是个体，另一端的是大写的主体。这个大写的主体对应于拉康的大写的他者，是社会秩序的化身。人的主体性来自想象性的误认；这种误认发生在一种镜像关系之中：个体在通过他者对自己的承认而反映出来的自己的镜像中看到了一个完满自己，从而与他自己在本我中的破碎、不完整的感受形成差异；最终个体会将这个完满的形象不再看作镜像，而是认同为就是它自己：用镜像中的完整的形象取代了原本对于自己不完整的自体（self）的认识。在这种误认中，自我（ego）就产生了③。而阿尔都塞通过引入了大写主体，强调了这个完满的自我形象背后所携带的社

① ［法］阿尔都塞著，陈越编：《哲学与政治 阿尔都塞读本》，吉林人民出版社 2003 年版，第 363 页。另参见 Louis Althusser：On the reproduction of capitalism：ideology and ideological state apparatuses［M］.Translated by：G.M.Goshgarian，London：Verso，2014.p.189.

② 关于这种镜像关系，另可参见：Hirst Paul Q.，“Althusser and the theory of ideology”，*Economy and Society*，2007，5（4）：385-412.

③ ［英］霍默：《导读拉康》，李新雨译，重庆大学出版社 2014 年版，第 36—37 页。

会秩序:个体所看到的那个来自他者的承认的镜像如果携带了社会的象征秩序,那么这一秩序就通过个体的误认而被个体自己承认下来,被个体自己认为是他所应当是的样子①。

这样,通过质询理论放回精神分析理论的背景中去理解,我们就澄清了阿尔都塞没有说明的想象性关系的物质性:由于主体被定位为是处于无意识领域中的一种关系,因而它一方面是与意识和观念相关的,另一方面也与各种生理因素相联系、因而处在与其他物质具有因果联系的世界之中。物质性 ISA 跨越心物二元对立的关键就在于主体兼具了物质性与精神性,从而能起到中介的作用;也因为作为想象性关系的意识形态的这种物质性,ISA 要想真正能够在再生产领域生效,就必须要成为是物质性的。

(二)结构性因果关系与双重反射

但是这样简单地引入精神分析理论的话很容易导向一种对于意识形态各个要素之间的简单的机械论式的理解,仿佛存在着由观念组成意识和作为主体的无意识两个不同的实体,从而意识形态的作用机制体现为一种传递关系:ISA 影响了主体,然后再由主体产生观念。三个要素仿佛三个台球一样,一个的碰撞推动了另一个,然后推动了第三个。但是这种实体性预设会与文本中的许多地方产生不一致:一方面,

---

① 虽然在拉康那里,镜像中完满的形象只是自我,个体对于社会秩序的接受发生在不同于想象界的象征界中。但是对阿尔都塞而言,两个阶段的区分只是为了说明的方便而做出的,因而可以在质询机制中被同时呈现出来。他对于这两个阶段的理解是这样的:想象阶段是一个自恋的阶段,孩子无法与他者保持距离,他只是将母亲认作是变形了的自我;而在象征阶段中,"已经有性别的小孩通过对比象征来考验它的印象幻想[即想象——笔者注],变成有性欲的人的小孩(男人、女人),如果一切'顺利',最后自己就变成和承认自己是这样的东西:成人中的小男孩或小女孩……"这表明,孩子能够认识到他者,并且能够对照着他在他者(父亲)中看到的社会秩序来改变自己。([法]阿图赛:《列宁和哲学》,杜章智译,远流出版事业股份有限公司 1990 年版,第 227—228 页)

意识形态与主体是相互定义的：

我说，主体是构成所有意识形态的基本范畴，但是我同时而且立即要补充说，主体之所以是构成所有意识形态的基本范畴，只是因为所有意识形态的功能（这种功能定义了意识形态本身）就在于把具体的个人"构成"为主体。在这双重构成的交互作用中存在着所有意识形态的功能；意识形态无非就是它以这种功能的物质存在形式所发挥的功能①。

主体是意识形态作用的结果，而意识形态又只有通过主体才能发挥作用而成为意识形态。另一方面，主体这种无意识结构不能单独被指认出来，而是必须要通过个体对于自己的观念的践行而体现出来。如果三个要素都各自是一个实体，那么它们本可以被各自单独定义出来；而如果在文本中阿尔都塞始终都试图在三者之间的相互关系中来界定彼此，这就意味着他的理论中对于心物二元论的跨越要通过不同于机械论的方式完成。

那么这三个要素之间的作用关系究竟是怎样的呢？需要看到，在阿尔都塞的意识形态理论中，除了精神分析还隐藏着另一条线索。在通过基督教的例子来阐述意识形态的镜像结构时，他提醒我们，要想理解在质询关系中各个要素的相互作用，我们甚至不能满足于黑格尔，而是必须要回到斯宾诺莎：

黑格尔作为一位讨论了普遍承认的"理论家"，（在无意间）也成了一位令人钦佩的意识形态"理论家"，可惜他最终落入了绝对知识的意识形态。费尔巴哈是一位令人惊讶的讨论镜像关系的理论家，可惜他最终落入了人类本质的意识形态。要找到用来建立关于这种保证的理论的材料，我们必须转向斯宾诺莎。②

---

① ［法］阿尔都塞著，陈越编：《哲学与政治 阿尔都塞读本》，吉林人民出版社 2003 年版，第 361 页。

② ［法］阿尔都塞著，陈越编：《哲学与政治 阿尔都塞读本》，吉林人民出版社 2003 年版，第 371 页。

尽管他并没有对此详细阐述,但是这个轻鸢剪影般的注释为我们理解意识形态的生效机制提供了线索。在《读〈资本论〉》最核心的章节中阿尔都塞区分了三种因果性:传递性的因果性、表现的因果性和结构的因果性①。在他看来,笛卡尔属于第一种,其中的因果性就像台球之间的相互撞击一样不断传递。而黑格尔的因果性属于第二种,即黑格尔超出了线性因果关系,而将整体纳入考虑;但是他的整体是独立于显象的一个实体,显象是整体的“表现”(Vorstellung);因而在阿尔都塞看来黑格尔依然是本质主义的②。而斯宾诺莎和马克思的因果性则摆脱了这种本质主义,进入一种结构性因果关系中;在这种关系中,并没有作为结果的现象和作为原因本质的二元区分,作为原因的结构就内在于它的作用或者功能之中、就是它的功能。而如果从科学的角度看、也就是从拉康和马克思主义的角度看,意识形态是没有中心的,那么将一个独立于现象的整体或者绝对精神称为是本质就意味着黑格尔并没有认识到无中心性这一点。这就解释了为什么阿尔都塞在注释中说黑格尔落入了绝对精神的意识形态之中。这也就意味着,当他说要理解在镜像关系中的相互承认时必须转向斯宾诺莎时,他想说的是,ISA—主体—观念三者之间的关系决不是几个台球之间相互碰撞那样的传递因果关系,也不是说一个作为本质的意识形态或者主体、而观念是本质的表象;我们必须在结构因果性的意义上理解他所说的双重镜像关系。

那么如何用结构因果性来理解意识形态的生效机制呢?首先要看到,阿尔都塞将意识形态和主体都视为一种结构。一方面,从二、(二)的第一处引文可以看到,在界说主体和意识形态之间的关系时,阿尔都塞认为,意识形态的功能在于构成主体,而这个构成主体的功能就定义了意识形态、是意识形态的基本范畴;意识形态无非是通过物质存在而

① 参见张寅:《阿尔都塞的因果性理论对政治经济学批判的贡献》,载《当代国外马克思主义评论》2017年。

② 参见[法]阿尔都塞著,陈越编:《哲学与政治 阿尔都塞读本》,吉林人民出版社2003年版,第217页。

发挥的功能。可见阿尔都塞实际上重复了他在《读〈资本论〉》中的著名命题:“结构就是结构的作用”①,并将意识形态放在了这个命题中“结构”一词所处的位置,因而可以将意识形态也视为是一个结构。另一方面,在前文所引的《保卫马克思》的文本中,阿尔都塞也将中介了人与世界关系的想象性关系称为结构,而如果想象性关系指的就是主体,那么主体显然也是一种结构。于是,在结构因果性上理解意识形态的生效机制就是要理解质询理论中所蕴含的一个结构对于另一个结构的决定作用。

那么一个结构是如何决定另一个结构的呢?在《读〈资本论〉》中阿尔都塞用“表述”这个概念来说明一个作为整体的结构如何影响其他的结构②。但对这个概念的具体解释则出现在一段在第二版中被删去的文字中③。在那里阿尔都塞提到,他是在于表现(Vorstellung)相对立的意义上使用表述(Darstellung)这个词的。他提醒我们注意,“darstellen”这个词在德文中同时意味着表现和在舞台上表演戏剧。因而对阿尔都塞而言,Vorstellung 意味着在现象的背后总是存在着一个被现象所表象的东西;而 Darstellung 则意味着在现象背后无物存在:就像在一出上演着的戏剧中,剧本在表演(Darstellung)中出场(presence),“但是这种戏剧的整体出现并没有被角色姿势和话语的直接性所耗竭:我们‘知道’寓于每个瞬间、每个角色和所有角色关系中的那个东西就是总体的完整的在场(presence)”。阿尔都塞由此得出两个结论:一方面,总体与总体的出场是同一的,出场是在总体之中的出场,从而他重新引入了斯宾诺莎的内在性原则;另一方面他又提到了拉康,强调在表述的因果关系中不同于结果的那个原因在此就表现为

① [法]阿尔都塞、巴里巴尔著:《读〈资本论〉》,李其庆、冯文光译,中央编译出版社 2001 年版,第 220 页。

② [法]阿尔都塞、巴里巴尔著:《读〈资本论〉》,李其庆、冯文光译,中央编译出版社 2001 年版,第 219 页。

③ 阿尔都塞的这段文字以及关于结构因果性的讨论,见:Morfino V.The Concept of Structural Causality in Althusser[J].Crisis and Critique,2015,2(2):87.

一种缺席(absence),或者说缺失本身变成了原因。

而我们此前看到,阿尔都塞将观念性意识形态称为是对于想象性关系的"表述",粗看起来他似乎是借用了马克思在《德意志意识形态》中的这个概念,但是这样一来我们就不明白他采用这个概念的用意何在。但是如果意识形态和主体对阿尔都塞来说都是一种结构,那么很可能阿尔都塞在这里更多的是采用"表述"一词在《读〈资本论〉》中的含义。而一旦采取这种含义,我们就能够利用上一段提到的两个结论来处理意识形态、主体和观念三个要素之间的结构因果性关系。

首先,根据第一个结论我们能明白意识与无意识的关系。上文提到,在《保卫马克思》中阿尔都塞称意识是无意识的一部分、在《弗洛伊德与拉康》一文中,阿尔都塞会认为意识的中心性是误认的结果。现在我们能理解,这意味着不存在作为两个不同实体的无意识和意识,而只有一个作为总体或者结构的无意识,它将自己表述为意识。同理,如果观念是对于想象性关系/主体的表述的话,那么具体的观念也并非与主体不同的东西,而正是主体在场(presence)的方式。总之,说观念表述了想象性关系就是在说主体内在于它的观念。(而由于主体同时要求个体根据自己的观念而行动,所以主体同时又内在于个体的行动之中)。

但是观念和主体毕竟是两个相互区别的环节,那么二者又是如何发生因果性关系的呢?要理解这一点需要把第二个结论——缺席的原因(absent cause)——与上节中澄清的主体在镜像中的自我误认机制结合起来。

回到那个双重镜像结构,在这里意识形态作为结构决定了(over-determinates)作为其功能的主体;而如果主体又作为结构决定了观念,那么我们就可以区分出两重的结构性因果关系。(在其中,各个要素之间不是以传递性的方式相互作用,因为在结构中不存在独立于主体的意识形态,也不存在独立于观念的主体。)阿尔都塞指出,在意识形态起作用的时候,个体是处在意识形态的外部,感觉自己仿佛是外在于意识形态的、仿佛独立自主地行动①；而上文提到，在镜像关系中主体首先是被认识为一种缺失。可见在这里存在着双重缺失：首先是意识形态的不在场、缺失，这使得个体处在没有外在强迫的环境中；在这里存在的只有对于没有强迫的个体的质询，而通过这种质询个体被带入一种镜像关系之中。其次，由于意识形态的缺失，个体对于质询的应答呈现为一个个体自主的行动；但是这个应答之所以发生是因为首先主体是缺失的，从而在面对自己的完满的镜像时个体要通过自己的自主行动弥合这样一个缺失，承认自己的就是镜子中的这个样子。而主体的自主行动、对于质询的应答本身一方面是对于主体自身的承认、从而是对于主体缺失的弥合；另一方面在这个误认的过程中，小主体就承认了那个发出质询的大主体，换言之小主体自己弥合了意识形态自身的缺失、使得意识形态成为意识形态。这样，在质询过程中就发生了小主体对大主体、小主体对自身的双重承认。

在此，观念一方面构成了物质性意识形态的一部分，即构成了意识形态对于主体的质询的一部分：就像在各种仪式中一样，主体也在以观念的方式出现的大主体面前受到了质询，因而观念也就成为有待主体填补一种空缺，主体通过对于观念的认同来认同观念背后的大主体。另一方面，观念同时又是这种质询的结果、亦即小主体对于大主体承认的方式和小主体最后自我承认的方式。在质询中个体感到自己作为主体的缺失，因而要通过承认观念来承认观念背后的大主体，并因而获得了大主体的保证，从而确认自己是一个主体：观念一方面参与构成了缺失另一方面又是主体弥合缺失的手段。所以主体弥合缺失的承认行动就同时成就了 ISA、主体和观念，从而实现了对物质与意识之间的断裂的跨越。

---

① [法]阿尔都塞著，陈越编：《哲学与政治 阿尔都塞读本》，吉林人民出版社 2003 年版，第 361 页。

三、意识形态装置①

"物质"一词的最基本的含义是在物理空间中具有广延的存在。而从上述的分析来看，阿尔都塞在分析 ISA 时并不是在这个意义上来使用的"物质性"这个概念的；他更多的是强调个体现实地去参加某种仪式。因而他的物质性指的是这种参与活动的现实性、我们在上文中看到的双重镜像关系也更多的是针对现实地参与到各种仪式之中的个体的分析。然而就如同阿尔都塞自己承认的那样，"意识形态在某种机器及其实践当中的物质存在，与一块铺路石或者一支步枪的物质存在有着不同的形态……而所有这些形态归根到底都源于'物理上的'物质"②。个体参与仪式之所以是现实的，是因为其参与毕竟总是在一定的物理空间中展开、因而是根基于那种更为基本的物质性的。在作为仪式的物质性中解决了二元对立的问题并不意味着同时就在纯粹物质性的层面上解决了这个问题。所以要想彻底澄清意识形态对于心物二元对立的跨越，就需要说明具有意识形态效果的仪式是如何在特定的物理空间的设置中展开的。

但是阿尔都塞并没有展开对这个最基础的物质性的讨论，这个理论上的空白使得他只能抽象地在宏观层面上去讨论 ISA 是如何生效的，而没有办法将自己的质询理论应用到对于具体的某个 ISA 的讨论中。例如他在解释教育所具有的意识形态效果时只能诉诸"灌输"。一方面，阿尔都塞称学校取代了教会成为了资产阶级社会主导的意识

---

① 装置和机器是同一个单词"apparatus"。反倒是中文里可以表述二者的细微差异。（当然也可以说当我们在中文中用"机器"一词去翻译它时，更多地指向了另一个单词："machine"）。在解释一种物质性的意识形态是如何生效的时候，装置是比机器更恰当的词语。机器总使人有一种单调的机械性的感觉，而装置则意味着这里面藏有权力的筹划。

② [法]阿尔都塞著，陈越编：《哲学与政治 阿尔都塞读本》，吉林人民出版社 2003 年版，第 356 页。

形态机器:我们在学校中不仅学到了各种实用的技能,而且学到良好举止的规矩;这些规矩可以从在分工中的每个行动者那里被观察到,它们意味着对于社会和技术分工的尊重,亦即对于现行的由阶级统治造就的秩序的尊重。所以在学校中再生产的不仅仅是专业技能,或者说不仅仅是使得劳动者在专业技能上是合格的;同时也再生产了对于现行体制、意识形态、压迫等的服从。但另一方面,阿尔都塞却没有具体解释这些使得劳动者成为合格的劳动者的意识形态机制,而只能诉诸一种灌输:"它……反复向他们灌输一定量的、用占统治地位的意识形态包裹着的'本领'",从学校中出来的人"实际上都被提供了与他们在阶级社会必须充当的角色相适应的意识形态:被剥削者的角色需要'高度发达的''职业的'、'伦理的'……意识;剥削的当事人的角色需要一种向工人发号施令和对他们讲话的'人际关系'的能力……"①。

如果意识形态具有物质性存在意味着学校这样的灌输机制或者其他间接作用于生产领域的意识形态之所以能够起作用就是由于意识形态机器的物质存在的话,那么,我们有理由期望,阿尔都塞在此要说明,意识形态的有效性是如何来自其物质性的。但是在他用"灌输"来解释再生产领域的意识形态运作时,阿尔都塞只是将物质性的意识形态所携带的观念信息视为观念,从而没有澄清这种意识形态机器与其物质性之间的具体联系。诚然,如果学校意味着对于道德和秩序的灌输,那么根据结构因果性,在学校中接受灌输的个体自然会习得这一套意识形态。但我们首先看到的只是一块被命名为学校的建筑用地,楼房中一件件被命名为班级的房间,以及在这些房间中每天的固定时间有一个人对于一些人说出一些音节。的确意识形态就是在这些物质要素的"偶然相遇"中被产生出来的,但是必须要说明的是,这些具体的物质性现象究竟如何产生出意识形态效果的。

---

① [法]阿尔都塞著,陈越编:《哲学与政治 阿尔都塞读本》,吉林人民出版社 2003 年版,第 346 页。

关于这个问题,可以借助让-路易斯·博德里(Jean-Louis Baudry)在他于20世纪70年代发表的杰作《基本电影机器的意识形态效果》(Ideological Effects of the Basic Cinematographic Apparatus)来回答。博德里非常明显地吸收了阿尔都塞在此前的发表的《意识形态与意识形态的国家机器》一文的观点,并以此来阐释电影装置所起到的意识形态作用。博德里指出,电影的意识形态作用的发挥并非依赖其内容,而是通过电影装置本身。最重要的电影装置有两个:摄影机和剧场。通过摄影机,我们有了加框的、有中心的图像,从而使得眼睛成了主体。而这个过程是在放映过程中实现的。这就需要放映装置的合谋。放映装置将观众幽囚于封闭阴暗的影院之中,使得观众与银幕之间构成了拉康意义上的镜像关系。在这种关系中,观众会自动将银幕上的不连续的影像认作是连续性的,而正是在这种连续性的建构中,也就是相应于在弥合自我与“象征界”之间的裂隙的时候,主体就出现了。而这个连续性之所以能够构建完全是一种放映操作的结果:“机械设备一经开动,本身立刻就产生方向、连续性和运动。放映机制使有差异的元素(由摄影机所铭示的非连续性)被掩盖,而只让它们之间的关系发挥作用”①。而在这种装置所带来的空间关系中,双重的认同—误认被生产出来:在第一个层面上,观众会认同银幕上的影像;其次,观众会认同那个使第一个层面显现出来并起作用的“先验主体”,也就是摄影机——“观者与其说是与再现之物(即景观本身)认同,不如说是与安排景观使其可见的那个东西认同,正是那个东西迫使观者看到它所看到的东西”②。在此,摄影机起到了一种“转播器”的功能,就像婴儿在镜像中将不完整的身体构建为完整的一样,观众也通过这个先验自我将非连续的片段构成为统一的和连续的,而这个过程就是一种主体的生成:所

① 让-路易·博德里:《基本电影机器的意识形态效果》,李迅译,载《当代电影》1989年第5期。

② 让-路易·博德里:《基本电影机器的意识形态效果》,李迅译,载《当代电影》1989年第5期。

以说电影装置不论其内容如何,都是注定要获得其意识形态效果的。

笔者认为,博德里实际上比阿尔都塞更好地阐明了这种物质性的意识形态的生效机制:当阿尔都塞在他的“理论剧”中把基督教的意识形态翻译为话语,并以此解释意识形态的质询机制是如何生效的时候,我们只理解了这种物质仪式如果它生效的话将以什么样的方式产生主体。但是这种“翻译”本身就表明这个说明依然还是观念性的:物质性仪式之所以有效是因为它们是现实的,能够让听众现实地听到了某些话语,但不是因为它们的某些物质特性。但是通过博德里我们看到了一种更为纯粹的物质性作用机制。这种物质性可以被直接指认为是一种特定的空间设置,在其中质询和质询所需要的镜像关系得以展开。用福柯的话说,这是一种权力的空间①,我更愿意称其为一种装置空间:前文说过,在质询中原因要作为缺失才能够生效。通过博德里我们明白,缺失不意味着空白,而意味着一种特定的结构,或者说起到意识形态作用的应当是一种有结构的缺失。这种有结构的缺失在物理层面上表现为一个具有装置性的空间、一个向主体的行动开放的有中心的结构;在这种装置中的个体不是意识形态的被动接受者而是主动的行动者(agent),他通过参与装置中的互动而被带入到与意识形态的镜像关系之中、认同了这一整套装置潜在的意义,从而使一种对自我主体性的误认成为可能。

作为一个案例,我们能否根据博德里所阐明的意识形态的装置性来理解例如说学校的灌输机制生效的依据呢?详细的考察需要大量经验证据的支撑,在这里我只能尝试着给出一个大致的图景;不过这显然要

---

① 粗看起来,福柯对于具有规训和惩罚功能的强制性国家机器的微观权力分析似乎打中了阿尔都塞理论的盲点,因为阿尔都塞的理论忽视了身体的要素,从而简单地将强制性的国家机器和非强制性的 ISA 对立起来。但是如果考虑到福柯的理论也必须诉诸一个不是幻想而是通过惩罚被制造出来的灵魂的话,他与阿尔都塞的共同点实际上是多于差异的。参见:[法]米歇尔·福柯:《规训与惩罚 监狱的诞生》第 3 版,刘北成、杨远婴译,生活·读书·新知三联书店 2007 年版,第 30—32 页。关于阿尔都塞与福柯的关系可参考:Montag W. *Althusser and His Contemporaries: Philosophy's Perpetual War* [M]. Durham and London: Duke University Press, 2013: 141-171.

借助一些福柯的概念。在我看来,学校至少可以在两个层面上被指认为是装置性的空间。首先,学校是一个全景的监视的空间,在其中,学生被以班级为单位划入一个个可供监视的区域,对他们而言,教师或者其他管理者的监视是不可被抗拒的①。学生自己知道自己处于这一被不可抗拒地监视着的地位,从而会根据那个通过监视者的目光而被看到的自己的镜像来调整自己的行动。监视者的不在场和监视装置所提供的被监视的可能性造就了这种自我审查,并通过这种自我审查造就了对于自己的主体地位的认同和对于监视装置本身的认同。其次,教室是有中心的装置空间,教师所处的讲台与学生所处的座位之间是一种中心—边缘的关系,并且处于边缘的学生是必须要面向这个中心的。而学生听课这一活动不仅仅理解了教师所讲授的内容,而且意味着将这个从中心发出的声音承认为是在这个场所中具有主导性的声音、亦即教师的声音。因而学生也就承认了教师所处的中心地位、言说地位和自己所处的边缘地位、倾听地位,从而承认了这个中心—边缘装置本身。因而这个装置空间决定了参与到这个空间互动中的个体的行动的倾向性(一种处于边缘、面向中心的姿态),从而为上文提到的质询的展开提供可能性②。

---

① 例如在笔者初中的班主任对学生做了这样的要求:教室的后门必须开着,朝向走廊一侧的窗帘不能拉上。藉此,对于处在教室中的学生来说他们始终清楚这一点:当监视者(班主任)从教室后方出现时,他们对她是绝对可见的,而她却是绝对不可见的。

② 有了这个装置性空间,甚至学生是否认同被灌输的内容都不再重要,因为只要学生把这个空间中回荡的声音识别成是来自教师的声音,那么他就已经通过自己的倾听活动实现了对于自己的主体地位和对于大写主体的中心地位的承认。齐泽克曾在书中提到西藏人的转经筒以此来表明信仰的外在性:只要将经文写在转经筒上,然后将其旋转起来,那么即使我在内心中充满了最不堪的想法,但是客观上,我在信。我们可以将其与帕斯卡的名言"跪下,开口祈祷,你就会信"合在一起:只要个体被置入一个中心性的镜像空间,那么即使他对于镜像的内容嗤之以鼻,但是实际上,他已经变成了一个臣服的主体、他必然会信。([斯洛文尼亚]斯拉沃热·齐泽克:《意识形态的崇高客体》,中央编译出版社 2014 年版,第 32 页。[法]阿尔都塞著,陈越编:《哲学与政治 阿尔都塞读本》,吉林人民出版社 2003 年版,第 359 页)

我们在第二节中表明,ISA 要能够跨越心物之间的断裂需要通过一种有结构的缺失,而本节中,通过对于装置空间的意识形态效果的说明,我们就澄清了这样一种有结构的缺失体现在纯粹的物质性空间中时意味着什么。另一方面,这也使得我们能够将阿尔都塞对于意识形态的物质性的要求贯彻到底,不仅仅是在作为必然实现出来的活动的意义上,而且是在为这种活动给出可能性的物理物质的意义上来说明 ISA 的意识形态效果。这个补充意味着,并非随便什么物质的组合都是适宜于意识形态的实践意识的展开的,只有某些特定的物质之间的关系才能为 ISA 的运作提供基础。

综上所述,为了回答物质性意识形态如何跨越二元论的问题,我们对阿尔都塞的理论做了两点补充。首先,质询理论指涉的是精神分析层面的镜像关系,在其中个体由于将镜像误认为是自身而根据镜像来自主规定自身;主体就由此而产生,这种主体就是具有意识形态效果的想象性关系。其次,ISA 和主体都是一种结构,一个结构对于另一个结构的决定要通过"表述"来理解,也就是说作为原因的结构意味着一种有待弥合的缺失。通过这两点,我们可以在结构因果性的意义上理解 ISA 对于意识的决定作用:其生效的关键在于造就一种缺失,从而促使主体自己采取行动以弥合这种缺失;意识形态就通过这种弥合而生效。而为了理解纯粹的物理物质如何成为具有意识形态效果的 ISA 我们引入了博德里的装置理论,并表明一种装置性的空间如何通过与主体的互动而发挥其意识形态效果的。

但是就像阿尔都塞在附记中强调的那样,要理解 ISA 所具有的意识形态性,必须要在阶级斗争的立场上来理解,要把 ISA 看作是统治阶级实现统治和被统治阶级进行阶级斗争的场所。换言之,ISA 自身不能决定自己所具有的意识形态,作为一个次要矛盾,它毕竟是由阶级斗争这个阶级社会中的主要矛盾所决定的①。因而,本文对于阿尔都塞的补充

① [法]阿尔都塞著,陈越编:《哲学与政治 阿尔都塞读本》,吉林人民出版社 2003 年版,第 374—375 页。

只在于对于 ISA 生效的可能性的澄清,并不能用这种对于潜能的说明替代主要矛盾对 ISA 的实现的决定作用。

(作者　复旦大学哲学学院研究生)

理性进步主义的陷阱及其成因*

——《启蒙辩证法》对"进步拜物教"的批判

李思铭

摘要:在后期资本主义时代,自启蒙以来长期占据"进步"主流意识形态地位的理性进步主义陷入了"进步拜物教"理论困境。为了对这一理论困境进行批判性地解释,本文以霍克海默和阿多诺的代表作《启蒙辩证法》为核心文本,从社会批判的角度揭示出在现有社会权力机制的中介之下,理性进步主义实质面临的问题是权力颠倒、技术统治乃至于自我异化。造成如此这般悖谬困局的原因是始终伴随着人类理性文明发展的人对自然真理的畏惧、为了对抗畏惧而在人与人的社会关系中形成的劳动分工体系以及在人类理性文明发展中对于原始自然力量的盲目保存。由此,霍克海默和阿多诺以独特的自我指涉式的理论考察方式,揭示了理性进步主义的陷阱及其成因。

关键词:《启蒙辩证法》 理性进步主义 进步拜物教 社会批判

《启蒙辩证法》是20世纪40年代中叶德国法兰克福学派批判理论的一本重要著作,集中阐述了作为当时批判理论领军人物的霍克海默和阿多诺对启蒙理性进步精神的反思与批判。从历史脉络上来看,

---

* 本文受到国家社科基金重大项目"复杂现代性与中国发展之道"【15ZDB013】资助。

“理性进步”曾是一个时代最振奋人心的口号。它起源于启蒙时期，以孔多塞为集大成者，其所著的《人类精神进步史纲要》集中体现了启蒙思想家们几乎一致持有的乐观主义信念，并且这样的信念在随后的历史发展进程中逐渐地生根发芽，成为每个普通人都能触手可及的常识与真相。英国著名史学家 E.H.卡尔曾提到，“19 世纪的英国历史学家很少没有不把历史的进程当作是进步原则的范例：他们表达的社会意识形态是进步相当快的情况下的一种意识形态。”①正是因为理性进步主义的保证，人们才能够有充分理由对未来生活的美好展开寄予希望。霍布斯鲍姆则更精辟地指出，“19 世纪最典型的乌托邦，其创新之处在于：在其间，历史不会终止。”②但是天不如人愿，实际的历史进程却在 20 世纪初期起逐渐脱离了“进步”的轨道，“最明显而直接的改变是，世界史如今似乎已变成一连串的震荡动乱和人类剧变，”“一个在 1900 年出生的人，”“在短短的一生经历过两次世界大战、两次战后的全球革命、一段全球殖民地的革命解放时期、两回大规模的驱逐异族乃至集体大屠杀，以及至少一次严重的经济危机，严重到使人怀疑资本主义那些尚未被革命推翻的部分的前途。”③从这段表述中可以明显地看到，人类历史进程中一波又一波的危机与灾难显然已经打破了“理性进步”的美梦，而其中又以人为灾难的影响更加深重，这不得不迫使人们回到“进步”概念的起源处，去反思“进步”概念更深层的内涵，寻找启蒙和进步病变的根源。从这个角度看，《启蒙辩证法》就是伴随着时代应运而生的产物。

20 世纪 30 年代之后德国法西斯主义的上台，整个资本主义社会的危机以最醒目的方式被呈现于公众面前，一方面，社会的广泛动员和现代技术的广泛运用似乎意味着社会合理化意义上的“理性进步”；另一方面，现代民主政治的彻底崩溃，人对人的直接野蛮统治赤裸裸地表

---

① ［英］卡尔：《历史是什么》，陈恒译，商务印书馆 2011 年版，第 143 页。

② ［英］霍布斯鲍姆：《帝国的年代》，贾士蘅译，中信出版集团 2017 年版，第 379 页。

③ ［英］霍布斯鲍姆：《帝国的年代》，贾士蘅译，中信出版集团 2017 年版，第 369 页。

现为社会的非理性，现代世界呈现为“非理性的理性”或“理性的非理性”的悖论性。其实，“进步”自我否定的辩证法不仅是西方世界特有的现象，同样，东方的社会主义也出现类似的倾向。柯尔施指出，斯大林式的专制统治根本就是倒退回前启蒙时代的专政，“列宁的追随者们又把这种统治推向荒谬的极端。这导致了某种意识形态的专政，这一专政可以是革命的进步也可以是最黑暗的反动。”①结合上述两方面悖谬的社会现实，霍克海默和阿多诺在《启蒙辩证法》序言中反复强调，他们关心的是当前生活中最为迫切的真实困境，该困境的具体表达就是自文艺复兴以来，人类文明并没有进入一个以人为根据的社会状态，反而是陷入了野蛮主义的两极之中，一极是欧洲的法西斯主义，另一极是北美的文化工业。因此，科学技术与社会进步为什么会走向自己的反面，这就是全书所要探究的重要问题。著名批判理论历史研究专家马丁·杰就指出，早期批判理论学者面临的历史难题是：“国家资本主义以及极权国家宣告了那个时代的终结，或至少是剧烈的转型。他们认为统治现在正以一种更为直接和致命的方式摆脱资产阶级社会的中介特征。那现在正是自然对过去几代西方人的残忍与剥削展开报复的时候了。”②概言之，直面苦难、批判权力、反思理性，这是当时的霍克海默和阿多诺乃至一代思想家认为能够为拯救人类理性文明所做的最后努力。

要对社会进步在历史现实中遇到的困境进行进一步解释，亟须重新审视从启蒙以来一直占据“进步”观念主流地位的理性进步主义意识形态。启蒙运动与“进步”观念的出现有着密不可分的关系，它使得理性进步成为现代世界中的核心信念之一。前剑桥大学教授伯瑞考察了浩瀚的人类历史典籍记载后指出，在16世纪，自然科学突飞猛进的发展为启蒙思想的萌芽提供了必要的物质条件，“进步的观念出现的

---

① ［德］柯尔施：《马克思主义和哲学》，王南湜译，重庆出版社1989年版，第86页。

② Martin Jay, *The Dialectical Imagination*, Berkeley: University of California Press, 1996, pp.256–257.

障碍才开始无疑地得以超越,而一种有利的氛围也逐渐准备就绪。"①霍布斯鲍姆显然同意伯瑞的看法,他指出,"具有典型意义的'启蒙'思想家,带着对进步的激情信念,反映了知识、技术、财富、福利和文明的显著发展,这一切都是他能够从身边看到的,他公正地将这一切归因于思想的不断进步。"②为了进一步指出启蒙时期"进步"理念的重要意义,历史学家比尔德将之归于进步观念中的现实性特征,也就是说,相较于其他启蒙时期的理念,历史"进步"的观念打破了传统思想中的循环论和末世论,告诉人们"阐释历史神秘性的线索要在发展或进步的观念中寻找。"③由此,"进步"梳理出一条指引人类历史发展方向的可能道路,催人奋进,鼓励人们未来仍可大有作为。总之,启蒙运动首次确立起的"进步"观念,吹响了走向文明社会的进军号。从启蒙时期的"进步"理论研究着手就成了往后学者的重要切入口,同时,这也是《启蒙辩证法》中霍克海默和阿多诺重审"进步"的逻辑起点。

一、理性主义"进步"的拜物教特征

面对垄断资本主义条件下极权主义复辟的社会现实,霍克海默和阿多诺认为当时盛行的实证主义思维模式实际上根本没有能力回应这种困局,甚至还在理性进步主义的意识形态之下遮蔽了现实的悖谬。他们指出:

> 一头栽倒实用主义里的思维把对于进步的破坏面的省思丢给它的敌人,因而失去了它的扬弃性格,以及它和真理的关联性。我们看到接受科技教育的大众莫名其妙地就落入独裁政治的魔咒,他们自我毁灭似地附和民族主义地妄想症,以及一切不可思议的

① [英]伯瑞:《进步的观念》,范祥涛译,上海三联书店 2005 年版,第 4 页。

② [英]霍布斯鲍姆:《革命的年代》,王章辉译,中信出版集团 2017 年版,第 25 页。

③ [英]伯瑞:《进步的观念》,范祥涛译,上海三联书店 2005 年版,引言第 7 页。

荒谬，由此可见现代的理论性理解的贫乏。①

"进步拜物教"②（进步的荒谬）是《启蒙辩证法》对理性进步主义所面临的理论困境作出的根本概括。传统的进步主义理论何以会落得这样的结果？韦伯在《以学术为业》的讲座中就曾借助托尔斯泰的回答指出，整部理性文明史就是历史不断合理化的过程，并且人们将这一合理化过程界定为是进步。而随着历史的不断推进，进步的理念所带来的实际结果是人们对于无限进步的信仰。一旦把对无限进步的信仰落实下来，人们就再也不可能去直接回答关于死亡和生命等终极意义的问题，"死亡对于文明人来说没有意义，因为文明人的个体生命，是置放在无限的'进步'当中；依照这种生命本身的内在意义来说，这样的生命永远不会走到尽头。"③也就是说，当现代生活被进步所规定，当人们陷入了对进步主义的信仰之后，人们就不能够再去讲述支撑着生命的绝对根据，因为这个过程已经被无限的进步过程所彻底抽空。布洛赫则更进一步指出，要认清作为虚假意识形态的"进步"观念持续对人们产生统摄性作用的根据，不仅仅要看到在进步潮流的裹挟之下，现代人已然丧失对于蕴含在人们生命中终极意义问题的追问，并且更重要的是，人们只认如此这般被规定的现实为现实本身，"最终，在这种'科学'眼光的凝视之下，一切伟大的和巨大的东西都被原子化为了虚假的、被祛了魅的细节；每一次盛开都变为一次粉饰，或最终都变成了虚假的意识形态。"④韦伯与布洛赫的论断在本雅明"进步的神话"寓言中得到了最集中地阐述。在本雅明看来，无论是以中立的实证主义、保守主义或是正统的马克思历史唯物主义面目出现的历史观，它们在

---

① ［德］霍克海默、阿多诺：《启蒙的辩证》，林宏涛译，商周出版社 2008 年版，第 20 页。

② 笔者注："进步拜物教"（Fetishism of Progress）一词在阿多诺后期《论进步》（Progress）一文中有更加明确地论述。概括而言，阿多诺借助"拜物教"一词企图说明，"进步"这样一种原本产生于人的头脑当中的观念，现在反过来成为独立的、可以进行规定的绝对根据。

③ ［德］韦伯：《学术与政治》，钱永祥译，广西师范大学出版社 2010 年版，第 172 页。

④ Bloch, *The Spirit of Utopia*. California: Stanford University Press, 2000, p.167.

根本性质上完全一样,因为他们讲述的都是胜利者的哲学。如果从这个视角观察人类历史的话,只能看到人类历史是被一场进步的风暴所挟持,“这风暴无可抗拒地把天使刮向他背对着的未来,而他面前的残垣断壁却越堆越高直逼天际。这场风暴就是我们所称的进步。”①这段著名的出自《历史哲学论纲》中的文字最令人震撼的一点即在于,本雅明明确地呈现出了现代世界理性进步观念之下的极致悖谬。尽管进步的风暴带来的是一场又一场的灾难,但这样一场风暴似乎永无终点,甚至认清这一切真实面目的历史天使想打断它都无能为力。

由此可见,从意识形态的角度再看理性进步主义的观念,问题的实质即在于原本起到革命性作用的理性进步主义被再度神圣化成了对于当下生活绝对的、不容置疑的、乌托邦式理想趋势的认同。它利用最终必将实现的美好目的说服人们为了未来而牺牲现在,造就“进步拜物教”。由此,在拜物教阴影的笼罩之下,人们只能转而去崇拜在既定的、形式化的语言体系之中能够把握的事物。换言之,眼下的现代世界在虚假“进步”观念的诱导之下,成了一个看似无时不刻在发生改变,实际上绝对不可能被超越的体系。这个体系实际守护的是历史的胜利者,以及被胜利者压抑在下的真实苦难,最终造成社会现实中的冲突与矛盾。霍克海默和阿多诺明显也看到了问题的严重性,他们认为,“如果那些东西在整个社会里变成了形而上学,也就是意识形态的帘幕,而遮掩了真正的灾难,则兹事体大。”②

面对由理性进步主义所实际产生的“进步拜物教”,可以很清楚地看到现代人被分裂成两个截然对立的极端。一极是“进步拜物教”的附庸者。他们秉持着典型的“胜利者”心态,无视社会历史,对于现代生活的成就心悦诚服。而这样的人在社会中占据了大多数,也是《启蒙辩证法》所要极力唤醒的、被意识形态所蒙蔽的对象。在马克思的

---

① [德]本雅明:《启迪:本雅明文选》,张旭东译,生活·读书·新知三联书店2008年版,第270页。

② [德]霍克海默、阿多诺:《启蒙的辩证》,林宏涛译,商周出版社2008年版,第22页。

年代,他就已经注意到这样一种人群之中被平庸化的趋势,他指出,“在我们这个时代,每一种事物好像都包含有自己的反面……我们的一切发明和进步,似乎结果是使物质力量成为有智慧的生命,而人的生命则化为愚钝的物质力量。”①而更要紧的是,在这种进步主义意识形态中,令人更难以对付并且具有强烈迷惑色彩的倾向是,“进步”观念本身所包含的一种质疑当下确定性的批判维度,似乎可以反过头来起到缓解当下社会矛盾的作用。这意味着即便有些人对生活不满,但认为可以期望进步,祈盼通过些许的改变,从而把任何难缠的问题都解决干净。如果是这样的话,在霍克海默和阿多诺看来,那么实际上还是意味着对眼前灾难的妥协。哥伦比亚大学前社会学教授尼斯伯特(Nisbet)对这一点有过精彩的论述,在他看来,“关键在于,对这些相信进步的人来说,其实取得普遍进步的经验证据没有太多的必要,甚至这还不如取得几何学假设的经验证据来得重要——或者说,就像信奉宗教的人不会觉得有必要为十诫或者《圣经》中的其他禁令求得经验证据一样。”②对于这样一种盲目的意识形态,霍克海默将其明确地树立为批判理论应当重点反思的对象,在他看来,社会生产力的持续发展的确是社会进步的体现,但问题在于,如果该理念本身与其他客观化的知识那样成为与实际历史无关的永恒状态,最终就会“成为一种意识形态范畴”③,因为对于“进步”与现实生活不加思考盲目接受的态度所带来的最终结果是使得现代人孜孜以求的个体性根本无法得到真正落实与安放,从而再次落入拜物教的窠臼。

与之相对的另一极是对“进步拜物教”持批判态度,强调重新审视生活、反思“进步”的学者们。早在18世纪,卢梭就已经看到理性进步主义的悖谬。在他看来,人类的原初状态才是最完善的状态,文明进步本身就蕴含着堕落的基因,带来社会不平等和奴役的日益加剧,“这种

---

① 《马克思恩格斯文集》第2卷,人民出版社2009年版,第580页。

② Robert Nisbet, *The History of Progress*. New York: Basic Books, Inc, 1980, p.7.

③ [德]霍克海默:《批判理论》,李小兵译,重庆出版社1989年版,第187页。

状态是世界的真正的青年时代，以后取得的所有进步，从表面上看是人类个体的日臻完善，实际上是整个人类的渐趋衰落。”①到了19世纪，被本雅明称为“发达资本主义抒情诗人”的波德莱尔甚至更加言辞激烈地强调，进步给社会文明带来的是真实的恐怖，“无限的进步不断地按其提供的新乐趣对人性作出相应的改进，难道不会成为对自己的最残酷的别出心裁的折磨；它借助于自我否定而取得进展，难道不会变得像那种用自己的尾巴蛰自己的蝎子——进步，既是那种永远需要的东西，同时也是它自己的永恒绝望！”②尽管这种尖锐的批判态度看似与历史的宏观发展潮流格格不入，但这批主张对“进步”开展反思的学者的存在一方面确实意味着原本的进步主义意识形态并非天衣无缝，需要通过更深层次地思考唤醒人们的危机意识。另一方面，如此这般危机意识的存在又正好说明即使处于“进步神话”的时代，依然有超出危机的另一维度，因为仍然有一群人在与生活发生真实的碰撞和抵触，这就说明生活中依然保留有不屈的真理，哪怕显得微不足道。《启蒙辩证法》显然代表着后一维度。即便到了20世纪60年代末，霍克海默和阿多诺在新版序言中依然强调，全面宰制、没有个体性的现代社会仍然是当代世界的唯一现实，这是经历了两次世界大战之后重新建立的进步社会，但同时还是一个病态的社会，批判理论要守护的依然是那条通向理性自由的真正道路。他们认为，“就算面对进步主义，批判思想也不会中断，它要求我们拥护自由的夙昔典范、真实人性的趋势，即使它们在历史潮流面前显得很无力。”③

综上所述，从理论形态的角度来看，正因为启蒙以来的理性进步主义僵化为“进步拜物教”，或者说，成为被强大的意识形态所束缚的进

---

① [法]卢梭：《论人类不平等的起源和基础》，高煜译，广西师范大学出版社2002年版，第114页。

② [美]伯曼：《一切坚固的东西都烟消云散了》，徐大建译，商务印书馆2003年版，第181—182页。

③ [德]霍克海默、阿多诺：《启蒙的辩证》，林宏涛译，商周出版社2008年版，第14页。

步强制。并且,在这种观念之中,人们自认为用唯一正确的方式观察世界历史,实际上已经天然地屏蔽掉其他认识历史的方式。因此,看似是向未来敞开、具有浓厚批判现实维度的理性进步主义,倒过头来先行宣布了历史的终结。因此,霍克海默和阿多诺认为,要破除"进步拜物教",必须首先批判与分析作为其前提条件的理性进步主义,以求重新打开一条通往理性自由的真实道路。

二、理性进步主义的否定批判

要具体分析传统进步主义面临的"进步拜物教"困境,霍克海默和阿多诺指出,关键是要看到,这样一种非反思的理性进步主义意识形态原本主张的由理性进步通往理性自由的道路在实际社会机制的中介之下已然被阻断。具体来说,正因为实际生活中的"进步"已经从乐观的进步主义僵化为对进步神话的盲目崇拜,显然仅凭这种盲目崇拜,其实根本无力把自由的原则落到实处。那么站在"进步"的反面再回过头去看现代人的观念中同时标榜的理性进步主义,霍克海默和阿多诺很清醒地意识到,原先"进步"所凭靠的理性普遍性根据本身只是虚假的意识形态,它在社会中"虚构出一种客观的必然性,让他们相信自己对它无可奈何。"①就是说,它并不是一个真正的根据,而只是对于真正根据的模仿和替代,落实到生活中必将带来一体两面的双重效果。为了解释这样的转变何以产生,必须对理性进步主义的规定性进行否定的批判。

1. 进步与权力颠倒:从非体系到体系

理性进步主义的一大特点表现为从权威崇拜到知识崇拜,从具体人身依附关系转向抽象原则统治。对于进步和权力之间的关系,启蒙

① [德]霍克海默、阿多诺:《启蒙的辩证》,林宏涛译,商周出版社 2008 年版,第 63 页。

思想家认为，理性作为不同于权力的另一个环节，凭靠自己的普遍性形成对社会权力的重要限定，因此必须将理性与权力作为对立的两面来看。正如康德概括的，“不能期待着国王哲学化或者是哲学家成为国王，而且也不能这样希望，因为权力就不可避免地败坏理性地自主判断”①。因此，启蒙所主张的、带有理性普遍性特征的进步带来的是对自然强力和社会权力的双重消解。但是，霍克海默和阿多诺要指出的是，这样一种双重消解的确具有进步意义，但是如此这般权力消解的更深一层含义是权力颠倒，因为看似客观中立的知识本身从一开始就同时带有权力性的特征。他们分别从人和自然以及人和人的关系中展开论述。

在人和自然的关系上，《启蒙辩证法》强调，人通过实验所展开的和自然之间的关系并不是简单地向自然敞露自身，而是要强调，通过达成关于自然的知识，完成对于自然支配，如此方能实现知识进步。从这个角度来看，神话已经是启蒙，就是说，如果站在启蒙的结果处回过头去看神话中所表达的神和世界之间的关系，就会发现它已经被明确的表达为“掌控世界的人”和“可被人们所掌控世界”之间的关系，而这样一种关系的本质就是人相对于外部世界所勉强建立的权力关系，“在悲剧作家所引用的神话里，就已经表现出培根心向往之的纪律和权力。”②如此一来，“就像过去服务于教会的人一样——科学的仆从也不过是人，”③即使是从权威崇拜过渡到知识崇拜，表面上发生了支配关系的翻转，但就他们在归根结底的意义上都是一种强权关系来说，并没有重大的差异。更进一步来看，这种重新建立起来的强权关系之独特性在于，知识进步之所以得以成立，是因为知识是在等同性(同一性)原则下建立起来的知识，其核心是从知性科学中归纳而来的可量化、可

---

① ［德］康德：《历史理性批判文集》，何兆武译，商务印书馆2009年版，第133页。

② ［德］霍克海默、阿多诺：《启蒙的辩证》，林宏涛译，商周出版社2008年版，第31页。

③ ［英］格雷：《稻草狗：进步只是一个神话》，张敦敏译，新华出版社2017年版，第156页。

计算的形式逻辑原则,由此一切任意、武断的假设均被等同化为清晰量化的概念。正如科学哲学家彭加勒所指出的,“我们希望把每一事物强行纳入的框架原来是我们自己构造的;但是我们并不是随意制作它的。可以说,我们是按尺寸制造的。”①等同化以后的概念之间方能形成推演变化的可能性,因此知性自然科学的真正原则在于等同性原则。但是,等同性原则尽管使得进步成为可能,但它本身的内在含义必然要求仅仅把等同性原则所能理解的对象视作对象本身,凡是不能被还原为齐一逻辑所把握的东西就全部被剔除在外,如此一来,由等同性原则所推出的进步概念就注定会带有破坏性。正像后来霍耐特所指出的《启蒙辩证法》就是要对人类支配自然的权力关系提出批判,“在与改造自然的过程相伴的那种抽象的定位性活动中,人是如此一以贯之地在范畴上把一切多余的不可支配之物从成了他的客体的自然中清理出去,以致在如今的发达阶段上,现代技术和科学可以被当作一个逐渐毁灭的社会的种种完善的安排来解释。”②可见,在等同性原则的指引之下,“进步”得以成立的代价是事物的意义必须被先行消解,现代人的个体性必须被彻底驱离。遗憾的是,霍克海默和阿多诺认为,从古至今人类世界一直在犯同样的错误,即始终是在等同性原则的指引下向前迈进,“从巴曼尼德斯至于罗素,统一性始终是其标语。他们坚持要颠覆诸神和性质。”③

更进一步来看,要使得自然变成可被人们任意规定的对象,使得人和自然之间的权力关系得以成立,霍克海默和阿多诺认为,这同时意味着人和人之间的关系也要以某种抽象原则的方式展开,并且将这种以抽象原则为根据展开的统治方式理解为是社会进步的结果。对于社会进步的实质,法史学家梅因就指出,社会转变过程的核心在于所谓的契约精神,也就是抽象的理性原则统治,“所有进步社会的运动,是一个

---

① [法]彭加勒:《科学与假设》,李醒民译,商务印书馆2006年版,第3页。

② [德]霍耐特:《权力的批判》,童建挺译,上海人民出版社2012年版,第39页。

③ [德]霍克海默、阿多诺:《启蒙的辩证》,林宏涛译,商周出版社2008年版,第31页。

‘从身份到契约’的运动。”①马尔库塞更是清楚地看到，从人对人的直接统治转向理性原则对人的统治，“统治也正在产生更高的合理性，即一边维护等级结构，一边又更有效地剥削自然资源和智力资源，并在更大范围内分配剥削所得。”②但是，霍克海默和阿多诺指出，正如在人和自然的关系之中并没有真正解决的权力问题，在人和人关系中，这种尚未被解决的权力问题被一方面转化为社会统治方式迈向更高层次的合理性，向前进步。另一方面这意味着，把自然做成同一化对象的等同性原则在社会当中更是将每一个鲜活的个体做成是等同的社会统治对象。在这一点上，阿多诺在《否定辩证法》中延续马克思、卢卡奇等人的判断，进一步解释了等同性原则在社会中得以成立的前提条件是商品交换，“交换原则把人类劳动还原为社会平均劳动时间的抽象的一般概念，因而从根本上类似于同一化原则。”③就是说，之所以会有从具体人身依附关系转向抽象原则统治，是因为现代社会的统治基础是以商品为中介，以商品形式为普遍交往形式的关系，“启蒙瓦解了旧时不平等的不义，也就是直接的奴隶制，却在联系每个存在者的普遍中介里永久保存它。”④在这个意义上，《启蒙辩证法》进一步强调，这样一种等同性原则同时意味着内在性原则，启蒙倒退为神话。也就是说，如同在神话世界里人把无法理解的外部变化通过仪式般的重复，勉强在自己制造的体系中达成对于它的解释。在理性社会中，面对着以既定的商品交换形式所规定的社会生活，它同样已经不再有任何历史意义上的生成出现。眼前普遍的体系实际上就是早期神话意义上的、绝对无法被突破的外在的、盲目的命运。根据改善人类处境的种种可能性所建构起来的理性进步主义，不过是在整全的命运统治之下的痴人说梦，太阳底下再无新鲜事。就像阿多诺在《否定辩证法》中进一步指出的，

① ［英］梅因：《古代法》，沈景一译，商务印书馆 1959 年版，第 97 页。
② ［美］马尔库塞：《单向度的人》，刘继译，上海译文出版社 2008 年版，第 115 页。
③ ［德］阿多诺：《否定的辩证法》，张峰译，重庆出版社 1993 年版，第 143 页。
④ ［德］霍克海默、阿多诺：《启蒙的辩证》，林宏涛译，商周出版社 2008 年版，第 36 页。

“我们在支配自然上的进步或许正日益促成那据说这种进步会保护人类免遭的灾难，或许正在编织社会粗鄙地长成的第二自然。”①

综上所述，在《启蒙辩证法》的论述中，霍克海默和阿多诺承认，诚如启蒙思想家所言，“进步”的观念诞生于社会转型之后，且奠基于理性普遍性之上。但是他们认为，社会转型的实质不过是权力原则从一个极端走向另一极端的过程，在此过程中真正发挥作用的是等同性原则与内在性原则。等同性原则解释了理性进步得以成立的可能性，内在性原则则进一步说明，进步的确是可能的，但永远只是在体系中可能，并且正因为体系本身如同命运般的绝对性不容置疑，进步的观念才会得到必然性的支撑。这样导致的实际结果就是，原本属于人的生活被一个高度理性化的体系所封闭，理性体系内部或许可以通过理性进步过程达到登峰造极的地步，但因为生活之中不允许有与其异质的内容进入，真正历史生成意义上的进步就成为被体系所隔绝的虚幻泡影。

2. 进步与技术统治：从技术变革到资本垄断

理性进步主义的另一大规定性在于从形而上到形而下，从想象到实证的变化。在揭示出理性进步中蕴含着的权力关系后，霍克海默、阿多诺进一步指出，人类对于抽象知识追求的目的不仅仅是为了了解自然的奥秘，更是使得与人相异的自然呈现为一种能被人改造的工具，为人所用，以求更全面地支配外部世界。为此，黑格尔曾做过一个比喻说，在现代理性主义者眼中，“‘圣饼’不过是面粉所做，‘圣骸’只是死人的骨头。”②霍克海默和阿多诺则在此进一步揭示，为了实现这一统治目标，其中最关键的环节在于作为工具的技术，“技术是这个知识的本质，其目标不在于概念和想象，或是洞见的喜悦，而是在于方法。”③相较于抽象单调的理性规律，由技术进步带来的社会变革更为世人所

---

① ［德］阿多诺：《否定的辩证法》，张峰译，重庆出版社 1993 年版，第 64 页。

② ［德］黑格尔：《历史哲学》，王造时译，上海书店出版社 1999 年版，第 452 页。

③ ［德］霍克海默、阿多诺：《启蒙的辩证》，林宏涛译，商周出版社 2008 年版，第 27 页。

共睹,因此也成为“进步”信念得以持续维持下去的强大助推器。从人与自然的关系来说,人对自然的权力关系落实为人类利用技术手段驾驭规定自然对象,更具体地说,此时技术的现实化身是产品和机器。马克思和恩格斯在《共产党宣言》中指出,“资产阶级在它的不到一百年的阶级统治中所创造的生产力,比过去一切世代创造的全部生产力还要多,还要大”①。而这样一种持续巨大的生产力之所以可能产生,背后依托的是资本主义社会高度理性化的劳动分工方式。由此,再深入到人与人的关系中去看,霍克海默和阿多诺认为,当人与自然之间的关系是以知识、技术、机器为中介的时候,那么人和人之间的劳动分工关系在这个意义上也是以这些东西为中介,这就意味着社会中会有掌管着机器和被束缚在机器上的人,从实际的社会地位来看,一方是行规定者,另一方是被规定者,行规定者通过对被规定者的理性规定而完成人对自然的统治。

在上述基础之上,《启蒙辩证法》进一步指出,后期资本主义已经是垄断资本主义的时代,垄断资本之所以可称为垄断,是因为外部理性体系的实际内涵已经从理性法则彻底倒向资本原则的掌控。在自由资本主义阶段,体系所依托的是理性的市场机制,这就是说,尽管人被封闭在了体系之内,但在市场中起主导作用的还是人的自由行动,人的自由行动的根据是普遍的理性法则。每一个进入市场的人都具有平等的机会,在市场上展开自己的经济行动。又因为经济行动受普遍法则的约束,所以它不仅使得每个人获得特殊利益,而且能够成就由这个市场所维系着的共同体生活,最终至少可以起到引领共同体不断进步的作用。然而,到了垄断资本主义时期,资本原则渗透进日常生活的各个角落。从根本原则上来讲,因为垄断资本主义已经用资本的法则代替了市场理性的原则,这就意味着不需要再利用“看不见的手”对资本市场进行调控,而是资本的流向直接决定了未来生活的走向。“支配资本

① 《马克思恩格斯文集》第2卷,人民出版社2009年版,第36页。

家的行为且导致灾难的，再也不是客观的市场法则。相反的，是由老板们有意识的决定去实现资本主义的古老价值法则，乃至于其命运，他们联合起来的强制力完全不输给最盲目的价格机制。”①虽然垄断资本主义依然保留有理性控制技术进步的假象，对于生产的技术化安排也更加极端化，但是，再回过头来看，就人与自然的关系而言，实际生活中所看到的技术进步过程背后，早已不是单纯的、以科学研究为代表的理性法则指引，技术从一开始就是资本力量的化身，资本增值的过程带动技术的进步。大卫·哈维对此有精彩的论述，在他看来，“资本直接和独特的目的是追求利润，而这体现在社会上是无止境的资本积累，以及资本家阶级权力的再生产。这是资本最强烈追求的目标。资本家为此不断调整和改造技术硬体（机器和电脑）、软体（机器使用的程式），以及他们的组织形式。”②由此可见，垄断资本主义时代一定同时是技术垄断的时代，通过技术上的革新和研发带来对劳动高度的技术化和组织化，而这一过程倒过头来对理性进步主义的意识形态产生了辩护的功能。如后来哈贝马斯所言，“在技术之上的意识支配下，科学和技术在今天同时产生了意识形态的效果。”③因此，一方面，当代资本主义仍然利用高效的产能继续塑造理性进步的神话；另一方面，支撑起进步神话的不再是制约着每一个经济主体的、代表着更高层次合理性的理性规律，而是在理性的面目之下可随意调用的、从属于资本制造生活的技术机制。从本质上来讲，理性进步主义俨然成为资本进步主义。正如霍布斯鲍姆说的，“资本主义世界以外的各国人民，他们已被资本主义世界打垮，已被资本主义世界控制，对他们来说，这意味着需要在下列两种命运之间进行选择：一是抱残守缺，为维护他们的传统和习俗进行注

---

① ［德］霍克海默、阿多诺：《启蒙的辩证》，林宏涛译，商周出版社2008年版，第63页。

② ［英］大卫·哈维：《资本社会的17个矛盾》，许瑞宋译，联经出版事业股份有限公司2016年版，第106页。

③ ［德］哈贝马斯：《重建历史唯物主义》，郭官义译，社会科学文献出版社2000年版，第49页。

定失败的抵抗;一是夺取西方武器,以其人之道还治其人之身,了解并掌握西方的'进步'。"①

如果从资本的角度出发,从源头处再看社会内部的统治关系,就可发现它实际上被表现为一群人借助机器对另一群人的支配关系。在垄断资本主义时代,所谓的科学和技术虽然依旧保有理性的面目,但自诞生之初它就突破了理性规定性的约束。前文业已指出,理性进步原先的目的是反对人和人之间封建的身份统治关系,成就大写的理性主体。但是,以商品交换为基础的等同性原则与内在性原则的结果是形成一个外在于人的高度理性化体系,且这个体系本身成为现代人无法突破的绝对命运,造就虚假的历史进步。虽然体系的封闭性一开始就成了资本主义的特征,尽管体系中的进步是否是真正的历史进步仍然值得商榷,但是,至少在这个意义上,理性进步依旧可以在所谓的理性体系中成立。霍克海默和阿多诺现在要进一步指出的是,如果把这种人对人的权力关系再剥开来看,作为人对自然统治手段的科学和技术从一开始就存在另一个目的:资本。这样一种目的在实际生活中表现为科学和技术进步的背后是一批作为资本化身的资本家,他们只是一批小写的个人,但有资本就意味着有能力对现实生活进行改造。而这就意味着,不仅作为进步本身的历史意义难保,而且人们已经把自己作为进步的理性普遍性主体地位拱手相让,丧失了对于"进步"过程的把控,变成了垄断资本的任意操控。马克思在《1857—1858 年经济学手稿》中就已经看到了这种趋势,他指出:"文明的一切进步,或者换句话说,社会生产力的一切增长,也可以说劳动本身的生产力的一切增长,如科学、发明、劳动的分工和结合、交通工具的改善、世界市场的开辟、机器等等所产生的结果,都不会使工人致富,而只会使资本致富;也就是只会使支配劳动的权力更加增大;只会使资本的生产力增长。因为资本

① [英]霍布斯鲍姆:《资本的年代》,张晓华等译,中信出版社 2014 年版,第 5 页。

是工人的对立面，所以文明的进步只会增大支配劳动的客体的权力。”①霍克海默和阿多诺完全衔接着马克思的判断，他指出现代资本主义社会从进步的方面来看，的确消解了垄断资本特权的王公贵族，但是付出的代价是资本垄断了一切，“中产阶级的经济借由市场的中介而使其权力倍增，使得其事物和力量也倍增，因而不再需要国王或中产阶级去管理它：但是需要全体人类。”②

总而言之，《启蒙辩证法》指出，不仅启蒙思想家所追求的进步过程本身是虚假的，而且从操纵这一进步过程的主体来看，在垄断资本主义时代，原本现代人有信心与能力掌控的理性体系内进步也换成了由资本所操控的资本增值过程。这就意味着，支撑进步的动力不是每个现代人都可自豪宣布的理性普遍性，而是在该过程背后真正起作用的吞噬一切的资本原则，作为资本化身的资本家可以把资本流向任何一个它想要其进步的社会领域，利用资本本身要求增值的属性对于市场、生活、需求无止境的制造，最终伴随不断滚动的资本，成就资本意义下的社会进步。但不言而喻的是，整个过程已经超出了人的理性掌控之外。

3. 进步与自我保存：从先验自我到自我异化

理性进步主义的第三大特征是从求真到务实，从意义到功用的转移。《启蒙辩证法》强调，如果说对自然科学知识的崇拜、技术手段的运用尚且建立在单一的、可重复的规律固定性基础之上，是为了认识自然，并拥有改造自然的工具，那么更要紧的是，人们获得知识的目的不仅仅是为了满足心血来潮的好奇心与求知欲，而在于知识的论证以及技术进步所带来的实际效果，“重点不在于人们称之为真理的那种满

① 《马克思恩格斯全集》第30卷，人民出版社1995年版，第267页。
② [德]霍克海默、阿多诺：《启蒙的辩证》，林宏涛译，商周出版社2008年版，第67页。

足感，而是在于作用，或即有效的作法。”[①]在这里，霍克海默和阿多诺针对的是近代实证主义与功利主义的基本思想。实证主义的奠基者孔德就指出，“一切健全思辨的必然使命都是为了不断改善我们个人和集体的现实境况，而不是突然满足那不结果实的好奇心。”[②]为了更清楚地衡量人以及共同体的快乐和痛苦，功利学派代表边沁认为功利原理即在于“增大或减小利益有关者之幸福的倾向……来赞成或非难任何一项行动”[③]。穆勒则更进一步指出，所谓功利原理本身的实践效果也是开放的，它伴随着人类的理智进步而不断改进，“根据功利原则得出的各种推论，就像实践技能中的操作规范一样，允许无限地加以改进，而当人类心灵处于一种进步的状态时，这种改进是在不断进行着的。”[④]正是由于这些功利主义思想的奠基，实用科学迎来了蓬勃的发展，就像罗素指出的，“实用科学是企图变革世界的科学，自始以来就是最重要的，而且重要性还一直不断地增长，最后几乎把理论科学从一般人的心念里驱逐了出去。”[⑤]在此基础上，几乎没有人希望阻挡时代前进的步伐，哪怕进步被限于体系之内，哪怕进步背后的主体是垄断的资本，只要能以功利原则为指引，进步就能成为未来更美好生活的依托。这种状态正如马尔库塞说的，“一种舒舒服服、平平稳稳、合理而又民主的不自由在发达的工业文明中流行，这是技术进步的标志。”[⑥]

但是，霍克海默和阿多诺指出，如果进一步把这个外在的资本—技术体制剖析开看，我们就会发现，在“最大多数人最大利益”的功利主义目标之下，这个垄断资本主义社会正发生高度的两极分化。一极是与资本紧密捆绑在一起的资本家，他们如同上帝一般决定社会中的进

① ［德］霍克海默、阿多诺：《启蒙的辩证》，林宏涛译，商周出版社 2008 年版，第 27 页。

② ［法］孔德：《论实证精神》，黄建华译，商务印书馆 1996 年版，第 29 页。

③ ［英］边沁：《道德与立法原理导论》，时殷弘译，商务印书馆 2011 年版，第 59 页。

④ ［英］穆勒：《功利主义》，徐大建译，上海人民出版社 2008 年版，第 23 页。

⑤ ［英］罗素：《西方哲学史》（下卷），何兆武、李约瑟译，商务印书馆 1963 年版，第 3 页。

⑥ ［美］马尔库塞：《单向度的人》，刘继译，上海译文出版社 2008 年版，第 3 页。

步方向。因为在现代社会中,资本的流向决定了技术的发展,技术的发展又推动生产力的提高,生产力提高之后市场上就会产生大量被技术所替代的工作岗位,被这些多余的工作岗位所抛弃的大批剩余劳动力就会想方设法与资本所需要的能力结合,从而谋得在眼前资本体系当中的落脚之地。所以,“物质财富便获得了一种控制人生的力量,这是一种前所未见的力量,并且不断增强直至无法抗拒”①,“技术愈是能够为和平创造条件,人的身心就愈是组织起来反对历史的替代性选择。”②从这个角度再看作为社会另一极的雇佣劳动者就会发现,其命运看似由市场需要决定,可实际上早已是资本的棚头傀儡。由此就可反观到功利原则更深一层的社会内涵。本雅明在其《作为宗教的资本主义》一文中,提到资本主义的宗教结构第一个特征是对偶像的狂热崇拜,也正是于此,功利主义获得了其宗教底蕴。当代西方马克思主义理论家洛威对本雅明的文本做了进一步解释,他指出,本雅明认为,现代功利主义者宗教崇拜形式就体现在大量资本投机、股票交易等资本流通活动中。而与宗教信奉者们不同的是,功利主义者们的信奉在于活动的原则本身,即行为与实践,“资本主义并不要求认同一种信条、教义或神学,重要的是行为,它采取了宗教崇拜的实践方式,以其社会动力学的术语来说话。”③但究其根本,双方同样指认外部生活为唯一的绝对,只不过由资本的增值过程代替了过去的宗教圣贤成了功利主义者们新的崇拜对象。在垄断资本主义时代,人们最应该关心的问题已然由“能否继续活下去”变成“能否在眼前的体系中完成自我保存,体面地活下去”。

霍克海默和阿多诺进一步强调,这样一种自我保存的原则要能够

① [德]韦伯:《新教伦理与资本主义精神》,马奇炎译,北京大学出版社 2012 年版,第 183 页。

② [美]马尔库塞:《单向度的人》,刘继译,上海译文出版社 2008 年版,第 15 页。

③ [法]洛威:《作为宗教的资本主义:本雅明与韦伯》,孙海洋译,载《国外理论动态》2013 年第 2 期。

在现实中得以实现,它一定是与既定的社会权力结构相中介,中介的结果是使得“先验自我”退化为“自我异化”。所谓“先验自我”意味着自我规定,自我规定所成就的是属于每个人的生活,是理性自由的实现。而“自我异化”则强调,在劳动分工的现实条件之下,生活不可能属于行规定者。黑格尔在《法哲学原理》中就曾指出,在市民社会领域中,尽管每一个人都声称以自己为行动的根据,但是当他生活在和所有他人之间的普遍交往关系的时候,自己行动的根据依然受外在他者性力量的规定。马克思在《论犹太人问题》中进一步强调,所谓极致的自我异化状态就是市民社会中的每一个人都陷入了货币拜物教的状态。卢卡奇在《历史与阶级意识》中进一步指出,“自我异化”不仅使得生活不属于人,而且生活在不属于人的生活中的人对于失去根据的生活毫无反思能力,“以至于人格在这里也只能作为旁观者,无所作为地看着他自己地现存在成为孤立的分子,被加到异己的系统中去。”①并且,“无产阶级就和资产阶级一样,在生活的各方面都物化了。”②只不过资产阶级在这种自我异化状态中感到自己是被满足的,无产阶级在这之中只是感觉到自己是纯粹被规定的对象。霍克海默和阿多诺承接了上述判断并做出进一步的发展。他们认为,在垄断资本主义条件之下自我异化有两种形态:一种形态属于资产者,自我异化表现为资本的自我增值;另一种形态是雇佣劳动者,自我异化意味着仅仅维持自己作为劳动力而存活的手段。但无论是继续维持资本,或是继续保持自己在市场上可出售的劳动力,双方所共同保存的是与先验自我正相对立的绝对体系,“形式的保存和个人的保存只是恰好相符应而已。”③因此,这一方面揭示了启蒙以来的理性进步过程根本不可能通往真正的理性自由。因为在实际生活中,真正有意义并被保存的只是那个作为类存在的个体以及类存在背后的强大体系,“人类被迫回到那与社会的发展

---

① [匈]卢卡奇:《历史与阶级意识》,杜章智译,商务印书馆2011年版,第157页。

② [匈]卢卡奇:《历史与阶级意识》,杜章智译,商务印书馆2011年版,第237页。

③ [德]霍克海默、阿多诺:《启蒙的辩证》,林宏涛译,商周出版社2008年版,第55页。

以及自我的原理对立的方向:变成单纯的种属生物,在强制的集体性里,因为隔离而彼此相等。"①也就是说,现代人永远只是抽象的类之中可被任意拣选的标本,不会有真正的个体性和个体行动。为了进入这个外部体系,他们已经被抹去自己的任何痕迹;另一方面,正因为得到保存的只是虚假的个体,而外部强大的体系对渺小的个体而言是行规定的理性必然性对于个人生活的假象。所以作为彻底的类规定的对象,反而还会把自己的生活认作是理性的生活,生活中的工作是由理性必然性所要求的劳动,进而守护自己作为虚假主体的地位。而事实上,霍克海默和阿多诺已经指出,现在连自我保存的方式(从自由到自我异化)都是虚假的,这就解释了为何现代人对虚假的外部事实根本无法辨认,而只是看到生活和生活中的自己越来越合理化、技术化,成为理性进步的代言人,至多在大难临头的时刻感叹命运多舛。

综上所述,一旦把现代社会认作是以资本为根本原则的现代资本主义社会,霍克海默和阿多诺与以往启蒙思想家在对于进步规定性的判断上就发生了根本的改变。理性进步主义认为历史进步带来的是理性对于自然强力和社会权力的双重消解,但消解的实质是权力颠倒;理性进步主义认为支撑进步的是理性普遍性,但实则是资本原则的渗透;理性进步主义认为理性进步终将实现理性自由,殊不知这种信心本身成为错误守护理性虚假主体地位的帮手,实际守护的是外在于人的绝对体系。由此产生的结果是,理性进步主义所要坚持的社会进步,就是生活中由资本所支配且被误以为以抽象理性的方式所实现的技术进步,并且生活中的进步只能以这种狭隘的方式才能落实,而这种方式无论如何不可能通达真正的理性自由。《启蒙辩证法》第一章正文部分的结语正好可作为上述内容的小结:"培根认为'人类的优越性'所在的知识,现在便可以瓦解宰制的力量。但是在面对这个可能性时,正在

① [德]霍克海默、阿多诺:《启蒙的辩证》,林宏涛译,商周出版社2008年版,第62页。

运转中的启蒙却转而对群众撒了大谎。”①

三、理性进步主义陷阱的成因

通过上述论证，霍克海默和阿多诺已经指出，理性进步指向的终极目标已然由自由原则的实现彻底跌落为人的自我异化。虚假的进步、虚假的主体、虚假的理性意识形态，所谓自我保存最后保存的是有着既定权力关系的社会统治秩序。为了进一步解析落实在人与人之间的社会关系为何会产生正相反对的结果，霍克海默和阿多诺认为必须在批判资本主义社会机制的同时，考察在资本社会的条件下，人与自然关系展开方式发生的变化，并进一步审视自我保存在人与自然关系中的实质内涵。由此，在两条线索的交织之下，方能呈现理性进步主义陷阱的成因。

1. 权力颠倒与对真理的畏惧

霍克海默和阿多诺首先要重新剖析人与自然关系得以形成的实质，从而得出支配方式产生颠倒的根本原因。以古典政治经济学为起点，古典政治经济学家一致认为，劳动是人和自然关系的实质，同时也是维系社会财富最重要的根据，只要人和自然的劳动关系得到了长足的进步，社会生产力就能得到极大的发展。这种观点遭到了马克思的严厉指责，在马克思看来，如此这般被政治经济学赞美的劳动关系，反过头来会造成对普通劳作者的伤害。他在《共产党宣言》中明确区分了资本主义社会与前资本主义社会在人与自然劳动关系上的根本差异。他形容前资本主义社会人和自然之间存在“田园诗般的关系”②，也就是说，劳动者和劳动对象之间有着不可切断的有机联系。并且，劳

① ［德］霍克海默、阿多诺：《启蒙的辩证》，林宏涛译，商周出版社 2008 年版，第 68 页。

② 《马克思恩格斯文集》第 2 卷，人民出版社 2009 年版，第 34 页。

动者是劳动对象关系的主导者,如黑格尔所指出的,这体现在对"劳动进行塑造。恰恰对劳动者来说,对象具有独立性,正因如此,这种与对象之间的否定关联转变为对象的形式,转变为一个持久不变的东西"①。换言之,这时的劳动者能够经由劳动对象的中介把自己建构为是劳动对象的规定者。而到了资本主义社会,马克思反复强调,劳动者和劳动对象之间已经没有任何关系,"对象化竟如此表现为对象的丧失,以致工人被剥夺了最必要的对象——不仅是生活的必要对象,而且是劳动的必要对象。"②这就意味着,现代资本主义生产方式之下人的劳动是在劳动者被剥夺了双重对象的前提之下,由人为的方式重新安排的与劳动对象之间的新型关系,更具体来说,是由资本所掌管的生产工具所强行规定的劳动。也正因如此,这样一种人和自然之间的关系虽然会被落实为是工人的劳动,但掌管自然的真正主人是掌握着大量资本的资本家。因此马克思得出结论说,资本主义生产方式之下人与自然的关系与前资本主义社会根本对立。

霍克海默和阿多诺总体上接受马克思的分析,但他们认为还可以做进一步的讨论。在两位批判理论学者看来,尽管马克思敏锐地捕捉到两种社会形式下人与自然关系的本质区别,但是马克思以劳动为线索描述本质差异的过程本身反映的只是资本主义与前资本主义社会人与人之间关系的重新摆放,他的确批判了政治经济学所盲目相信的,劳动带来的是人与自然关系的解放,认为在实际市民社会领域中依然存在着的奴役关系,可无论是劳动或者是对劳动背后权力关系的批判都同样忽略了人与自然之间权力关系颠倒的成因,或者说,他依然只是把从自然支配人到人支配自然的权力颠倒看作是一个典型的进步过程而不探究其背后原因。而霍克海默和阿多诺认为,需要对这种权力关系的内涵进行彻底的重新评价,进而反思所谓的理性进步。如哈贝马斯

---

① [德]黑格尔:《精神现象学》,先刚译,人民出版社 2013 年版,第 125 页。

② 《马克思恩格斯全集》第 3 卷,人民出版社 2002 年版,第 268 页。

说的,《启蒙辩证法》洞察到"启蒙的永恒标志是对客观化的外在自然和遭到压抑的内在自然的统治"①。霍耐特同样认为,《启蒙辩证法》批判的理论基础是"一种以人对自然的工具性支配为出发点的统治理论"②。的确,这正是《启蒙辩证法》展开反思的逻辑起点。

霍克海默和阿多诺认为,之所以人会将无法驾驭的自然的权力硬生生地转成是人之主宰自然的权力,起因是人对于原初自然的畏惧,"经验到陌生事物时的惊呼,变成了它的名字。名字里头记录了未知者相对于已知者的超越性,以及对神圣者的敬畏……那是源自人类的恐惧,而恐惧的表现则变成对它的解释。"③这就是说,面对绝对的、压倒性的、来自外部世界的盲目性力量,人实际上不敢也不可能直接去回应这个难题,因为人根本没有能力用文明的方式与这股力量发生关系。但是为了克服这股力量,人类只能用与之同样的方式回应自然的强制,即把自己造成是相对于盲目强力更强的力量,因为只要使自己成为权力更大的一方,就可以把自然造成是受权力主宰的另一方。对这种分析的理路,哈贝马斯评论道,在"为'主体性的源始历史'所设定的基础结构中,"阿多诺与尼采都极其相似地"依赖于把外在自然对象化和扭曲化的机器"④。就是说,霍克海默和阿多诺认为,人为了堵住这样一种实实在在的威胁,所能利用的唯一方法是对它进行重新加工塑造,从而使得自然变成可被人掌控的对象,并衍生出五花八门的技术手段。大卫·哈维就将资本主义社会下的技术定义为"利用自然过程和事物,制造产品满足人类的目的。在其基础上,技术界定了一种与自然的具体关系——一种动态和矛盾的关系"⑤。因

① [德]哈贝马斯:《现代性的哲学话语》,曹卫东译,译林出版社 2008 年版,第 125 页。

② [德]霍耐特:《权力的批判》,童建挺译,上海人民出版社 2012 年版,第 40 页。

③ [德]霍克海默、阿多诺:《启蒙的辩证》,林宏涛译,商周出版社 2008 年版,第 38 页。

④ [德]哈贝马斯:《现代性的哲学话语》,曹卫东译,译林出版社 2008 年版,第 125 页。

⑤ [英]大卫·哈维:《资本社会的 17 个矛盾》,许瑞宋译,联经出版事业股份有限公司 2016 年版,第 106 页。

此从“进步”的视角来看，所谓动态和矛盾就体现在，人一方面希望借助这种权力关系的颠倒统治自然，号称自己探求到了关于自然的真理，将其落实为技术手段，实现社会进步；另一方面，人对于自然的掌控本身所表达的是人无力展开和自然之间的关系。这才是权力颠倒的本质，也是“对真理的畏惧”的双重内涵。只要人类依然受制于畏惧，跳不出权力颠倒的逻辑，那么人类根本没有办法实现与外部世界所代表的强力原则不同的新的原则，“进步”就注定会陷入自相矛盾。正如《启蒙辩证法》所总结的，即使我们已经进入了理性文明社会，但是“同样的恐惧则无时无刻不在袭向我们：人类预知到一个无所不在的力量正在焚烧这个没有出口的世界，而我们既是该力量本身，却又对它无可奈何”①。

2. 技术统治与劳动分工

《启蒙辩证法》对于人和自然关系的重新解读必然需要对人和人关系的再次理解，而这种理解又能进一步解释“进步”的理性普遍性特征由技术变革转向资本垄断过程的实质。

首先，霍克海默和阿多诺强调，劳动分工是人类理性文明回应“对真理的畏惧”的唯一手段，并且正是借助这种手段确立了文明内部社会权力的理性普遍性基础。他指出，“抽象的前提是主体与客体的距离，而那是奠基于统治者经由被统治者而和事物产生的距离。”②这就是说，为了维持人和自然之间的关系，并且在维持关系的同时保护人类文明不被盲目的自然力量所彻底吞噬，人类所能做的有限努力在于规定人和人之间的关系，即劳动分工。这样一种对劳动分工的理解与一般学者有着根本的不同。“劳动分工”的概念出自亚当·斯密的《国富论》，以亚当·斯密为代表的政治经济学强调，人凭借劳动展开与自然的关系，在此基础上，人与人通过市场上的劳动分工关系相互合作，最

① ［德］霍克海默、阿多诺：《启蒙的辩证》，林宏涛译，商周出版社2008年版，第53页。

② ［德］霍克海默、阿多诺：《启蒙的辩证》，林宏涛译，商周出版社2008年版，第37页。

后带来社会共同体的成就，对此马克思批评说，政治经济学的确揭示了现代资本主义社会人和人之间的新型关系，但他们误解了这种普遍的社会关系和被规定在社会中每一个个体之间关系的展开方式。关键就在于，现代人不是在劳动之后再去规定劳动产品的交换，而是在劳动之前就已经被这种普遍的社会关系规定了人的劳动本身，且必须经由这种关系的中介（落实为货币），劳动才能成为人的劳动。“这种普遍交换，他们的相互联系，表现为对他们本身来说是异己的、独立的东西，表现为一种物。在交换价值上，人的社会关系转化为物的社会关系。”①由此可见，马克思已经指出，在资本主义社会中，人的行动能否被承认为是人的行动不是出自人的自由意志，而是源自以货币为中介的普遍社会关系，这种普遍社会关系得以成立的前提在于劳动分工。

《启蒙辩证法》在此基础上进一步强调，马克思的确已经把对劳动分工关系的解析向前推进了一大步，但还是在分析的同时忽略了人和自然关系的线索，因此他不能进一步意识到社会劳动分工关系得以成立的根本原因是为了维系整个人类文明在面对吞噬一切自然强力时的共同存活。由此，再来反观现代社会中的劳动分工关系就可以发现，社会中不仅仅普遍横向的劳动分工关系被理性规律所支配，并且劳动分工关系本身可以成就实现劳动分工关系的强权者手中权力的正当性，因为从这个角度出发，劳动分工关系下的社会权力不是像身份政治那样按照出身把人分为三六九等，而是以普遍性集体的面目出现，因此获得了理性普遍性的形式，并且这种理性普遍性对劳动分工关系中的任何一方来说都是强制性的，都没有能力再做改变，“文明的道路是服从和劳动的道路。”②由此，霍克海默和阿多诺得出结论，将人与自然以及人与人关系两条线索交织来看就可以发现，因为人类永远都是出于对真理的畏惧而自觉阻断人与自然真实关系的道路，那么这样一种阻断

① 《马克思恩格斯全集》第30卷，人民出版社1995年版，第107页。

② ［德］霍克海默、阿多诺：《启蒙的辩证》，林宏涛译，商周出版社2008年版，第59页。

将把具有普遍性面目的社会权力逻辑本身推向极致。佩里·安德森对此评论,“人和自然的最初决裂,以及后来人对自然逐渐取得优势的过程,未必对人类解放带来进展。为了取得对自然——人类本身是其中不可分割的一部分——的支配,付出的代价是社会分工和精神分工,这使人类遭受空前深重的压迫……降伏自然的同时,也使阶级固定下来,因而使大部分人从属于犹如不可改变的第二自然一般强加在他们头上的社会秩序。迄今为止,技术进步只是使得专制机器更为完善而已。”①马丁·杰则更进一步概括道,霍克海默和阿多诺的逻辑概言之就是“对外部自然的支配导致了对人的内部自然的支配,最终也导致了对社会的支配”②,就是说,社会权力需要借助于这种阻断,才能够把自己塑造成为有正当根据的社会统治。

从社会权力的视角反观上述关于劳动分工的分析,霍克海默和阿多诺看到以这样一种方式所确立起来的社会统治本身可以有两种表达形态:一种已经被马克思所揭示为“阶级统治”,阶级统治意味着在现代性的条件之下,人对人的权力关系被表达为理性对于人生活的规定;另一种是《启蒙辩证法》要指出的“极权统治”,极权统治就意味着人对人的权力关系彻底丧失了理性的限定。如此一来,《启蒙辩证法》中的“进步”就肯定不仅仅是简单版本的“理性进步”,因为霍克海默和阿多诺指出理性进步落实下来是两个变种的表达形式(从本质上来讲是相同的):

第一,是阶级统治形式下的进步主义。从《启蒙辩证法》与理性进步主义关系来讲,前文已经指出,在这种情况下,资本将代替理性普遍性主导社会进步。由此可见,理性进步主义的问题在于仅仅把进步看作是源自理性普遍性的进步,把社会生产力发展看作是人与自然之间

---

① [英]佩里·安德森:《西方马克思主义探讨》,高铦等译,人民出版社1981年版,第104页。

② [美]马丁·杰:《阿多诺》,李健鸿译,桂冠图书股份有限公司1992年版,第30页。

技术手段的发展，进而彻底无视了人与人之间已经普遍结成的劳动分工关系存在，因此根本无法把在劳动分工领域中所出现的货币、资本等概念纳入理论视野之内，更无法解释后来垄断资本主义发展阶段下，资本对于进步概念的宰制。

第二，是在极权主义形式之下的进步主义。从《启蒙辩证法》与马克思的联系去说，马克思敏感地指出了在市民社会中通过人与人之间的普遍交换关系最后成就的是一种新型的人与人之间的依赖关系，并进一步看到了社会进步过程背后资本力量的强势介入。但是因为历史条件所限，未能看到在资本力量介入劳动分工关系领域之后阶级统治结构的变化趋势。霍克海默和阿多诺在此基础上进一步补充，相较于表面上生产工具的发展带来的社会进步背后，劳动分工关系中的双方将同时陷入无止境的倒退趋势，并且这种倒退才是历史的实际过程，“对于进步力量的顺应也助长了力量本身的进步，而每次不断的萎缩证明了成功的进步才是自身的反命题，而不是失败的进步。无法阻挡的进步的诅咒正是无法阻挡的退化。”①而这样一种退化所导致的实际结果就是，使得理性下降为是原本要限制的权力的恣意操控的工具。因此，对于身陷劳动分工关系中的被规定者来说，看到的的确是生活中技术手段日新月异的进步，但是技术手段进步之后反而会挤压劳动者的工作岗位，而这又掉转头来使得劳动者更加依赖于对共同体内权力的认同，因为权力本身代表着有正当性依据的权力。而这种现象背后的事实是，“支配者自己根本不相信什么客观必然性，即使他们偶尔会如此称呼他们的诡计。他们自诩为世界历史的工程师。只有被支配者才要既存的发展，生活水准越提升，他们就越无力，仿佛那是不可抗拒且必然的。”②这就意味着，理性一方面以强权的面目把自然限制在理性所规定的自然范围之内，并声称进步是由理性所支撑的理性进步；另

① ［德］霍克海默、阿多诺：《启蒙的辩证》，林宏涛译，商周出版社2008年版，第61页。
② ［德］霍克海默、阿多诺：《启蒙的辩证》，林宏涛译，商周出版社2008年版，第63页。

一方面，在资本的统治之下，理性本身已经退化到没有能力去限制人群内部由极权者所代表的权力，并且反讽的是，极权主义的出现正是依托着理性普遍性的保证。借用马尔库塞的话来说，“人对人的最有效征服和摧残恰恰发生在文明之巅，恰恰发生在人类的物质和精神成就仿佛可以使人建立一个真正自由的世界的时刻。”①

3. 自我保存与自然保存

在以人与自然关系的角度解析完理性进步主义所陷入的权力颠倒与技术统治困境的原因之后，霍克海默和阿多诺就能够以同样的视角重解现代社会中理性进步的目标为何会从原则意义上的自我保存（自由）反转为社会现实意义上的自我保存（自我异化）。其实在《启蒙辩证法》开篇处霍克海默和阿多诺就有强烈的暗示，看似人站在自然面前成为强大的主宰者，但由于理性进步的趋势同样抹去了人之为人的特征和色彩，真正支配着现代生活的还是一股盲目的自然般的力量，“完全启蒙了的地球，却满溢着得意忘形的灾难……现在我们自以为驾驭自然，其实仍然受制于它。”②换句话说，理性进步主义所主张的理性进步通向理性自由的道路从一开始就存在不可避免的缺陷，因为进步带来的不是对自然强力的消解，而是仍然受制于强力的限定，这样的限定落实在现代社会中就会必然导致对人本身的质疑和否定。但是，对于如此这般的强力究竟意味着什么的问题上，《启蒙辩证法》与之前学者的判断有着根本差异。以黑格尔的法哲学为起点，《法哲学原理》在根本上阐发的是理性自由的原则何以在现代社会机制中介之下得到安放，这个外在的社会结构是“实现了的自由王国，是精神从它自身产生出来的、作为一种第二自然的那个精神的世界”③。简言之，法哲学

---

① ［美］马尔库塞：《爱欲与文明》，黄勇、薛民译，上海译文出版社 2005 年版，第 2 页。

② ［德］霍克海默、阿多诺：《启蒙的辩证》，林宏涛译，商周出版社 2008 年版，第 26 页。

③ ［德］黑格尔：《法哲学原理》，邓安庆译，人民出版社 2016 年版，第 34 页。

就是找到现代世界的理性根据，并对已然呈现的现代伦理世界进行概念重构。马克思则正相对立地揭示出所谓的自由原则落实到社会中，展开的依旧是人对人行奴役的事实。并且，这种自由的表象还是必然的，在以商品形式为中介的经济交往关系之中，最终还会带来社会关系的物化，这种物化具体就表现为以政治经济学所归纳的抽象规律对每个人行动的制约。卢卡奇更进一步将黑格尔的“第二自然”与马克思的物化关系明确地联系在一起，他精练地将其概括道：“这是这样一种社会状况：人们在其中一方面日益打碎了、摆脱了、扔掉了纯‘自然的’、非理性的和实际存在的桎梏；但另一方面，又同时在这种自己建立的、‘自己创造的’现实中，建立了一个包围自己的第二自然，并且以同样无情的规律性和他们相对立，就像从前非理性的自然力量（正确些说：用这种形式表现出来的社会关系）所做的那样。”①但无论如何，尽管社会关系对人的统治本身好像是人听命于外部的物，但当现代人对其进行理解的时候，一定会将其理解为是理性主义的生活方式，把外部世界对于每一个个体的决定理解为是人根据外部社会的理性规定性来采取人的行动，因此卢卡奇依然认为第二自然的强制力从根本上区别于自然本身的强力。

在上述讨论的基础上，霍克海默和阿多诺明确指出，如果人们理解了理性进步在根本意义上实现的是权力关系的颠倒，并且权力关系颠倒的背后是人的畏惧以及人类文明自觉地以劳动分工的方式对抗畏惧的过程，那么要追究自我异化产生的根本，除了要理解现代社会中人和人的关系的安放方式之外，注定要回溯到人与自然的关系当中。在他们看来，此时这种未妥善解决的人与自然关系不仅仅意味着强力之间的互相比试碾压，更重要的是从头至尾人类就是在借势发力，在理性中得以保存的还是自然的盲目性力量，或者说，人类自始至终在与自然的较量中被动地受制于自然盲目力量的支配，所谓理性进步意义上的人

---

① ［匈］卢卡奇：《历史与阶级意识》，杜章智译，商务印书馆 2011 年版，第 207 页。

类文明不过是一场妄自菲薄的虚假狂欢,“自然作为真正的自我保存,也被那誓言要放逐自然的历程给松绑,无论是在个体或在危机和战争的集体命运里。”①如此一来,自我保存已经不单单是自由或自我异化的问题,而是说,自然之力仍然作为生活的全部包围着自诩为有理性主体地位的现代人,只要现代人展开自己的生活,就必须不自觉地适应这股强大的支配力量,“完全被文明包围的自我,被瓦解为非人性的元素,而那却是文明起初努力要挣脱的。”②“自我会退化到单纯的自然,那是自我极力要摆脱的,因而也是让自我非常畏惧的东西。”③那么在作为真正保存对象的自然盲目力量面前,前者是理性进步主义给人类文明开的空头支票,后者是自由原则落实在人类社会时必然出现的对于永远无法兑现的诺言的反动。而反动的背后注定会有与进步相伴而生的周而复始的倒退过程,这正是《启蒙辩证法》残酷道出的启蒙以来人类理性进步的最深层内涵。自我保存就是要强调,如此这般的理性能力从根本上不能支撑起人与人之间的真正共在根据,它永远必须臣服于自然的力量。正如霍耐特指出的,《启蒙辩证法》得出的历史学结论是,“社会支配自然的进步过程只不过是同时发生的越来越远地疏离于自己的本性的人类的毁灭过程的正面。”④显然,只要现代人不能妥善处理蕴藏在理性之中原初的自然力量,那么理性进步主义的下场就一定会像西西弗斯的神话那样陷入永恒的僵局。

四、结　语

至此,本文以《启蒙辩证法》对理性进步主义的反思与批判为主

① [德]霍克海默、阿多诺:《启蒙的辩证》,林宏涛译,商周出版社2008年版,第55页。
② [德]霍克海默、阿多诺:《启蒙的辩证》,林宏涛译,商周出版社2008年版,第55—56页。
③ [德]霍克海默、阿多诺:《启蒙的辩证》,林宏涛译,商周出版社2008年版,第56页。
④ [德]霍耐特:《权力的批判》,童建挺译,上海人民出版社2012年版,第46页。

线，从启蒙以来的“进步”概念面临的“进步拜物教”困境出发，指出在资本主义社会所实际发生着的是权力颠倒、技术统治以及自我保存的悖谬，并且进一步揭示了困境背后的根源分别是对真理的畏惧、抵抗畏惧的劳动分工以及对自然力量的保存。由此，一方面完成了对“垄断资本主义”条件下“进步”的重审，解释了“进步拜物教”困局的成因；另一方面也展现了作为批判理论代表人物的霍克海默和阿多诺以自我指涉的反思方式所展开的独特批判锋芒。不过值得注意的是，尽管霍克海默和阿多诺指出以往的进步观念被理性进步主义所错误统摄，但是他们同时认为，对理性进步主义意识形态的批判不能直接等同于对“进步”概念的批判。正如20世纪另一位主张反思“进步”的学者索雷尔所指出的，“想要批评‘进步’主张是很容易的，但是如果没有进步，就不可能出现任何认为社会变化有可能导致解放的概念。”①毋庸置疑的是，霍克海默和阿多诺也会赞成这一说法，在《启蒙辩证法》开展批判的同时，已然同时蕴含有重构“进步”的努力，②并且笔者认为，重视本文所提到的批判基础对于进一步理解阿多诺后期文本中提交出来的、对于现代性问题的独特解决理路具有重要意义。

（作者单位　复旦大学学生工作部）

① Cf. Georges Sorel, *Illusions of Progress*. Berkeley: University of California Press, 1947, 1-30.转引自［美］布隆纳：《重申启蒙》，殷杲译，江苏人民出版社2016年版，第41页。

② 笔者注：限于篇幅限制，对于这一话题本文不做展开。

斯图亚特·霍尔对“撒切尔主义”意识形态的批判及其意义*

甄红菊

摘要:20 世纪 70 年代末,英国马克思主义文化理论家斯图亚特·霍尔提出“撒切尔主义”这一概念,并以此为意识形态分析对象,批判性揭示了“撒切尔主义”的实质是新自由主义的意识形态,它在歪曲社会主义形象基础上,借助大众传媒,发动文化领域的“话语之战”,试图通过建构起“大众”这一新的“根基”,为新自由主义的意识形态“合法性”做辩护。霍尔针对新自由主义的流行,对“撒切尔主义”展开了意识形态批判,主张战胜“撒切尔主义”挑战的关键是夺取大众文化的意识形态领导权。

关键词:斯图亚特·霍尔　新自由主义　意识形态批判

1979 年至 1990 年是英国保守党执政的 11 年,政党领袖撒切尔夫人推广以自由市场和全面私有化为主要特征的政策,被称为“新自由主义”。虽然撒切尔时代早已落幕,这一思潮却对资本主义世界产生了极大的影响力,成为资本主义国家主导意识形态的核心理念。为什

* 本文系山东省艺术科学“十三五”规划重点课题“英国文化马克思主义新思潮在我国的传播及影响”的阶段性成果。

么标榜为新自由主义的意识形态有如此强的影响力？早在撒切尔夫人执政期间，英国文化研究理论大师斯图亚特·霍尔就对“撒切尔主义”进行研究，在《大众文化与国家》《紧急向右转》《新时代》《解构大众笔记》等文章中，对撒切尔主义为代表的新自由主义意识形态进行了深刻的剖析和批判。霍尔对撒切尔主义的精湛分析，对于我们深刻认识新自由主义本质特征、应对新自由主义的意识形态挑战具有启发意义。

一、霍尔对“撒切尔主义”批判的历史背景

二战之后，英国两党——工党和保守党轮流执政，两党在经济政策领域实行以凯恩斯主义为指导的国家干预经济、建立福利社会、注重分配公平的政策，并形成“以混合经济和福利国家为基础的社会民主”的共识，①一度带动了英国资本主义的经济繁荣，使其进入“黄金发展时期”。20 世纪 70 年代末，“后福特主义”、“后工业主义”这些新名词的诞生，标志着一种以“个性化”生产代替“批量生产”、以工资增长、消费增长进而拉动生产的新型生产方式已经来临。而此时执政的工党政府没有大的政策创新，一方面，它面对国家财政不足不能支撑福利社会巨大开支的困境一筹莫展；另一方面，它又不得不维护其福利政府的形象，面对人们对福利社会导致经济增长放缓和生产效率下降的指责缺乏回应。这些加剧了民众对英国工党政府的不满和抱怨。经济衰落、通货膨胀、工人罢工、种族矛盾、社会骚乱等等事件的发生，表明人们迫切需要一场大的社会变革。1979 年的英国大选，大部分选民把票投给了保守党。保守党领袖撒切尔夫人自此主宰英国政坛 11 年，并全力打造了一套以宣扬私有化、自由市场和个人主义为典型特征的“新自由主义”意识形态。

① Kenneth O.Morgan：《20 世纪英国：帝国与遗产》，宋云峰译，外语教学与研究出版社 2008 年版，第 188 页。

二、霍尔对“撒切尔主义”的剖析和批判

20世纪70年代末,霍尔在文化研究界已经负有盛名。他主张文化研究不能仅仅在书斋里做学问,应当关注现实,做一名“有机知识分子”。作为一位马克思主义理论家,他的文化研究充满对社会主义的价值追求。面对撒切尔政府全力打造的新自由主义意识形态,霍尔和他的同事进行了学术上的回应和政治上的回击。

(一)揭露“撒切尔主义”政治合法性的虚假性

撒切尔夫人执政之初,就打出“人民资本主义”的旗号,她从合乎社会发展规律、合乎民众需求性两个方面论证保守党新政府的合法性。首先,她强调,英国已经进入一个“后福特主义/后工业社会”为标志的新的时期,个性化消费时代需要政府培育以个人主义为核心的价值观,而这一价值观需要以全面私有化和自由市场的政策去保障。因而,个人主义价值观和意识形态体系是顺应英国经济社会发展趋势的,因而有其建构的合法性;另一方面,撒切尔夫人宣称,福利社会的实践已经消除了人和人的阶级划分,英国是全民国家,英国政府是全民利益的代表,是“所有英国人”的代言人。她声称,“资本主义现在是一种经济体系,并不只是服务于财富或只为富裕的中产阶级,也为普通的民众效力;普通民众也可能变成获利者和新型私有化的公共设施中的投资者。”①撒切尔夫人将新自由主义称作资本主义的“灵魂”,认为它不仅是一种经济体系,更是资本主义的道德体系和价值信仰。

面对撒切尔政府极力塑造其自身形象并日益“俘获”民心的局势,霍尔借助《今日马克思主义》杂志和社会主义论坛,对撒切尔主义的

① [英]安吉拉·麦克罗比:《文化研究的用途》,李庆本译,北京大学出版社2007年版,第33页。

“合法性”进行批判。他尖锐地指出,“撒切尔主义”的合法性是一个被撒切尔政府建构起来的概念而已,它通过强化市场经济中的竞争原则和私有财产的占有原则,一方面,弱化工党左翼提倡的合作原则和集体主义,瓦解人们对阶级利益的追求,逐渐摧毁人们的阶级身份和共识;另一方面,它通过“英国性”的共同身份建构统一起各种差异性身份,使国家主义成为新自由主义的价值标签。“后福特主义绝不仅仅是个经济术语,它更是一个文化术语。后福特主义呼吁的是一个个性自由的时代,但新自由主义的本质是资本的自由”①,它不可能保障真正个性自由的实现,相反,它会走向个性自由的反面,成为人们实现个性自由的障碍。霍尔预测,撒切尔主义的“全民国家”目标不可能实现,撒切尔主义所谓顺应时代趋势和民心所向的“合法性”也最终会被现实中的民众摧毁。事实确是如此,撒切尔夫人执政的11年,虽然在初期取得民众支持,但随着其施政方针的负面效果显现,贫富分化日益严重,阶级对立和冲突日益尖锐,煤矿工人再次发起为时一年的大罢工,政府的限制移民政策使“英国性”标签化以及人头税政策,这些最终激怒了充满抱怨的人们,加速了撒切尔政府的下台。霍尔对撒切尔主义的新自由主义的本质与趋势的预测在现实中得到了证实。

(二)批判性剖析撒切尔主义意识形态领导权的实施策略

撒切尔夫人代表的保守党为什么能够连续执政11年?霍尔认为,不是因为私有化、市场化的经济社会改革符合大众利益,而是因为撒切尔政府借助私有化、市场化改革重建了自由主义主导意识形态的领导权,形成了基于新自由主义的社会共识,维护了其政权的稳定性。不去剖析撒切尔主义的意识形态实现策略,就无法应对未来资本主义在意识形态领域的挑战。

---

① Stuart Hall:*The meaning of New Times*,David Morley and Kuan _ Hsing Chen.Stuart Hall:“Critical Dialogues in Cultural Studies”,London:Routledge,1996:223.

1. 霍尔对撒切尔政府的意识形态领导权实施策略的分析

撒切尔政府为了重建资本主义自由主义意识形态领导权，首先对社会主义意识形态进行攻击和丑化。把社会主义歪曲为"极权主义"的代名词，大力削弱英国共产党影响力，鼓吹社会主义运动不符合英国实际。撒切尔政府提出，具有社会主义色彩的凯恩斯主义的宏观调控政策在英国的经济社会领域已经失灵，社会主义从经济到政治已经完全失败，资本主义必须通过实行更加自由的市场经济取代重视宏观调控的凯恩斯主义，应当鼓励个人利益在市场经济的分化和差异，这是资本主义向前发展的动力。在撒切尔政府这里，新自由主义不仅成为经济社会发展的动力，更是被赋予资本主义主导意识形态的含义和对抗社会主义思想的功能。

此时大众传媒的兴起为新自由主义意识形态共识的达成起到了助推作用。霍尔分析道，表面自由、中立的大众传媒自诞生起就标榜为"大众声音的传声筒"，但事实是，社会公众被分割为两个不同的部分：一部分为社会精英，他们是英国自由主义市场经济下的既得利益者；另一部分是社会大众，他们处于社会发展底层和边缘层，对进入精英阶层充满渴望。因而，精英话语几乎成为大众传媒的主导话语，他们通过大众传媒传播精英主义的价值观，不自觉充当了新自由主义意识形态的代言人。相比于政府的意识形态说教，社会公众更易于接受没有穿着意识形态外衣的社会精英的主张，在不自觉的赞同中与社会精英达成"意识形态共识"。霍尔认为，传媒业其实发挥了这样一种功能，"通过将它们组织成一个单独的声音而维护了主导阶级文化的标准及价值，并且同时把其他阶级和各地区的不同声音纳入到它有机的联合框架之中。"[①]大众媒介整合了人们的意识形态，推动新自由主义意识形态在大众中获得认同。

同时，撒切尔政府深入推进经济政治文化领域的市场改革，回应民

① 陶东风编：《〈文化研究〉精粹读本》，中国人民大学出版社 2010 年版，第 282 页。

众抱怨的社会问题。首先,撒切尔政府实行“去国有化”改革,它将大批国有企业出售给散户,员工也获得免费股票,政府的财政收入得到增加,似乎每一位公民都成为私有化改革的受益者;其次,撒切尔政府解除对企业发展的种种限制,通过减税等政策为企业发展提供条件;再次,削减福利开支、扩大公共品市场化改革,抑制福利社会的消极后果。正如撒切尔夫人所说的,“经济学是一种方法,目标是改变心脏和灵魂”①,撒切尔夫人将减少政府干预看作对抗极权主义举措,将企业私有化看作是使人民享有权益的大众资本主义(人民资本主义),将鼓励企业竞争看作告别福利社会寄生性生活方式的创新。可以说,撒切尔政府将它的意识形态建构根植于政府的作为中,使新自由主义成为经济政治文化社会改革的核心原则。

撒切尔政府的话语之战也强化了新自由主义意识形态的领导权。执政之初的撒切尔夫人一改过去工党和保守党高高在上的官老爷形象,她站在大众的立场,和他们一起抱怨:抱怨工会成为集权中心,剥夺了工人自由选择工作的权利;抱怨政府财政能力不足,和一些学者们一起质询福利社会因为缺少惩戒从而使社会发展缺失活力。霍尔认为,撒切尔夫人通过话语之战,显示了她“把阶级和个人塑造成大众力量的能力,即把对立的阶级和隔离的人群——即被文化也被其他因素隔离——变为一个大众—民主的文化力量”②。它以“历史集团—人民”的新关系定位替代了“统治—被统治”的阶级关系定位,掩盖了资本主义阶级统治的实质。她反对一切工人阶级的斗争,包括20世纪60年代以来的新社会运动,并在工人中灌输“未来在于合作而不是对抗”的去阶级化理念。霍尔将这种“民主式民粹主义”看作“撒切尔主义”的重要标志,认为它利用大众话语将自身打造为大众的利益保障体系和价值信仰,为新自由主义意识形态争取领导权提供了民众基础。

---

① Mrs Thatcher's speech.Sunday times.May 1,1981.

② [英]斯图亚特·霍尔:《解构“大众”笔记》,戴从容译,译自 Samuel,R.(ed.), People' History and Socialist theory,London:Routledge & Kegan Paul,1981:56。

对于撒切尔政府建构新自由主义意识形态领导权的举措,霍尔将其概括为四位一体的策略,即:它将新自由主义打造为:对抗极权主义的价值观;社会精英的生存经验和信仰;经济政治文化政策的核心原则和大众话语的精神支撑。通过对新自由主义意识形态的型构,新自由主义在英国意识形态领域逐渐取得了领导地位。

2. 霍尔对撒切尔主义意识形态领导权实施策略的批判

(1)通过在大众文化领域的渗透建构其意识形态话语权

霍尔将"撒切尔主义"的胜利称为其文化政治策略的胜利。它通过在大众文化领域建构其话语权,培育基于"英国性"的民族主义和国家认同,弱化人们的阶级身份,力图打造一个"无阶级"的市民社会,原有不平等的统治关系也被"历史集团—人民"的新型"平等"关系所代替。阶级矛盾似乎缓和了。但霍尔认为,撒切尔主义这一去阶级化策略是失败的,因为它改变不了英国是一个阶级社会的现实。"人民"这一共同体概念掩盖不了真实存在的阶级冲突,"人民创造了历史,但是历史中却没有了人民"①,撒切尔夫人执政期间民众分层日益严重,人民没有成为社会利益的共同获得者。任何政党都有阶级性,从来不存在全民政党。撒切尔主义对阶级性的摧毁也使保守党失去了核心支持者,为以后的落选埋下了伏笔。

(2)通过资本至上逻辑侵蚀大众文化的自主性

霍尔认为,新自由主义意识形态领导权是建立在资本至上基础上的。撒切尔政府将这一原则推向极致,通过资本的自由运动,建立起资本对经济政治文化的统领。在谈到大众文化时,霍尔说,在新自由主义的文化的渗透和侵蚀下,大众文化已经不再是大众的文化,它已经变成一个复杂统一体,传递着被资本改变了的统一价值观。这是撒切尔主义建构其意识形态霸权的策略之一,但也正是这一策略,使英国社会发

① Stuart Hall:The meaning of New Times.David Morley and Kuan _ Hsing Chen.Stuart Hall:*Critical Dialogues in Cultural Studies*,London:Routledge,1996:225.

展方向逐渐失去自主性这一本性,严重违背了社会发展的大众民主与公平正义的要求。

(3)通过新"权威民粹主义"对抗英国的社会主义传统

对抗社会主义思想传统是撒切尔政府推行其新自由主义主张的重要目的。"撒切尔主义"为了争夺意识形态领导权、赢得民众的认同,歪曲社会主义思想是其重要的文化策略。霍尔认为,这一策略的荒唐在于,以对抗"大众民主"为己任的新自由主义走向了新"权威民粹主义",它极力丑化的社会主义在英国民众中历来是和公正主义联系在一起的,战后工党和保守党所形成的混合经济和凯恩斯主义的社会共识不能否认是借鉴社会主义国家经验的结果。撒切尔夫人力图摧毁这一战后共识,通过推广去国有化、减少政府干预、实行自由市场经济来保持英国经济社会发展的效率和活力。这种社会财富的再分配方案,必然出现两极分化、底层民众利益得不到保障、社会秩序混乱等结果,这是资本主导下的现代性弊端,撒切尔夫人所声称的大众民主时代并没有到来,它的意识形态领导权是资产者的领导权,在这一意义上,霍尔将"撒切尔主义"转化为"权威民粹主义",它对大众声音的"统一"最终使它走向新自由主义的集权统治。

三、霍尔关于社会主义应对新自由主义挑战的策略与启示

针对"撒切尔主义"对新自由主义意识形态领导权的实现策略,霍尔认为,必须展开针锋相对地反文化霸权的斗争,应该以大众文化为场域,掀起一场社会主义价值观与新自由主义意识形态的"阵地战"。霍尔将"阵地战"解读为争夺文化领导权的意识形态之战。

首先,社会主义价值观的建构要解构新自由主义的意识形态霸权的"合法性"基础。"撒切尔主义"宣称,新自由主义的合法性在于它是

大众自愿选择、能够最大限度地实现大众利益的制度原则和价值信仰。它为公民个人提供了追求个人利益、免受政府干预的自由。新自由主义是否就是大众的价值信仰？霍尔认为，撒切尔主义已经将真实的大众藏匿起来，当今的大众是被资本统治着、体现着资产阶级价值信仰的社会阶层，只不过是它借用大众的话语和文化标识出来，所以才谓之“大众”。既然新自由主义意识形态的受众基础——“大众”只是被建构起来的一个概念而已，那么，新自由主义的合法性也就失去了根据。

其次，英国的社会主义者必须全面揭穿新自由主义意识形态的虚伪性，应该立足于时代的新变化，打造具有真实受众基础、赢得民众支持的新价值观。新自由主义的虚伪性在于，它名义上打着实现大众利益的旗号，却实际上遵循资本至上的原则，极力建构和维护的是一个以资本统治为基础的秩序。霍尔说，社会主义者应当将新自由主义丢弃掉的公平、正义、和谐、民主等价值原则重新组织起来，赋予社会主义价值观新的含义。基于“撒切尔主义”对大众进行的整体性的再造，社会主义价值观的阐释应当立足于尊重和实现大众的差异性、个体性身份诉求，恢复大众的主体性，以公正、平等、多元、包容、开放、差异的价值原则增强社会主义价值观的吸引力。霍尔提出，在资本主义国家，复兴社会主义价值观是左派政党的责任。作为一种策略，左派政党应当“有效地介入新社会前景，注重和学术与智囊机构合作，注重现代性改造，探讨赢回意识形态平台的路径”①。同时，“用公正、选择性、现代性语言就可以将不同的选民联合在一起，重塑社会主义民主的内涵。”②

最后，在大众文化场域对大众进行思想启蒙和思想解放，调动民众

---

① [英]安吉拉·麦克罗比:《文化研究的用途》,李庆本译,北京大学出版社 2007 年版,第 36 页。

② [英]安吉拉·麦克罗比:《文化研究的用途》,李庆本译,北京大学出版社 2007 年版,第 34 页。

对新自由主义的抵抗潜能。霍尔指出，将民众视为价值观的被动接受者、贬低民众能动性的做法不是社会主义者的做法，事实上，大众并不是可以任意涂抹的一块白板。在《编码，解码》一文中，针对资本主义媒介对大众的意识形态整合策略，霍尔提出：大众可能呈现出三种不同的立场——认同立场、协商立场和抵抗立场。大众的不同立场隐含了不同阶层对于资本主义主导意识形态的差异化解读以及由此可能采取的不同做法。社会主义者应当在揭示、批判新自由主义意识形态的基础上，以大众文化为场域，对大众进行分层化启蒙，使大众意识到新自由主义并不是解放大众的精神武器，而是大众实现自由的新的思想束缚和枷锁。现实中新自由主义经济政策的推行所造就的社会不平等足以使新自由主义的价值承诺成为一句空话，摧毁人们对新自由主义的信仰；但是越是如此，新自由主义越会牢牢控制着大众文化领域的意识形态领导权，压制大众向往自主权、追求新社会的文化斗争。而社会主义者应当在这一场域启发大众进行自我解放，摆脱霸权控制，以文化为手段，表达对社会主义公平正义平等价值观的诉求。这一行动对新自由主义领导权地位的撼动也许是薄弱的，但是这毕竟是一个开端。正如霍尔所说，大众文化如此重要，因为它是社会主义价值观最可能建构起来的场域，应当在大众文化前加上“社会主义”这四个字的修饰语，在大众文化场域争夺价值观的领导权，这一切都以调动大众的抵抗潜能为前提。

霍尔以“撒切尔主义”为例对新自由主义的批判影响非常大，他对新自由主义的深刻剖析以及对抗新自由主义意识形态霸权的社会主义文化政治策略具有非常重要的现实意义。当今资本主义社会的生态社会主义思潮、女性主义马克思主义思潮、市场社会主义思潮、文化社会主义思潮的兴起和发展，都是资本主义条件下大众对新自由主义质疑和寻求新自由主义替代性思潮的产物。社会主义在新自由主义的挤压下不仅没有消失，反而以多样化形态存在于资本主义统治之下，表达着人们对社会主义的价值追求。这是对霍尔的社会主义规划以及文化政治策略的最好诠释和印证。这不仅为我们理解当代西方社会主义思潮提供了有益的视角,更是为我们应对当代西方新自由主义的意识形态霸权提供了启发与思考。

(作者　山东中医药大学马克思主义学院副教授)

法国左翼知识精英对黑格尔的接受和形塑(1920—1960)

——巴塔耶与科耶夫的思想论争

肖 琦

摘要:一般认为,科耶夫的《精神现象学》研讨班是法国黑格尔复兴运动的开端。事实上在此之前,以巴塔耶、奎诺为代表的左翼知识精英们就因为受到马克思主义的影响对黑格尔思想中的辩证法等要素展开过讨论。20世纪30年代,科耶夫以其天才魅力对黑格尔进行的马克思主义和海德格尔存在主义式的解读恰逢其时地满足了左翼知识精英们在学理上(反传统理性主义)和政治上对黑格尔的想象及对当时法国哲学和社会的诊断需求。巴塔耶、奎诺和科耶夫不同时期的作品及通信勾勒出他们的思想论争过程。他们各自的思想资源和独特的生命体验导致他们在对黑格尔的接受和形塑上呈现出明显的差异性。

关键词:科耶夫 巴塔耶 辩证法 否定 黑格尔 死亡 献祭

法国对黑格尔的接受历经近百年的时间才得以完成。这一方面归因于普法战争以来的民族矛盾。① 另一方面,孔德开创的实证主义思

① 本文为上海市社科规划青年课题"法兰西第三共和国的共和危机——以知识精英的讨论为核心(1919—1939)"(2017ELS005)的阶段性成果。V.Y Mudimbe, A. Bohm: "Hegel's Reception in France", in *Bulletin de la Société Américaine de Philosophie de Langue Française* 6 (3), 1994, pp.5-33.

潮统领了19世纪下半叶的法国学术思想界,之后的涂尔干学说和新康德主义因其与法兰西第三共和国立国思想(共和、科学、理性)的内在关联性成为占据主导地位的法国国家哲学。

20世纪20年代以后,黑格尔作为一种重要的反思资源被引入到法国学界。有学者认为,俄国十月革命的爆发激发了法国知识界对黑格尔的研究兴趣。① 然而法国黑格尔复兴运动的起点,一般认为是1933—1939年俄裔法国哲学家亚历山大·科耶夫(Alexandre Kojève)在巴黎高等实践学院主持的《精神现象学》研讨班。正是从这个研讨班上,走出去了后来成为学界翘楚的拉康(Lacan)、梅洛-庞蒂(Merleau-Ponty)、雷蒙·阿隆(Raymond Aron)、埃里克·韦依(Eric Weil)、乔治·巴塔耶(George Bataille)、安德烈·布勒东(André Breton)等学者、思想家和社会活动家。在法国的政治谱系中,他们中的大部分人可以被归入左翼阵营。但科耶夫研讨班只是法国黑格尔复兴运动的"临门一脚",应该说,法国知识界对黑格尔的接受和复兴,除了科耶夫个人的天才魅力之外,亦与左翼知识分子们此前的理论积累不无关系。他们带着时代的印记和各自的人生体验参与到对黑格尔的接受和形塑中来。思想家、文学家、批评家巴塔耶是其中尤为显著的一位。他与科耶夫之间围绕黑格尔的论争为我们理解法国知识界对黑格尔的接受和对之进行的改造提供了丰富的资料。②

① 德贡布:《法国当代哲学》,王寅丽译,新星出版社2007年版,第13页。

② 在已有研究中,有部分学者从思想继承性的角度就科耶夫对巴塔耶的影响展开过研究,如Philippe Sabot:"Bataille, entre Kojève et Queneau: le désir et l'histoire", *Le Portique*, no29, 2012。张生:《从寻求"承认"到成为"至尊"——论巴塔耶通过科耶夫对黑格尔的主奴思想的吸收》,载《现代哲学》2011年第4期。莎蒂亚·德鲁里:《亚历山大·科耶夫:后现代政治的根源》,赵琦译,新星出版社2007年版;也有对科耶夫和巴塔耶思想中集权主义倾向的研究,见Masayuki Maruyama: "Alexandre Kojève et Georges Bataille, deux pensées 'contre-révolutionnaires' différentes", *Etudes de Langue et Littérature francaises*, Vol.102, 2013等。

一、辩证法:与黑格尔的第一次交锋

巴塔耶年长科耶夫五岁。1924 年,当巴塔耶获得了法国国立文献学院①的文凭并结束了在西班牙的留学,顺理成章成为法国国家图书馆管理员的时候,科耶夫还是海德堡大学的一名博士生。与我们一般熟知的叙事不同,巴塔耶并非通过科耶夫的研讨班偶然发现了黑格尔。巴塔耶在 1927—1932 年间就接触到黑格尔,②陆续读过黑格尔的《历史哲学》、《逻辑》等书,发表了一些以黑格尔主义为主题的论文。③ 1931—1933 年,俄裔哲学家科瓦雷(Koyré)在高等实践学院开设《现代欧洲宗教思想史》课程,并在 1932—1933 学年的该课程中专门讨论了黑格尔的宗教哲学。④ 从课程档案来看,巴塔耶在第一年作为旁听生与正式学生科耶夫一起出现在这门课上,第二年则和科耶夫一起作为正式注册学生选修了该课。⑤ 当时科耶夫刚来法国定居几年,他的德国博士文凭得不到法国的同等学历认证,不得不重新在法国攻读学位。

而那时的巴塔耶除了已经出版了几本代表性的小说之外(包括

---

① Ecole Nationale des Chartes,法国国立文献学院,法国培养档案员与部分图书馆员的著名高等学校,是世界上最早的正规档案教育机构之一,被誉为欧美国家的第一代档案学院。

② Masayuki Maruyama:" Alexandre Kojève et Georges Bataille, deux pensées ' contre-révolutionnaires' différentes", *Etudes de Langue et Littérature francaises*, Vol.102,2013.

③ 张生:《从寻求"承认"到成为"至尊"——论巴塔耶通过科耶夫对黑格尔的主奴思想的吸收》,载《现代哲学》2011 年第 4 期。

④ 此前,维克多·德尔博斯(Victor Delbos)于 1922—1929 年间在索邦大学教授过黑格尔哲学。1928—1929 年,夏尔·安德莱(Charles Andler)在法兰西学院的课程中也重点讲授了黑格尔哲学。见 V.Y Mudimbe, A.Bohm:"Hegel's Reception in France"。

⑤ Alexandre Koyré: *De la Mystique à la Science*, *Cours*, *Conférences et Documents*, 1922-1962, Paris: Editions EHESS, 2016, pp.86-87.

《眼睛的故事》、《太阳肛门》），还是几个左翼文化和政治圈子的核心人物。① 巴塔耶对黑格尔的兴趣无疑是经由共产主义而来。奎诺回忆说："在1925年最好的那批知识分子中，几乎没有人怀疑在共产主义与黑格尔主义之间存在一种联系。"②在黑格尔思想中，巴塔耶最感兴趣的是辩证法部分。他在1930年的一篇发表在《文献》杂志上名为"诺斯替派与唯物主义的衰败"的文章中第一次提到黑格尔。③ 在第2期"自然的差距"一文中，巴塔耶讨论了自然辩证法。最后在1932年与奎诺合作的文章"黑格尔辩证法基础批判"一文中，巴塔耶将他与奎诺就这一问题进行长期探讨的成果发表出来。值得注意的是，后来在1955年《丢卡利翁》(*Deucalion*)第5期黑格尔研究专号出版的时候，巴塔耶还将此文收入其中，可见他认为自己20多年前的这篇习作是有一定代表性的。

就这篇文章写作的背景，奎诺做过这样的解释："我们这篇文章的主旨是回到黑格尔的观点。这一时期，胡塞尔和海德格尔刚刚开始在法国为人们所知，黑格尔作为一个不可化约的辩证法者出现，与此相比，人们却贬损共产主义的辩证法。虽然这时期我们都不是共产党员，但是我们却要来拯救这个僵化的唯物辩证法，我们提议用资产阶级思想中最好的那些资源来丰富它，即弗洛伊德的精神分析学说和社会学

---

① 巴塔耶与卡尔·爱因斯坦(Carl Einstein)等人创办了《文献》(1929—1931)杂志，任秘书长。《文献》主张在艺术分析中加入人类学的内容，实现艺术家与学院派学者之间的对话，以区别于当时先锋的超现实主义运动。巴塔耶还是民主共产主义社团(Cercle Communiste Démocratique，简称CCD)的主要成员之一。该组织正式创立于1930年，创建者是前法共创始人之一的鲍里斯·苏瓦林(Boris Souvarine)，主要成员包括雷蒙·奎诺(Raymond Queneau)、西蒙·薇依(Simone Weil)等，还有一些卢森堡主义者。该社团捍卫马克思主义信仰，但并不认同苏联，他们认为苏联是一个建立在新的阶级划分基础上的非社会主义国家。

② Raymon Queneau："Première Confrontation avec Hegel", in *Critique*, Aug－sept, 1963, p.695.

③ Raymon Queneau："Première Confrontation avec Hegel", in *Critique*, Aug－sept, 1963, p.696.

(涂尔干、莫斯——当时我们还不知道列维-斯特劳斯)。"①巴塔耶和奎诺也在文章中写道:"如今马克思主义的辩证法受到颇多责难,马克斯·伊斯曼②将其看成是一种宗教思想。他们想把辩证法从无产阶级的意识形态中拿出来,这就像从身体里抽出血液"。因此,文章的出发点是恢复辩证法的声誉,或者说提出一种处理辩证法的方法。

文章的主要观点是,辩证法不一定要建立在自然科学或者纯粹逻辑的基础上。相反,可以从分析人的生存体验开始,通过否定的否定和强力的行动来实现。为了得出这个结论,作者们首先分别梳理了黑格尔本人关于辩证法问题和马克思、恩格斯在此问题上的相关论述。黑格尔认为"自然在实现概念方面的无力为哲学设定了限制,即是说,为那些正在生成的事物的辩证建构设置了限制"。对黑格尔来说,"自然是理念的失败,是否定,同时是反叛和一种无意义。"③巴塔耶写到,恩格斯花了八年的时间准备自然辩证法理论,但是在1885年《反杜林论》的第二版序言中,恩格斯还是放弃了在自然中建立一般法则的希望。显然,论证自然辩证法是一个非常棘手的难题,黑格尔和马克思、恩格斯都没有很好地解决,后来的评论者们对这个问题也是避之唯恐不及。但是这也恰如列宁所说,在这种情况下,才要对唯物辩证法加以研究,因为唯物辩证法不是一个已经建构好的东西,而是一个有待实现的教义。④

① Raymon Queneau:"Première Confrontation avec Hegel", in *Critique*, Aug-sept, 1963, p.697.

② Max Eastman(1883—1969),美国文学批评家、作家、诗人、政治活动家。创办了《解放者》(*The Liberator*)等杂志。他早年积极支持社会主义主张,曾于20世纪20年代在苏联生活两年。在斯大林"大清洗"与"托洛茨基事件"后,成为自由市场和反共思想的倡导者。

③ George Bataille:"La critique des Fondements de la Dialectique Hégélienne", *Deucalion*, *Etudes Hégéliennes*, no5, 1955, p.47.

④ George Bataille:"La critique des Fondements de la Dialectique Hégélienne", *Deucalion*, *Etudes Hégéliennes*, no5, 1955, pp.48, 50.

尼古拉·哈特曼①处理黑格尔辩证法的方法被巴塔耶认为是可以借鉴的。他不仅不再谈论普适性,而且从一开始就认为辩证法不能被应用于自然领域。他所辩护的辩证法既不是来自逻辑学也不是来自自然哲学,而是来自法哲学、历史哲学和精神现象学。他用以建构其概念的第一个例子既不是麦粒也不是土地,而是阶级斗争、主人与奴隶。②结合马克思、恩格斯和哈特曼对辩证法的论证,巴塔耶和奎诺认为,"问题不是去排除辩证法思想,而是去了解它应用的限度在哪里。"③

由此,受到精神分析学影响的巴塔耶和奎诺认为,也许可以通过将辩证法应用于精神分析领域的实践,从而再反哺到辩证法的基础上来。例如在对现实关系的分析中,人从小孩、少年、成年到老去的过程,可能找不到任何的对立关系。然而从精神分析的角度来说,人类一开始是被父亲强加给他的用于克服冲动的"禁忌"而限制住的。在这种情况下,人会无意识地想象父亲的死,同时那种被父亲权威压迫下的去势般的气质背后蕴含着一种反抗父权的强烈欲望,甚或是死的欲望。在大多数情况下,这个儿子的否定性远非其生活中的性格,这是一种很矛盾的呈现。但正是这个否定性使得儿子占据了父亲的位置。重要的是,这一主题导致每个人都建构了自己的生存经历。进而,辩证的发展成了实际生存的要素。④ 当然这个否定性永远无法完全实现,只能通过推演来理解。这里的"禁忌"、"抑制冲动"虽然是精神分析学的术语,但它的资源却来源于自然。所以巴塔耶说,问题不在于精神与物质的二元论,因为辩证法所考察的对象都是自然界最复杂的事物。问题在于必须首先抛弃唯灵论的庸俗的假设,让辩证法进入到精神分析学当

---

① Nicolai Hartmann(1882—1950),德国哲学家,现象学伦理学的奠基人之一。

② George Bataille:"La critique des Fondements de la Dialectique Hégélienne",*Deucalion*,*Etudes Hégéliennes*,no5,1955,p.46.

③ George Bataille:"La critique des Fondements de la Dialectique Hégélienne",*Deucalion*,*Etudes Hégéliennes*,no5,1955,p.55.

④ George Bataille:"La critique des Fondements de la Dialectique Hégélienne",*Deucalion*,*Etudes Hégéliennes*,no5,1955,p.57.

中来,才能够观察到。巴塔耶想论证的是一种区别于自然科学和纯粹逻辑的,一种建立在生存体验的基础上,一种被结构所注定了的思考方式或者辩证法的基础。

可见,巴塔耶与黑格尔的第一次交锋,一方面是经由法国左翼知识分子对马克思主义的兴趣(特别是辩证法)而发生的。另一方面,我们也要看到这一相遇发生在法国思想界在一战后兴起的对传统理性主义进行反思的大背景下。正如德贡布观察到的,对辩证法的看法,在20世纪30年代前后呈现出一个断裂式的变化。在此之前,它是在贬义上被理解,此后,它总是用在褒义上。[①] 巴塔耶与奎诺对辩证法的辩护,为这一断裂式变化做出了完美的注释。

二、回到黑格尔:科耶夫式黑格尔的魅力

与巴塔耶不同的是,在俄罗斯的哲学复兴运动中成长起来的科耶夫对德国古典哲学并不陌生。他在海德堡大学获得哲学博士学位,他的博士论文是用谢林的古典哲学思想去沟通索洛维约夫的宗教哲学。[②] 不过,真正引领科耶夫走进黑格尔研究的,却是他在法国的导师和引路人——科学史家、哲学家科瓦雷。科瓦雷在高等实践学院讲授黑格尔宗教哲学课程一年后,被派去开罗大学授课,遂请科耶夫接替他继续授课,如此才有了后来著名的黑格尔研讨班。在黑格尔之外,科耶

---

① 德贡布:《法国当代哲学》,王寅丽译,新星出版社2007年版,第14页。

② 科耶夫的博士论文缩减后以“La Métaphysique Religieuse de Vladimir Soloviev”为名分两次发表在1934—1935年的*Revue d'Histoire et de Philosophie Religieuses*杂志上(14,n°6,pp.535-544;15,n°1-2,pp.110-152)。中文版由笔者译出,见科耶夫:《符拉基米尔·索洛维约夫的宗教形而上学》,肖琦译,收入《海权沉浮——大观》,广西师范大学出版社2015年版。科耶夫在文中屡屡提及黑格尔。当然,由于笔者未能读到博士论文原稿,而这个缩减版是在研讨班开始之后发表的,所以在他的博士论文中黑格尔具有多大的重要性是存疑的。

夫的思想来源主要还有东方宗教思想尤其是佛教思想，海德格尔的存在主义哲学及马克思主义。对此，科耶夫在其生前最后一部写作计划中一一提及——“如果不是具备一定的文化的广度（有点百科全书的特点）和对哲学史的经典有一个深度的把握（包括印度和中国），我恐怕不能像现在这样受益于科瓦雷。”“但如果我之前没有读过海德格尔的《存在与时间》，这（知识的准备和积累——笔者注）恐怕也是远远不够的。”①科耶夫的黑格尔反思是建立在对佛教、海德格尔与马克思的解读基础上的，与后两者的争论和探讨帮助他进一步廓清了其与柏拉图主义者之间的差异。

最终，科耶夫讲授的《精神现象学》获得了巨大成功，奠定了他在法国学术与思想界的地位。从 1934 到 1939 年间，巴塔耶成为每周一下午五点半在巴黎高等实践学院举办的黑格尔研讨班的常客。他虽然从不是一个勤奋的旁听者，有时还会睡着，但无疑从中获益匪浅。按照奎诺的回忆，在写完《黑格尔辩证法基础批判》之后，巴塔耶几乎不再怎么提及黑格尔，或即使提及，也是不太友善地，站在黑格尔的对立面。然而经过研讨班的学习，他回到了一个不同的黑格尔。② 巴塔耶自己也说，科耶夫对《精神现象学》的解读使他感觉就像是《精神现象学》这本书自身在说话，使他窒息甚至于呆若木鸡，“科耶夫的课让我精疲力尽，它把我捣碎，十几次地把我杀死。”③科耶夫对黑格尔的解读究竟有什么特点或魅力，能让巴塔耶做出这样的评价？

首先，科耶夫选取的导读书目是黑格尔的《精神现象学》。我们看到，在研讨班前，已经翻译成法语出版的黑格尔著作包括《精神哲学》（第一卷 1867 年，第二卷 1869 年）、《自然哲学》（第一卷 1863 年，第二卷 1864 年）、《逻辑》（1859 年）、《美学》（第一卷 1875 年）、《宗教哲

---

① Alexandre Kojève：*Le Concept, le Temps et le Discours*, Paris：Gallimard, 1991, p.32.

② Raymon Queneau："Première Confrontation avec Hegel", in *Critique*, Aug－sept, 1963, p.699.

③ Stuart Kendall：*Georges Bataille*, London：Reaktion Books Ltd, 2007, p.92.

学》(第一卷1876年,第二卷1878年)等。然而,黑格尔阐述自己哲学观点和方法论原则的第一部纲领性巨著《精神现象学》却迟迟没有法译本。这本书比较早翻译过来的《自然哲学》、《逻辑》等作品无疑更适应于一战之后的法国思想界对反理性主义、人本主义及存在主义的渴望。巴塔耶坦言,“我想知道我是谁,让我感到吃惊的是:在这方面,我对这本书(指《精神现象学》——笔者注)的兴趣是其他任何的书都不能比拟的,因为这是唯一的一本完全回答了我的问题的书。”①

其次,以主奴斗争辩证法为主线构建人类历史进程。主奴辩证法是科耶夫诠释黑格尔《精神现象学》的关键线索。研讨班学生之一,后来的精神分析大师拉康说,主奴辩证法就是那个“在每一个吃紧之处我用来把握方向”的东西。② 科耶夫在写给迪克陶的信上说:“我的课程主要旨在打到精神上。这就是我为什么有意识的凸显了主奴辩证法的角色,概括了现象学的内容。”③他自己承认,黑格尔究竟在他的著作中试图说些什么根本不重要。他只是借助黑格尔的文本来展开自己的哲学人类学。④ 所以,他一方面借鉴海德格尔,主张用二元论取代黑格尔的一元论。因为自然界可能和人的遵循的方法是不同的。如果自然像人那样变化,那么在时间过程中,语言就变得不可交流。如果石头和树木,以及伯里克利时代的人的身体和动物“心理”不同于我们的身体和心理,就像古代城邦的公民不同于我们,那么我们就不能理解古希腊关于农业和建筑业的著作,不能理解修昔底德的历史,也不能理解柏拉图的哲学。科耶夫使用了一个金戒指的比喻。构成金戒指的金子和洞,两者离了对方都不能存在,以两种不同的方式存在着。所以金和洞代表了两种本体论意义上的存在。金就是自然,洞就是人,指环就是精

---

① Bataille:“Hegel dans le Monde Présent”,NAF28086,Fonds Georges Bataille,BNF.感谢耶鲁大学卓悦老师惠赐她抄录的巴塔耶手稿档案。

② 彼得·奥斯本:《时间的政治》,王志宏译,商务印书馆2004年版,第120页。

③ 科耶夫:《科耶夫致唐·迪克陶的信》,夏莹译,《学海》2010年第6期。

④ 科耶夫:《科耶夫致唐·迪克陶的信》,夏莹译,《学海》2010年第6期。

神。二元论意指人与自然的二元对立，同时还意指着个人与社会（黑格尔的客观精神，在此意指为精神）的二元对立。这个二元论就将自然与人类世界辩证统一起来，却同时也将辩证法排除出自然领域。① 另一方面，科耶夫突出了辩证法在人类历史领域的应用，将黑格尔的"自我意识"偷换成"人"，于是黑格尔关于自我意识的讨论都被转换为关于人的存在论研究。与之相关，精神现象学的发展历程也就转变为关于人及其历史的生成过程。

第三，马克思主义的解读。1957 年 1 月，科耶夫由卡尔・施密特推荐赴杜尔塞多夫企业家俱乐部做一场演讲。在为演讲准备的德文简历中，科耶夫称自己 30 年代在高等实践学院开设的两门课为"《精神现象学》与马克思主义的根源"、"皮埃尔・拜尔与自由主义的根源"。② 可以说，科耶夫的研讨班上汇聚了被马克思主义所吸引的一批法国左翼思想精英，他们试图从中找到法国社会的药方和自身行动的准则。在巴塔耶写给科耶夫的未刊信札有这样一封信：

"我想知道您对话语必须转化成生活中的行动这个命题如何看待。我尤其感兴趣的是，我们当中很多人都是想重新回到马克思的精神资源去探寻的马克思主义者。这就是为什么我们对您讲的黑格尔特别感兴趣。"③

---

① 根据夏莹的研究，迪克陶对科耶夫的这种二元论进行过批判，主要集中在二元论的抽象性和非辩证性。迪克陶认为黑格尔哲学试图消灭的就是思维与存在，主观与客观的尖锐对立，但是科耶夫的二元论将自然理解为一个非辩证的世界。迪克陶的批评也是科耶夫研究界的一个基本批评。夏莹反驳道，科耶夫的人与自然的二元论并非是空间意义上的，而是时间意义上的。就是说自然在人诞生之前存在，人一旦诞生，自然就消失了，真实世界就转变为精神（金指环）。见夏莹：《论科耶夫哲学要义及其对现象学的误读——以对〈科耶夫给唐・迪克陶的信〉的解读为基础》，《现代哲学》2012 年第 2 期。

② Kojève："Dusseldorf Correspondance", 16, januar 1957, NAF 28320, Fonds Alexandre Kojève, BNF.

③ Kojève: Correspondance avec Bataille, NAF 28320, Fonds Alexandre Kojève, BNF. 信上的日期是遗失的，笔者根据作者的地址对照，判断该信大概写于 1935 年前后。

这封信表明巴塔耶对黑格尔的兴趣完全来自马克思主义。之后巴塔耶与罗歇·凯卢瓦(Roger Caillois)①曾邀请科耶夫去他们的社会学学院做过一次黑格尔讲座。这次讲座让他们目瞪口呆,无不惊叹于他的思想的魅力和结论。科耶夫对他们说,“你们可能记得黑格尔说过骑在马背上的是历史终结的人。对于黑格尔来说这个人是拿破仑……但是一个世纪过去了:这个历史终结处的人不是拿破仑而是斯大林。”②

德桑蒂③曾说:“对黑格尔的回归,是一小伙人(即科耶夫的黑格尔研讨班——笔者注)私下在大学校园之外开始的,他们反对解读黑格尔的最有名的大师(布伦施威克或拉朗德)。④ 这个小圈子,他们对官方哲学心存不满。他们中一些人是神学家,抱着重新将神学家们团结起来的目的,一些人是因为他们对‘存在’有着焦虑,另一些人(包括我在内)是想在他们要求的政治有效性的马克思主义中,寻找一条他们熟悉的,不打扰他们哲学习惯,不使他们改变意识的道路。”⑤从前已述及的巴塔耶与黑格尔的第一次交锋来看,这一观察和分析用来描述巴塔耶对科耶夫式黑格尔的接受是十分贴切的。科耶夫对辩证法、二元论、阶级斗争及将精神现象学构建成一部哲学人类学的处理,处处都回应了巴塔耶在“黑格尔辩证法基础批判”等一系列文章中的核心关切。那么在重新回到黑格尔之后,巴塔耶如何看待科耶夫式的黑格尔?他

---

① Roger Caillois(1913—1978),法国作家、社会学家、文学批评家。早年参与超现实主义运动,后与之公开决裂。

② Dénis Hollier: *The College of Sociology* (1937-1939), Minneapolis: University of Minnesota Press, 1988, p.86.

③ Jean-Toussaint Desanti(1914—2002),法国哲学家,早年加入法国共产党,积极宣传马克思主义思想。苏共二十大之后较少介入政治。曾任教于巴黎高师、索邦大学等机构,福柯、阿尔都塞等都是他的学生。

④ Léon Brunschvicq(1869—1944)和 André Lalande (1867—1963)是法国批判唯心主义哲学家。他们继承了19世纪末以来的精神论运动的传统,对20世纪初的法国学术界产生过较大影响。

⑤ Jean Desanti: “Hegel est-il le père de l' existentialisme ?”, *La Nouvelle Critique*, n° 56, 1954, pp.94-95.

认同这种解读吗?

三、捍卫还是反对黑格尔?

1937年,巴塔耶与米歇尔·莱里斯(Michel Leiris)、①罗歇·凯卢瓦一起创立了社会学学院。两年中,他们组织一些学者在盖-吕萨克路上的书店里,每个月举行两次聚会,探讨关于宗教制度和社会运动方面的话题,直到1939年7月停止活动。根据凯卢瓦的回忆,在社会学学院创立之初,"我们就曾经试图请求科耶夫的帮助,大家都知道,他是当时在法国黑格尔的主要评论者。科耶夫对我们这代人影响极大。我必须说我们的计划(指建立社会学学院的计划——笔者注)并没有得到科耶夫的支持。我记得是这样。我们是在巴塔耶位于雷恩路上的家中向科耶夫解释了我们这个计划的,科耶夫听我们说完,但否定了我们的想法。在他眼中,我们会把自己放在一个企图用自己的魔术伎俩使自己相信魔法的位置上。"②但令人意外的是,在社会学学院成立之后,科耶夫应邀前来发表了一篇题为"黑格尔的概念"的演讲。③ 演讲的讲稿已无从找到。④ 有意思的是,讲座结束后两天,即12月6日,巴塔耶给科耶夫写了一封信,信中他对科耶夫演讲的内容进行了评论和反驳,该信作为附录的内容后来公开发表于1947年的《有罪者》(*le Coupable*)一书中。此信可以被视为科耶夫与巴塔耶第一次见诸报端的正面思想交锋。

信中,巴塔耶着重对科式黑格尔的否定性概念进行了辨析。他首

---

① Michel Leiris(1901—1990),法国作家、诗人、人类学家,艺术批评家,早年受马克思主义影响,与巴塔耶、毕加索、萨特等人都有密切交往。

② Dénis Hollier:*The College of Sociology*(1937-39),Minneapolis:University of Minnesota Press,1988,p.86.

③ Stuart Kendall:*Georges Bataille*,London:Reaktion Books Ltd,2007,p.143.

④ 所以在整理社会学学院讲座讲稿时,这篇科耶夫的演讲是空稿,编者从1936—1937年《精神现象学》讲座的讲稿中节取了第六章最后一部分的文稿补录上去。

次提出了"无用的否定性"(négativité sans emploi)概念,用以批评在科耶夫那里已经物化为艺术品、游戏或宗教的否定性。在科耶夫看来,否定性在历史终结后,或者说在奴隶成为主人之后就不再有实质意义上的存在了,后历史时期的人只剩下了艺术、游戏等活动。巴塔耶认为否定性可以被物化,但无论是艺术作品还是宗教,它的否定性都不是它作为行动的推动力进入工作状态时的那种否定性了。相反,他被引入到一个虚无化的过程当中。否定性的物化实际上就是一种无用的否定性。事实上,有无用的否定性的人,在艺术作品中没有找到关于自己是谁的答案,就只能成为被承认的否定性的人。他知道他的行动已经没有任何用处了。他已经成为没有内容的否定性。既然如此,人们就很容易在一开始就把这个否定性抛弃,不再有面对否定性时的那种压力,否定性的有效性就会被提前透支。①

与此相对的是另外一种人。这种人从行动的观点出发,发现了在一个无所事事的世界上还有一些事情可以去做,如情感、色情、物理的摧毁、眼泪、恐惧等。但这样去做的代价或者说面临的抵抗并不比之前的那些行动的人来得少。这个抵抗至少有两个阶段,第一个阶段是纯粹的规避,因为没人知道在面对他人时他会怎样,就像一个人在一片黑暗的世界里一样。在他周围的人,都害羞地避开迅速逃离到黑的那一边去。只有在足够多的生活在黑暗中的人认识到这个问题时,这个问题才会呈现出来。所以在这个阶段,这样行动的人开始时注定是孤立的,冒着被人指责为道德败坏的危险。如同《眼睛的故事》里的女主人公西蒙,她和情人及死尸一起纵欲,她享用生的公牛的生殖器官,后来又强奸了一个牧师,并把他的眼睛挖出来猥亵。就是这样一个疯癫的人,巴塔耶却说她是纯洁的甚至是贞洁的象征——她的行动没有任何功利性的考量,②

① Dénis Hollier: *The College of Sociology* (1937-39), Minneapolis: University of Minnesota Press, 1988, p.91.

② 莎蒂亚·德鲁里:《亚历山大科耶夫:后现代政治的根源》,赵琦译,新星出版社2007年版,第192页。

这才是真正的否定性。黑暗中的人们都对西蒙加以谴责,加以规劝,如果西蒙的行为没有得到一定数量的人的认同,即得不到任何援助的话,她就将进入第二个阶段——物理性的毁灭。在这个阶段,如果反对的力量还是大于她,她本人就会消亡。这就是站在无用的否定性的对立面的人所要付出的代价。①

巴塔耶创造的"无用的否定性"这个词十分形象地显示出了否定性在科耶夫那里的终结和在巴塔耶那里的不甘寂寞。与理性主义哲学家们建立在形而上基础上的批评不同,巴塔耶毅然宣布自己的这一结论首先来自自己的一种内心体验。就是说,他感到自己的否定性并没有终结,而自己也并没有像科耶夫所描述的那样,成为后历史时期的可以被忽略不计的无所事事的人。② 尤其是在 1938 年他的伴侣洛尔(Laure)③病逝后,巴塔耶越来越多表现出一种否定性,甚至开始了一些神秘的训练。这种神秘主义与一种自我消亡的欲望相关,即对死亡的赞颂。在 1939 年 6 月的那期也是最后一期《阿塞法勒》(*Acephale*)④上,巴塔耶发表"面对死亡的快乐实践"一文,汇集了他所有的相关练习的体验与思考。⑤

奎诺写道:"在 1943 年的《内在体验》一书中,巴塔耶用了几页的

---

① Dénis Hollier, *The college of Sociology*(1937-39), Minneapolis: University of Minnesota Press, 1988, p.92.

② 巴塔耶在 1937 年至科耶夫的信中说,"我承认从现在开始历史终结了。我的经验告诉我,没什么事儿可以做了。正如黑格尔说的,行动是否定性的话。问题是否定性是否是一种无用的否定性。就我个人而言,是的。但我的个人生活,生活中的伤口,正是对黑格尔这个封闭体系的反驳。"Philippe Sabot: "Bataille, entre Kojève et Queneau: le désir et l' histoire", *Le Portique*, no29, 2012.

③ 原名 Colette Peignot(1903—1938),法国女作家。早年积极参加法国共产主义运动,被誉为法国文学和政治界先锋派圈子中的缪斯,是巴塔耶的阿塞法勒秘密社团的核心人物。她的去世对巴塔耶思想的转变影响巨大。

④ 巴塔耶创办的一本杂志(1936—1939)和一个同名秘密社团的名字。该秘密社团组织进行一些仪式、冥想等秘密活动,并要求社员对此保密。

⑤ Philippe Sabot: "Bataille, entre Kojève et Queneau: le désir et l' histoire", *Le Portique*, no29, 2012.

篇幅来写黑格尔,这是一种形式的再见。这不再是抽象的和理性主义的简化的黑格尔……这是科耶夫的黑格尔,绝对知识和循环体系的黑格尔,是那个必须要提及海德格尔的黑格尔。在书的170页,巴塔耶承认科耶夫对他的启示。他同时指出了克尔凯郭尔对黑格尔的批评是如此肤浅,也指出了那个他满心欣赏的尼采是如此平庸。"①事实上奎诺可能错了,巴塔耶并没有在1943年就告别黑格尔,告别科耶夫。巴塔耶档案中存有一份长达66页题为"当今世界的黑格尔"的论文,是关于科耶夫思想的系统评述。② 在这份手稿中,巴塔耶延续了此前对死亡的关注,较为系统地梳理了科耶夫-黑格尔思想中关于死亡的论证,并在此基础上进一步发展出献祭的理论。该文可视为巴塔耶与科耶夫之间关于黑格尔的最后一次论争。

巴塔耶在同意科耶夫的全部的关于死亡在黑格尔哲学中的重要性的论述的基础上,认为,"科耶夫只是简单地说无力的美无法去迎合知识的要求。美学家、浪漫主义者、神秘主义者们都逃避死亡这个概念,而是将虚无本身当作一个存在来谈论。"③"事实上,科耶夫对我来说,没未能在传统的神秘主义之外设想出一种有意识的神秘主义,一种从虚无中创造出存在的神秘主义。"④

---

① Raymon Queneau:"Première Confrontation avec Hegel", in *Critique*, Aug-sept, 1963, p.700.

② Bataille:"Hegel dans le Monde Présent", NAF28086, Fonds Georges Bataille, BNF. 从中抽取出来的"黑格尔、死亡和献祭"一文发表于1955年第5期的《丢卡利翁》杂志中。这篇长文应当是写于科耶夫的《黑格尔导读》即将出版之际,巴塔耶在其中写道:"科耶夫在巴黎高等实践学院教授6年的黑格尔哲学即将由奎诺出版了。奎诺将自己的听课笔记和讲座的一部分有意思的内容的速记整理成书。这个出版没理由让人不高兴。如果没有事先准备的话,这600页表面上无序的论述很容易使人灰心丧气。眼前的这篇文章并不想替代(科耶夫本书——笔者注)导读,但是我试图依照原本的顺序描绘一下这一并不新的哲学的概况。这一哲学一夜间复兴了黑格尔思想。我认为,它也是今天唯一一个能够完全揭示出有意识的人和整个世界面貌的哲学。"

③ Bataille:"Hegel dans le Monde Présent", NAF28086, Fonds Georges Bataille, BNF.

④ Bataille:"Hegel dans le Monde Présent", NAF28086, Fonds Georges Bataille, BNF.

从人的向死而生出发,科耶夫式的黑格尔是让人的否定性去推动人的创造性的活动,从而成为意识到自己是否定性的真正的人,成为圣人或者重新遁入动物世界的人是这个推论的逻辑终点。但是这样一来,所有这个接近终点的努力都被认为是有目的性的,从而带上了奴性的色彩。且人并不可能在经历了死亡或者说物理的摧毁之后还能获得一种对死亡的恐惧。所以在巴塔耶看来,科耶夫思想中,奴隶对主人的恐惧都是作者为了进行其理论建设而使出的花招,更多的描绘的是军事主权(souveraineté)。事实上,还有一种形式也许能比那些人为的花招更能使人直观死亡,这就是献祭。在先人们那里,在今天的南美洲丛林的部落里,保留着献祭的风俗。人们通过贡献各种动物甚至是人的祭品,摧毁自己动物性的部分,使自己和动物只作为非肉体真实而存在。所以,一方面,在死亡中,死亡触碰到了肉体存在。另一方面,在献祭中,死亡经历了人的生命。从而,献祭的人们可以将自己认同于那些被献祭的动物,体会死亡。当然这种献祭和那些宗教的仪式有着很大的不同,因为后者服从于一定的功利性的目的,而前者则是一种纯粹的非生产性的消费。在黑格尔和献祭的人之间有一个深刻的差异,黑格尔或黑格尔笔下的圣人意识到否定性的呈现。但是献祭的人没有意识到这一点,所以他保持生命不仅因为生命对于呈现死亡是必需的,还因为他试图去丰富生命。

当然,巴塔耶并不认为回到古代社会或者是古老的部族里的献祭是必须的,他认为在现实世界里,献祭可以通过诸如色情或暴力的狂喜来体现。这个转换是通过快乐和撕裂(déchirement)①来进行的。在科耶夫的人类学叙事中,死亡的概念并没有提升人的福利,死亡并不能给人以快乐。相反,他认为要使人成为真正意义上的人,最关键的就是要克服任何庸俗的满足或者快乐。在性欲是一种庸俗的满足或人的动物性本能的意义上,科耶夫无疑反对滥情和纵欲。科耶夫认为人只有在

① 这个词在巴塔耶的原文中用的是 déchirement,有撕裂、分裂的意思。英译者翻译为 dismemberment,意为分解、肢解,但正如英译者自己所言,这一翻译并没有很好地表达出撕裂这一层意思。

意识到自己的终有一死,意识到自己存在于一个没有超越性的宇宙间的时候,才能确认其自由,历史性和个体性的唯一性,才能为人所承认。巴塔耶反驳说,一方面,如果说科耶夫这是竭力将庸俗的满足从人之所以为人的逻辑中排除的话,他同时也排除了黑格尔的"绝对的分裂"。因为根据黑格尔,真理只有在绝对的分裂中才能呈现出来。一旦将庸俗的满足或快乐剔除出去,那么就留下承认的欲望与分裂了,而这两者是难以妥协的。而在献祭中,满足却能够与分裂相融合,同时又确保了否定性的存在。另一方面,在色情和暴力的狂喜中,对禁忌的打破通过一种原罪的感觉关联着死亡的意识,同时又与快乐密切相关。而巴塔耶《眼睛的故事》里的女主人公西蒙,正是这样一个打破了可以说所有的禁忌,甚至突破了人类道德所能承载的最底线的存在。毫无疑问,这样一种在科耶夫看来根本还没有脱离动物性的存在,绝对不会是否定的劳动和生产,并创造着历史的大写的人的存在。

结　　语

综上所述,20 世纪上半叶,法国左翼知识精英对黑格尔的关注和接受,一方面是对自笛卡尔以来传统理性主义的反思,正如梅洛-庞蒂所说:"他(黑格尔)开始着手解释非理性,并将它整合入一个庞大的理性之中。这仍是我们这个世纪的主要任务。"①另一方面是马克思主义引发的对黑格尔的追根溯源。这在科耶夫和巴塔耶与黑格尔相遇的思想历程中尽数显现出来,也解释了他们为什么都是从辩证法、阶级斗争、人类历史的角度出发开始对黑格尔进行解读。② 同时也要看到,法

① 转引自崔唯航:《穿透我思——对科耶夫欲望理论的存在论研究》,中国社会科学出版社 2014 年版,第 18—19 页。

② 有研究指出,科耶夫与巴塔耶在二战中表现出的极权主义倾向很可能来自对黑格尔思想中否定性和暴力因素的吸收。见 Charles Jacquier:"La tentation totalitaire:de Kojève à Bataille",*Commentaire*,1992,no1。

国对黑格尔的接受并非是在20世纪30年代突然出现的,此前就已经陆续出现了对黑格尔宗教哲学、逻辑、美学的引介和讨论。

在科耶夫和巴塔耶的论争中,科耶夫受到佛教无神论、海德格尔的存在主义和哲学人类学的影响,他对黑格尔的信仰(虽然不是忠实于原文本的)和对历史终结论的阐释使他不得不一直就现实历史的演进,为科式黑格尔做辩护。而巴塔耶的思想资源是精神分析学、天主教信仰和内心经验,最终在否定性、死亡等问题上,巴塔耶与科式黑格尔分道扬镳。他用"无用的否定性"去反对科耶夫强意义上的否定或行动的停止。在30年代的大背景中,这种永恒的否定性①使我们想到同时期存在主义运动标志性人物萨特的"否定的否定"。萨特不能容忍巴塔耶对上帝之死保有如此的遗憾。对"存在主义就是一种人道主义"的萨特来说,上帝的死宣告了人的地位的上升,宣告了一种不受任何限制的人类自由和责任,神谕必须让位于人类理性。然而巴塔耶对人的意志的信心却始终没有高过他对上帝的信仰。② 巴塔耶与科耶夫或科式黑格尔(还可以加上萨特)在这个问题上的分歧是根深蒂固的。对于曾经笃信天主教的巴塔耶来说,他很难不给神秘主义留出一点空间。即使面对的是系统研习过新教神学的黑格尔,巴塔耶也认为,由于他缺少天主教的经历,可能不能体会到一个虔诚的天主教徒所能够感受到的所谓的内在意义或神秘主义。这就是为什么巴塔耶看到的总是黑暗中的污秽、野蛮和罪恶,而他在论证"无用的否定性"时也多次提到原罪的比喻。③ 他的死亡、献祭,一切都是为了脱下人类理性的和善的假面具,揭示出隐藏在此下的罪恶、疯癫和狂喜。

科耶夫以他的天才魅力在20世纪30年代对《精神现象学》进行

---

① 莎蒂亚·德鲁里:《亚历山大科耶夫:后现代政治的根源》,赵琦译,新星出版社2007年版,第191页。

② Stuart Kendall, *Georges Bataille*, London: Reaktion Books Ltd, 2007, p.170.

③ 科耶夫也意识到原罪在巴塔耶思想中的重要性,因此在巴塔耶去世后向他致敬的文章中,专门讨论了原罪问题。见 Kojève, Pierre Klosowski: "Thèses Fontamentales sur le Péché", *Arc*, no33, 1967。

了一种上帝启示般的解读。他的《黑格尔导读》成为年轻一代阅读黑格尔著作的开始。科耶夫一生都在为黑格尔的体系(也是他自己的体系)辩护。福柯曾说,"无论通过逻辑还是现象学,无论通过马克思还是尼采,我们整个时代都为摆脱黑格尔而战。"①

巴塔耶从20年代末第一次与黑格尔相遇,到被科耶夫研讨班重新激发起对黑格尔的研究热情,到后来写作《内在体验》,告别黑格尔,走向神秘主义或内在意义。他与科耶夫保持了终生的友谊和亲密的合作,②但是事实上他终究可能并未摆脱黑格尔。正如老友奎诺所说:"《内在体验》一书更是在向黑格尔致敬。他通过一条不同的反思路径,写了一本类似的书。""在20年中,他都在对抗黑格尔,或者说对抗法国哲学界发现的不同的黑格尔。最后他发现了真理,成了非黑格尔主义者,然而他知道正是在了解了那个无与伦比的知识体系之后,他才产生了这个意识。"③需要指出的是,法国思想土壤中的天主教传统、精神分析学和人类学及其已有的历史理论与黑格尔的新教信仰、自然哲学、历史哲学之间的对立也是法国思想家们在接受黑格尔、将黑格尔改造成适应他们需要的理论,甚或是拒绝黑格尔的过程中所不可忽视的。

(作者　华东师范大学历史系讲师)

---

① 转引自德贡布:《法国当代哲学》,王寅丽译,新星出版社2007年版,第16页。

② 巴黎沦陷后,科耶夫在南逃之前,曾经把自己一沓名为《索菲亚:哲学与现象学》的手稿交给巴塔耶保管,足见他对巴塔耶的信任。战后,出版人巴塔耶也经常向当时已经进入政府部门工作的科耶夫约稿,探讨问题。

③ Raymon Queneau: "Première Confrontation avec Hegel", in *Critique*, Aug-sept, 1963, p.700.

列斐伏尔“城市权利”理论研究*

关　巍　王　飞

摘要：亨利·列斐伏尔的《城市的权利》，开启了一个研究“盲域”——马克思主义城市研究路向。列斐伏尔试图表明，城市是社会压迫与阶级剥削的场域，更是一个蕴含解放之光的希望之地。列斐伏尔和大卫·哈维的城市权利理论存在紧密的传承关系，后者继承前者的总问题，不断叩问资本主义全球化进程中，资本逻辑主导的城市化，并立足实践进行富有创造性的城市生活想象。城市作为一种人类发展的现实，成为现代社会一些极其重要的社会与发展问题的根源。列斐伏尔试图采用立足日常生活的微观方式解决城市问题，但其根本缺陷是，不动摇资本主义生产方式，就难以从根本上实现城市权利，更难以构建理想的城市，实现城市生活的理想。

关键词：列斐伏尔　城市权利　城市

亨利·列斐伏尔（Henri Lefebvre，1901—1991），西方马克思主义重要的代表人物，日常生活批判理论、空间生产理论、城市理论和节奏

* 本文受到2015年教育部人文社会科学研究专项任务项目“如何认识当今世界社会主义与资本主义的长期共存”（项目编号15JDSZK066）以及辽宁省社会科学规划基金项目“列斐伏尔的节奏分析理论与历史唯物主义研究”（项目编号L17CKS007）的支持。

分析理论的开拓者。城市研究与城市写作在其漫长的学术生涯中占有重要地位,直接影响了大卫·哈维等,开创了新马克思主义城市研究。

1967 年,为纪念《资本论》出版 100 周年,列斐伏尔撰写了《城市的权利》一书。列斐伏尔的《城市的权利》,作为左翼地理学和新马克思主义城市研究的重要代表性著作,成为城市研究的经典文本。在《城市的权利》中,列斐伏尔对城市建设与发展、城市生活、城市权利的塑造等问题的关切,尤其是对城市发展带来的巨大生产、生活以及交往模式和文化变迁带来的"转换"及其阵痛与权利重塑的系统研究,成为城市思想家们重要的理论武器。2017 年,为纪念《城市的权利》一书出版 50 周年,国外思想界以专题研讨的形式出版了《城市权利论文集》。该论文集汇集了世界范围,列斐伏尔城市权利问题研究的代表性人物,包括 Andy Merrifield,Neil Brenner,Anna Minton,David Madden,Peter Marcuse,Brad Garrett,Don Mitchell ,Alex Vasudevan 等,共同讨论人类当下十分迫切的城市现实问题认为,"《城市的权利》是现代最重要,也是最有争议性的城市写作之一。它的内容、范畴以及写作意图在今天仍有争议。每当我们经历城市的变化,我们都会回到这篇简短的文字中,以便我们的思想得到充实和振奋"。①

一、列斐伏尔的城市权利理论

列斐伏尔的城市写作游离于带有固定性和相对稳定性的家园和变动不居的、带有虚幻性和吸引力且日益侵入稳定性家园的城市发展与扩张状态之间,充满了生动性和开放性,饱含个人情感和对时代发展的敏锐洞察。可以说,一方面,列斐伏尔始终带着某种"边缘人"、"外来者"的角度审视城市和城市生活,直面城市问题;另一方面,城市的魅力吸引着列斐伏尔去探索和冒险。

① *The Right to the City:A Verso Repot*,Verso,2017,p.10.

对列斐伏尔而言,城市是生活于此的居民的共同"作品"。城市正是由此,具有了生命形态,如果失去了共同参与性,城市也将消亡。城市权利的写作,是遭遇城市与城市生活危机时,对人们试图改变城市和自身命运"呼喊"的关切和为解决城市问题开出的药方。在《城市的权利》中,列斐伏尔通过工业化进程对传统城市的改变、对城乡关系的塑造、对"居民感"的破坏等现象的分析入手,批判性思考城市危机,寻找危机解决之道和城市未来发展道路,构建城市权利理论。

列斐伏尔首先通过工业化与城市化之间的关系,揭示了由工业化进程所推动的城市兴衰。在工业化进程中,过去的作为政治、军事中心的城市衰微,城市逐渐成为资本的中心。一方面,工业化资本的运行,使地区、城市间人口大规模迁移,造成了传统城市的衰退。雅典、威尼斯,由于没有工业和人口支撑,变成了旅游观光和消费的场所。另一方面,城市化进程完全改变了城乡关系。大规模人口迁移,大量的农村人口涌入城市,棚户区林立;遗留在农村的农民也面临着旧生产、生活方式的解体,农村生活逐渐瓦解,变成了某种情感性的遗留物、旧生活的怀恋物,以及偶尔的旅游观光物。列斐伏尔指出,资本逻辑下城市规划的技术理性主义带来的幻象与虚假的"自我想象"——亲近自然、健康、安全的住房和城市规划——成为人们的普遍想往;消费理性同一化的全球战略和总体规划,使消费社会成了某种统一的意识形态和实践追求,表现为城市乃至地区消费中心的规划和建设。①

列斐伏尔提出,必须将城市置于哲学整体性研究视域下,破除资本逻辑下的技术理性主义和知识专门化的城市规划垄断。令人遗憾的是,今天,城市已经不是哲学家思考的主要对象。"几乎没有人认为城市能够离开历史学家、经济学家、人口学家和社会学家的研究,每一门学科都对城市科学做出了贡献……如果有人出于功能和功能需求的考虑而想建立一个经济或者文化中心的话,经济学家有他自己的理论,地

① Henri Lefebvre, *The Right to the City*, Blackwell Publishers, 1996, pp.84-85.

理学家、气候学家、植物学家也会参与到城市现实问题的分析中来。”① 但是,这些专业化的分析与专门性的研究,都难免陷入具体化、碎片化,都不能取代哲学对城市现实与城市问题的整体性思考。列斐伏尔指出,今天的哲学家应抱着某种“骑士精神”,对城市问题进行透彻的研究与批判性分析。这并不意味着建构某种城市哲学,而是恢复哲学沉思与城市之间的关系,以哲学的整体性思维把握各种理论形态的城市研究和碎片化的实践规划,重建城市生活。但是,哲学思考与社会规划的区别必须明确。规划作为社会实践,关乎社会整体利益,规划是否经受得住实践的考验、实现整体利益,是我们时代的重要课题。列斐伏尔认为,一个必须加以注意的问题是,剥削社会、资本逻辑下的规划,已经降低为某种政治策略,带有统治性和剥削性。

列斐伏尔指出,只有充分理解城市规划的政治策略性,才能把握我们时代城市研究思考方式的局限和城市问题的根源。列斐伏尔认为,对城市进行哲学的理想性想象,与借助某些哲学思考方法而将哲学整体性的城市理解降低为建筑上的功能主义,都是不可取的。列斐伏尔否定了芒福德等人的城市想象——列斐伏尔指出,他们“想象有这样一座城市,它不是由村民组成,而是由自由市民组成,这些市民从劳动分工、阶级分化和阶级斗争的困扰中解放出来,他们组成了一个团体,由于团体治理而紧密团结在一起”②。列斐伏尔指出,作为哲学家,芒福德们为城市和城市社会构建了一个理想模型,他们甚至认为20世纪的自由城市跟古希腊的城市一样,列斐伏尔认为,这显然是滑稽可笑的。列斐伏尔也明确反对那种从部分到整体、从要素到全体的思考和规划城市的思维方法。列斐伏尔认为,这种思维方法往往陷入某种意识形态的规划和实践策略中,将城市规划下降为功能和结构性研究。同时,列斐伏尔还反对城市哲学可能带来的社会上层建筑的意识形态

① Henri Lefebvre, *The Right to the City*, Blackwell Publishers, 1996, pp.94-95.

② Henri Lefebvre, *The Right to the City*, Blackwell Publishers, 1996, p.97.

性。即,统治阶级以城市规划为政治策略,规定不同的城市功能及其结构、划分不同的城市类型。这种关于城市的上层建筑的意识形态性,往往披着科学性、具体性的外衣,实质上则使城市成为意识形态和阶级统治的工具。因而,哲学的理论思维,必须把城市作为一个机体、一个整体,而非退化为个别现象、简单和单一的方面。

城市特征是权力结构的"远秩序"和"近秩序"的辩证统一,城市变迁则是"连续性"和"间断性"的辩证统一。列斐伏尔指出,城市的特征和社会历史紧密相关,不同的社会历史条件,诞生不同类型的城市,但是,城市也与每个具体的个人、群体直接相关,因此,在城市中体现为社会权力的"远秩序"和"近秩序"。"近秩序"指个体生活于某种类型和层次的社会群体中,因而必须服从的秩序,如在家庭、工作场所、社会团体中所必须遵从的秩序。"远秩序"和"近秩序"相比,意味着某种更高层次的,抽象的、超验的,包括法律、道德、文化等等,它将自身投射、显现于社会现实,表达为规划、设计、项目等等。城市既包含着"近秩序",也保持着"远秩序",二者共同塑造了城市特征。列斐伏尔对城市"远秩序"的讨论,表达了阶级社会权力结构及其运行模式在城市中的显现;"近秩序"既体现着"远秩序",也表达了自身的相对独立性,甚至是对"远秩序"的否定性和革命性。因此,"城市,近似于一种艺术作品,而不单单是一种物质的生产","城市有自己的历史,是历史的作品,也就是说,是书写它的人和群体所清晰定义了的作品。"①列斐伏尔通过权力"远秩序"和"近秩序"及其关系的说明,指出了在人类社会不同的历史发展阶段,不同的历史主体使用物质资料,创造了不同类型的客观的、物质性形态的城市,同时也塑造了不同的城市社会性形态、精神品格。就这样,城市变迁是"连续性"和"间断性"的辩证统一。不同的城市类型相互接续,体现为城市发展的"连续性",比如从封建社会的政治军事城市类型向资本主义的商业、经济城市类型的转化和变迁。

① Henri Lefebvre, *The Right to the City*, Blackwell Publishers, 1996, pp.100-101.

但是,对某一个城市类型来说,这种变迁,“每一种城市形式都可以被看作是一种兴起,一个顶峰,一种消亡”①。此外,不同的城市类型也意味着相区别的城市结构功能、城乡关系、生产生活方式等。

城市是多元权力系统交织、斗争、融合的物质空间场所,同时也是权力系统构造的社会性场所。从最宏观的角度,可以从“全球”、“城市”与“城市相关联的其他部分”,三个层面理解权力系统。城市是相互关联的诸系统中的一个亚系统。列斐伏尔将现实层面城市的研究,聚焦于这个作为亚系统的城市。列斐伏尔指出:“在具体层面,城市将自己表现为一个具有特权的亚系统,因为它能够反映和表现其他系统,并且将自己表现为一个‘世界’,一个独特的整体。”②这是城市作为亚系统的一个最为重要的特征——城市表现出一种整体性。这个城市整体,包含着多个子系统,比如政治、经济、文化、商业、种族等,表现出“包容—排斥”关系。在城市作为亚系统与其子系统之间关系的问题上,列斐伏尔十分关注城市扩张带来的城乡问题。他指出:“在历史的进程中,根据不同的生产阶段和生产方式,城镇和乡村的关系发生了深刻的变化。城乡关系有时候冲突明显,有时候又得到缓和,归于妥协。”③但是,“在今天,城镇和乡村的关系仍在不断变化,是一般改革中的重要一环。在工业化国家,资本积累的中心——城市,以古老的方式剥削周边的乡村,衍生出更多微妙的统治和剥削形式,城市也因此成为了决策和联合中心。无论城乡关系怎么变,不断扩张的城市都在攻击、侵蚀并吞并周围的乡村”。④ 列斐伏尔认为,城市在扩张中将乡村纳入自身的罗网,这已经成为不争的事实。但是,我们既要关注城市侵蚀乡村带来的问题,更要关注城乡文化、生活方式的分歧与融合。“城乡生活方式”对立的加重,必须加以关注,不能简单地讨论或想当然的设想

① Henri Lefebvre, *The Right to the City*, Blackwell Publishers, 1996, pp.106-107.
② Henri Lefebvre, *The Right to the City*, Blackwell Publishers, 1996, p.116.
③ Henri Lefebvre, *The Right to the City*, Blackwell Publishers, 1996, p.119.
④ Henri Lefebvre, *The Right to the City*, Blackwell Publishers, 1996, pp.119-120.

某种城乡综合模式来解决这个问题。今天,城市化发展进程中愈演愈烈的城乡问题,已经充分表明了列斐伏尔思想的预见性。

那么我们如何思考和发展城市呢?列斐伏尔认为:“对城市的思考就是坚持与强调它的相互冲突的各个方面:其强制性与可能性,其和平性与暴力性,其聚集性与孤独性,其单调乏味与诗情画意,其致命的功能主义与令人吃惊的即兴创造性。城市的辩证法不能局限于中心——边缘的对立,虽然它包括与暗含着这一点……对城市的思考要走向对世界的思考(虽然只是与世界的一种联系)……我们可以希望它会变得好起来的,但城市却成了残暴的中心、支配的中心、依附与剥削的中心……”①列斐伏尔指出,城市在统治阶级的政治策略下,变成了异化与碎片化的场所,生活于城市中的人,其日常生活也被割裂和碎片化,比如我们工作、娱乐、消费等等的场所被高度规划、在空间中碎片化。甚至,在我们的城市规划中存在大量的空间隔离,房屋、街区隔离。城市规划改变了人们固有的生活方式,旧的空间载体下人们的共同生活被破坏,共同书写城市作品的基础被瓦解,空间隔离和分化取而代之,使某一固定空间内的生活高度同质化,差异性被边缘化。城市生活变得单调乏味,即使偶尔的旅行,透过旅行目的地作为消费场所的单调表象,我们看到的是物质化的、消费化的遗留物,而再也难觅其精神性。

列斐伏尔是游走在城市与乡村间的边缘人,是游走在传统城市和现代城市化进程的边缘人,是游走在对固有生活方式的留恋和受城市变化之魅力吸引的边缘人,更是站在城市化发展历史临界点的边缘人。城市对列斐伏尔而言,始终意味着共同的作品和丰富的参与性。因而,面对着势不可挡的城市化进程和多元城市问题,列斐伏尔主张已经被边缘化并在边缘不断孕育的城市权利。他指出:“城市的权利就像某

① Henri Lefebvre, *The Right to the City*, Blackwell Publishers, 1996, p.53.

种哭泣和诉求。”①城市权利的目标在于赋权边缘人、外来者,使之进入城市内部。“城市权力不能被构想为仅是进入城市的权利和向传统城市的回归。它只能被阐述为城市生活权利的转变和更新。”②城市权利是具体的,即生活在自己的城市,且乐享城市生活。比如,居住在合适的住房里,拥有便利的生活服务设施和子女教育资源,有便捷可靠的公共交通设施等。参与性是城市权利的集中体现。人们共同参与城市生活,共同书写城市。这种参与不是简单的参加,而是基于对城市的归属感和家园意识而产生的对城市生活福祉的发言权与参与权。列斐伏尔认为,迄今为止大部分关于权利概念的讨论几乎都是建立在个人权利以及私人物权基础上的。这种讨论,脱离了人类社会历史发展的具体语境,使人们的思考受到了极大的限制,而城市权利的提出,将有可能带来不同的视角。列斐伏尔认为,虽然前途渺茫,困难困扰着我们,但是《城市的权利》写作的目的就是“将可能带入不可能”。

二、城市权利理论的批判性发展

列斐伏尔《城市的权利》的写作,直面当时多数西方国家工业化进程中城市变迁的阵痛,站在这一历史“临界点”,指出城市化是一个变革的过程,而对城市权利的主张,则是主张关于那些边缘人,那些“剩余”回归、参与城市生活的权利。今天,虽然有人主张人类进入了所谓的后工业化社会,但是城市与资本的内在关联、城市与边缘群体的关系、金融投机的城市房地产开发引发的问题等等,仍没有良好的解决方案。列斐伏尔的理论观点对今天世界范围内的城市化实践进程具有重要的启发性,直接影响了大卫·哈维对城市权利理论的深入建构。

① Henri Lefebvre, *The Right to the City*, Blackwell Publishers, 1996, p.158.

② Henri Lefebvre, *The Right to the City*, Blackwell Publishers, 1996, pp.158-159.

大卫·哈维继承列斐伏尔的城市权利理论,并对之进行了批判性发展。在2016年出版的《叛逆的城市:从城市权利到城市革命》中,系统讨论了这一问题。大卫·哈维认为,城市权利是被压迫人民的诉求,带有自然与自发性,是人们长期于某一地域共同生活、共同演化的产物,因此,列斐伏尔已经部分意识和预见到城市权利不应扎根于个人主义的土壤之上。"列斐伏尔的核心结论是,我们曾经知道和想象过的城市正在快速消失,且不可复原。我同意这一点,而且我比起列斐伏尔更明确地提出了这个论断。"①大卫·哈维指出:"长期以来我一直坚持认为,贯穿整个资本主义历史,城市化从来都是吸收剩余资本和剩余劳动力的关键手段。由于城市化的周期很长,以及建筑环境中的大多投资都有很长的使用寿命,所以城市化在资本积累的过程中具有特殊作用。城市化还具有地理上的特殊属性,如空间生产和空间垄断是积累过程不可缺少的部分——不仅仅是简单地凭借改变商品在空间上的流动而推动积累,而且还凭借不断创造和生产出的空间场所来推动积累。但正是因为这样的活动(对于价值和剩余价值生产极其重要)是长期的,所以需要金融资本和国家参与相结合,形成其活动基础。从长期角度来看,创造和生产空间场所的活动显然是投机的,而且虽然这些活动的最初目的是消除过度积累,但通常会面临在今后出现更大规模过度积累的风险。"②它的代价是一个不断地建设性摧毁的过程,意味着对城市大众任何一种城市权利的剥夺。大卫·哈维认为,我们必须解决一个关键性的问题——寻找既发展城市,同时又实现民主管理的新途径,从而建构新的城市生活方式。据此,大卫·哈维提出了自身对城市权利的构想。"我们所阐述的人权概念大部分是以个人权利和私人物权为基础的,没有从根本上去挑战霸权自由主义和新自由主义的市场

---

① [美]大卫·哈维:《叛逆的城市:从城市权力到城市革命》,叶齐茂、倪晓晖译,商务印书馆2016年版,第ⅷ页。

② [美]大卫·哈维:《叛逆的城市:从城市权力到城市革命》,叶齐茂、倪晓晖译,商务印书馆2016年版,第43页。

逻辑,也没有从根本上去挑战新自由主义的合法性和国家行动的模式。从根本上讲,我们生活在私人物权和追求利润要高于所有其他权利的世界里。"①因此,城市权利,既不是对市民资格获得问题的论证,也不是对市民基本权利和获得城市资源权利的规定。城市权利表达了城市与市民的辩证关系:一方面,人们的生活方式、思维方式随着城市化进程而发生变化;另一方面,人们也在不断地改变与塑造自身所生活的城市。城市权利,以人们对自身成为何种人、选择何种生活方式、与何人为邻、处于何种社会关系等问题的态度和行动为基础,对城市的选择与塑造。大卫·哈维指出,城市权利不同于新自由主义极端重视的个体权利,城市权利是一种可能超越严格意义上阶级分化的、较为宽泛的集体权利。这个集体权利是一种总体上对城市化过程的激进的控制权和对城市建设、城市改造的控制权。只有将城市权利规定为一种集体权利,才能在思想和行动上跳出新自由主义的思维方式和行动方式,以服务于实践中对现实的改造。②

大卫·哈维进一步阐发了列斐伏尔对城市革命问题的研究。列斐伏尔认为,围绕城市权利的争夺,必然带来冲突乃至城市革命,这是他在《城市的权利》之后续写的《城市革命》一书中的一个重要课题。城市革命以被剥夺者的名义宣称他们的城市权力——改变这个世界的权利、改变生活的权利,以及拥有按照他们的愿望彻底改造城市的权利。列斐伏尔基于对资本主义社会条件下城市社会的批判性考察,指出"我所指的城市革命(urban revolution)是影响当代社会的变革——当工业化和工业增长占主导地位的时期,这个时期城市问题成为主导问题,探索独特的解决城市社会问题的方案,成为最主要的问题"③。列

① [美]大卫·哈维:《叛逆的城市:从城市权力到城市革命》,叶齐茂、倪晓晖译,商务印书馆2016年版,第3页。

② 关巍:《大卫·哈维对"城市革命的构想"》,载《中国社会科学报》2017年4月28日。

③ Henri Lefebvre, *The Urban Revolution*, University of Minnesota Press, 2003, p.5.

斐伏尔认为，我们必须从日常生活入手，改变城市日常生活，发动充满活力的反资本主义运动。列斐伏尔给出的政治任务是，构思和重建一个不同的城市，一个不再重蹈资本主义覆辙的城市。大卫·哈维更进一步指出，“把城市作为孕育革命观念、革命理想和革命运动的摇篮。只有当政治斗争集中到作为主要劳动过程的城市生活的生产和再生产上时，其产生的革命冲动才有可能发展为彻底改变日常生活的反资本主义斗争”①。大卫·哈维认为，以此为基础，我们才能使我们的城市生活“符合心愿”，而“城市权利”也可以被理解为一种“符合心愿的权利”——生活质量的保障与提升、构建理想的生活方式和人际关系等。大卫·哈维提出了一个关键性的判断——在资本主义发展的历程中，城市化既是剩余资本和剩余劳动力吸收、资本追逐剩余价值在空间上的显现，也是剩余资本空间消化与增值的关键方式。在资本主义城市化进程中，阶级对立以空间区域间隔化与区域空间冲突的形式表达出来，以争夺城市权利。大卫·哈维指出，资本主义城市化不可能一劳永逸地运行下去。从长期看，资本主义的城市化不可避免地面临重复性极度积累的风险；从人与人之间的关系看，则会带来激烈的阶级对抗。发端于美国并扩展至全球的2008年世界经济危机，就是资本主义城市化进程极度积累这一恶果的显现。以“占领华尔街”运动为代表的城市占领运动，则是阶级对抗通过占领空间（华尔街）的方式，争夺城市权利。

大卫·哈维认为，围绕城市权利的争斗，在现实生活中以争夺“城市共享资源”的方式显现出来并孕育着城市革命的火种。大卫·哈维的城市共享资源是一种集体创造出来的，为集体所占有，处于不断变化中的可继续发展的社会关系。比如，以某一条街区为空间载体，人们之间形成的共同的生活环境、文化环境等。当资本主宰的城市化对之进

---

① ［美］大卫·哈维：《叛逆的城市：从城市权力到城市革命》，叶齐茂、倪晓晖译，商务印书馆2016年版，第ix页。

行侵犯甚至毁灭时,斗争必然迸发。城市共享资源创造的核心原则是“社会集团和作为共享资源对待的环境之间的关系将是集体的和非商品化的,不受市场交换和市场估价规则限制”①。但是,“那些创造出了精彩而令人振奋的街区日常生活的人们输给了房地产经营者、金融家和上流阶层消费者。一个社会群体创造的共享资源品质越好,越有可能被个人收益最大化的利益所侵占”②。

城市共享资源的使用可能专属于一个社会阶级、集团,也可以对所有人开放。但是,最为紧要的是,城市共享资源必须是集体而非个人的,是公共的而非商品化的,且竭力避免受到市场交换和资本的控制。大卫·哈维强调城市共享资源的集体性和非商品性,源于在他看来,基于个人的权利被打上了个人利益的标签,而商品性则使城市共享资源成为有钱人的消耗商品,这将使城市成为金钱行使权利的场所,使生活质量成为只有有钱人才配享有的商品。大卫·哈维的看法具有一定合理性。但是,这种暂时性的联合,并不能根本改变阶级关系,也不能实现彻底的城市革命。大卫·哈维思想的意义在于,争取城市权利和资源的斗争可以被看成反资本主义斗争的一个可能的组成部分。大卫·哈维提出,任务是要在具有摧毁性的资本主义城市化的废墟上,集体地建设社会主义城市。这样的城市才能让人们感到真正的自由。

三、城市权利理论的当代价值

列斐伏尔和大卫·哈维共同思考着如下主题:城市化有利于人类的福祉吗?是否可以想象某种全新的理想的城市?“城市革命”

① [美]大卫·哈维:《叛逆的城市:从城市权力到城市革命》,叶齐茂、倪晓晖译,商务印书馆2016年版,第74页。

② [美]大卫·哈维:《叛逆的城市:从城市权力到城市革命》,叶齐茂、倪晓晖译,商务印书馆2016年版,第79页。

是否意味着,同时又将如何开辟人类新的历史阶段与全新的生活方式?

列斐伏尔将城市社会作为人类的一种社会形态,通过对城市发展和城市化进程的说明,探索人类城市革命对新生活的创造。大卫·哈维以城市空间为视角,进行了一种基于共同生活空间及其占有关系,围绕城市共享资源,争夺城市权利,进行城市革命的大胆的理论构思。大卫·哈维认为,在现实生活中,生活于某一共同空间的人们,在其共同创造的共享资源遭遇侵犯时,有利于人们的团结斗争。由于共同生活于一个空间且共同创造了某些共享资源,阶级和阶层差别带来的差异性利益诉求有可能实现统一。列斐伏尔和大卫·哈维明确意识到城市问题与资本主义生产方式之间的紧密关联,在此基础上进一步研究资本对城市空间的分割、对普通人城市权利的掠夺、对生活场所和生活方式的改变等问题,具有重要的理论和实践价值。列斐伏尔和大卫·哈维已经表明资本主义国家不仅进行了轰轰烈烈外部殖民化,而且在自身内部也进行了空间的殖民统治,以实现空间的统治与剩余价值生产。在这一过程中,住宅问题成为空间再生产与实现资本积累的关键方式。但是,列斐伏尔和大卫·哈维的根本缺陷是,不动摇资本主义生产方式,就难以根本实现城市权利、保障共享资源。实现列斐伏尔和大卫·哈维理想中的城市,满足人们城市生活的理想,不能简单地依赖某一城市地理空间内人们共同形成的社会关系、生活方式,而脱离统一的革命原则、脱离领导阶级。

不论从一般意义上,我们是否如联合国人居署《世界城市状况报告 2011/2012》中所言,将进化为城市智人(Homo sapiens urbanus),或者城市是否将成为人类的命运之所在,城市作为一种人类发展的现实,成为现代社会一些极其重要的社会与发展问题的根源。还是在现实意义上,恰如列斐伏尔清醒意识到的,今天我们讨论城市,不可脱离一个根本的语境,城市是生产关系的产物。我们可以理解为,资本主义生产关系塑造资本主导下的城市,而社会主义的生产关系必然塑造社会主义的城市。这是一个重要的理论问题,更是一个重大的实践课题。社会主义的城市化进程怎么走,社会主义如何实现诗意的栖居,"房子是用来住的"给出了可喜的解决方案。

(作者　关巍　大连理工大学马克思主义学院讲师;
王飞　大连理工大学马克思主义学院副教授)

论斯蒂格勒的“知识无产化”

孙妍豪

摘要:“知识无产化”是贝尔纳·斯蒂格勒哲学的核心思想之一。斯蒂格勒认为,在数字化时代,无论是大众还是知识分子,其包括生活知识、行动知识与理论知识在内的全部知识均已脱离自身而仅仅存在于技术设备中,一旦离开技术设备,人们将是知识上的“无产阶级”。所以,基于药理学视角,斯蒂格勒指出作为原初“良药”的技术现在已然是造成大众遭受“知识无产化”的“毒药”。在斯蒂格勒看来,“知识无产化”是一种“非经济”的包括消费者在内的资本主义新型剥削形式,是对人们思想与知识的掠夺与塑形,它将进一步导致个性化的缺失以及情感与欲望的迷失。正因此,作为时代诊疗师的斯蒂格勒为异化的技术这剂“毒药”开出了“解毒”方案,即贡献经济和普遍器官学。对斯蒂格勒来说,这一方案不仅是其“新政治经济学批判”的重要内容,而且可以为人类开创一个充满“负熵”的未来。

关键词:斯蒂格勒　知识无产化　药理学　新政治经济学批判

在斯蒂格勒(Bernard Stiegler)的哲学思想中,“知识无产化”无疑扮演着重要角色。在他看来,作为“良药”的技术在数字化时代已经异化为一种统治力量,即技术代管人及人的知识,也就是说,无论是大众还是知识分子,其生活知识与行动知识均已脱离自身而仅仅存在于机器中,一旦离开技术设备,人们将是知识上的“无产阶级”。斯蒂格勒将这一现象称为“知识无产化”。他认为,“知识无产化”是一种“非经济”的包括消费者在内的资本主义新型剥削形式,是对人们思想与知识的掠夺,它将进一步导致个性化的缺失以及情感与欲望的迷失。正因此,要想解决“知识无产化”,就必须为异化的技术所操控下的时代和人寻找“解毒”方案。在斯蒂格勒的哲学中,这一方案主要是贡献经济力和普遍器官学,借助于这一方案可以帮助人们走出技术“座架”,从而走向一个充满“负熵”的未来。

一、技术对人与知识的代管

众所周知,无产阶级是在历史唯物主义视域中对生产资料以及财富无占有的阶级,是在资本主义社会中遭受着“普遍苦难”,并被戴上“彻底的锁链的阶级”,也是承担着“为绝大多数人谋利益”的运动之重任的阶级。正是这一阶级不仅遭受着生产资料及财富的丧失,而且遭受着“人的完全丧失”,也就是说,他们面临着由资本主义社会所带来的“无产化”。基于此,当代法国著名哲学家斯蒂格勒结合当代资本主义社会中人类被技术塑形的现实而指出,无产化仍是当今时代人们所遭遇的主要问题之一。但这种无产化呈现出一种完全异质于马克思时代的独特表现,即它并不是生产资料和财产的无产化,也不是“人的完全丧失”,而是一种知识无产化。

在斯蒂格勒那里,知识无产化是在药理学(pharmacology)的逻辑框架下展开的一种技术批判。在他看来,所谓药理问题是指,“所有医治人类病痛的药方(如技术、又如科学)反过来又会产生毒害,甚至有可能威胁人类的存在,把人类推上自我毁灭的不归之途”。① 正是基于这种理解,斯蒂格勒指出,尽管技术在其诞生之初具有确然的治疗性,为

① [法]贝尔纳·斯蒂格勒:《数码是另一社会的信使》,《文化研究》第21辑。

缺乏动物的各种生存性能的人类开启了生存并衍化下去的可能,可以说,此时的技术是一种代具(prosthesis)性的存在,即像义肢、代具一样支撑着人类的生存;然而,在资本主义社会尤其是当代数字化资本主义社会中,技术已然转化成了一剂毒药,即技术变成一种对个体知识、记忆和思想能力的剥夺方式,从而造成每个个体成为知识上的无产阶级。

在斯蒂格勒看来,这种知识上的无产化得以产生的物质性基础就是"作为知识载体的第三持留(tertiary retention)的药性"①。斯蒂格勒把这种"第三持留"看作是不同于胡塞尔的第一记忆与第二记忆的第三记忆,具体来说,第三持留尽管仍旧是一种对记忆的"持"与"留",但与第一记忆和第二记忆相比,此时的记忆和知识借助技术得以以物质性载体的形式保留下来。例如,随着工业记忆技术的逐渐普及,人们不再凭借自身的力量、大脑的运行去真正地学习和思考了,我们的记忆与知识已经逐渐地"进入到机器中",手机通讯录、微信等成了储存知识和记忆的"第三持留",这就必然会造成"一种记忆和知识的损害"以及"认知和情感的无产化",从而造成"一场规模浩大的知识的流失过程"。② 更可怕的地方在于,知识无产化不仅发生在普通的成年人身上,甚至儿童也在遭受着同样的境遇。儿童从诞生起就已经处在记忆技术与信息编码的环境之中,下一代在知识与思想上的空虚与无力隐藏着巨大的社会危机与人类危机。因而,正是由于对知识进行记载的第三持留的出现,不仅每个个体会陷入到知识无产化之中,而且整个时代也会陷入到"精神的危机"③之中。

不唯如此,在斯蒂格勒那里,知识无产化还应当指人们自身内在的

---

① 张福公:《重读马克思恩格斯:一种人类纪的视角——贝尔纳·斯蒂格勒教授短期研究生课程综述》,载《社会科学报》2016年5月19日。

② Bernard Stiegler, *For A New Critique of Political Economy*, Cambridge: Polity Press, 2010, pp.29-30.

③ Anna Kouppanou, *Bernard Stigler's Philosophy of Technology: Invention, decision and education in terms of digitization*, Education Philosophy and Theory, 2015(47), p.1116.

对于如何生活、如何行动、如何思考一个对象的能力之丧失。比如,当人们终日沉浸在微信、微博等网络社会化媒体时,面对现实生活中的社交会局促而无能为力;当人们一次次依赖地图和 GPS 导航来确定方位和路线,久而久之就不知道如何依靠自身寻找方向;当人们逐渐不再运动大脑来记忆和思考,人们的记忆与思考能力也会不断下降。一言以蔽之,当技术设备彻底成为记忆与生活的辅助手段时,人类自身会在无意识中丧失生活、行动和思考的能力。而这恰恰是和人之为人的本质相悖的。因为,对于人而言,他的生命的发展是建立在不断的学习和思考之上的,一旦人们将学习和思考能力彻底交由技术设备去管理,或者说技术设备“褫夺”了人的学习和思考的能力,那么这将势必会导致人们“既没有想去做的事,也没有任何能力去做事”①,从而导致一种“人类的过时(the obsolescence of the human)”与无能。这样一来,社会就会沦落为一个“愚者的市场(a market of fools)”。

同时,以第三持留为核心的技术设备不仅在掏空主体的知识和思考能力,也在大肆进行着对主体记忆、思想与意识的塑形。尤其是随着信息技术的日益革新,报纸、电影、视频等具有第三持留性质的记忆产品以越来越商品化的形式成为资本主义社会新的思想控制手段。经过筛选的各种信息与新闻在短时间内高密度地向大众狂轰滥炸,记载记忆与知识的第三持留产品也无时无刻不在向市场中大肆投放。在这种情况下,大众虽然有对信息进行自我选择的自由,但是这只是一种表面的自由,因为,一方面,可被大众获得的、得以向大众传播的信息,不论是新闻报纸还是电影视频,均早已经过筛选才得以进入社会,因而无论大众如何选择,实质上都已在资本家所要求的范围之内;另一方面,知识、思想的无产化使大众难以做出真正有价值的选择,也难以真正有对信息提出质疑的能力。因此,当代资本主义社会中的民众在思想上受

① [法]贝尔纳·斯蒂格勒:《手和脚——关于人类及其长大的欲望》,张洋译,新星出版社 2013 年版,第 98 页。

到了严重的奴役，他们自身的意识与思想已经成为以“第三持留”为基础的超工业社会所塑形的对象。

尽管知识无产化成为当代社会的显著弊病，并给个体和时代带来了诸多不利影响，但斯蒂格勒认为，知识无产化并不是当今时代的特殊产物，事实上，马克思恩格斯早在历史唯物主义中就发现并描述过这一现象。对此，斯蒂格勒解释道，外化概念在《德意志意识形态》中具有重要地位，正是在这一文本中马克思恩格斯第一次提出了知识外化导致知识丧失的问题；而且在《共产党宣言》里，他们明确指出手工工人的知识被转入到机器里，机器败坏了工人的心灵，使工人“变成了机器的单纯的附属品”。另外，《资本论》也表明现代工厂制度将“使用劳动工具的技巧，也同劳动工具一起，从工人身上转到了机器上面”。[①] 尽管如此，但在斯蒂格勒看来，囿于时代局限，马克思恩格斯并没有对知识的无产化进行系统的分析，而且无产阶级在历史唯物主义视域下也只是作为工人阶级而被提出的[②]。然而，在当今时代，无产化早已不再限于工人阶级，而是一个扩展至每一个消费者甚至每一个个体的普遍困境，所以，对这种无产化的思考及批判已经刻不容缓。

总而言之，在知识无产化的时代中，人的属性正在逐渐被技术的属性所湮没，“谁”（即人）逐渐被“什么”（即技术）所代管，人类原有的特定记忆、个体记忆和种族记忆都让渡到机器设备之中，本是“人的命运的技术似乎与‘精神’、‘文明’及‘人类’相对立”[③]，“谁”已然“迷失方向”。这样一来，人类不单单会面临思想、知识被掏空与被编码的境况，更会面临个性、欲望与情感被剥削的遭遇。

---

① 《马克思恩格斯全集》第44卷，人民出版社2001年版，第483页。

② Bernard Stiegler, *For A New Critique of Political Economy*, Cambridge: Polity Press, 2010, p.39.

③ [法]贝尔纳·斯蒂格勒:《技术与时间2:迷失方向》，赵和平、印螺译，译林出版社2010年版，第2页。

二、个性化的缺失与欲望、关怀的迷失

作为“为人类操心”的思想家，斯蒂格勒在技术蓬勃发展的现象面前敏锐地抓住了技术背后的暗涌，并在承继历史唯物主义批判方法的基础上对技术所造成的知识无产化问题进行了反思和揭露。在此基础上，他进一步指出了由知识无产化所导致的更大的社会危机，即个体的个性化、欲望与关怀能力的丧失。

具体而言，首先，在数字化资本主义社会中，“去个性化”已经全面爆发。按照药理学的逻辑，技术本是一剂让人类更好生活下去的良药，但也可能会变成一服毒药。在个性化（individuation）问题上，技术“既能够产生个性化的长循环，也会对其造成短路，即去个性化”①，而随着个体知识在机器设备中的让渡，技术造成的“去个性化”结果越发严重。

斯蒂格勒认为，人类的个性化不仅仅是生理意义上的生命的个性化，即有机器官和生命体的个性化，同时也更应该是“心理的个性化”（精神的个性化）。而且，这种心理的个性化是无处不在的，例如当我们在阅读一本书时，“通过陈述的主体（作者）的个性化，阅读的主体被改变、被个性化，并最终实现与陈述主体的结合”。②如果没有为书所改变，那么其实就并没有在阅读，我们只是“以为自己在阅读”。在这里，斯蒂格勒引用康斯坦茨学派理论家沃尔夫冈·伊瑟尔（Wolfgang Iser）的观点，指出实际上书籍并不是个性化本身，而是具有个性化的力量，读者通过阅读创造出与书之间的关联使自身个性化。不仅如此，而且这种个性化还具有“交互性”（胡塞尔语），例如在交谈的两个人，双方

---

① Bernard Stiegler, *For A New Critique of Political Economy*, Cambridge: Polity Press, 2010, p.41.

② Bernard Stiegler, *States of Shock-Stupidity and Knowledge in the 21st Century*, Cambridge: Polity Press, 2015, pp.114-115.

可能就某种看法达成一致，或者不一致，或者建立在不一致上的一致，但不论是哪种结果，交谈的双方都在通过这个过程使自身的思想得到改变，共同实现个性化。总之，精神上的个性化是两种思想之间的碰撞、交流之后的相互提升。

然而，知识的无产化却在湮灭个性化的可能性。因为当代的个人自身已经不具备思想与思考能力，他们的知识固化在了技术设备中，无思维的精神根本无从谈起个性化。或者，即使会出现一些表面上的“个性化”，其实质上也只是资本主义社会中的一种同一性的精神生产线。因而，当代资本主义社会其实是一个无个性的社会。

其次，消费者个体的力比多欲望在消费模式中遭到了结构性毁灭。斯蒂格勒指出，在以工业化与机械化为背景的社会中，贸易(commerce)早已不再是以往意义上的真正的贸易或商业，而是成为由驱力(drive)所引导的市场(market)模式，这种消费市场必然会导致欲望的迷失。

在斯蒂格勒看来，最初的贸易不仅仅是物品之间的一种单纯交换，伴随着交换而同时进行的还有“行动知识(knowledge of how to make or do)与生活知识(knowledge of how to live)的交流”，也即是两种物品所承载的两种文化、两种生活方式之间的接触与碰撞。然而，在资产阶级生产方式占主导地位以来，尤其是伴随着后来消费主义模式的盛行，以及数字技术设备所造成的对知识与记忆的剥夺，当代社会中的商品交换已经不能再称为贸易，而沦为一种进行单纯买卖的市场(market)模式。在这种市场模式中，资本家大量地生产投放商品，刺激并控制无思想、无个性的消费者的购买行为，这样一种消费至上的市场就自然而然地会变为一种没有文化参与的单纯物品交换的市场。在这种市场化社会中，消费者对商品的理性自主被颠覆，原本理智的、可持续的消费行为倒退为一种感官受到刺激后的瞬时性的头脑发热，真正的购买欲望或消费力比多变成了一种无意识的驱动力。因为在这种市场化的资本主义社会中，个体本身具有的那种理性的欲望以及对外物所持的长久的、健全的欲求就被破坏了，逐渐向驱力转变。“驱力”指向即时性，抗拒延迟,要求所欲和所需能够立刻得到满足,而这恰恰和欲望的理智性,即能够将需求理性地延迟,或者将其转移并升华到社会活动、艺术爱好、工作学习等具有“个人自主性”与“现代文明性”的行为之中相违背。

除此之外,消费者在丧失消费欲望的同时,也失去了消费的技能与理性。也就是说,他们为了即时满足冲动而消费,但满足之后却觉得索然无味,而又对商家新的宣传与推销无力抵抗,再次陷入新的购买浪潮之中。这样一来,消费主义的生活方式就“变成了一种上瘾的过程,越来越不能够带来可持续的满足感”。① 并且,更为严重的地方在于,资本家的爪牙也伸向了孩童。营销学将目标指向孩子的欲望,父母、老师、朋友以及围绕在孩子周围的各类社会角色都让位给了各种消费物品。而在营销学的手段之中,又以电视内容的轰炸为主。电视节目中各种各样由社会所控制的信息向孩子的输入、无价值的娱乐和卡通节目的泛滥,都在剿灭孩子们生来具备的对克服困难与学习的兴趣和欲望。这种欲望在幼儿时期就被扼杀,而这样的行为酝酿着巨大的社会灾难。因而,斯蒂格勒指出对当代社会所进行的新的政治经济学批判也同时必须是一种“力比多经济(libidinal economy)”的批判,因为大众在力比多欲望方面所受到的控制与摧毁是当今资本主义的核心问题。

总之,消费者力比多欲望的破坏会逐步成为当代资本主义发展的致命性威胁。资本家在毁坏欲望结构的同时,也把所有的欲望对象由无限的对象转变成了可耗尽的有限的驱力对象,这是一种自我消耗的资本主义。现今的消费令人疲惫,尽管消费得越来越多,但是消费者从中得到的乐趣和快感却与其成反比。显然,这是一种“病态消费”,这种消费“既不被需要也不被期望”②,它会陷入一种“冲动消费—无快

① Bernard Stiegler, *What Makes Life Worth Living-on Pharmacology*, Cambridge: Polity Press, 2013, pp.88-89.

② 库兹·凡、罗伊·波义恩、约翰·菲力普斯、莱安·毕夏普:《关于当代社会技术、媒体与目的论的探讨——贝尔纳·斯蒂格勒访谈记》,《江西社会科学》2009 年第 4 期。

感—受刺激后再消费”的恶性循环之中，最终会使消费者对消费产生淡漠甚至厌恶；而且，这种消费产生的“毒素”影响巨大，即对即时性的需求以及驱力的不可延迟性导致消费者对新产品的渴求以及对已有产品的“任意丢弃”(disposable)，从而造成资源的大量浪费。

最后，在思想与知识无产化境遇下的人们在对商品的虚假欲望中已经失去了对商品之外的其他人与事物的关注(attention)和关怀(care)。

对此，斯蒂格勒援引吉尔伯特·西蒙栋(Gilbert Simondon)的观点指出，关注是“一种能够让我们专心于一个对象的精神能力”，同时也是“一种能够让我们照顾、关怀这个对象的社会能力”。① 换言之，关注与关怀体系能够将个人的精神和情感与他人和社会联系起来。然而，当代资本主义社会中的各种数字信息技术与商品逼我们交出了自己在真正的现实生活中的关注与关怀能力，杀死了爱。② 例如，社交网络作为数字化资本主义社会中的重要组成部分，它的出现本旨在促进交往，但社交网络现在却是悖论性的，因为它短路(short-circuit)了我们传统现实中丰富的社会性。而且，社交网络会使情感饱和，我们越在社交工具中滥情，就越在真实的社会人际关系里表现出冷漠与无助。具体而言，那些社交网络如Facebook、微信中的好友究竟是什么呢？当我们轻轻松松地将某人加为好友，对某人进行“关注”，他与我们就真的成为朋友了吗？社交工具中的好友一部分并不是熟识的人，而很可能只是一个我们从未见过的、只是对他发表的某张图片或某段文字感兴趣而进行关注的人，我们与他的交汇点只在于那张图片或那段文字，之后很可能就不会再有交集；另一部分是现实中的旧友，然而当我们以为社交网络方便了交流，使我们与朋友可以随时联络的时候，又有多少人在这

① Bernard Stiegler, *What Makes Life Worth Living-on Pharmacology*, Cambridge: Polity Press, 2013, p.81.

② 陆兴华：《克服技术—书写的毒性——斯蒂格勒论数码性与当代艺术》，《新美术》2015年第6期。

种“放心”的心态下却久久不再与朋友联系了呢？这样，在社交网络与欲望缺失的共同笼罩下，人们已经不会再对外物关注和关怀了。

综上所述，在知识无产化的过程中，不仅技术会代管人和知识，而且由于此，技术也会成为“座驾”而统治人，从而使得每一个个体都会遭受个性化的缺失与欲望、关怀的迷失的境遇。所以，针对这种情况，斯蒂格勒在其药理学的视域下开出了“解毒”方案，帮助我们走出知识无产化的困境。

三、对“知识无产化”的“解毒”

面对当代资本主义社会中人们的数字化生存境遇，斯蒂格勒在批判的基础上力图将消极的技术转换为一种积极的存在，利用实践对现状进行改变。现代资本主义已经耗尽了自身的能量，斯蒂格勒基于其药理学的思考视角，提出了在技术发展基础之上的新的解决路径。

首先，斯蒂格勒提出应建立普遍器官学（General organology）。对此，斯蒂格勒始终持一种药理学的视角，强调事物的双重性质。技术最初以拯救人类的“良药”而出现，现在逐渐演变成了具有破坏性的“毒药”，但斯蒂格勒指出，技术的毒性仍旧需要技术来解，技术是毒药，但又是解药。

数字技术为思想与心理的个性化创造出种种潜能，但与此同时也为二者的丧失创造了条件。要对抗或克服技术所带来的负面影响，就必须在普遍器官学的构架中发明和使用技术。所谓普遍器官学就是要求建立起身心方面、技术体系与社会系统三大领域之间的密切关联与通力合作①，以及各个领域内部的协调与联系，这就如同人体各个不同

① Bernard Stiegler, *For A New Critique of Political Economy*, Cambridge: Polity Press, 2010, p.105.

器官之间的配合与运作一样。技术的“智能产生效益”,但其本身却并“不是培育性的”①,因此需要外在力量的导引。在普遍器官学中,身心领域主要指个体的身体器官与心理思维。个体心理的健康发展离不开肉体器官及其良好运作,反之亦然。技术体系则是遍布在我们周围的各种技术及技术设备所构成的整体。首先各种代具性的人工技术器官连为一体,彼此依存,例如手机需要供电设备为其充电,电视机需要信号塔为其输送信号,任何技术器具都无法独立发挥作用;其次,人工器官是身心器官的补充或装备,例如眼镜让眼睛看得清晰,书写让记忆更加持久。而社会系统则指包括政治、经济、文化等在内的社会统一体,其目标之一就在于使身心器官与技术器官协调合作,高效运行。

正如个人的身体与心理的健康离不开技术的辅助,同时处在社会中的个人也必须依赖各种社会组织与社会关系。斯蒂格勒认为,技术的发展与运用必须要在个体身心层面、技术体系与社会统一体三者所构成的相互联结的环境中进行,不能孤立地一味寻求技术进步,更不能如当代资本主义那样狭隘地将技术作为为己谋利的工具。当代资本家最大的问题就在于,他们几乎不考虑大众与社会整体而只思考如何使用技术来帮助自己获得更大的利益。斯蒂格勒一针见血地指出,资本家的做法是一种只注重眼前利益的“短期主义”(short-termism)投资,缺乏“长期性的视野”(long-term view)。当他们不断地榨取消费者的购买力、欲望与情感之时,已经在酝酿着社会的灾难。

其次,斯蒂格勒认为,贡献经济(the economy of contribution)也将会为知识的重获提供一种契机。贡献经济是一种新的经济模式,斯蒂格勒希望借此将被数字资本主义畸形引导的技术重新引向正确的轨道。相对于普遍器官学对社会宏观整体的要求,贡献经济更多地在于

① [德]彼得·科斯洛夫斯基:《后现代文化——技术发展的社会文化后果》,毛怡红译,中央编译出版社 2011 年版,第 6 页。

对个体行为的一种指导。

在贡献经济的模式下，其参与者通过在社会中投放自身的知识与技能，以及在团体中的积极参与，将知识让更多的人得以接触，并实现自身的个性化。在斯蒂格勒看来，一方面，贡献经济“必须建立在共享知识（shared knowledge）的基础之上”①，这种共享型模式从免费软件、免费书籍、开源社区等共享资源中诞生，并且要求社会中每个个体共同协作来进行知识的生产与使用，这将为社会整体与普遍的知识无产化相断裂提供可能性；另一方面，贡献经济的运行需要以当代网络技术为前提，在这种情况下，贡献经济将技术的毒性转变成了一种治疗剂。具体来说，因特网技术所提供的网络资源共享以及“贡献性信息互补”的因素，为一种新的产业模式的萌生与发展提供了现实可能性。这种包含着巨大的信息量，并能够及时进行自动更新的网络资源空间，有助于个体之间群策群力，促进不同意见、想法之间交流与探讨。并且，在网络这一特定的空间里，行为主体不再被缚于“生产—消费”的消费主义至上模式，而是以一种“贡献者”的身份全身心地投入其中，不被功利性与利己心所驱使，在斯蒂格勒看来，此时个体的欲望或力比多被升华到了最完美的状态。

虽然贡献经济是对个体行为的指导，但需要注意的是，贡献经济仍然需要公众的集体合作才能够得以完成，而不仅仅局限于精英分子或某种专业人员。斯蒂格勒甚至认为，当前的专业人士并不是真正的知识与技能的拥有者与代表者，他更加提倡对某方面感兴趣的自由爱好者与专业人士之间的合作。因为在他看来，当代数字化资本主义社会中的专业人士已经失去了欲望与创新的能力，他们只不断地完成“必须完成”的指令性任务，因此专业人员经常产生出“熵”（entropy）的不稳定性。而爱好者则不同，他们具有自由的意志与欲望能力，能够促使

① Bernard Stiegler, *States of Shock_ Stupidity and Knowledge in the 21st Century*, Cambridge: Polity Press, 2015, p.143.

“负熵”(negentropy)①的产生。所以,自由爱好者、哲学家与不同领域内的专家之间进行合作,才能够达到真正知识的诞生与共享,才能够扭转一切类型的自动化体系,使其服务于个人与社会。

斯蒂格勒从宏观与微观的双重角度,提出了解决知识无产化问题的道路。可以看出,斯蒂格勒的解决策略与马克思主义的基本原则已经相去甚远。当然我们不能简单地以历史唯物主义的立场来否定普遍器官学与贡献经济的措施,毕竟斯蒂格勒所面对的社会历史境遇已经大大异于马克思的时代。但是斯蒂格勒忽略了一点,即资本的增殖逻辑是不会改变的。对于普遍器官学的建立来说,斯蒂格勒要求社会、技术与身心这三大体系之间的协调,也就意味着要求国家公权力、资本家和广大民众之间在行为、目标与利益方面的协调与一致,但在资本主义私有制下,这三者之间显然存在着不可调和的矛盾,技术永远不会脱离控制手段与谋利手段的这一地位。其次,网络虽然为贡献经济模式的实现提供了前提,大量可以接触到的信息与资源为创造有知识的个体奠定了基础,但是在网络已经受到控制的社会中,对网络作用与方向的引导由谁来实现?如何实现?真正自由的不再作为政府收编手段的互联网是否可能?同时如何使大众真正摆脱长期以来所处的单纯消费者地位而以无功利的态度投入到网络交流中?这种无功利的态度在以经济增长为目的资本主义社会里又该如何实现?对于以上问题,斯蒂格勒并没有给出答案。从总体衡量,斯蒂格勒解决知识无产化的办法过于理想化了,不可避免地带有一些乌托邦的色彩。

---

① 熵与负熵本是物理学中的一对概念,熵是热量与温度之商,是用来表征系统内混乱或无序程度的物理量,负熵是熵的对立,指物质系统有序化、组织化和复杂化状态的一种度量。这一对概念后来被引入哲学、社会学、信息论等多种学科中,用于描述社会体系发展演变中的特征与所呈现的状态。斯蒂格勒在哲学社会学的含义上多次运用到熵与负熵的概念,在他那里,简言之,熵指的是封闭的社会体系的混乱程度,负熵则指的是开放的、自由的社会体系的有序和组织化的程度。

结　语

据以上分析可知，由于作为第三持留的技术设备对知识与思想进行接管，这将必然导致全球的心理—技术工业化装置对人类的思维生产和注意力的投射趋向的彻底垄断，导致人的记忆、知识、思想、欲望与情感沦为资本主义工业体系的塑形对象和控制对象，因此，斯蒂格勒认为，在当下资本主义社会，知识被无产阶级化、“无个性化”的个体的欲望与感情被收编与控制，这是资产阶级以自身利益为出发点对技术的错误引导所带来的必然后果。为了克服这一后果的发生，斯蒂格勒站在其新政治经济学的角度，提出贡献经济及普遍器官学思想，并希望借此为人类开创一个充满“负熵”的未来。

然而，尽管斯蒂格勒基于技术异化时代所提出的“知识无产化”思想是一种理论上创新，尽管他的新政治经济学理论是一种在新的时代境遇中对历史唯物主义所作的重读与发展，但应该指出，斯蒂格勒针对“知识无产化”所开出的“解药”过于理想化，而且斯蒂格勒的理论逻辑从总体上来说是与马克思历史唯物主义根本异质的，因为，当斯蒂格勒远离历史唯物主义的生产逻辑来谈论当代资本主义中人们的数字化生存这一普遍的社会现象时，当他把无产化扩至社会全体人群从而抹灭了阶级差别时，他也就不可能真正触碰到资本主义社会问题的实质。

（作者　复旦大学哲学学院博士研究生）

论汤姆·奈恩革命观[*]

——从法国"五月风暴"说起

刘　烨

摘要:从追问和解读"五月风暴"为什么发生出发,奈恩建构起一种马克思主义视域下的革命观,他从社会现实着手去理解革命,认为"五月风暴"的本质是一场深具革命性的社会革命,标志着资本主义的抓攫之力已开始在它的发源地现出疲态了。在此基础上,讨论革命的背景、动力、主体和前景四个基本要点,梳理革命与资本主义、异化、心智生产力、无产阶级及社会主义的因果联系和辩证关系,阐释出一种富有启发性、现实性、实践性的革命理论框架,为社会主义的发展、人类自由天性的解放提供了有力的理论支持和引导。

关键词:五月风暴　革命　异化　心智生产力　无产阶级

谈起20世纪西方的社会运动,就不得不提到1968年5月那场席卷全法国、波澜壮阔的社会运动——"五月风暴"。这场革命不仅深入广泛地撼动了整个法国社会,也在全世界范围内带来了空前的影响。

---

* 本文系2018年山西省高校哲学社会科学研究一般项目"现代化进程中的马克思主义民族理论研究"的阶段性研究成果之一,并得到2013年国家社科基金重点项目"英国新马克思主义的思维逻辑研究"(13AZX002)和2016年国家社科基金青年项目"结构主义思维范式下的唯物史观思想研究"(16CZX008)的支持。

英国作为与法国毗邻的资本主义现代国家,在同一时期,也隔海唱和,弘赛艺术学院(Hornsey Art College)的学生静坐抗议运动(The 1968 Sit-in)即其中之一,此时,奈恩正在此教学,他对学生运动十分同情和支持,后也因此而被解雇,“五月风暴”事件之大、之奇由此可见一斑。作为英国新左派最有力的代表人物之一,汤姆·奈恩以其敏锐的政治嗅觉和动态感十足的学术视角,在第一时间对“五月风暴”做出了客观辩证而又激情洋溢的解读,正是在弘赛艺术学院,他与安琪楼·夸特罗其一起写出了《法国1968:终结的开始》一书。奈恩从马克思主义哲学视域出发,回答了吞噬全法的“五月风暴”为什么发生这一问题,对其进行了深刻的历史反思和理论剖析,他以“五月风暴”为切入点,批判西方资本主义的社会结构及政治体制,聚焦现代化的社会经济及社会主义革命,并在此基础上构建起自己独具特色的革命观。距“五月风暴”发生已整整半个世纪,但其在世界政治经济领域和学术理论范畴的影响还未淡去,国内外对其研究探讨仍方兴未艾,多年来对于这场革命的意义、价值的定性可谓是众说纷纭、莫衷一是。笔者希望借由分析介绍奈恩对“五月风暴”的解读来丰富国内相关研究,并在此基础上对奈恩的革命观作出基本勾勒。

一、“五月风暴”:一场深具革命性的社会革命

奈恩对“五月风暴”的解读充塞着如火山爆发般的热情,洋溢着对未来的希望和乐观,他笃信法国的五月事件是一个新世界的前锋,他指出,“五月革命是对一个真正有开创性的历史发展所做的测试以及丈量。”①他从“五月风暴”照射下的社会现实、“五月风暴”对传统革命的

① [意]安琪楼·夸特罗其、[英]汤姆·奈仁:《法国1968:终结的开始》,赵刚译,生活·读书·新知三联书店2001年版,第133—134页。

超越以及“五月风暴”的基本精神三方面逐步阐释出:“五月风暴”是一场深具革命性的社会革命。

首先,奈恩指出,“五月革命所发出的刺眼光芒,让现实社会显现原形。”①1968 年的法国正值戴高乐主义官僚政权当政的第十个年头,表面上经济发展迅猛、工业生产欣欣向荣、社会现代化进程进一步加快,然而这些都无法掩饰其资本主义政治体制下积攒多年、深刻的社会矛盾,资本家为了获取大宗利润,对工人、农民极尽压榨,寡头政治垄断,政治、经济、文化管理因循守旧等问题不断积聚,法国社会危机四伏。面对资本主义的一系列问题,法国的学生首先表达出了他们的不满,并逐渐发展壮大为一场轰轰烈烈的社会革命。而正是在这场革命刺眼光芒的照射下,法国资本主义社会的现实逐渐浮现,人民看清了资本主义的丑陋面目,一系列问题赤裸裸地摆在了台面之上。可以说,“五月革命展现出来‘前所未有的辩证冲突’”②,它剥去了资本主义社会的华丽表象,揭示出了其腐朽堕落的本质。基于对资本主义社会现实的辩证分析,奈恩看到,“五月风暴”这场社会运动对自由解放有一种天然的渴求,革命实践正是其核心。

其次,奈恩进一步指出,“就其根本而言,新生的 1968 年五月革命显示出它已经超越了它所属的伟大革命传统的所有主要弱点。……它是一种比过去所有革命过程都要伟大的革命过程的初期表现。”③奈恩认为,五月风暴之前的每一个革命几乎都“出了问题”,那些革命在各自的历史时刻都和社会的真正潜力相脱节,它们都在向不可能挑战,其革命主体、对象、生产力、心智、远景等方面都不成熟,因此都会因为各种问题而被迫流产。与之相反,“五月风暴”是第一个没问题

① [意]安琪楼・夸特罗奇、[英]汤姆・奈仁:《法国 1968:终结的开始》,赵刚译,生活・读书・新知三联书店 2001 年版,第 180 页。

② [意]安琪楼・夸特罗奇、[英]汤姆・奈仁:《法国 1968:终结的开始》,赵刚译,生活・读书・新知三联书店 2001 年版,第 191 页。

③ [意]安琪楼・夸特罗奇、[英]汤姆・奈仁:《法国 1968:终结的开始》,赵刚译,生活・读书・新知三联书店 2001 年版,第 187—188 页。

的革命的先导,其时,社会生产力与意识形态发展相契合、运动主体与实践阶级相切合、社会现实与革命理想相吻合,因此,“这个崭新的革命将走到所有远景前头,打破所有阻碍,并实现那些我们甚至还没意识到的梦想。”①在奈恩看来,“五月风暴”是对资本主义种种恶行的反攻,是对抗异化的马克思主义式的实践,是资本主义极致丰饶下走向社会主义理想的试探,它所孕育的是终将震颤资本主义世界的崭新革命。

最后,奈恩基于以上阐释对“五月风暴”给予了高度肯定,他这样写道,“1968 年五月是第一个‘新的’法国革命,标志了资本主义的抓攫之力已开始在它的发源地现出疲态了。”②在他看来,法国“五月风暴”这一新的革命已然超越了 1789 年的革命,主要体现为:在革命性质上,是无产阶级革命对资产阶级革命的超越;在革命主体上,是广大人民为主导的革命对资产阶级主导的革命的超越;在革命对象上,是革资本主义之命对革封建主义之命的超越;在革命理念上,是马克思主义的社会主义理想对资本主义民主愿景的超越。资本主义的控制力在发达资本主义地区已经开始松动,人民天性之中的自由要掌控自己的命运,社会革命正朝着社会主义的梦想走去。因为,“五月风暴”的基本精神是“要求解除一切束缚,并指向以真正的社会力量进行社会控制”③,所以,它是一个先导性的运动,一个生机盎然的实践,是一场深具革命性格的社会革命。

1968 年“五月风暴”不仅是早已成为历史(包括思想史)的徽章与历史学的记载对象,而且体现了一种时代精神。④ 虽然“五月风暴”最

---

① [意]安琪楼·夸特罗奇、[英]汤姆·奈仁:《法国 1968:终结的开始》,赵刚译,生活·读书·新知三联书店 2001 年版,第 188 页。

② [意]安琪楼·夸特罗奇、[英]汤姆·奈仁:《法国 1968:终结的开始》,赵刚译,生活·读书·新知三联书店 2001 年版,第 207 页。

③ [意]安琪楼·夸特罗奇、[英]汤姆·奈仁:《法国 1968:终结的开始》,赵刚译,生活·读书·新知三联书店 2001 年版,第 170 页。

④ 于奇智:《五月风暴与哲学沉思》,载《世界哲学》2009 年第 1 期。

终在戴高乐的“宪政独裁”下失败了，但是，在奈恩看来，社会主义革命的意识形态已然觉醒，尽管其革命愿景是当前西方社会现实能力之所不及，却已然为未来吹响了革命的号角，现实必将向理念靠拢，因此，在这一层面上，“五月风暴”是成功的。通过对“五月风暴”的解读，奈恩构建起了以马克思主义为基础的革命观。

二、奈恩革命观的基本要点

20 世纪 60 年代的汤姆·奈恩正当风华正茂之年，他意气风发、才情满溢，对马克思主义充满着满腔热忱，满心满意想成为一个革命者，并逐渐开始在《新左派评论》等杂志上发表论文、抒发观点。1968 年与安琪楼·夸特罗其合著的《法国 1968：终结的开始》一书意义重大，不仅是奈恩的第一本著述，也标志着奈恩理论观点的发轫，他从马克思主义视域出发，初步建构起一种科学、理性、客观、辩证的革命观。

（一）革命的背景

作为马克思主义的坚定捍卫者，奈恩指出，革命的产生背景正是资本主义及异化。现代西方社会最突出的特质就是其资本主义的政治经济体制，资本主义对物质生产、财富、资本积累的追求可谓无所不用其极，伴随着资本主义的快速发展，西方发达国家的物质积累达到了极度丰饶，对于这一社会现实奈恩这样写道：“达成这个史无前例丰饶的代价很清楚是以邻为壑——凭借着至今仍完好无缺的帝国主义剥削机器，‘已发展国家’把幸福建立在‘低度发展’世界的痛苦上头。”①可见，帝国主义、资本主义之残忍、之冷酷。正是在这种社会环境下，“资

① ［意］安琪楼·夸特罗奇、［英］汤姆·奈仁：《法国 1968：终结的开始》，赵刚译，生活·读书·新知三联书店 2001 年版，第 144 页。

本主义工业社会一天比一天'复杂'。国家机器以及垄断资本的组织不断扩张延伸,影响所及,各个人也不断地被转化成特殊的器用。"①这种"特殊的器用"就是异化的结果,是资本主义体系丰饶的代价。异化使得整个世界变得层级森严,社会高度技术理性化,人民大众毫无人味儿,人的自主、自由都被抹杀了。我们知道,每个马克思主义革命家的毕生事业和追求正是推翻资本主义社会及其建立的国家设施,奈恩也是如此,他指出,面对资本主义的高度压迫和对人的异化,人民必定要采取行动以反对、变革这样的现实世界,革命就在这个时候产生了。"革命运动要奋起夺回凡是体系从他们身上采补走的所有一切。'全人'要感受全整,行动周遍。他的主体性要求他对工作、'休闲'、生命,要言之,所有正在进行中的事物,有从心所欲的控制力。"②可见,人为了成为"全人",或者至少达到自由的近处,必须通过革命来对抗异化、寻找解放。

基于以上分析,奈恩进一步指出,"'物化'只有透过革命才能终止。"③可见,对于资本主义的"异化"状况,通过且只有通过革命的手段才能真正消除,这恰恰继承和发展了马克思的异化理论,即批判人的异化、扬弃人的异化、实现人的解放。在资本主义的最终成熟阶段,资本的统治愈来愈快、愈来愈无所顾忌、愈来愈完满地凌驾于社会主体,使得"生产的社会性格和布尔乔亚社会的异化过程之间的冲突达到最高峰"④。具体来说就是,社会主体与资本主义异化的冲突矛盾越来越不可调和,并已达到一触即发的革命临界点。马克思早在《〈政治经济学批判〉序言》中就有过这样的论述:"物质生活的生产方式制约着整

① [意]安琪楼·夸特罗奇、[英]汤姆·奈仁:《法国1968:终结的开始》,赵刚译,生活·读书·新知三联书店2001年版,第152页。

② [意]安琪楼·夸特罗奇、[英]汤姆·奈仁:《法国1968:终结的开始》,赵刚译,生活·读书·新知三联书店2001年版,第152页。

③ [意]安琪楼·夸特罗奇、[英]汤姆·奈仁:《法国1968:终结的开始》,赵刚译,生活·读书·新知三联书店2001年版,第194页。

④ [意]安琪楼·夸特罗奇、[英]汤姆·奈仁:《法国1968:终结的开始》,赵刚译,生活·读书·新知三联书店2001年版,第194页。

个社会生活、政治生活和精神生活的过程;不是人们的意识决定人们的存在,相反,是人们的社会存在决定人们的意识。社会的物质生产力发展到一定阶段,便同它们一直在其中运动的现存生产关系或财产关系(这只是生产关系的法律用语)发生矛盾。于是这些关系便由生产力的发展形式变成生产力的桎梏,那时社会革命的时代就到来了,随着经济基础的变更,全部庞大的上层建筑也或慢或快地发生变革。"①简言之,社会物质生产决定社会意识,当物质生产力达到极大丰裕时,社会革命也随之而来。奈恩继承发展了马克思的这一论断,他指出,革命正是在资本主义对物质的不断追求中变得越来越明朗和可及,这无疑是对资本主义的最大讽刺,他不禁感慨道,"吊诡的是,资本主义真正不可避免的命运只有在它为本世纪赢得了物质胜利之后才悄然出现,就在资本主义机器的最后产品之前出现。而这个最后产品就是一个在资本主义里头新出生的社会,昨日还未曾得睹,今日则处处可见,后浪终将推到前浪。"②

由此,奈恩对革命的产生背景进行了一个严谨理性、环环相扣的推导,接下来他就必须要进一步解释革命的动力机制问题了。

(二)革命的动力

"五月风暴"表明,资本主义社会现实的核心有了根本性的转变,这一转变使得昨日看起来不可想象之事,今天就成了事理之当然。因此,这一转变定是人类历史中最重要的一个转折点,而这一转折点在奈恩看来正是心智生产力(forces of mental production)的发展,他写道,"条件不成熟,革命就不会出现,而所谓成熟不外乎说物质生产力——迄今为止带动所有历史变迁的主力——已经带来心智生产力的决定性发展。"③

---

① 《马克思恩格斯选集》第2卷,人民出版社2012年版,第2—3页。

② [意]安琪楼·夸特罗奇、[英]汤姆·奈仁:《法国1968:终结的开始》,赵刚译,生活·读书·新知三联书店2001年版,第207—208页。

③ [意]安琪楼·夸特罗奇、[英]汤姆·奈仁:《法国1968:终结的开始》,赵刚译,生活·读书·新知三联书店2001年版,第191页。

可见,革命的动力正是心智生产力的决定性发展,奈恩从三个层次对其进行了分析探讨。

首先,心智生产力发展的条件。奈恩认为,心智生产力的发展根源于资本主义的发展,是资本主义现实的社会需求。战后的西方资本主义国家在物质生产力上取得了非凡的胜利,其财富的巨大发展是在工业化大生产、商品货币流通等物质生产的巨大增长当中生长出来的,而伴随着物质的极大丰富,越来越多的现代经济和社会生活都必定要导向意识的生产,即心智生产力的生产。可以说,资本主义体系是心智生产力的母体,而当心智生产力发展到一定阶段时,必定会反过来带来资本主义体系的倾覆。奈恩指出,"资本主义不得不发展一套能为它所用的教育体系(广泛言之,即是心智生产力)。而如今它的心智生产力竟然产生噬脐的矛盾后果,竟要摧毁体系的大脑。原因不在其他,在于在这生产力之中早就内设了一个重要矛盾。……资本主义在自己的神经中枢里头创造它自己的毁灭者,它的末日穷途,不为别的,只因为它也无法不这么做。"①可见,物质生产力的发展必定会带动心智生产力的发展,而心智生产力发展的根本结果就是"再也不会有人愿意以秩序、舒适,甚或是飘渺的未来之名,屈从在暴政巨石下"②。因此,当物质生产力极大发展、资本主义走到了发展的成熟阶段,就会产生心智生产力质的发展,即人民从意识形态的根本上想要摧毁资本主义对自己的压迫和异化。

其次,心智生产力发展的结果。奈恩指出,心智生产力的现实性和力量就在于,它的决定性发展将直接带来革命与自由的结果。我们知道,在成熟的资本主义阶段,物质生产力使得社会在物质层面上更加接近自由,奈恩从马克思主义对于物质生产力的解释当中汲取养分来解

---

① [意]安琪楼·夸特罗奇、[英]汤姆·奈仁:《法国 1968:终结的开始》,赵刚译,生活·读书·新知三联书店 2001 年版,第 148 页。

② [意]安琪楼·夸特罗奇、[英]汤姆·奈仁:《法国 1968:终结的开始》,赵刚译,生活·读书·新知三联书店 2001 年版,第 168 页。

释心智生产力带来的转变，他写道，“很久以来一直有一个看法，认为只要人类能从物质生产的必需处境中超越出来，那么人类就可以达到‘自由’的境地。也就是说，当人一旦能摆脱千万年来以辛苦劳动维生的束缚，那人就能在稳固的物质基础上耕耘原属于他但却荒废已久的潜能。很清楚地，耕耘一定得借一种‘文化’的形式；经由社会意识的壮大发展，每个人的经验变得更丰富多姿。……人类可凭借惊人的资本魔力，区区数十年就能超过过去千万年的努力，把自己推向自由的临界点。只有当这个临界点已到，只有当庞大的商品生产机器‘完全’运转，资本主义方才允许人们从它所创造的异化情境中解放出来。革命过程在此出现，进行超越性的转化。”①从中我们可以读出这样的逻辑层次，物质生产的大丰裕必定会带来心智生产的大发展，心智生产的大丰富必定会带来社会意识潜能的重新发现，人的社会意识潜能的释放必定会带来革命的理论和实践，而革命必定会带来人类最终的自由和解放。易言之，当人依靠物质生产的力量去主宰自然时，资本和财富是寻觅的目标；而当人依靠心智生产的力量去体验自然时，自由和解放才是追求的对象。

最后，心智生产力发展过程中体力劳动与心智劳动二分的超越作用。通过清晰的理路分析，奈恩敏锐地洞察到了体力劳动与心智劳动二者的因果联系及辩证关系。他指出，“当社会的物质生产力还未解放，那么‘物质’一定支配‘心灵’，社会一定支配个人。”②换言之，物质生产力不解放，心灵、个人就得不到解放，物质与心灵、社会与个人必定是矛盾、冲突的存在。进而他指出，“要消解这样的冲突，就一定要有‘社会性个人’的出现，也就是马克思所说的，出现一种‘可以创造他们自己历史的人’（也就是可以履行自由之人）”。③ 可见，“社会性个人”

① ［意］安琪楼·夸特罗奇、［英］汤姆·奈仁：《法国 1968：终结的开始》，赵刚译，生活·读书·新知三联书店 2001 年版，第 192—193 页。

② ［意］安琪楼·夸特罗奇、［英］汤姆·奈仁：《法国 1968：终结的开始》，赵刚译，生活·读书·新知三联书店 2001 年版，第 201 页。

③ ［意］安琪楼·夸特罗奇、［英］汤姆·奈仁：《法国 1968：终结的开始》，赵刚译，生活·读书·新知三联书店 2001 年版，第 201 页。

是消解物质与心灵矛盾的钥匙,只有出现“可以履行自由之人”才能真正意义上终结社会与个人的冲突。那么,问题就出现了,这种“社会性个人”出现的基础是什么呢?或者说,“可以履行自由之人”在什么情境下才能产生呢?奈恩的答案是:“这一种情境的出现来自于心智生产力的发展,以及‘心智剩余’的形成。”①众所周知,资本主义物质剩余必然是由少数人,即统治阶级所攫取,由于对物质剩余的操控,他们可以避免单调无聊的劳动生产活动,并肆无忌惮地把劳动生产活动强加于广大平民并剥削其劳动剩余。心智生产力直指这一不公正,其社会使命就是颠覆物质剩余从古至今所产生的决定性影响。因为心智剩余具有不折不扣的社会性格,它不能像物质剩余般被资产阶级攫取。它的兴起就预示了真正社会整合的潜力,预示了无产阶级社会的雏形,同时也预示了体力与心智劳动二分的超越。只有当心智劳动超越体力劳动并取得优位时,人才能真正地自由、解放,社会才能真正实现无阶级的共产主义。然而,体力与心智的二分、心智生产力的发展、心智剩余的出现等都是在物质剩余的历史异化情境中所展开,所以必定要诉诸革命。就像奈恩所指出的,“它必然要和顽强的现状斗争,因此必须要采取一种政治的形式,一种革命的形式,摧毁那逼迫它出现的情境。”②

因此,对于任何革命的理解,都不能仅仅局限于革命自身的发展逻辑,而是必须从现实的资本主义历史进程、马克思主义的宝贵理念、生产实践的深层意蕴出发去理解和阐释革命的各种形式、变化及冲突。奈恩明确指出,“就像唯有缓缓的创造并使用物质剩余,原始社会才有可能进展到文明社会,文明社会进展到共产社会则必须创造‘心智剩余’。而所谓心智剩余就是心智生产到达一个阶段,超过物质生产对它的需求,而造成的供给过剩现象。是这个现象的出现,而非物质生产

① [意]安琪楼·夸特罗奇、[英]汤姆·奈仁:《法国 1968:终结的开始》,赵刚译,生活·读书·新知三联书店 2001 年版,第 201 页。

② [意]安琪楼·夸特罗奇、[英]汤姆·奈仁:《法国 1968:终结的开始》,赵刚译,生活·读书·新知三联书店 2001 年版,第 202 页。

领域里的矛盾紧张,才是最具‘革命性’的变化,而最后终将带来革命的转化。”①奈恩对心智剩余造就的革命性转化作出了深刻而理性的哲学思考,心智剩余是革命运动产生的一项最基本、最重要的要素,它在社会变革中起着不可替代的作用。革命,如果能够被触发和实现的话,只有在心智剩余超越物质生产时才有可能。奈恩在批判资本主义物质产生的基础上,找到了心智生产力这一最核心的革命触发器。在这个意义上,可以说,心智生产力是奈恩革命观最重要的解释维度和理论成果。

(三)革命的主体

谈到革命,就不得不探讨其主体问题,革命与主体两者都是哲学研究的最核心范畴之一,因此,探讨人在革命实践过程中表现出来的能力、作用、地位具有极其重要的价值意义。革命是人作为主体的本质力量的表现,我们不仅要从客体、直观的现实去理解革命,而且要从主观、能动的人去理解。作为当代英国新马克思主义的学者,奈恩秉承了马克思主义对待革命主体问题的一贯观点,并在此基础上作出了自己的发展和解读。他把分析视角落在革命的主体性呼声,分析其产生、发展及伟大力量,并以此确认了革命主体的双重力量。

奈恩始终强调革命的主体维度,坚持“主体性的呼声是一个内在动力”②,以建构一种符合当代时代精神的积极自主的革命主体性来冲破资本主义社会的异化枷锁,实现真正意义上自由的“个人”。具体来讲,奈恩首先指出,“所谓个人也者,不外乎工作的时候像一只蜜蜂或蚂蚁,离开工作的时候则是一个孑然孤立的个体。”③马克思在《德意志意识形态》中也有类似的表述,“在共产主义社会里,任何人都没有特

① [意]安琪楼·夸特罗奇、[英]汤姆·奈仁:《法国1968:终结的开始》,赵刚译,生活·读书·新知三联书店2001年版,第198页。

② [意]安琪楼·夸特罗奇、[英]汤姆·奈仁:《法国1968:终结的开始》,赵刚译,生活·读书·新知三联书店2001年版,第152页。

③ [意]安琪楼·夸特罗奇、[英]汤姆·奈仁:《法国1968:终结的开始》,赵刚译,生活·读书·新知三联书店2001年版,第152页。

殊的活动范围,而是都可以在任何部门内发展,社会调节着整个生产,因而使我有可能随自己的兴趣今天干这事,明天干那事,上午打猎,下午捕鱼,傍晚从事畜牧,晚饭后从事批判……”①可见,奈恩对个人的理解与马克思对共产主义中的人的描述有异曲同工之妙。正是人对满足物质生存需要的实践活动以及在此基础上对精神生活的不断追求,才使革命成了不可或缺的手段,才赋予了革命十分重要的意义。进而奈恩从“五月风暴”的革命实践过程中得出:只有一个崭新的主体性才能推进新世界的形成,他这样写道:“在五月革命的过程中处处都展现出一种行动和组织的特质。藏在外显理念之下的是一个活水源头:一个崭新的主体性,一个当何所为的集体‘直觉’,这个崭新的主体性和集体直觉在短短四周内,从一只眠蛹幻化为一个新世界的原型与愿景。”②如此看来,新世界的愿景就成了一个崭新的、具体的主体性自觉的结果。并且,这种主体自觉是在长期的革命实践过程中逐步形成的。革命的主体性为了复得这个世界,并以我们天性中的自由主宰我们自己的命运,就必须以革命实践为手段,拿起主体性之刃劈向那个夺取人们自由、藏污纳垢的资本主义异化。奈恩把革命的实践活动与人的主体性密切联系起来,认为人的本质力量的具体化过程和形式就是革命,无论在怎样的条件下,主体的本质力量的实践都是绝对必要的。由此,奈恩感叹道,“在先进资本主义的情境下,因为社会在物质层面上比前期更接近达到‘自由’的可能性,所以手段和目的之间的距离也一定比以前更为缩短。就是因为从异化和权威的束缚之中解脱的需求比对面包的需求来的强烈,所以一种立即的、欲求解放的赫赫之声就在一般人心理层面上产生了更大的回响,与前期比较,更能作为一种真实的革命杠杆。”③

① 《马克思恩格斯文集》第1卷,人民出版社2009年版,第537页。

② [意]安琪楼·夸特罗奇、[英]汤姆·奈仁:《法国1968:终结的开始》,赵刚译,生活·读书·新知三联书店2001年版,第151页。

③ [意]安琪楼·夸特罗奇、[英]汤姆·奈仁:《法国1968:终结的开始》,赵刚译,生活·读书·新知三联书店2001年版,第167页。

这样,在"五月风暴"的革命实践中,人作为主体对自由的需求就很快显现出来了,我们必须要充分利用这一革命杠杆,把对抗异化扩展到整个资本主义世界,使革命的种子生根发芽。奈恩把人作为社会批判的革命武器来使用,以此把本来属于人的一切全部归还给人自身,这是他对人类主体性的期望,也是他对社会文明发展的渴求。

第二次世界大战后的20多年,资本主义世界出现了长期稳定的局面,许多资本主义的卫道士们做起了"黄金世界"的美梦。可是这一年五月的四个星期,学生运动和工人运动却像突然刮起的一场风暴,席卷了整个法国,打破了那种美梦。① 历史告诉我们,革命要取得成功,必须要把人民大众组织起来。在奈恩看来,最重要的革命主体力量有两方面:一是学生,一是工人,两者相结合形成革命的动力马达。一方面,学生在"五月风暴"中展示出了非凡的力量,他们具有很强的政治意识,"要求自在作为的自我定义"②,并带来了生机盎然的革命运动,正是由于学生对法国当时社会状况的不满,加之中国、古巴的革命精神的感召,使得他们毅然举起革命的旗帜,占领巴黎地区的大学,奈恩这样写道,"震荡明日世界的社会体质的要角将是造反的学生。"③另一方面,随着学生运动的持续扩大,法国的平民大众都加入了这场运动,其中最重要的力量就是工人。无需赘言,我们都知道工人阶级的力量之大、之猛,马克思在《共产党宣言》中指出:"在当前同资产阶级对立的一切阶级中,只有无产阶级是真正革命的阶级。"④现代工业社会的单向度造成了政治领域、思想文化领域以及人自身的单向度发展,是一个病态的社会,尽管西方发达国家都极力宣扬自由、民主,但无法掩饰实

① 方光明:《论1968年法国的"五月运动"》,《杭州大学学报》(哲学社会科学版)1986年第1期。

② [意]安琪楼·夸特罗奇、[英]汤姆·奈仁:《法国1968:终结的开始》,赵刚译,生活·读书·新知三联书店2001年版,第153页。

③ [意]安琪楼·夸特罗奇、[英]汤姆·奈仁:《法国1968:终结的开始》,赵刚译,生活·读书·新知三联书店2001年版,第149页。

④ 《马克思恩格斯文集》第3卷,人民出版社2009年版,第437页。

质上的虚伪、扭曲。工人阶级作为资本主义体系下最被压抑、限制、束缚的阶层，具有最庞大的公会组织、最强的反抗意识和最具斗争性的革命力量。奈恩作为马克思主义的坚定信奉者，认为："工人阶级是革命的惟一发动机……所有的政治动员一定得指向无产阶级，要不然就会注定失败。"①不难看出，奈恩对于工人阶级力量的重视体现出一种马克思主义式的深刻理解。只有在工人阶级中宣传革命的理念，让革命理念在工人阶级的意识中生根发芽，才能使得革命实践成为可能。革命只有掌握在觉醒的、有组织的工人阶级手里，才能爆发出前所未有的巨大势头，并向共产主义的理想靠近。所以，"真正的异议一定得从下发动，从体系之外、从街头、从学校、从工厂"②，这种自下而上的以学生、工人为基础的革命主体才能取得未来社会的胜利。

（四）革命的前景

基于以上分析，可以看出，奈恩认为革命的前景充满着光明和希望，全然新奇之事已然发生，新世界已然发出第一声哭喊，他怀抱着一种浓浓的马克思主义理想指出，"西方资本主义文明达到了一个在它的逻辑下也许可以被称之为'乌托邦'的高点、一个历史成就的高原期，虽然有这方面和那方面仍待改进，但主要障碍业已跨过，一个平顺滑向未来的完善构架已然成形。"③由下而上的社会控制和现实生活中的民主必将伴随着革命运动而到来。过去的革命总是朝着历史痴望，"五月风暴"之后的革命则朝着唾手可得的未来社会前行，必将成功。

毫无疑问，"在马克思主义历史观与革命观的视野里，革命不仅是一种必然性的历史现象，也是人类社会历史发展与进步得以实现的基

① [意]安琪楼·夸特罗奇、[英]汤姆·奈仁：《法国1968：终结的开始》，赵刚译，生活·读书·新知三联书店2001年版，第157—158页。

② [意]安琪楼·夸特罗奇、[英]汤姆·奈仁：《法国1968：终结的开始》，赵刚译，生活·读书·新知三联书店2001年版，第177页。

③ [意]安琪楼·夸特罗奇、[英]汤姆·奈仁：《法国1968：终结的开始》，赵刚译，生活·读书·新知三联书店2001年版，第144页。

本形式,没有革命,既没有社会的发展,也没有历史的发展。”①社会主义革命是一个历史的建构,其实践既是功能性的内置,也是由人类本质所决定的。在奈恩那里,革命的现实性已经成形,内在于世界历史进程之中,它意味着两件事情,一是,“行动实践要比理论涵养或预知未来更重要得多。在五月事件的高涨集体行动里,实践一直领先并主导意识。”②;二是,“西方社会新生的革命行动要求而且需要同时发展新生的理论。和以往的革命运动一般,它还是要依赖实践和理论之间的辩证。”③总之,革命前景是在革命理论与革命实践的辩证关系之上出现的,革命实践要先于革命理论,革命理论不能固守教条与修正的旧想法,而要像新生的革命实践一样生长出新的革命理念。在奈恩看来,革命的前景不是一个远离我们的、无法企及的对象,伴随着我们对资本主义本质的触及,在革命的实践与理论中把自身主体从中解放出来,尽管历史的发展会绕弯路,甚至会倒退,但奈恩坚信社会的总趋向是发展、解放、自由,而这一前景的关键所在就是革命。

三、结　语

英国新左派思想着眼点在于,在资本主义社会如何实现社会主义,如何克服人的现实异化与社会异化,从而实现人的解放。④ 奈恩作为新左派整体之重要政治理论家,其革命论秉承发展了这一本质诉求。在奈恩眼中,随着“五月风暴”的出现,资本主义社会发生了一系列变化,物质的丰饶、财富的积累使得异化现象日益加重,人与资本主义的

---

① 林剑:《不应误读与否弃马克思主义的革命观》,《马克思主义研究》2014年第10期。

② [意]安琪楼·夸特罗奇、[英]汤姆·奈仁:《法国1968:终结的开始》,赵刚译,生活·读书·新知三联书店2001年版,第132页。

③ [意]安琪楼·夸特罗奇、[英]汤姆·奈仁:《法国1968:终结的开始》,赵刚译,生活·读书·新知三联书店2001年版,第134页。

④ 乔瑞金:《英国新左派的社会主义政治至善思想》,《中国社会科学》2014年第9期。

冲突不断攀高,学生、工人的自由意识、独立性格在心智生产力的发展基础上逐渐显露,为了将主体性从资本主义的樊笼中释放出来,革命实践将是一个必然的选择。奈恩的革命观不仅体现了他对马克思主义本质与理念的正确认识和理性发展,同时也是社会现实的必然认知。其革命观的主要基点是对革命背景、动力、主体、前景的准确把握和辩证思考,是以理性分析问题,而非脱离现实生活的抽象、虚幻、空洞的乌托邦式的、乐观主义的结论。奈恩的革命观克服了宗派马克思主义和修正马克思主义关于革命理论认识的偏颇,从而建构了科学理性的革命观,他从资本主义社会内部结构进行剖析,对生产力体力与心智的二分进行深入解读,从而找到了心智生产力这一革命内在生成的动力机制,进而找到了革命的主体阶级,构建起了一种自下而上的实践革命论。奈恩的革命思想为实现马克思共产主义的最终理想提供了一条途径,他希望通过革命达成人的自在天性。因此,奈恩的革命观的意义不只局限于学术领域,还会最终影响到西方资本主义的政治体制,乃至整个人类社会的发展。对于奈恩而言,革命是手段,自由、解放是目的。他相信以革命之策定会打破人类囿于异化而面临的单向度发展问题,实现一种无差别、无压迫的社会主义图景。其革命观展示了当代社会革命的多方面特征,回答了革命实践何以可能及走向何处的问题,揭示了革命的内在本质,给出了一个兼顾历史属性及现实维度的完整解读。就像奈恩所指出的“真理是一出让人笑不出来的深刻喜剧,因为它和历史中的悲剧只是一线之隔”①。我们站在现实的门槛上,既回望过去,又展望未来,革命的密钥已经在手,我们每个人都要全情参与这场戏剧。

(作者　哲学博士,山西大学马克思主义哲学研究所讲师)

① [意]安琪楼·夸特罗奇、[英]汤姆·奈仁:《法国1968:终结的开始》,赵刚译,生活·读书·新知三联书店2001年版,第147页。

主要论文的英文目录及提要

Contents and Abstract

Feminist Philosophy Studies

Populist Studies

Studies on Modernity

How I understand Marxism?

Alan Badiou

Abstract:

In Badio's view, Marxism is not only historical materialism, not only political economic criticism, but also a kind of communist politics. In more strictly speaking, Marxism is a kind of politics that ends all politics. The politics that put an end to all nations and domination. However, this kind of politics can not be derived from words and consciousness, but can only be realized in concrete political practice, that is, class struggle, production struggle and scientific experiment. These political practices are decisions to transcend social realities to create a new path and direction of practice, which we can call communism.

Key words:

Badio; Marxism; politics; communism

The Relationship between Engels' thought on "the Basic Question in Philosophy" and Hegel's Philosophy

WU Meng and LONG Jiao

Abstract:

In Ludwig Feuerbach and the End of Classical German Philosophy, Engels studied the "basic question in philosophy", which linked with Hegel's philosophy tightly. To express his understanding of the problem of materialism, Engels took some terms and expression form from Hegel. But, as he insist on the ontological principle of the materialism of 18th century, he took the stand point that is criticized by Hegel himself, even though the former tried to introduce dialectics into his thinking on the relation between being and nature.

Key words:

Engels;the basic question in philosophy;Hegel;materialism

Misunderstanding on Capital's Genre
——How not to evaluate relevance of Marx's Capital

Andrew Klima

Abstract:

Critics frequently claim that important aspects of Marx's Capital have been rendered irrelevant by changes in capitalism that have subsequently taken place.The present essay argues that these allegations of irrelevance are often based on misunderstandings or misrepresentations of the book's genre. For example,it is evaluated as if it were a descriptive work rather than a theoretical one,or as if it were about capitalism as a whole rather than the capitalist mode of production.The essay then turns to specific arguments put forward by Silvia Federici,Jonathan Sperber, and Paul A.Baran and Paul Sweezy in their efforts to impugn the relevance of Marx's theories of the reproduction of labor-power and the tendential fall in the rate of profit.It argues that these efforts fail,partly because the critics do not fully appreciate Capital's genre.

Key words:

Karl Marx;Capital;critique of political economy;relevance

Two Revisions in the 1872-1875 French Edition of Capital and Their Theoretical Values

ZHU Xin-xian

Abstract:

Due to the limited scope of publication,"the scientific value" of the

1872-75 French edition of Capital has long been underestimated. By two of the revisions which are made in this edition, Marx has defined the applicability of "the natural laws" of capitalist production, including the rule of primitive accumulation, within the specific ranges of "the countries that follow England on the industrial path" and "the Western Europe". What should be emphasised is that the theoretical values of the two revisions not only lie in their significance to Marx's research on the Eastern societies' ways of development, but, more importantly, stand out for their insightfulness to unveil the dialectical concretisation as an essential characteristic of the methodology of historical materialism.

Key words:

Marx; revisions in the 1872-75 French edition of Capital; Eastern societies' ways of development; dialectical concretisation

Marx's Revelation of the Origin of Hegel's Dialectics

SHI Zheng-yu

Abstract:

Hegel's dialectics is the dialectical movement of the conscious experience considered as thing itself. It reveals that in terms of its inherent dialectical movement the conscious experience is reappearance considered as presentation, and confirms that the subject is the undertaker of the dialectical movement and the guarantee of the objective world. Marx's critique on Hegel's dialectics does not aim at asserting the priority of sensuous objects, but revealing the objective activity that is cued as well as hided by Hegel's Dialectics. Since the objective activity is the origin of philosophy's effort to ensure objective world, Marx's critique reveals the origin of Hegel's dialectics.

Key words:

dialectics; conscious experience; subject; objective activity

The Historical Evolution of Imperialist Narrative and Radical Construction of Confrontation Logic

WU Yang

Abstract:

Any imperialist narration plays double roles of organizing empirical content and deeply expressing political premise and realistic demand. It is of significance to recognize the specific logic under complex empirical facts and theoretical categories of imperialism, so as to understand imperialism critique on the standpoint of Marxism doctrines, as well as establish radical logic of confrontation. Out of such kind of consideration, this article is going to pay close attention to combing the historical evolution of imperialist narration and reflect on constructing radical confrontation logic. This includes investigating three typical capitalist narratives, Marx's turn of criticism, and of which on the foundation, the construction of radical logic in Lenin's classical imperialism theory.

Key words:

Imperialism; Narration; Lenin; Logic of Confrontation

Comment on Rodney Peffer's Reconstructing Marxism's Human Rights Theory

LI Yi-lin

Abstract:

Based on the reinterpretation of Marx's theory, Rodney Peffer reconstructs Marxism's human rights theory, combining Marx's standpoint and

Rawls' justice theory. Since *Marxism, Morality, and Social Justice* was published in 1990, Peffer has modified his theory of justice which called justice as fair rights to four different versions, taking in the contemporary significant problems and enlarging the application fields. Although Peffer's human rights theory is innovative and has realistic significance, it has some drawbacks both inside and outside of the field of equality and freedom.

Key words:

Rodney Peffer; Marxism; human rights; social justice

Janus Face in Ernst Bloch's Thoughts: The Internal Tension between Marxism and Theology

CHEN Ying

Abstract:

The dual logic of Marxism and Christian theology in Bloch's thoughts demonstrates his Janus-faced dimension. This Janus-faced feature from Blochian thoughts is based upon Bloch's spirit of utopia. It reveals a cultural critique bearing the redemptive attribute, which is conducive to formation of future liberation theology and political theology.

Key words:

Janus; Marxism; Theology; spirit of utopia

On Yu Wujin's Study of Western Marxism

Hu Yun-feng

Abstract:

Today it is still necessary to conclude the experiences of Yu Wunjin's study systematically. This article concludes that Yu Wujin's study on Western Marxism forms an important pillar to support his study on Marx's philosophy, though the former doesn't have an outstanding place among his whole studies. Yu Wujin has put forward a few creative opinions, which have positive meaning to the progress of study of Western Marxism inside the country.

Key words:

Yu Wujin; Western Marxism; Place; Creative opinions

The Conception of Justice in the Era of Globalization Based on Nancy Fraser's diagnosis of the Times

QIN Mei-zhu and LÜ Fu-qiang

Abstract:

Nancy Fraser is a theorist of Critical Theory, by diagnosis of social reality, who think we live in post-socialist era of globalization. In this era, the problem of recognition is becoming prominent, and the status of the state as agent of justice is challenged, which also brings about the change of the demand for justice. Based on the background of globalization and the change of justice demand, this paper explains Frazier's conception of justice from the aspects of "what" justice is, "whose" justice, "how" to get justice and so on. Fraser is of great significance in the world today. His diagnosis of globalization and his conception of justice for the era of globalization reflect the overall thinking on fairness and justice at the national and supranational level in the era of globalization. It is the enrichment and development of critical theory.

Key words:

globalization; Nancy Fraser; diagnosis of the times justice

On Nussbaum's Theory of Poetic Justice

YE Xiao-lu

Abstract:

This article first describes Nussbaum's critique of economic-utilitarianism, pointing out that economic-utilitarianism uses the principle of calculation of instrumental rationality to treat persons as "containers of satisfaction", ignoring their qualitative difference and dignity. Then, the article elaborates the connotation of "poetic justice", whose theoretical goal is to achieve respect for every human individual, whose theoretical framework is to reconstruct the connotation and criterion of social justice through the means of literary imagination and emotion, whose approach is to rule the social justice by the poet judge or the literary judge, whose measure is to cultivate imagination and emotion through art education. Finally, the article clarifies the meaning of "poetic justice" and its position in Nussbaum's justice theory.

Key words:

economic-utilitarianism; poetic justice; dignity; literary imagination; emotion; poet-judge; capability approach

From Body to Politics
——Judith Butler's feminist critique

WU Hua-mei

Abstract:

Unlike the critical approach of Frankfurt school, Butler's critical social theory is based on body ontology. With "critique" as a clue, we can further elaborate Butler's works and seek to reveal the immanent logic through three dimensions of subversion of gender-subject, questioning on power -

discourse and reflection on ethical politics. Thus, we could not only full and dimensionally reconstruct Butler's complex theory on feminist critique, but also highlight its deep humanistic concern for "human", especially for body which is invisible in culture. In all, this effort can also help to evaluate Butler's thoughts correctly and highlight their practical significance for contemporary China.

Key words:

Body; gender; politics; feminism criticism

In the name of the people-On the political intervention of Laclau's theory of populism

Duan Zheng

Abstract:

Laclau'theory of populism has shown two aspects, the first as a pure formal theory that explains the condition and features of populist mobilizations. The other aspect is to affirm populism as the future of left-wing politics. This article argues that there are two logics concerning the combination of these two aspects. The simpler logic is a class-based strategic turn to a formal populism, as shown in his 1977 work. A more profound logic concerns his 2005 work that involves a mutual contamination on the ontic and ontological level between the terms of populism, political and the people. A unity between the two aspects can be seen by the challenges to neo-liberal hegemony and the naming of heterogeneity.

Key words:

Laclau; Populism; Poitical subjects; Naming

Populist Era

Paolo Gerbaudo

Abstract:

The neoliberal order is collapsing and the world is entering a populist era. Populism can be seen as an ideology centered on people's sovereignty. Populism has become the dominant trend of contemporary politics and the common dominant narrative of the politics of left and right. The right-wing populism regards sovereignty as national sovereignty and power related to national community. Left-wing populism takes globalizing flow of finance and trade as a fundamental threat to national communities. Sovereignty is the combination of right-wing and left-wing populism, and the right to self-determination and protection of territorial community constitute their common political demands.

Key words:

Populism; people; sovereignty; neo-liberalism

How is it possible to escape from Exchange Society? A Consideration from Theodor W. Adorno's Philosophy

SUN Bin　ZHANG Yan-fen

Abstract:

The identity, as the principle of exchange, reduces the dissimilar to abstract quantities in the society which is dominated by the relationship of exchange. Society, therefore, must transcend the concept of exchange if it is to continue to reproduce the life of its members. Adorno's statement that art is the social antithesis of society signifies this transcendence, namely, the escape from exchange society. On the one hand, art becomes social by its opposition to society; and on the other hand, society is most intensely active in an artworkwhere it is most remote from society. As a result, the qualitative and the non-fungible revive. And happiness attaches without exception to the non-fungible. However, Adorno argues that art is the ever broken promise of happiness. Artworks recall the theologumenon that in the redeemed world everything would beas it is and yet wholly other.

Key words:

Exchange; Art; Society; Happiness

The Crisis of Modernity and the "Utopia" for Laborers
——about Arendt's insight into the relationship between Marx and modernity

YU Lu-dan

Abstract:

The disappearance of common sense in the present day, in Hannah Arendt's idea, is the surest sign of the crisis of modernity, which has already been represented by the failure of modern rationalism, manifesting itself as "earth alienation" coexisting with the loss of the sense of "authority". As opposed to the "mass society" which was based on the general principles of "equality" and "consumption", Arendt believes that Marx's return to "conscious labor" and his emphasis on "abolition of labor" are fundamentally accomplished by making a re-subversion of the binary opposition structure consisting of traditional and modern views of nature, on the basis of "unity" made by Hegel. Meanwhile, her opinions on the question of "labor" in vita active dissenting from Marx's, only come from one insight: Marx's employing traditional vocabulary and its inverted form reveal their contradictory nature in narrating "transcendentality" in a modern society characterized by the principles of "possession" and "multiplication" in accordance with the end of a dichotomy shared by traditional and modern political philosophy, accompanied by pervasive confusion of ideas.

Key words:

Crisis of modernity; Arendt; Nature; Utopia; Labor; Spinoza; Public Space; Politics; body; Parade

Life Politics in Late Modernity

CHEN Qu

Abstract:

In view of the predicament faced by emancipation politics in late modernity, Giddens proposed "life politics", focusing on the philosophical discourse of modernity turned from Macro to Micro and reconstructing contemporary political life. Relying on his Structuration Theory, reflexivity constitutes an important part of self-identity, as well as makes a functional adjustment of social structure. The essence of life politics is the remodeling of self-identity and social structure, containing morality and survivability and the general ethics of post-traditional society. Giddens's life politics is the basis of his third way politics and social democratic thoughts, but whether it could be used as a human sharing theory in late modernity is suspicious.

Key words:

late modernity; life politics; reflexivity; duality of structure; general ethics of post-traditional society

Man, Art, and World: Research on New Marxist Critical Theory of Aesthetic Modernity in Czech

PENG Cheng-guang

Abstract:

The New Marxist aesthetic thought of Czech has rich content, Ivan Svitak and Karel Kosik are their representatives. Their aesthetic thoughts focus on the identification of the practical relationship between art, man and the world, thus highlighting the intrinsic relationship between art and human beings, and from the perspective of anthropological culturology, they examine the connotation and history of alienation theory. It points out that art has the essential of resisting alienation and human emancipation, through revealing the internal characteristics and value direction of art, it realizes the deep criticism of bureaucracy and centralization of politics. They discussed the concept of "reality" and the relationship between art and "reality" from the standpoint of philosophical anthropology. It criticizes and deconstructs the premise of "imitation theory" and "reflection theory", endows the ontological status of art, and holds that art constitutes "reality" itself. These thoughts embody the richness and profundity in critique of aesthetic modernity of Czech New Marxism.

Key words:

Czech New Marxism; aesthetic modernity criticism; alienation theory; reality

Ideology critique: A Political not Metaphysical view

ZHANG Hong-xin

Abstract:

Ideology critique is the greatest legacy of Marx to philosophy. Modern ideology's distinctive feature, however, is that it is not recognized as oppression by its victims, or its perpetrators, or both. Considered that aspect of ideology, Marx's method of ideology critique is still correlative and meaning, especially, ideology critique cannot rely on epistemological considerations alone but must be based on a normative political theory. The metaphysical critique looks to the idea of epistemological superiority, and asks both how we can know that one perspective is superior to another and also whether truth conditions for practices such as fashion are necessarily relative. The political critique points to the problem of inequality, power and dominance. The normative political question is not simply "How can we change things?", but also "To what extent are we justified in trying to change things?"

Key words:

ideology; Marx; metaphysics; political theory

Bridging the Break between Matter and Mind: On the Functioning Mechanism of Althusser's Materialized Ideology

LIN Jing-yu

Abstract:

Althusser does not articulate in his theory of interpellation, how is possible for the material ideological state apparatus to bridge the break between mind and matter, so as to determine the consciousness. Hence, two complements are necessary. Firstly, Althusser's conception of subject can be equated with the notion of "imaginary relation", which enables us, by the detour of psycho – analysis, understand the process of interpellation as the misrecognition of an individual before his mirror image. Secondly, both ideology and subject are what Althusser calls "structure", and thus each functions as an "absent cause" in the process of misrecognition mentioned above: in order to fill the vacancy of his subjectivity, the individual will recognize specific ideas, and thus recognize the social order symbolized by ideology. However, it is yet unclear how the pure matter is transformed into the apparatus with ideological function if we only resorted to Althusser's own texts. Thus, on the other hand, it is necessary to introduce Baudary's theory, by virtue of which the materiality of ideological state apparatus can be understood as an apparatus-space with ideological effects.

Key words:

Ideological State Apparatus; Interpellation; Subject; Structural Causality; Apparatus-Space

The Trap of Rational Progressionism and Its Causes
——Critique of "Progressive fetishism" in *Dialectics of Enlightenment*

LI Si-ming

Abstract:

In the post-capitalist era, the rational progressivism which has long occupied the mainstream ideology of progress since the Enlightenment falls into the theoretical dilemma of "Fetishism of Progress". In order to explain this theoretical dilemma critically, this paper takes *Dialects of Enlightenment*, which is the representative work of Horkhemir and Adorno, as the main text and tries to reveal from the social critique perspective that under the intermediary of current social power system, the essential problem facing rational progressivism are the reversal of power, the domination of technique reason and self-alienation. The reasons which cause such paradoxical outcomes are the terror of nature truth, the labor division system which forms in the social relationship between man and man in order to fight against the terror, and the blindfold preservation of primitive nature force within the development of rational civilization of human beings. Thus, Horkhemir and Adorno show the trap and its cause of rational progressivism in a unique theoretical inspection method of self-reference.

Key words:

Dialectic of Enlightenment; Rational Progressivism; Fetishism of Progress; Social Criticism

Stuart Hall's Criticism of "Thatcherism" Ideology and Its Significance

Zhen Hong-ju

Abstract:

In the late 1970s, Stuart Hall, a British Marxist cultural theorist, put forward the concept of "Thatcherism" and analyzed it as an object of ideology. He critically revealed the essence of "Thatcherism" as the ideology of the new liberalism. It is based on the distorted image of socialism, with the help of the mass media, launched the "war of words" in the field of culture, tried to defend the neoliberal ideology "legitimacy" by constructing the new "foundation" of "the masses". Hall criticized Thatcher's ideology for the neoliberal popularity and advocated that the key to defeat Thatcher's challenge was to seize the ideological leadership of mass culture.

Key words:

Stuart Hall; neoliberalism; ideological criticism

The reception and shaping of Hegel by the left-wing intellectual elites in France (1920-1960): Debate between Bataille and Kojève

Xiao Qi

Abstract:

Kojève's seminar on Phenomenology of Spirit is usually considered to be the beginning of the renaissance of Hegelianism in France. In fact, before that, through the Marxist influence, the left-wing intellectual elites represented by Bataille and Queneau have already had discussions on Hegel's thinking, especially on dialectic studies. In 1930s, Kojève, with his extraordinary charm and rare talent, made a Marxist and existentialist interpretation of Hegel's philosophy, which just then pandered to left-wing intellectual's imagination of Hegel on theoretical and political level, as well as to their diagnostic requirements of the French philosophy and society. Bataille, Queneau and Kojève's writings in different periods along with their correspondence outline the process of their debates. Their respective intellectual resources and distinctive living experiences lead to marked differences in their reception and shaping of Hegel.

Key words:

Kojève; Bataille; Dialectics; Negation; Hegel; Death; Sacrifice

On Lefebvre's Theory of "Rights to the City"

Guan Wei　Wang Fei

Abstract:

Henri Lefebvre's The Rights to the City opens a study of the "blind domain" -the direction of Marxist urban studies. Lefebvre tried to show that the city is a field of social oppression and class exploitation, and it is also a place of hope which containing light of liberation. Lefebvre and David Harvey's theory of city rights have a close relationship of inheritance. The latter adheres to the former's general problems, continuously questioning the capitalist logic's leading urbanization in the process of capitalist globalization, and based on practice creating a urban life imagination. As a reality of human development, cities have become the source of some extremely important social and development problems in modern society. Lefebvre tried to solve urban problems in a microscopic way based on everyday life, but its fundamental flaw is that without shaking the capitalist mode of production, it is difficult to fundamentally realize city rights, and it is even more difficult to construct an ideal city and realize the ideal urban life.

Key words:

Lefebvre; Rights to the City; City

On Stiegler's Theory of "Proletarianization of Knowledge"

SUN Yan-hao

Abstract:

"Proletarianization of knowledge" is one of B. Stiegler's main theories. In his view, regardless of who we are, experts or non-experts, our savoir-vivre and savoir-faire are external to us in the digital era, kept in some sort of technological equipment, without which humans would be the "proletariats" in knowledge. Therefore, based on his perspective on pharmacology, Stiegler defines that technology which was at first a "cure" has now become a "poison" which results in the "proletarianization of knowledge". Stiegler points out that "proletarianization of knowledge" is the new and "non-economic" form of exploitation (that is, deprivation of thoughts and knowledge) by capitalism which extends to consumers. What is worse is that the loss of knowledge triggers disindividuation and loss of emotion and desire. Faced with this problem, Stiegler proposes a therapeutics of "detox" methods for alienated technology, namely, economy of contribution and general organology, which not only constitutes the core of Stiegler's new critique of political economy, but which will also create a negentropy -filled future.

Key words:

Stiegler; proletarianization of knowledge; pharmacology; new critique of political economy

Research on the Revolutionary Theory of Tom Nairn
—— Starting from May 1968 Events in France

LIU Ye

Abstract:

From inquiry and interpretation of May 1968 events in France, Nairn constructs a revolutionary theory from the Marxist viewpoint, he sets out to understand revolution from social reality, then regards that the essence of the May storm is a revolutionary social revolution, which marking the grasp force of capitalism has started weakening in its birthplace. On this basis, he discusses the background, the power, the subject and the prospects of revolution, and combs the causal relationship and the dialectical connections between revolution and capitalism, alienation, mental productivity, the proletariat and socialism. His revolutionary theory provides a strong theoretical support and guidance for the development of socialism and the liberation of human nature.

Key words:

May 1968 events in France; Revolution; Alienation; Mental Productivity; The Proletariat

《当代国外马克思主义评论》稿约

1.《当代国外马克思主义评论》是由复旦大学当代国外马克思主义研究中心主办的学术丛刊,现已被收录为 CSSCI 来源期刊(集刊类)。本刊以关注当代国外马克思主义研究的最新动态,加强国内外马克思主义研究的交流与合作,促进马克思主义研究的发展为宗旨,欢迎海内外专家学者赐稿。

2. 本刊学术性和思想性并重,倡导从哲学、社会学、史学、政治学、经济学、法学、伦理学、宗教学、人类学、心理学、美学和文艺批评等专业的角度展开对当代国外马克思主义的研究。

3. 本刊主要栏目为:研究性论文,专题论文,论坛,书评,学术动态,笔谈,访谈等。其中研究性论文一般限制在 1 万—2 万字,专题论文一般限制在 1.5 万—3 万字,书评一般限制在 1 万字以内。

4. 本刊对于来稿的形式作如下规定:原则上只接受电子投稿;电子版稿件请用 Word 格式,正文 5 号字体;注释和引文一律采用脚注;正文之前请附上英文标题、中英文的摘要和关键词,作者简介,并请注明作者联系方式。

5. 本刊采用匿名审稿方式,收稿后 3 个月内将通知作者稿件的处理意见。

6. 来稿经采用发表后,将赠刊 2 本并致薄酬。

7. 凡在本刊上发表的文字不代表本刊的观点,作者文责自负。

8. 凡在本刊上发表的文字,简繁体纸质出版权和电子版权均归复旦大学当代国外马克思主义研究中心所有,未经允许,不得转载。

9. 编辑部联系方式和来稿地址:上海市邯郸路 220 号,复旦大学光华楼西主楼 2622 室,复旦大学当代国外马克思主义研究中心,《当代国外马克思主义评论》编辑部,邮编:200433　电子信箱:marxismreview@ fudan.edu.cn.

策划编辑：崔继新
责任编辑：崔继新　孔　欢
封面设计：王春峥
版式设计：东昌文化
责任校对：王　惠

图书在版编目(CIP)数据

当代国外马克思主义评论. 17/复旦大学当代国外马克思主义研究中心 编. —北京:人民出版社,2018.12
ISBN 978-7-01-019995-5

Ⅰ.①当…　Ⅱ.①复…　Ⅲ.①马克思主义-研究-国外-现代 ②西方马克思主义-研究-现代　Ⅳ.①A81②B089.1

中国版本图书馆 CIP 数据核字(2018)第 254894 号

当代国外马克思主义评论

DANGDAI GUOWAI MAKESI ZHUYI PINGLUN

2018 年第 2 期 · 总第 17 辑

复旦大学当代国外马克思主义研究中心　编

人民出版社 出版发行

(100706　北京市东城区隆福寺街 99 号)

中煤(北京)印务有限公司印刷　新华书店经销

2018 年 12 月第 1 版　2018 年 12 月北京第 1 次印刷

开本:710 毫米×1000 毫米 1/16　印张:34.25

字数:507 千字

ISBN 978-7-01-019995-5　定价:88.00 元

邮购地址 100706　北京市东城区隆福寺街 99 号

人民东方图书销售中心　电话 (010)65250042　65289539